本书由国家社科基金重大项目 "男女平等价值观研究与相关理论探讨"（项目编号: 12&ZD035) 资助出版。

男女平等价值观研究论集

主　编　姜秀花　马　焱
副主编　黄桂霞　马冬玲　刘晓辉

人民出版社

责任编辑:邵永忠
封面设计:黄桂月

图书在版编目(CIP)数据

男女平等价值观研究论集/姜秀花,马焱 主编. —北京:人民出版社,2021.12
ISBN 978-7-01-023944-6

Ⅰ.①男… Ⅱ.①姜…②马… Ⅲ.①男女平等–文集–中国
Ⅳ.①D442–53

中国版本图书馆 CIP 数据核字(2021)第 224903 号

男女平等价值观研究论集
NANNÜ PINGDENG JIAZHIGUAN YANJIU LUNJI

主 编 姜秀花 马 焱
副主编 黄桂霞 马冬玲 刘晓辉

人 民 出 版 社 出版发行
(100706 北京市东城区隆福寺街 99 号)

北京中科印刷有限公司印刷 新华书店经销

2021 年 12 月第 1 版 2021 年 12 月北京第 1 次印刷
开本:710 毫米×1000 毫米 1/16 印张:29.75 字数:470 千字

ISBN 978-7-01-023944-6 定价:100.00 元

邮购地址 100706 北京市东城区隆福寺街 99 号
人民东方图书销售中心 电话 (010)65250042 65289539

目　　录

第一编　男女平等价值观的理论基础

第二编　男女平等价值观的认同状况

第三编　男女平等价值观的媒介传播

第四编 男女平等价值观在法律政策领域的呈现

第五编 热点回应

第一编

男女平等价值观的理论基础

夯实男女平等基本国策的价值观基础

全国妇联课题组

男女平等价值观是社会主义核心价值观的重要组成部分，也是党领导下的妇女运动始终遵循的价值原则和坚持不懈的价值追求。经过新中国成立以来 70 多年的国家推动和社会各界的努力，认同男女平等价值观念的人越来越多，尊重男女两性的平等发展权利，倡导夫妻和睦、共担家庭责任的社会氛围日益浓厚。但是，不容忽视的是，根深蒂固的男女不平等观念不断演变其表现形态，社会公众的平等意识和价值观念呈现出纷繁复杂的态势。对有的人来说，男女平等仅仅停留在口头上，还没有内化于心，更没有外化于行。贬抑女性的生命价值和社会作用、不公正评价女性家庭角色和社会角色的社会舆论和社会现象时隐时现。例如，有的人公开贬损女性价值，或将女性的价值固化于婚姻生育之中，否定女性在教育、就业、参政等社会领域的价值；也有的人将女性价值固化于外在容貌，宣传"富豪选美""美女炫富"等生活方式；有的地方将"嫁出去的女儿"视为"泼出去的水"；也有的地方公开开办所谓的"女德"班，宣传所谓的"女德"，主张妇女对丈夫百依百顺，打不还手，骂不还口，以此展现妇德，积累福报；还有的地方甚至对严重侵犯妇女和女童人身权利的犯罪行为纵容包庇、打击不力。这些现象的背后都涉及对女性在家庭和社会中角色和作用的价值判断。就男女平等和妇女发展而言，价值观领域内平等与不平等新旧思想的较量从来没有停止过，在现实生活中的新旧思想博弈更是此起彼伏，"男尊女卑""重男轻女"等落后性别观念的顽固性仍不容忽视，男女平等价值观在现实生活中的普遍确立依然任重而道远。

男女平等价值观是马克思主义妇女观的集中体现，也是男女平等基本国策的价值观基础。男女平等是中国共产党的一贯主张，也是我国宪法始终坚持的重要原则。中国共产党自成立之日起，就把促进妇女解放、实现男女平等作为自己的奋斗目标之一，把妇女工作作为党的工作的一个重要方面。新中国成立之初，男女平等作为制定宪法和各项法律政策的一项基本原则得以确立，从国家层面逐步形成了男女平等的价值体系与制度体系。70多年来，党和政府始终秉承男女平等的价值理念，综合运用法律、政策、行政、教育、宣传等手段推动男女平等、促进妇女发展，使传统文化中落后腐朽的性别不平等观念受到抵制。改革开放后，尤其是20世纪90年代以来，我国制定实施了男女平等基本国策，将平等确定为社会主义核心价值观的基本内容之一，使男女平等价值观成为社会主义核心价值观的题中应有之义。男女两性在社会和家庭中相互尊重、平等相待、和谐相处、共担责任、共同发展等价值理念是男女平等基本国策的价值观基础。夯实这一价值基础，使男女平等价值观内化于心，外化于行，促进社会文明进步，增进家庭和谐幸福，不仅有利于男女平等基本国策的贯彻和落实，而且有利于社会主义核心价值观的培育和践行。夯实男女平等基本国策的价值观基础，既需要深刻理解男女平等价值观的思想渊源和理论内涵，也需要积极探索认同和践行男女平等价值观的有效途径。

一、男女平等价值观的思想渊源

要认同和践行男女平等价值观，首先就须搞清其思想渊源。当前，我们倡导的男女平等价值观的思想渊源主要包括以下四个方面。

1. 源于马克思主义妇女理论

马克思主义基本原理及其妇女解放理论是中国妇女解放与发展的理论基础，也是男女平等价值观最根本的思想渊源。马克思、恩格斯、列宁、斯大林、毛泽东等无产阶级革命导师在研究人类社会历史发展的过程中，十分重视妇女问题，把妇女解放当作无产阶级和全人类解放的重要组成部分。他们相继创立并不断丰富了马克思主义妇女解放理论，提出妇女解放的程度是衡量普遍解放的天然尺度；妇女被压迫是人类历史发展到一定阶段的社会现象。男女不平等是一定历史条件下的产物，它必将被新的历史条件下的男女平等所代替；妇女解放是一个长期的历史过程。它不仅为生产关系所制约，也为生产力所制约，不仅受物质生产水平的影响，也受精神文明程度的影响；参加社会劳动是妇女解放的一个重要先决条件。人们在社会上和家庭中的地位，归根结底是由人们在社会生产中的地位所决定的；妇女在创造人类文明、推动社会发展中具有伟大作用；在人类自身再生产中，妇女做出了特殊的贡献，尊重妇女、保护妇女是社会进步的一个重要标志等论断，至今仍为我国妇女运动的发展提供着理论指导，决定了我们在男女平等问题上的基本价值立场。

2. 源于中国传统文化中主张平等和谐的文化元素

任何价值观的形成都不可能完全割裂与旧的价值观的内在联系。在中国，男女平等价值观是随着中国社会历史发展变化逐步形成的。尽管中国经历了漫长的封建社会，"男尊女卑""男主外女主内"等传统性别文化源远流长、影响深远，但是，中国传统文化中也有一些有利于平等思想形成的文化因素。如儒家文化强调的"己所不欲，勿施于人""推己及人"的思想、"家和万事兴"的信条、"巾帼不让须眉"的精神，佛教文化中众生平等的理念，道教文化崇尚自然、天人合一的思想，等等。中华优秀传统文化讲仁爱、崇正义、尚和合、求大同的思想精华也为男女平等价值观的形成和发展奠定了一定的思想基础。

3. 源于社会主义核心价值观

男女平等是社会主义制度的本质要求，也是社会主义核心价值观的题中应有之义。党的十八大报告明确提出"倡导富强、民主、文明、和谐，倡导自由、平等、公正、法治，倡导爱国、敬业、诚信、友善，积极培育社会主义核心价值观"，规范了国家、社会、公民个人三个层面的价值目标、价值取向和价值准则，为坚持和发展中国特色社会主义提供了根本价值遵循。男女平等是社会公平公正的重要内容，也是社会和谐的重要特征。面向社会倡导的自由、平等、公正、法治从本质上要求把男女平等作为社会主义核心价值观的重要内容，为男女平等价值观的研究与传播提供了前所未有的机遇。

4. 借鉴国际妇女运动的有益经验和成果

男女平等价值观是国际社会发展过程中不断形成的理论共识和知识结晶。国际妇女运动特别是近 30 年来以联合国为主导的、旨在推动平等、发展与和平的国际妇女运动取得了丰富经验和成果，包括已达成的一系列旨在推动性别平等的国际公约，已经探索出的推动社会性别主流化的实践经验，以及对于妇女权利、性别平等、性别歧视等概念、内涵做出的不断深化的理论解释，都为中国不断凝练和丰富男女平等价值观的理论内涵、推动落实男女平等基本国策的实践提供了宝贵经验借鉴。

二、男女平等价值观的理论内涵

培育男女平等的价值观，使之大众化，进而变成国家、社会和公民个人普遍认同的价值目标和自觉践行的价值取向，准确把握男女平等价值观的理论内涵是关键。

1. 关于价值观

价值观是人们看待和处理个人、他人、家庭及社会的各类事务时所表现出的认知、判断和看法，是人们处理事情、判断对错、选择取舍的价值标准，也是深藏于内心的准绳，常常表现为人们的是非观、善恶观、荣辱观等。价值观是人生观和世界观的价值基础，是人们向往、追求、拥护、反对、舍弃什么的观念、思想、态度的总和，常常表现为一种价值取向、价值尺度、价值原则、价值追求，凝结为一定的价值目标。价值观是在一定的社会政治经济基础上形成的，而且一经形成，便具有相对稳定性和持久性，同时，价值观又会随着社会存在的变化而不断发生变化，因此又具有历史性和可变性。男女两性关系是人类最基本的关系。关于怎样看待、评价、规制两性关系，人们有不同的看法、态度和观点，其总和构成了不同的性别价值观。

2. 关于男女平等

男女平等是指男女两性作为人的尊严、权利、机会及责任等方面的平等，是在承认和尊重男女生理差异基础上，主张男女在社会层面享有平等的权利、机会与责任，在人格和精神层面享有平等的尊严和价值。这里包括三层含义：一是承认和尊重男女两性的生理差异，我们所主张的男女平等绝不是否认男女两性的生理差异，而是在承认和尊重男女两性的生理差异的基础上，主张社会层面的权利、机会及责任平等。新中国成立后，我国宣传的"时代不同了，男女都一样。男同志能办到的事，女同志也能办到"，正是从社会层面倡导男女平等。但一些人对此有误解，以为男女事事处处都要一样，社会上也出现过一些忽视男女生理差异、主张绝对平等的极端现象，例如，在一些重体力劳动中，有的人主张女性以"铁姑娘"的精神与男性承担同样的任务等。近年来，社会上又出现另一种极端现象，即过度夸大男女的生理差异，将女性生育等生理特点视为弱点，在招聘录用中拒绝女性，侵犯女性的劳动就业权利。这两种对待男女生理差异的极端态度都是不可取的。二是男女两性作为社会人享有平等的权利、机会与责任。人不仅具有自然属性，而且具有社会属性。社会中的男女两性应作为平等的人予以尊重和对待，而不应该存在基于性别的偏见和歧视。这里，权利的平等是基础，国家的各项法律政策应保障男女的平等权利。我国宪法和相关法律规定，男女两性在政治、经济、文化、社会和家庭生活中等各方面享有平等的权利。为了实现平等权利，还必须要有平等的机会，创造平等的条件。只有具体地考察男女两性在社会、经济、政治、文化及家庭生活的各个方面是否具有平等的参与权利和不依性别而改变的平等参与机会，才能将男女平等的思想意识落实到法律政策的制定和社会生活的方方面面。三是在精神层面男女两性具有平等的人格、价值和尊严。人不仅具有自然属性和社会属性，还具有精神属性。男女两性都是具有独立人格的主体，不是依附于他人的附属体。封建文化观念中常常强调女性依附于男性，主张"夫唱妇随""夫贵妻荣"，忽视女性的主体性，贬低女性发展的价值。这样的思想观念根深蒂固，阻碍女性发展，在现实生活中，一些依附于男性的妇女常常失去作为独立、自主的人的发展机会，甚至最后失去自己赖以生存的婚姻和家庭。因此，将男女两性看作独立、自主的人，主张男女两性人格、尊严、价值的平等，对于深刻理解男女平等至关重要。

3. 男女平等价值观

男女平等价值观是主张男女两性在社会和家庭生活中平等相待、和谐相处、良性互动、共同发展，主张男女两性平等依法行使民主权利、平等参与经济社会发展、平等享有改革发展成果的价值观，符合社会主义核心价值观的要求。在现实生活中，男女平等价值观常常表现在人们看待和处理个人、他人、家庭及社会各类事物所持的态度和行为之中，也就是当社会和家庭生活中涉及男女两性人格、尊严、价值、权利、机会及责任时，人们所表现出的认知、判断和看法，是人们处理家庭和社会中的男女两性关系、判断对错、选择取舍的价值标准和道德准绳。例如，在家庭生活中，持男女平等价值观的夫妻往往会表现出相互尊重、相亲相爱、相互支持，共同商议决策家庭事务，共同孝敬双方的父母，共同养育子女，营造平等、民主、和谐的家庭氛围。相反，父权、夫权思想严重的人则不尊重妇女和女孩的权利，或在接受教育、继承财产等方面限制或剥夺女性的权利，或将家务劳动、子女养育和照料老人完全视为女性的责任，或动辄打骂、羞辱配偶、孩子和老人，甚至长期实施家庭暴力等。再如，在工作单位中，持男女平等价值观的领导，会更加公正地鼓励男女员工的职业发展，在招聘、任用员工时会更客观地评价其工作能力，重视营造男女两性平等发展的良好环境。相反，缺乏男女平等价值观的领导，可能固执己见地表现出对某一性别的偏见，而忽略对工作能力、业绩等方面客观公正的考察，甚至制定出男女不平等的管理规定。又如，在社会上，持男女平等价值观的人，在涉及人的人格、尊严、价值，发展权利和机会时会谨言慎行，发表公正客观的言论，履行公民的社会责任。相反，缺乏男女平等价值观的人，特别是具有严重重男轻女思想的人，可能随意发表侵犯女性人格尊严的言论，忽视公民在促进男女平等方面的社会责任，甚至做出侵犯妇女、女童权益的违法犯罪行为。可见，树立男女平等价值观对于个人、家庭和社会都非常重要，有利于人们正确认识男女两性的价值，公正评价男女两性的能力，营造平等和谐的家庭和社会氛围。

三、积极探索培育和践行男女平等价值观的有效途径

倡导男女平等价值观，夯实男女平等基本国策的价值观基础，目的就是要使男女平等价值观成为人们的共同价值追求和具体的社会实践，使男女平等基本国策能够切实有效地贯彻落实到经济社会发展的各领域、社会生活的各方面。男女平等价值观只有为人们真正认同和普遍接受，才能实现从观念形态向现实形态的转化，内化于心、外化于行，最终达到知行合一，为此，需要积极探索适合中国国情的实现途径。

1. 积极推动相关法律政策体现男女平等价值观

各项法律政策的制定和修改都是在一定社会经济文化条件下进行的，都会体现执政党和政府的政治主张和价值导向。可以说，法律政策承载着价值，传递着理念，是培育价值观的有效载体和重要保障。贯彻落实男女平等基本国策，就是要把男女平等的价值理念体现在各项法律政策的制定实施中，贯彻落实到依法治国、依法执政、依法行政的具体实践中，确保经济社会发展规划和相关政策措施遵循男女平等价值观的要求。此外，还应积极推动建立完善以男女平等价值观为基础的法律政策评估机制和纠偏机制，将是否符合男女平等价值观作为评估现有的法律政策的基本原则，对与男女平等价值观不相吻合的法律政策进行修正，防止出现具体法律政策措施与男女平等价值观相背离的现象。

2. 充分发挥媒体的传播和监测作用

文明进步的价值理念，只有通过有效的传播才能被大众所普遍理解、掌握和认同，才能转化为推动社会文明进步的自觉行动。因此，一方面需要建立健全媒体舆论引导机制，充分发挥报纸、杂志、广播、电视等传统媒体和互联网等新媒体的传播功能，多渠道、多形式地宣传马克思主义妇女观和男女平等基本国策，积极引导和支持传媒工作者创作更多体现性别平等理念的优秀作品，还要大力宣传广大女性自尊、自信、自立、自强，实现自身价值，为社会做贡献的生动事例，让全社会看到并承认男女平等的价值，让不同类型的作品都成为弘扬男女平等价值观的生动载体；另一方面还需要与有

关部门共同探索建立适合中国国情的媒体监测机制，争取把男女平等纳入监管部门的监测内容和监测系统，对贬损妇女形象、侵害妇女人权、歧视妇女的报道，尤其是互联网、影视剧中严重践踏女性独立人格和价值尊严的现象进行警示、揭露和抨击，最大限度地发挥传媒监测功能，努力营造有利于男女平等和妇女发展的舆论氛围。

3. 多渠道开展男女平等价值观的教育培训

男女平等价值观要内化为人们的精神追求、外化为人们的自觉行动，广泛开展多种形式的教育培训是一个重要途径。要紧紧抓住把培育和践行社会主义核心价值观融入国民教育全过程的有利契机，争取把男女平等价值观纳入国民教育总体规划，贯穿于基础教育、高等教育、职业技术教育、成人教育各领域，推动男女平等价值观进教材、进课堂、进学生头脑。要将男女平等价值观培训纳入各级党校、行政学院的教学计划和对各级干部的培训规划，增强广大党员干部践行男女平等价值观的自觉性和坚定性。还要加强对重点人群的教育培训，比如各级人大代表和政协委员、国家公务人员特别是执法人员、媒体从业人员等，促使他们提高对女性价值的全面认识，把男女平等价值观内化为各自的行为规范，自觉地践行男女平等基本国策。

4. 以群众喜闻乐见的方式面向社区和家庭宣传男女平等价值观

男女平等价值观要为人民群众所接受，内化于心、外化于行，需要适应时代的变化开展丰富多彩、喜闻乐见的群众文化活动，使男女平等价值观体现在社区生活和家庭生活中，引导人们在处理夫妻关系、亲子关系及邻里关系时相互尊重、相互支持、相互帮助。要针对重男轻女的村规民约和风俗习惯开展社区教育，使更多的群众认识重男轻女的危害，自觉纠正重男轻女的习惯做法，在社区生活中不歧视妇女，不歧视没有儿子的家庭，不歧视"外嫁女"和"外来婿"，营造平等和谐的社区环境；要针对父权、夫权思想开展家庭教育，在家庭生活中倡导夫妻相互尊重、平等相待，引导男女两性在家庭决策、家务劳动、孝敬双方父母和养育子女等方面共同承担家庭责任，反对针对妇女、孩子和老人等弱势家庭成员的家庭暴力，营造平等和谐的家庭环境。

总之，男女两性在经济社会活动中平等参与、共同发展是大势所趋，顺应人类社会发展规律，转变历史遗留的不平等观念应该成为现代人所追求的文明进步的价值观。培育和践行男女平等价值观，既关系到我国男女平等基本国策的贯彻落实，关系到中国妇女运动的创新发展，也关系到社会主义核心价值体系的丰富和完善。因此，应把男女平等价值观融入社会主义核心价值体系建设的全过程，从性别平等角度为培育和践行社会主义核心价值观贡献力量。

（原载《光明日报》2014年10月11日，第7版，收入本书时略有改动）

中国特色社会主义男女
平等价值观的理论基础*

魏国英　仝　华　王成英　史春风　冯雅新**

马克思主义男女平等基本理论及其中国化的成果，是中国特色社会主义男女平等价值观的理论基础，是中国共产党在社会主义初级阶段倡导和践行男女平等的指导思想。

一、马克思主义男女平等理论是中国特色社会
主义男女平等价值观理论基础的源头

马克思、恩格斯等人对 19 世纪资本主义上升时期劳动妇女的悲惨境地给以极大关注，深入探讨了妇女受压迫地位形成的根源，科学分析了妇女解放的条件和根本途径，创立了马克思主义男女平等理论。列宁、斯大林继承了马克思主义男女平等理论的认识论、方法论和基本观点，在俄国无产阶级掌握了国家政权后，通过一系列具体措施落实这些观点，使其由一般抽象上

* 本文为国家社科基金重大项目"男女平等价值观研究与相关理论探讨"（项目编号 12&
ZD035）的成果之一。

** 魏国英，女，北京大学中外妇女问题研究中心常务副主任，编审，研究方向：女性学基本
理论、当代中国妇女发展问题；仝华，女，北京大学马克思主义学院教授，博士生导师，
研究方向：中共党史、中国近现代史基本问题；王成英，女，北京大学马克思主义学院副
教授，研究方向：社会主义理论与实践；史春风，女，北京大学马克思主义学院副教授，
研究方向：中共党史、中国近现代史；冯雅新，女，北京大学马克思主义学院副教授，研
究方向：中国近现代史、中共党史。

升为具体个别，并逐步制度化。马克思主义男女平等理论内容十分丰富，主要体现在以下几个方面：

1. 男女两性在人类两种生产中的同样作用是男女平等的前提和基础

马克思主义创始人始终强调物质资料的生产和人自身的生产是人类存在和发展的必要条件。恩格斯指出："根据唯物主义观点，历史中的决定性因素，归根结底是直接生活的生产和再生产。但是，生产本身又有两种。一方面是生活资料即食物、衣服、住房以及为此所必需的工具的生产；另一方面是人自身的生产，即种的繁衍。"① 女性在人类物质生产中发挥着巨大作用，在人类自身生产中做出了不可替代的贡献。人类早期母系制的确立，是女性在生产领域里起主导作用的反映。在《英国工人阶级状况》中，恩格斯以翔实的数据指出，在资本主义自由竞争时期，大量妇女参加了工业生产，尤其是纺织工业，为资本主义经济的起步与发展奉献了血汗。倍倍尔在《妇女与社会主义》中指出："生儿育女的妇女对国家做出的贡献决不小于用自己的生命抗击侵略成性的敌人来保卫家园的男子。"② 妇女作为母亲，不但在肉体上养育下一代，更在精神上哺育下一代，"即使是最天才的人物也是由母亲所生，他所具备的最优秀的素质往往归功于母亲"③。斯大林从国家未来发展的角度揭示："女工和农妇是我们青年——我们国家的未来——的母亲和教养者。她们能摧残孩子的心灵，也能为我们教养出心理健全、能把我们国家推向前进的青年。"④ 马克思主义经典作家关于两种生产的科学论断，既充分肯定了妇女在物质生产中的巨大作用，也对妇女在人类自身生产中的特殊贡献赋予了社会意义和价值，为男女平等提供了科学的理论武器。

2. 男女不平等源自私有制，消除不平等首先要消灭私有制

剥削阶级思想家总是认为不平等是永恒的，不平等的起源是人们不同的天赋和习得技能、不同的能力和资源所导致的。马克思主义则认为，造成

---

① 《马克思恩格斯选集》第 4 卷，人民出版社 2012 年版，第 13 页。

② ［德］倍倍尔：《妇女与社会主义》，中央编译出版社 1995 年版，第 299 页。

③ ［德］倍倍尔：《妇女与社会主义》，中央编译出版社 1995 年版，第 247 页。

④ 《斯大林全集》第 5 卷，人民出版社 1957 年版，第 284—286 页。

包括男女不平等在内的人的不平等的根本原因是私有财产的产生，是私有制的建立。私有制得以确立，父权制最终取代了母权制。母权制被推翻既是社会进步，也是"女性的具有世界历史意义的失败"①。私有制的产生导致社会分裂为剥削者和受压迫者，阶级对立与两性对抗是财产私有产生的结果，同时，私有制又加强并巩固了男性对妇女的统治，妇女的这种从属地位一直延续至资本主义社会。

马克思主义经典作家提出，未来的共产主义社会是一个生产资料归社会所有，消除了一切剥削，实行各尽所能、按需分配原则的"自由人联合体"。那时，社会成员均为自由人，因为"要不是每一个人都得到解放，社会也不能得到解放"②。"每一个人"当然也包括广大妇女在内。而且，"随着阶级差别的消灭，一切由这些差别产生的社会的和政治的不平等也自行消失"③，当然也包括男女不平等的消失。随着私有制的废除，平等的扩大必然成为人类发展的趋势。

3. 妇女参加社会生产是男女平等的首要条件，无产阶级解放运动是实现男女平等的现实路径

马克思主义创始人非常强调社会生产的重要性。他们认为，"劳动只有作为社会的劳动"，或者换个说法，"只有在社会中和通过社会""才能成为财富和文化的源泉"④。而女性之所以受压迫就是因为男性主宰了社会生产而迫使妇女与之脱离并深陷家务劳动之中。因此，男女平等的首要条件就是妇女回归社会公共事务，使她们不再因经济地位与男子不同而受到压迫。恩格斯特别强调，"妇女解放的第一个先决条件就是一切女性重新回到公共的事业中去"⑤，"妇女的解放，只有在妇女可以大量地、社会规模地参加生产，而家务劳动只占她们极少的工夫的时候，才有可能"⑥。这种既有定性又有定

---

① 《马克思恩格斯选集》第 4 卷，人民出版社 2012 年版，第 66 页。
② 《马克思恩格斯选集》第 3 卷，人民出版社 2012 年版，第 681 页。
③ 《马克思恩格斯选集》第 3 卷，人民出版社 2012 年版，第 371 页。
④ 《马克思恩格斯全集》第 25 卷，人民出版社 2001 年版，第 14 页。
⑤ 《马克思恩格斯选集》第 4 卷，人民出版社 2012 年版，第 85 页。
⑥ 《马克思恩格斯选集》第 4 卷，人民出版社 2012 年版，第 178 页。

量要求的科学论述，指明了男女平等实现的重要条件。

马克思主义者还强调，要把性别解放与阶级解放结合起来，使两种生产的主体真正成为社会革命与建设的主体，他们提出"未来属于社会主义，而首先属于工人和妇女"①的主张；认为无产阶级只有不分性别地团结在一起才能获得解放，实现平等与自由；妇女要想获得解放就必须投身工人运动中去，"没有妇女的酵素就不可能有伟大的社会变革"②，"没有广大劳动妇女的积极参加，社会主义革命是不可能的"③。但是，无产阶级解放与妇女解放还不能完全等同，妇女解放更复杂而艰难，这是由经济、政治、文化等多种因素所决定的。

4.社会主义为推进男女平等提供了制度保障，而实现男女平等是一个漫长的历史过程

俄国十月革命胜利后，列宁清醒地认识到，在推翻私有制、妇女广泛参加社会劳动后，男女平等还不可能真正实现，还需要依靠国家力量持续推动。列宁一再强调，国家要把改善妇女地位作为重要的任务，主张妇女要参与国家的政治、经济、文化、组织、监督等一切公共生活领域，使女工不但在法律上而且在实际生活中都能同男工平等。而要做到这一点，就要使女工多多地参加公共企业和国家的管理。④

列宁、斯大林领导的苏维埃政权确立了"妇女有同男子平等的选举权和被选举权"⑤的宪法原则和相关法律政策，但也认识到法律的局限性。列宁指出：尽管颁布了种种解放妇女的法律，但妇女仍然是家庭奴隶，因为琐碎的家庭事务压迫她们、窒息她们，使她们愚钝卑贱，把她们缠在做饭管小孩的事情上；极端非生产性的、琐碎的、劳神的、使人愚钝的、折磨人的工作消耗着她们的精力。什么地方和什么时候开始了反对这种琐碎家务的普遍斗争（为掌握国家权力的无产阶级所领导的），更确切地说，开始把琐碎家

---

① ［德］倍倍尔：《妇女与社会主义》，中央编译出版社 1995 年版，第 504 页。

② 《马克思恩格斯全集》第 32 卷，人民出版社 1974 年版，第 571 页。

③ 《马克思恩格斯列宁斯大林论妇女》，中国妇女出版社 1990 年版，第 327 页。

④ 《马克思恩格斯列宁斯大林论妇女》，中国妇女出版社 1990 年版，第 306 页。

⑤ 《世界宪法大全》上卷，中国广播电视出版社 1989 年版，第 1063 页。

务普遍改造为社会主义大经济，那个地方和那个时候才开始有真正的妇女解放。① 为此，他倡导改革家庭制度，使家庭的经济职能、服务职能、教育职能社会化、现代化；主张根据妇女自身特点和家庭特点，设置保障妇女权益的社会制度；提出苏维埃政府要大办公共食堂、托儿所、幼儿园，以减轻妇女们的家务负担。

马克思主义认为，包括男女平等在内的人的平等，是要由历史的进程、工业状况、商业状况、农业状况、交往状况等多种因素促成的，不可能一蹴而就。因为人类"要从这种相对平等的原始观念中得出国家和社会中的平等权利的结论，要使这个结论甚至能够成为某种自然而然的、不言而喻的东西，必然要经过而且确实已经经过几千年"②。"只有在现实的世界中并使用现实的手段才能实现真正的解放……当人们还不能使自己的吃喝住穿在质和量方面得到充分保证的时候，人们就根本不能获得解放。"③ 包括男女平等在内的人类的解放与平等，只能是按照社会发展的客观规律进行，它是一个复杂的历史进步过程，是一种历史实践活动，而不是思想活动。

诚然，自19世纪40年代马克思主义产生以来的170多年间，人类的物质生活和精神生活发生了巨大变化，但马克思主义男女平等理论依然对全球劳动妇女的解放运动具有指导意义。因为，马克思主义经典作家在资本主义上升时期所揭示的男女不平等根源和实现男女平等途径的社会历史条件，并没有被超越；他们所秉持的无产阶级男女平等的立场、观点和方法，对于当今广大劳动妇女争取平等自由来说并没有过时；他们对妇女参加社会大生产、投身社会实践和家务劳动社会化的积极倡导，依然是当代妇女获得平等权利的指导原则。马克思主义男女平等理论符合当今中国妇女解放与男女平等的客观要求，是社会主义中国确立男女平等价值观和实施男女平等基本国策理论基础的源头。

---

① 《马克思恩格斯列宁斯大林论妇女》，中国妇女出版社1990年版，第289页。

② 《马克思恩格斯选集》第3卷，人民出版社2012年版，第480—481页。

③ 《马克思恩格斯选集》第1卷，人民出版社2012年版，第154页。

二、毛泽东思想中关于男女平等的理论是中国特色
社会主义男女平等价值观的本土理论基石

以毛泽东为主要代表的中国共产党人，在中国人民争取民族独立和人民解放的征程中，从中国的历史状况、社会现实和妇女实际出发，依据唯物史观基本原理，揭示了中国妇女解放和男女平等的特点与规律，探索出中国妇女解放的正确道路，实现了马克思主义男女平等理论中国化的第一次历史性飞跃。毛泽东思想中的男女平等理论，主要包括以下几个方面：

1. 在反帝反封建斗争中实现中国男女平等的独特路径

男女平等始终是中国共产党领导妇女解放运动的主要目标。20 世纪 20 年代，李大钊就指出："女权运动底主要的要求在各国都是相同。此等要求可大别为四：一、属于教育者：享受与男子同等的教育的机会；二、属于劳工者：任何职业选择的自由，与同类工作的同等报酬；三、属于法律者：民法上，妻在法律前应与以法律的人格的完全地位并民法上的完全权能。刑法上，所有歧视妇女的一切条规完全废止。公法上，妇女参政权；四、属于社会的生活者：须承认妇女之家庭的、社会的工作的高尚价值与把妇女排出于各种男子活动的范围以外生活的缺陷、粗粝、偏颇与单调。"[1] 中国共产党旗帜鲜明地表达了自己对于中国男女平等目标的认识："妇女在政治上、法律上、经济上、教育上、社会地位上，均应与男子享平等权利。"[2] 对于男女平等的内涵，1939 年毛泽东强调："什么叫做女子有自由、有平等？就是女子有办事之权，开会之权，讲话之权，没有这些权利，就谈不上自由平等。"[3]1941 年《陕甘宁边区施政纲领》也明确提出："依据男女平等原则，从政治经济文化上提高妇女在社会上的地位，发挥妇女在经济上的积极性，

---

① 李大钊：《现代的女权运动》，《李大钊全集》第 4 卷，人民出版社 2013 年版，第 20 页。

② 《中国共产党对于时局的主张》，《中共中央文件选集》第 1 册（1921—1925），中共中央党校出版社 1989 年版，第 308 页。

③ 毛泽东：《妇女们团结起来》，《毛泽东文集》第 2 卷，人民出版社 1993 年版，第 171 页。

保护女工、产妇、儿童，坚持自愿的一夫一妻婚姻制。"①

由于近代中国半殖民地半封建社会的特殊政治经济情势，中国人民深受多重压迫，广大人民群众，不论男女，都是被压迫者。向警予说："在这种立场中的中国妇女，如若死板板地刻定十八世纪欧美各国女权运动的旧程序，闭着眼睛依样葫芦地喊男女平权，以为只要取得和本国男子同等的地位，便算目的已达。那么，结果就会是：参政运动成了功，一班桀黠的妇女趁机闯入北京或各省的猪圈，伙同一般男性的猪仔干那祸国殃民的勾当。职业运动成了功，女子脱离被保护的地位投入社会谋独立的生活，那时候，便可随时随地直接领略外国帝国主义和北洋军阀土匪般掠夺的滋味。总而言之，在中华民国未能达到独立自由和平统一以前，漫说妇女的彻底解放不可能，就是十八世纪欧美妇女所悬为目标的女权也决难办到。"②1927年，毛泽东深刻揭露了"四大绳索"对中国女子尤其是对农村妇女的严重束缚。他指出：政权、族权、神权、夫权，"代表了全部封建宗法的思想和制度，是束缚中国人民特别是农民的四条极大的绳索"。而这其中，"地主政权是一切权力的基干"，地主阶级的政权一旦被打倒，其他的权力"便一概跟着动摇起来"。③ 这是造成男女不平等的社会总根源。妇女解放、男女平等的前提是推翻地主资产阶级政权，建立新生的无产阶级政权。"现代妇女所以至于被奴属的地位，完全是私有财产制度的罪恶。私有制度不废除，妇女解放永做不到彻底；同时劳动解放运动正是向废除私有制度方面前进，故妇女解放与劳动解放实有极大关联。"④ 1928 年，中共六大通过的《妇女运动决议》指出："只有社会主义的胜利能彻底解放妇女，现时中国的民权革命中也只有在无产阶级领导之下彻底的摧毁半封建宗法社会的束缚，能引导妇女群众到解放之道路"⑤。1939年，毛泽东在延安纪念"三八"妇女节上的讲话中再次

① 毛泽东：《陕甘宁边区施政纲领》，《毛泽东文集》第 2 卷，第 336 页。
② 向警予：《今后中国妇女的国民革命运动》，《向警予文集》，人民出版社 2011 年版，第167—168 页。
③ 《毛泽东选集》第 1 卷，人民出版社 1991 年版，第 31 页。
④ 《对于妇女运动之决议案》，《中共中央文件选集》第 1 册，第 370 页。
⑤ 《妇女运动决议》，《中共中央文件选集》第 4 册，中共中央党校出版社 1989 年版，第431 页。

阐述了妇女解放与社会解放的关系：妇女解放是社会解放的一个组成部分，离开了社会解放运动，妇女解放是得不到的；同时，没有妇女解放，社会解放也是不可能的。因此，要真正得到社会解放，就必须发动广大妇女来参加；同样，要得到妇女的真正解放，妇女们也必须参加社会解放的斗争。女子要和男子团结起来反对外国帝国主义的压迫，反对汉奸、顽固分子、土豪劣绅的压迫，女子更应该自己站起来，打破社会的歧视和压迫。① 因此，共产党领导的中国妇女解放与男女平等运动，从一开始就明确了自己的途径：中国的妇女解放，不是向男子求平等，而是通过民族解放、阶级解放，追求中国妇女的全面解放。这是中国争取男女平等的独特路径。

2.广大劳动妇女是争取男女平等、推动社会前进的主体力量

20世纪20年代，毛泽东在考察湖南农民运动时就看到了农妇的力量。他指出："妇女占人口的半数，劳动妇女在经济上的地位和她们特别受压迫的状况，不但证明妇女对革命的迫切需要，而且是决定革命胜败的一个力量"② 。"世界上的任何事情，要是没有女子参加，就做不成气。我们打日本，没有女子参加，就打不成；生产运动，没有女子参加，也不行。无论什么事情，没有女子，都绝不能成功"③ 。"妇女解放，突起异军，两万万众，奋发为雄。男女并驾，如日方东，以此制敌，何敌不倾？ 到之之法，艰苦斗争，世无难事，有志竟成。有妇人焉，如旱望云，此编之作，伫看风行"④ 。"假如中国没有占半数的妇女的觉醒，中国抗战是不会胜利的。""全国妇女起来之日，就是中国革命胜利之时。"⑤

新中国成立后，毛泽东进一步强调："中国的妇女是一种伟大的人力资源。必须发掘这种资源，为了建设一个伟大的社会主义国家而奋斗。"⑥ 他还

---

① 《毛泽东文集》第2卷，人民出版社1993年版，第166—171页。

② 毛泽东：《中国共产党红军第四军代表大会决议案》，《毛泽东文集》第1卷，人民出版社1993年版，第98—99页。

③ 《毛泽东文集》第2卷，第167页。

④ 《毛泽东年谱》中卷，中央文献出版社2013年版，第128页。

⑤ 中华全国妇女联合会编：《毛泽东周恩来刘少奇朱德论妇女解放》，人民出版社1988年版，第44—45页。

⑥ 《毛泽东文集》第6卷，人民出版社1999年版，第458页。

形象地指出：在社会主义建设中，要充分发动妇女，好比一个人有两只手，缺少一只不行，缺少了妇女的力量是不行的，两只手都要运用起来。1964年6月，毛泽东在北京十三陵同青年谈话时讲道："时代不同了，男女都一样。男同志能办到的事情，女同志也能办得到。"① 这些论述，充分肯定了妇女与男子同样是社会活动的主人，是社会主义建设必须依靠的力量，是社会进步的动力。

3. 男女平等离不开生产力的发展，妇女参加社会生产获得经济独立至关重要

毛泽东在《湖南农民运动考察报告》中指出："夫权这种东西，自来在贫农中就比较地弱一点，因为经济上贫农妇女不能不较富有阶级的女子多参加劳动，所以她们取得对于家事的发言权以至决定权的是比较多些。"②

进入抗战相持阶段后，1939年2月，毛泽东为陕甘宁边区妇联会第二次扩大执委会题词："开展边区妇女工作应当从生产入手"。1940年2月，他在给中共中央妇委的一封信中，更明确提出："妇女的伟大作用之一在经济方面，没有她们，生产就不能进行，而边区妇女工作之少成绩，我看主要在没有注意经济方面。"毛泽东还进一步阐明，妇女工作只要重视提高她们在经济上、生产上的作用，其他的一切政治上的问题、文化上的问题也就容易解决了，"离开这一点就很勉强"。③

新中国成立后，1956年10月，毛泽东接见南斯拉夫妇女代表团，在谈到中国妇女参加政府和全国人民代表大会的比例现在还是少数，将来至少应和男同志一样时指出："这个目标只能在全世界不打仗了，都进入了社会主义社会，那时生产有了高度的发展，人民的文化、教育水平有了很大的提高，才可以完全实现。""只有当阶级社会不存在了，笨重的劳动都自动化了，农业也都机械化了的时候，才能真正实现男女平等。"④ 这些论述，深刻地阐述了这样一个道理：妇女的解放离不开生产力的发展。而妇女通过参加

① 《人民日报》1965年5月27日。

② 《毛泽东选集》第1卷，第32页。

③ 《中国妇女运动历史资料（1937—1945）》，中国妇女出版社1991年版，第261页。

④ 《同南期拉夫妇女代表团的谈话》，载《毛泽东文集》第7卷，第151页。

生产劳动实现自身经济地位的提高，是实现男女平等的最根本条件。

4.国家政策、决策以及法制建设是推进男女平等的重要保障

通过政策法令与法制建设推进男女平等，是中国共产党人的一贯主张和实际行动。通过这种政策引导和宣传倡导，促进妇女接受教育，提高自身素质。1929年7月，在毛泽东的倡导下，闽西苏维埃政府创办了闽西第一所夜校——新泉工农夜校，成为妇女接受教育的阵地。后来在新泉又办起了18所夜校，学员发展到700余人。[①]1932年，中华苏维埃共和国临时中央政府下令："为要提高妇女政治文化的水平，各级的文化部应设立妇女半日学校、组织妇女识字班、可办家庭临时训练班、田间流动识字班、教员由政府及各地学校教员及群众团体的干部来担任。"[②] 在抗战时期和抗战胜利后，"边区女子教育，不但数量上是突飞猛进的，而质地与一般教育也有不同"[③]。1948年9月，中共中央解放区妇女工作会议的决议强调，妇女参加劳动，"以生产为中心"，是妇女解放的关键，同时在生产过程中，"加强对于妇女的教育工作，提高妇女政治觉悟，文化水平，动员妇女参加民主建政，推进妇婴卫生（如举办妇婴干部训练班，组织中西医药合作社等），保护妇女特殊权益"[④]。

新中国成立后，党和国家领导人高度重视妇女的教育问题。1958年，毛泽东指出："如果每年每人没有一千斤、两千斤食粮，没有公共食堂，没有幸福院，托儿所，没有扫除文盲，没有小学、中学、大学，妇女还不可能彻底解放。"[⑤]

中国共产党人重视以婚姻立法等形式，保障妇女婚姻家庭权益。1931

---

① 转引自中华妇女联合会《中国妇女运动史》，春秋出版社1989年版，第299页。

② 江西省妇女联合会、江西省档案馆：《江西苏区妇女运动史料选编》，江西人民出版社1982年版，第62页。

③ 云：《陕甘宁边区突飞猛进的女子教育》，《中国妇女运动历史资料（1937—1945）》，第192页。

④ 《中国共产党中央委员会关于目前解放区农村妇女工作的决定》，《中国妇女运动历史资料》（1945—1949），第302—303页。

⑤ 全国妇联党组：《关于县及县以下妇联组织问题向中央的请示报告》（1958年11月18日），见中国妇女研究网，http://www.wsic.ac.cn/internalwomenmovementliterature_40。

年 11 月，由中华苏维埃共和国主席毛泽东签署的《中华苏维埃共和国婚姻条例》正式颁布。该条例共分七章二十三条，包括总则、结婚、离婚、离婚后的小孩抚养、财产的处理等内容。经过两年的实践后，1934 年 4 月《中华苏维埃共和国婚姻法》重新颁布，除对《条例》的条文做了适当修改外，增加了保护军婚、承认事实婚姻、解决离婚妇女的土地权等内容。① 毛泽东指出："这种民主主义的婚姻制度，打破了中国四千年束缚人类尤其是束缚女子的封建锁链，建立适合人性的新规律，这也是人类历史上伟大的胜利之一。这种婚姻制度的实行，使苏维埃取得了广大的群众的支持，广大群众不但在政治上经济上得到解放，而且在男女关系上也得到解放。"②

中国共产党人还重视通过各项法律政策保障妇女的政治、经济及其他利益。1928 年，由毛泽东亲自制定的井冈山《土地法》就明确规定，分配土地的数量标准，"以人口为标准，男女老幼平均分配"③，从而确认了劳动妇女平均分配土地的权利。1931 年 11 月颁布的《中华苏维埃共和国土地法》中，更明确规定了"劳动人民不分男女都有得到分配土地的权利"，鄂豫皖等根据地还单独发出通知，对已婚妇女能否带走自己的土地，寡妇能否分田做出具体规定，从而保证了妇女对土地的占有权和使用权。1947 年10 月颁布的《中国土地法大纲》，更明确地规定了劳动妇女平均分配土地的权利。

1931 年 11 月，中国工农兵苏维埃第一次全国代表大会通过的《中华苏维埃共和国宪法大纲》，是中国历史上第一部体现男女具有同等选举权和被选举权的大法，根据地的妇女第一次享有并行使了自己的这个权利。新中国成立后，1954 年 9 月颁布的第一部《中华人民共和国宪法》第九十六条规定："中华人民共和国妇女在政治的、经济的、文化的、社会和家庭生活的各方面享有同男子平等的权利。"④

---

① 《红色中华》1932 年 2 月 24 日。

② 《红色中华》1934 年 1 月 26 日。

③ 《毛泽东农村调查文集》，人民出版社 1982 年版，第 35 页。

④ 中共中央文献研究室编：《建国以来主要文献选编》第五册，中央文献出版社 1993 年版，第 541 页。

5. 建立健全妇女组织，培养一批"能干而专职"的妇女干部，是实现男女平等的必要条件

1926 年，毛泽东通过对湖南农民运动的考察认识到，"最近农民运动一起，许多地方，妇女跟着组织了乡村女界联合会，妇女抬头的机会已到，夫权便一天一天地动摇起来"①。土地革命战争时期，毛泽东在苏区的农村调查中更深刻了解到妇女组织的作用。他认为，在苏区，妇女体现出的"革命战争中的伟大力量"，主要原因就在于"女工农妇代表会的领导与推动"。因此，"每个乡苏维埃，都应该把领导女工农妇代表会的工作，放在自己的日程上"②，要领导中国妇女运动，尤其是在广大的农村，没有健全的妇女组织，没有一批"能干而专职"的妇女干部是不行的。这是实现妇女解放的必要条件。

1939 年 2 月，中共中央在《关于开展妇女运动的决定》中，要求"立即建立和健全各级党的委员会下的妇女部与妇女运动委员会，认真地经常检查与帮助其工作，使之成为党的各级委员会内最重要的工作部门之一"。同时强调，要动员全党的女干部起来担任妇女工作，全党应重视对女党员的吸收和女干部的培养。③同年 3 月，《中共中央妇女运动委员会关于目前妇女运动的方针和任务的指示信》，对于各级妇女部和妇女运动委员会的设置提出了具体意见。指示信再次强调："如果我们轻视妇女工作，实际上将拖延革命和抗战胜利的到来"④。根据中央的指示精神，各地都成立了妇女部或妇女运动委员会。此外，各抗日根据地抗日救国联合会等妇女群众组织，也纷纷创建起来，奠定了开展妇女工作的组织基础。

新中国成立前夕，为适应全国革命形势的发展和妇女运动的需要，中国妇女第一次全国代表大会选举成立了中华全国民主妇女联合会，其宗旨是

---

① 《毛泽东选集》第 1 卷，第 32 页。

② 《毛泽东文集》第 1 卷，第 314 页。

③ 《中共中央书记处关于开展妇女工作的决定》，《中国妇女运动历史资料》（1937—1945），第 136 页。

④ 《中共中央妇委关于目前妇女运动的方针和任务的指示信》，《中国妇女运动历史资料》（1937—1945），第 144—145 页。

"实现男女平等，妇女解放"。妇女组织的建立与健全、妇女干部的培养与教育，使新中国的妇女解放运动得以深入发展。

综上所述，毛泽东思想中关于男女平等的理论，是中国共产党领导集体在继承马克思主义基本原理的基础上，结合中国国情与妇女运动实际，总结和概括出的适合中国妇女解放的男女平等理论。它不是对马克思主义男女平等理论的简单搬运，而是在妇女解放与男女平等的内涵、途径、方法、样式等问题上对马克思主义男女平等理论进行的适合中国国情的创新和发展。首先，它科学地论述了中国妇女受压迫不仅是封建私有制产生的结果，是阶级压迫的一种特殊表现，而且是中国宗法社会根深蒂固的男尊女卑的父权、夫权思想的统治结果，中国妇女要获得翻身解放，必须依靠整个无产阶级的翻身解放。倘若脱离了中国新民主主义革命、社会主义革命和建设的主流，孤立地进行妇女解放运动，妇女所受民族压迫和阶级剥削不但不能排除，妇女切身的基本权益也无法保障，所谓的男女平等也只能成为一纸空谈。其次，它认为中国妇女要解放，要获得男女平等，仅仅进行阶级斗争还远远不够，还必须配合思想战线、文化战线以及社会领域的一系列斗争。因为封建宗法社会压迫妇女的旧思想、旧道德、旧规范，不是单单依靠阶级斗争所能解决的，必须有相应的思想、文化教育和社会教育才能消除。正是在这一理论指引下，中国的妇女解放和男女平等运动才呈现出有别于西方的全新样态。直至今天，毛泽东思想中关于男女平等的理论依然是中国妇女运动的理论指南，是中国特色社会主义男女平等观的本土理论基石，因为它的出发点和落脚点符合中国社会主义初级阶段的现实国情，符合当今中国妇女解放与发展的实际要求，符合中国男女平等的历史进程与前进规律。

三、中国特色社会主义男女平等理论是现实中国男女平等价值观的直接理论依托

我国进入改革开放新时期以来，以邓小平、江泽民、胡锦涛、习近平为代表的中国共产党人，在改革开放、建设中国特色社会主义的实践中，继承和发展毛泽东思想中的男女平等理论，提出了一系列符合现实中国国情和

妇女发展状况、具有时代特征的男女平等新观点、新思想和新论断，形成了中国特色社会主义男女平等理论，实现了马克思主义男女平等理论中国化的又一次飞跃。

1. 树立马克思主义妇女观，坚持走中国特色社会主义妇女发展道路

1990 年，江泽民在三八国际劳动妇女节八十周年纪念大会上发表重要讲话，重申"中国共产党用以指导妇女运动的理论，是马克思主义基本原理及其妇女观"；指出马克思主义妇女观"是运用辩证唯物主义和历史唯物主义的世界观、方法论，对妇女社会地位的演变、妇女的社会作用、妇女的社会权利和妇女争取解放的途径等基本问题作出的科学分析和概括"，"是马克思主义理论体系的组成部分"，是文明进步的妇女观；特别指出"妇女和男子同是人类历史前进的推动者，同是社会物质文明和精神文明的创造者，应该具有同等的人格和尊严、同等的权利和地位"①。2013 年 10 月，习近平在同全国妇联新一届领导班子集体谈话时指出："要坚定不移走中国特色社会主义妇女发展道路，这是实现妇女平等依法行使民主权利、平等参与经济社会发展、平等享有改革发展成果的正确道路。"②

2. 确立并实施男女平等基本国策，将妇女发展纳入国家发展总体布局

实现男女平等一直是中国妇女运动发展的方向和追求的目标，也是中国共产党长期坚持的妇女运动的指导方针。1995 年 9 月，江泽民在联合国第四次世界妇女大会欢迎仪式上，代表中国政府庄严承诺："中国政府一向认为，实现男女平等是衡量社会文明的重要尺度。""我们十分重视妇女的发展与进步，把男女平等作为促进我国社会发展的一项基本国策"③。这使得《中华人民共和国宪法》规定的男女平等原则"进入了国家政策体系的最高层次"④，

①　江泽民：《全党全社会都要树立马克思主义妇女观》，《江泽民文选》第 1 卷，人民出版社 2006 年版，第 106—107 页。

②　习近平：《坚持男女平等基本国策发挥我国妇女伟大作用》，《人民日报》2013 年 11 月 1 日，第 1 版。

③　江泽民：《在联合国第四次世界妇女大会欢迎仪式上的讲话》，《人民日报》1995 年 9 月 5 日。

④　彭珮云主编：《中国特色社会主义妇女理论与实践》，人民出版社 2013 年 9 月第 1 版，第 13 页。

成为促进我国社会发展的一项带有普遍性、全局性、长远性的总政策。对比国家已出台的三部《中国妇女发展纲要》①，可以清晰地看出，男女平等基本国策作为促进妇女发展、推进两性平等的主线贯穿于始终，在目标设定与策略措施中都充分体现了男女平等的价值追求。②

党和国家坚持把妇女事业发展纳入国家发展总体布局，综合运用法律、政策、行政、教育、舆论等手段促进妇女事业与经济社会协调发展。③ 为此，党和国家建立健全了促进妇女发展、保障妇女权益的法律法规体系、工作体系、组织体系，建立了国家促进性别平等的有效机制，形成了全社会共同关心支持妇女事业的良好格局。④ 在 2005 年修改的《中华人民共和国妇女权益保障法》61 个条文中，直接或间接规定政府职责的有 40 多个条文，这充分体现了在保障妇女权益促进男女平等的机制中各级人民政府是主要的责任主体。

3. 从经济和社会发展的多个层面推动男女平等，促进妇女全面发展

2005 年 8 月，胡锦涛在纪念联合国第四次世界妇女大会 10 周年会议开幕式上的讲话中提出："妇女问题，从本质上说是发展问题，也必须通过发展才能得到解决"，即在推动经济社会发展的进程中促进妇女事业发展，"坚持把最广大人民的根本利益作为各项工作的根本出发点和落脚点，使发展的成果惠及包括广大妇女在内的全体中国人民"⑤。习近平指出，"发展离不开妇女，发展要惠及包括妇女在内的全体人民。我们要制定更加科学合理的发展战略，既要考虑各国国情、性别差异、妇女特殊需求，确保妇女平等分享

---

① 分别指《中国妇女发展纲要（1995—2000 年）》《中国妇女发展纲要（2001—2010 年）》《中国妇女发展纲要（2011—2020 年）》。

② 李明舜：《引领中国妇女发展的新纲要——略论〈中国妇女发展纲要（2011—2020）〉的几个亮点》，《人权》2011 年第 6 期，第 26 页。

③ 胡锦涛：《在纪念"三八"国际劳动妇女节 100 周年大会上的讲话》（2010 年 3 月 7 日），《人民日报》2010 年 3 月 8 日，第 2 版。

④ 胡锦涛：《在纪念联合国第四次世界妇女大会十周年会议开幕式上的讲话》（2005 年 8 月 29 日），《人民日报》2005 年 8 月 30 日，第 1 版。

⑤ 胡锦涛：《在纪念联合国第四次世界妇女大会十周年会议开幕式上的讲话》（2005 年 8 月 29 日），《人民日报》2005 年 8 月 30 日，第 1 版。

发展成果，又要创新政策手段，激发妇女潜力，推动广大妇女参与经济社会发展"①。

4. 坚持"四自"方针，创造平等和谐的家庭环境

为适应改革开放新时期的形势要求，1984 年全国妇联提出"自尊、自爱、自重、自强"的"四自"方针。1988 年 9 月，第六次全国妇女代表大会强调："必须围绕经济建设开展妇女运动，从社会发展中求妇女解放"，号召广大妇女全面提高自身素质，"自尊、自信、自立、自强"，使得妇女运动方针进一步发展与完善。1990 年，江泽民代表党和政府对广大妇女提出殷切期望："进一步增强历史使命感和社会责任感，做社会主义的有理想、有道德、有文化、有纪律的新女性。"②

新中国成立后尤其是改革开放后，我国从制度上结束了女性家庭角色和社会角色的分裂状态，并且在实践上、法律上为妇女参加社会生产劳动创造了各种条件，不断提升妇女在家庭中举足轻重的作用。2001 年 9 月，国家颁布《公民道德建设实施纲要》，提出在家庭生活中实现男女平等，恋爱自由，婚姻自主；树立"尊老爱幼、尊重和保障妇女的合法权益，反对歧视和迫害妇女""男女平等、夫妻和睦、勤俭持家、邻里团结"的文明新风。国家一系列政策法规的颁布与贯彻施行，对推进实现男女平等发挥了重要作用。

5. 充分发挥妇女组织的桥梁和纽带作用，扩展妇女的国际交流与合作

2015 年 7 月 7 日，习近平在中央党的群团工作会议上的讲话强调，切实保持和增强妇联组织的政治性、先进性和群众性。从党领导的妇联组织看，政治性是其灵魂，是第一位的，妇联要始终把自己置于党的领导之下，承担起引导群众听党话、跟党走的政治任务，把自己联系的群众最广泛、最紧密地团结在党的周围；保持和增强先进性是妇联组织的重要着力点，要以先进引领后进，教育引导妇女不断提高思想觉悟和道德水平，坚定走中国特

---

① 习近平：《促进妇女全面发展　共建共享美好世界——在全球妇女峰会上的讲话》（2015年 9 月 27 日），《人民日报》2015 年 9 月 28 日，第 3 版。

② 江泽民：《全党全社会都要树立马克思主义妇女观》（1990 年 3 月 7 日），《江泽民文选》第 1 卷，人民出版社 2006 年版，第 110 页。

色社会主义道路，真正成为党执政的坚实依靠力量、强大支持力量、深厚社会基础；群众性是妇联组织的根本特点，妇联开展工作和活动要以群众为中心，让群众当主角，把工作重心放在基层。"妇联是搞妇女工作的主要部门，但妇女工作不只是妇联的工作，只靠妇联做妇女工作肯定搞不好"，"必须由党、团、工会、国家机关、妇女组织共同努力"①，全社会共同推动妇女全面发展，实现男女平等。此外，"提高妇女的地位和作用，需要各国政府和人民不懈努力，也需要开展积极的国际合作"②，为妇女事业发展创造更加良好的环境和条件。

概而言之，中国特色社会主义男女平等理论已经形成了完整的理论框架和政策系统，它继承和发扬了毛泽东男女平等理论，丰富和发展了马克思主义男女平等理论，成为新时期促进我国男女平等和妇女继续解放与发展的指导原则，是当代中国特色社会主义男女平等观的直接理论依托。

（原载《山东女子学院学报》2016 年第 6 期，第 1—8 页）

---

① 《邓小平文集》（1949—1974）中卷，人民出版社 2014 年版，第 333 页。
② 胡锦涛：《在纪念联合国第四次世界妇女大会十周年会议开幕式上的讲话》，《人民日报》2005 年 8 月 30 日，第 1 版。

男女平等价值观的理论内涵解析 *

刘晓辉 **

　　男女平等价值观，是人类社会对男女平等基本价值的取向和追求。在我国，男女平等价值观是马克思主义妇女理论的集中体现，是中国共产党领导下的妇女运动始终遵循的价值原则和坚持不懈的价值追求，是男女平等基本国策的价值观基础，是培育和践行社会主义核心价值观的应有之义。男女平等价值观的提出与确立，对于实现男女两性平等、自由、协调、全面发展，促进人类社会全面发展与进步，具有重大的现实意义和深远的历史意义。

　　新中国成立以来，党和政府始终秉承男女平等价值理念，运用经济、法律、行政、教育及舆论等多种措施持续推进男女平等。男女平等，是我国宪法的基本价值原则；1995 年，男女平等被确立为我国的一项基本国策；2012 年男女平等基本国策被写入十八大报告；2012 年社会主义核心价值观提出，男女平等价值观成为其重要组成部分。2015 年，国民经济和社会发展"十三五"规划纲要设专节专章对"促进妇女全面发展"作出了部署。可以说，在我国，男女平等已经在制度层面得到确认。但是，在日常生活和大众传媒中，不尊重女性、贬损女性价值和作用、误解两性之间的关系，不公平定位、评价女性在家庭和社会中的角色与分工、权利与责任、机会与结果

　*　基金项目：本文是国家社科基金重大项目"男女平等价值观研究与相关理论探讨"（项目编号：12&ZD035）的阶段性成果。
　**　作者简介：刘晓辉，女，全国妇联妇女研究所助理研究员，马克思主义哲学专业博士，研究方向：马克思主义妇女理论，男女平等理论。

的观念、言论仍时隐时现。可见，当下，男女平等的价值观念仍时时受到男尊女卑、男主女从、男强女弱、男外女内等落后陈腐性别观念的挑战，两者的较量从未停止，男女平等价值观的认知、认同、确立和践行仍需不懈的努力。而其中最为关键的一个理论前提问题便是须澄明男女平等价值观的理论内涵到底是什么，因为只有首先知晓男女平等价值观为何物，才能进而谈认知、认同、培育、确立、践行的问题。

一、价值观的本质

价值观指基本价值在人们思维中的观念，即人们看待和处理个人、人与人、人与家庭、人与社会、人与环境的关系和各类事务时所表现出的认知、判断、看法和观念的总和，常常表现为人们的好坏观、是非观、善恶观、美丑观、荣辱观、得失观、利弊观等，是人们向往、追求、拥护、反对、舍弃什么的观念系统。

价值观是人生观和世界观的价值基础，一方面表现为一种价值尺度和价值原则；另一方面表现为一种价值取向与价值追求，凝结为一定的价值目标。在家庭与社会生产生活实践中，价值观是深藏于人们内心的准绳，成为人们处理事情、判断对错、选择取舍的价值标准，对人类群体及个体的思维与行为的动机、内容、方式及目的，均起着决定性的影响作用。

价值观是在一定的社会政治经济基础上形成的，而且一经形成，便具有相对稳定性和持久性；同时，价值观又会随着社会存在的变化而不断发生变化，因此又具有历史性和可变性。

二、男女平等价值观的理论内涵

男女两性关系是人类最基本的社会关系。关于怎样看待、评价作为个体的女性、男性，男女两性之间的关系，男女两性与家庭、社会、国家和民族以及生态环境的关系，人们有不同的看法、态度和观点，其总和构成了不同的性别价值观。

　　男女平等价值观，说到底，是一种具有平等理念的性别观。可以从五个维度来理解和把握，即：一是人们对男女两性个体的人格、尊严、能力、价值等持有平等的态度和看法；二是人们对男女两性之间的关系持有平等的认知和评判；三是正确认识女性在家庭中的角色、地位；四是正确看待女性与国家、民族、社会的关系；五是准确判断女性与生态文明的关系。

　　简而言之，男女平等价值观是指人们对男女两性的人格与尊严以及两性在家庭和社会领域中的能力与价值、角色与分工、权利与责任、机会与结果进行认知和评判时持平等的态度和看法。

　　具体来讲，男女平等价值观的理论内涵，包含以下相互联系、有机统一的五个方面。

（一）女性是具有独立人格、尊严、价值和社会贡献的人

　　对女性作为一个社会人作出客观、公正的认识和评价，不仅关系女性自身发展，对实现男女平等和推动社会文明进步也同样具有重要意义。在人类历史上，自私有制产生以来，社会文化对女性的贬抑与否定之词便不绝于耳，迄今为止，这种对女性不公正的看法、评价与观念仍根深蒂固。在社会的认识、评价和观念中，男女两性的性别差异被片面地夸大。许多人秉持着各种偏见而不肯改变，男性被认为是刚强、尊贵、理智、主动、独立的，而女性则被认为是柔弱、低贱、愚蠢、被动、依附的。男性是发育成熟的健康的优等性别，女性则是发育不完全、大脑不成熟、像儿童一样需要男人与社会保护的劣等性别。女性智力、能力不如男性的"女不如男""女性头发长见识短"的观念至今仍大有市场。男性被认为是顶天立地的，掌管着社会和家庭的主人，为人类社会发展与文明进步作出了巨大贡献；女性则被认为是仰仗男性鼻息，谋得家庭的一席之地，性与生育功能是衡量女性价值的主要尺度。以上关于女性的种种看法与评价，是不公正的误识和偏见。作为人，女性同男性一样，是平等的社会主体，男女人格与尊严、智力与能力、贡献与价值均是平等的。

　　1. 男女两性人格与尊严平等

　　作为人，无论男性还是女性，生而自由平等。男女两性生理结构不同，但这种不同不能作为存在社会地位差距的依据，在生命的尊严与人格上男女

两性是平等的，不存在高低、贵贱、优劣的差别。

在漫长的奴隶、封建社会中，父权的经济、政治、文化制度从根本上压抑女性的主体性，经济生活中强调"男外女内"，政治生活中强调"君君""臣臣"，家庭生活中则强调"父父""子子"，国家用法律等意识形态确立男子在社会生活中的中心地位，提倡"三纲五常""三从四德"，使得女性从物质生活到精神生活都依附和依赖于男性，无独立人格与生命尊严可言。正如波伏娃所言，"一个女人之为女人，与其说是天生的，不如说是形成的"。女人的被动与依附并非生就的，而是父权制度与文化造就的。妇女解放运动，男女平等的目标就是要"脱离夫奴隶之羁绊，以完其自主自由之人格之谓也"①。人格与尊严平等是一切平等的基础，意味着把社会中的男女两性作为平等的人予以尊重，充分肯定男女两性同样具有独立自主意识和道德价值，反对并消除任何领域基于性别的偏见和歧视，是男女平等的第一步。

2. 男女两性智力与能力平等

人首先是一个有生命的自然存在物，人是自然人，具有自然属性。同属自然人的男女两性，具有生理方面的不同是一种客观存在。但是，迄今为止，世界各国尚没有任何研究报告或其他确凿无疑的事实，能有力地证明男女智力与能力存在显著差异，以至可以从总体上科学地断言男女智力、能力孰优孰劣。相反，大多数学者通过研究发现，两性智力与能力的差异并非人们观念中普遍认为的那样大。男女智力总体上具有平衡性，不存在谁高谁低、孰优孰劣的评判。社会上流行的"女性智力与能力不如男性"的"女性弱智论"的观点是毫无科学根据的偏见。

其实，无论思维习惯、行为方式还是能力水平，整个男性群体和整个女性群体之间平均水平的差异，远远比不上一名男性与另一名男性之间的个体差异，同样也比不上一名女性和另一名女性之间的个体差异。可以说，真正将人与人区别开来的是个体差异而非性别差异。但现实却往往是人们放大了性别差异，而忽略了两性在很多方面并没有差异。而且，人与人、男性与

---

① 陈独秀：《敬告青年》，原载 1915 年 9 月 15 日"青年杂志"1 卷 1 号，见《独秀文存》卷 1，转引自中国青年网 2009 年 4 月 21 日。

女性之间即便有差异，也并非是由先天的生理差异造成的，而是后天环境影响和塑造的结果。

在阶级社会中，女性被家庭樊篱禁锢，失去了在广阔的社会天地发展能力的权利与机会，势必思维狭窄，目光短浅，如井中之蛙，不了解井外之天。柏拉图说，"如果我们想让妇女做与男人相同的事情，我们必须交给她们相同的事情"。传统固化的性别分工只交给女人家务和生育，却说她们只会生育和做家务。社会要女子"无才便是德"，剥夺了女性学习科学文化知识的权利，却又贬斥她们什么都不懂。[1] 这对于女性来说，是极大的不公平、污名化与蔑视。其实，女子智力与能力并不差于男性，她们一旦接受教育，了解天下大事，开阔了视野，智力被开发出来，"往往男子所不能穷之理，而妇人穷之，男子所不能创之法，而妇人创之"[2]。

3. 男女两性贡献与价值平等

人民群众是历史的创造者，女性同男性一样，是家庭和社会生产生活实践的主体，是创造世界历史的动力。在以私有制为基础的男性中心社会，男性的作用被有意识地强化与抬高，女性的社会贡献和社会价值却被有意识地贬低甚至抹杀，女性的伟大作用被淹没了。

作为平等的社会主体，男女两性同为伟大的人力资源，是实现社会文明进步和国家繁荣昌盛不可或缺的主体力量。女性是物质文明、政治文明、精神文明与生态文明建设的直接参与者、贡献者。女性在与男性共同承担物质资料生产的同时还承担着人类再生产的神圣使命。现代社会中，女性不仅是家庭建设的决策者、管理者、参与者与贡献者，更是胸怀天下，勇担时代使命，活跃在经济、政治、文化、科技、生态、军事等社会各领域、各方面，以卓越的才干和贡献，在社会变革、经济生产和社会生活中撑起半边天。

总之，女性同男性一样，是自尊自信、自立自强，勤劳勇敢、蕴藏着

---

[1]　孔岩：《社会分工与女性角色变迁》，《延安大学学报》（社会科学版）1996 年第 1 期，第 39—43 页。

[2]　中华全国妇女联合会：《中国妇女运动史（新民主主义时期）》，春秋出版社 1989 年版，第 23 页。

无穷智慧和创造力的社会主体。那种无视女性作为平等社会主体的独立性、自主性、能动性、创造性，无视女性智慧与力量的社会偏见，不能对女性的贡献与价值作出客观公允的评价，不仅造成女性的潜能无法充分发挥、女性人力资源的巨大浪费、女性个体发展受到抑制，而且也不利于男性发展与人类社会进步。

（二）男女两性是平等、和谐、包容、共享的依存关系

人类社会由男女两性共同组成。两性关系是人类社会最自然、最基础、最必然的关系。然而，关于两性关系的认识、评价与定位，一些人总是执着于"男尊女卑、男强女弱、男主女从、男高女低"的等级观念，难以摆脱对立、对抗、疏离的思维模式。一些人认为，女性解放，就是"要压制和打倒男性，建立女性统治男性的女权社会"；男女平等，就是"女性向男性争权夺利，争资源，抢地盘"。

纵观两性关系的历史与现实，伴随着人类社会狩猎采集社会、农业社会、工业社会、信息社会这几个社会形态的发展演变，两性关系经历了朴素的男女平等、男性统治、女性解放这样几个阶段。在奴隶社会、封建社会、资本主义社会，男女两性之间是统治、压迫、对抗的等级关系，两性的关系是畸形、扭曲的，不仅女性能力得不到发挥，男性同样受束缚、受压抑，人的自由发展程度很低。近代工业文明吹响了妇女解放、男女平等的号角，今天的男女两性，正逐步迈向平等和谐、包容对话、共享融合的时代。可以说，男女两性关系，并非人们认为的那样是统治与服从、此消彼长的对立对抗关系，而是非等级、非对立、非对抗的平等、和谐、包容、共享的依存关系。

1. 尊重差异、平等依存

男女两性共同构成人类世界，共同缔造人类社会历史，共同繁衍人类，使人类生生不息。男性并非女性天生的压迫者，女性也并非天生是男性奴役的对象，男女之间具有天然的平等关系。

男女两性虽然自然属性不同，但差异不是差距，正是生理构造不同的男性与女性，共同创造着丰富多彩、五彩斑斓的美丽世界，成为两性和谐的基础和两性互相依存、共同发展的前提。男女两性不是对立、对抗的等级关系，而是平等依存、相互促进的伙伴关系。

正视男女两性不同的生理属性，尊重两性的生理性别差异，意味着不以优劣好坏来评价男女两性的性别特征，不主张绝对的"男女都一样""男女等同"，女性不以"男性价值"为标尺达到男性在现实中的水准，成为"男性化"的人。同时，主张消弭两性的社会性别差距，促进男女两性协调发展，推动女性与经济社会同步发展，使女性与男性在家庭、社会各个领域角色与分工、权利与责任、资源与收入、机会与结果等方面平等。

2.携手前行、共同发展

人类有一双翅膀，一边是女性，另一边是男性。只有两翼均衡地成长，这只鸟儿才能飞翔。

第一，女性发展关系着男性的发展与人类自由全面发展的实现。女性发展、男性发展同是人类发展不可缺少的组成部分。女性解放与发展的程度，是衡量社会文明进步的标志。女性不解放，男性也得不到解放，人类的自由全面发展也得不到实现。女性的落后，阻碍的不仅是女性自身社会地位的提高，而且将阻碍男性的全面发展以及整个社会的进步。

第二，男女平等关涉两性共同的解放与发展，离不开男性的支持与参与。父权制度和文化不仅伤害和禁锢着女性，也束缚和限制了男性的解放与发展。男女不平等是男女共同的发展羁绊，摆脱历史的重男轻女、男尊女卑、男主女从、男强女弱传统观念，已经不仅仅是女性解放的需要，更日益表现为男性人格健全与全面自由发展的需要。男女平等、女性解放，不是女性向男性的"夺权复仇"，不是以女性来代替男性、压迫男性而造成新的不平等，而是旨在追求和实现男女双方自由而全面的发展。因此，男女平等、女性解放，是两性共同的解放与发展，需要男性的支持与参与，需要两性共同协力完成。

第三，人类社会发展与进步需要男女两性的精诚合作。人类社会发展的最大效益，将取决于男女两性合作的程度。国家富强、民族振兴、社会进步需要男女两性人力资源、创新能力的充分展现，需要两性的良性互动和高效合作。在家庭和社会生产生活实践中，两性互尊互爱、平等相待、各展所长、共建共享、携手前进，才能推动人类社会走向美好明天。

（三）男女两性全面参与平等、文明、和谐家庭建设

在漫长的传统封建社会，基于性别形成了固化的"男主外、女主内"的劳动分工模式，"家人，女正位乎内，男正位乎外，男女正，天地之大义也"。男性被定位为从事公事、外事，参与社会公共领域的"养家者"，尽情遨游于广阔社会天地，建功立业；女性则被视为无公事、只能从事内事和私事的"被养者"，固守家庭，做贤妻良母，相夫教子，专事家务，被认为是女性的天职。近代工业文明以来，女性走出家庭，走向社会，广泛参与经济、政治、文化、科技、军事、生态等各个领域，以卓越的能力与业绩，与男性一起成为社会生产的参与者和家庭收入的贡献者，承担起养家的责任。然而，挣钱养家主要应该是男人的责任、男人应该是家里的顶梁柱、男人应该有自己的事业、男性的职业发展权优于女性等传统的性别角色观念，依然顽固地深植于人们的头脑中。时下，人们在择偶结婚时，依旧固守着"男高女低"的传统婚配标准，希望年龄上"男大女小"，学历、收入、身高上"男高女低"，要求男方有房有车、出具高额彩礼。妻子即使出来工作承担了养家责任，可做家务、照顾老人孩子也还是妻子的主责，必要时，要牺牲自己成就丈夫的发展，夫贵妻荣；女性天生就适合、擅长做家务和带孩子，一个女人如果在家不做家务，那便是个"无女人味"的人，是个懒女人；"男做女工，一世无功""好男不问家务事"，男人在家里做家务，照管孩子，就是无能窝囊的表现，这些认识偏见还有相当大的市场。在人们的头脑中，无酬的家务劳动与有酬的社会劳动相比，是不创造社会价值的。内外的区分不仅是家庭与社会界限的区隔，更意味着社会地位的尊卑等级。

家庭是社会的细胞，是国家发展、民族进步、社会和谐的重要基点。[①]家庭，是每一个家庭成员共同组成、共同参与、共同尽力、共同享有的命运共同体。平等、文明、和谐家庭建设离不开每一位家庭成员的尽心参与、悉心经营与精心呵护，是男女两性共同的权利与责任。

---

① 习近平：《在 2015 年春节团拜会上的讲话》（2015 年 2 月 17 日），《人民日报》2015 年 2 月 18 日。

1. 男女两性同是家庭建设的参与者、决策者、贡献者与共享者

作为平等的社会人，男女两性都扮演着家庭角色与社会角色，都要参与家庭与社会建设，也都是家庭权利与社会权利的享有者、家庭责任与社会责任的承担者。

女性并非如人们认为的那样天生隶属于家庭，天生适合、擅长做家务与照顾孩子。传统"男外女内"的固化分工，剥夺了两性的自由选择权和发展空间，女性失去了参与社会生产劳动的权利，承受了太多的家庭重担；而男性则承担了过多的社会责任和压力，失去了在家庭中享受为人子、为人夫、为人父的权利与乐趣。时下依然流行的"男高女低"的择偶观，实质依然是"男强女弱"传统性别角色观念定型在起作用，反映的是一种依附与被依附、从属与被从属、供养与被供养的不平等的两性关系。

当前，女性已然走出家庭走向社会，传统固化的劳动性别分工已然松动和改变。因此，无论自觉与否，男女两性都需要从性别角色态度到性别角色期望、从权利与机会到义务与责任，适时做出及时的调整。

从经济来源上来讲，在一个家庭中，挣钱养家应该是男女两性共同的权利与义务，男女双方都应该为家庭做贡献。男性不再是唯一的"挣钱养家者"，女性以广泛参与经济社会发展的卓越贡献与业绩同样成为家庭经济的支持者与贡献者，与男性一起承担起养家的责任。从家庭权力上讲，男女两性都是家庭的主人，共同成为家庭发展与家庭建设的决策者与管理者。对于家庭的生产经营、投资、贷款、购房/盖房、购买大件商品、子女升学/就业等重大家庭事务及家庭生活的日常开支等，男女应共同商量，共同规划。从家务分工上讲，从事家务劳动是男女两性共同的权利与责任，男女两性共享共担养老、育幼、家务劳动等家庭照料的权利与责任。从家风传承和家庭环境营造上讲，男女两性以身垂范、言传身教，共享共担子女的家庭教育、良好家风培育传承的权利与责任。男女两性在生活中相互尊重、相互关心，在工作中相互支持、共同发展，积极构建夫妻之间、父母子女之间平等、民主、和谐、包容的家庭关系。

2. 尊重、肯定和认可家务劳动的社会价值

家务劳动是家庭成员在家庭内部为满足其成员的精神生活和物质生活

需要进行的劳动。① 其特点在于以家庭为场所，以家庭成员为服务对象，既包括为成年人自身生活服务的劳动，也包括为家庭老人和未成年子女生活服务的劳动；既包括劳动者自身再生产的劳动，也包括人类社会人口再生产的劳动；既包括维持家庭成员生存需要的劳动，也包括满足家庭成员发展、享受需要而进行的劳动。

家务劳动虽然在家庭内进行，受益者是家庭成员本身，但这种劳动却是从事其他劳动的前提条件，进而是整个社会劳动的基础。可以说，家务劳动不仅是一种家庭劳动，更是一种社会劳动；不仅是一种生活劳动，更是一种生产劳动。家务劳动是社会生产劳动在家庭中的继续，是社会生产、交换与消费过程的构成部分，如果没有家务劳动，整个社会再生产过程中的生产、交换、分配、消费都可能中止。家务劳动与物质生产领域的劳动一样，不仅创造了使用价值，也创造了巨大的经济价值和社会价值。据估计，家务劳动占工业化国家所创造财富的25%—40%，家务劳动对国家经济的贡献显而易见。②

从历史发展的过程看，无论家庭形态、家庭功能怎样变化，从古至今，女性始终是家务劳动的主要承担者。家务劳动特别是女性的家务劳动对家庭成员的发展乃至整个社会的进步与发展作出了巨大贡献。

然而，长期以来，由于家庭被视为私人领域，家务劳动被认为是婆婆妈妈、琐碎复杂的私人事务，与社会无关，且家务劳动的成果不在市场上进行经济交换，家务劳动是无酬劳动，其经济和社会价值被严重忽视，得不到社会的尊重与认可。承担繁重家务劳动的女性，在人格、就业等方面受到不应有的歧视，女性的家务劳动在分配上未能得到应有的认可与补偿，在社会上，女性失去了她们应该占有的重要位置，造成事实上社会和家庭中的两性不平等。

公允地对家务劳动作出恰如其分的评价，使全社会认识、尊重、认可家务劳动的社会价值，男性更多地投入家庭，享有家庭权利与女性共担家务

---

① 刘爱玉、庄家炽、周扬：《什么样的男人做家务——情感表达、经济依赖或平等性别观念》，《妇女研究论丛》2015年第3期，第20—28页。

② 张赛玉：《性别回归：社会性别视野下的和谐家庭建设新探》，《湖南社会科学》2016年第1期，第106—109页。

劳动，将不仅推动妇女解放事业，更带来人性的解放与社会的发展和进步。相反，固守男外女内的性别分工，无视家务劳动的社会价值，不管是何种性别，都仍将生活在束缚和不自由当中，两性的全面均衡发展无从实现。

（四）男女两性全面投身于中国特色社会主义伟大事业

人类社会由男女两大主体构成，两性社会角色的充分展示与发挥，两性平等参与、贡献、共享是促进人类文明发展与社会进步之本。国家兴亡，匹夫有权有责，匹妇亦有权有责。

传统社会对男性的要求与期待是参与社会，成就伟业；对女性的要求与期待则是固守家庭，做好贤妻良母，生儿育女，相夫教子。几千年来，女性被禁锢在家庭，参与社会生产与社会活动的权利被剥夺。现代社会，女性虽然走出家庭走向社会，然而，女性参与经济社会发展遇到的阻力与障碍仍远超男性。一些人仍固执地认为，女性最好的位置是在家庭，照顾丈夫和生育、养育子女才是女性的主要职责，家庭角色和家庭责任才是女性的主业，女性可以工作，但工作和承担社会责任对女性来说不是最主要的，不那么重要。社会和文化总是极力讴歌伟大的母亲，赞颂无私的母爱，渲染母亲是女人最神圣的天职，却忽视女性应享有的平等参与社会经济发展的权利，抹杀女性作为生产者、职业者的智慧、才干与力量，忽视女性对于社会的责任与贡献，忽略女性社会价值与自我价值的实现。社会舆论把在社会参与中取得成就的女性描述成生硬死板的"女强人"，极力渲染这些女性在家庭、情感生活中的失落与自责，强调她们因过于注重事业而忽视了家庭责任，是缺乏女人味的，与贤妻良母的形象不符。当社会面临就业压力与困境时，"女性阶段就业""妇女回家"的主张和呼声就此起彼伏、不绝于耳。

女性为人类社会的存在与发展作出了巨大贡献，女性同男性一样，除承担着物质资料的生产外，同时还承担着人口再生产的重大责任。这本来应当成为女性受社会尊重与认可的理由。然而，一些人总是认为并强调，母亲是伟大的，母职是神圣的，但女性、母亲终究是隶属于家庭这一私人领域的，女性承担的人口再生产也被认为是家庭、女性个人的私事，不具有社会价值。不仅如此，生育责任还被当成了女性天生的弱点、女性的特殊负担和社会的累赘，变成了女性求职、晋升的主要障碍。当前，面对与男性发展相比女性发展相对滞后的社会现实，有人将此归因于女性素质低，或者认为女性解放与发展就是女性自己的事情；还有人认为，经济发展了，女性自然而然就解放了。这些认识偏见都需要澄清和纠正。

1. 女性同男性一样，是国家建设不可缺少的主体力量

作为平等的社会人，男女两性享有平等的参与国家建设的权利，并平等地履行社会义务，承担国家建设的责任。在社会中，扮演好社会角色，从事社会工作，通过参与社会生产和各种活动在为国家、社会、民族的进步与发展作贡献的同时实现自身的解放与发展，这不再只是男性的事情，同样也是女性享有的社会权利和应尽的社会义务。

社会发展离不开生活于其中的男性、女性的平等参与和贡献。女性在发展中的作用与社会和经济发展的目标直接有关，是社会发展的基础。女性同男性一样，是推动国家社会发展不可缺少的主体力量。中国特色社会主义事业的发展，全面建成小康社会的奋斗目标和实现中华民族伟大复兴的中国梦，都离不开男女两性的共同奋斗。广大女性全面参与社会的经济、政治、文化、科技、军事、生态等各个领域建设，不仅是其实现经济独立、提高综合素质与竞争能力的需要，更是提升社会生产力和经济活力的需要。

我们再也不能固守传统性别观念，无视女性这支伟大的人力资源，忽视女性的智慧、才能与创造力，看不到女性的重要作用与贡献；再不能借口女性应尽母职，承担家庭责任，主张女性退出社会、回归家庭。否则，不仅是漠视女性的主体权益、自我价值与社会价值的实现，而且会造成女性人力资源的极大浪费，进而影响整个人类社会的发展。

2. 尊重、肯定和认可女性人口再生产的社会价值

人类社会的生产和再生产包括两种：一种是满足人们物质生活需要的物质资料的生产；一种是为了世代延续而进行的人类自身的再生产。物质资料的生产是人口和人类社会存在和发展的前提和基础；而人口再生产是劳动力的再生产，是物质生产的基本要素和能动力量。① 两种社会生产互为前提，

---

① 苟建忠：《对妇女生育价值及其社会补偿方式的几点思考》，《社会科学探索》1989 年第 6 期，第 71—75 页。

互相制约，共同构成了人类社会存在和发展的客观物质基础，共同成为人类社会发展的制约力量。任何社会都是两种生产的有机统一，人们为这两种生产付出的劳动构成了社会的总劳动。可以说，无论物质资料的生产还是人口再生产都是社会总劳动的一部分，都是社会劳动，都具有社会价值。

女性不仅作为重要的人力资源参加物质资料的生产，还同时承担着人类自身的再生产，为人类社会的延续、存在与发展付出了巨大的劳动，作出了特殊贡献。当前，物质资料生产的社会价值是得到公认的，而人口的再生产却由于是以家庭为单位进行的，因而传统观念一直把生育、养育子女看成女性、家庭的私事，其社会价值被忽视和抹杀，没有得到应有的尊重和承认。全社会应尊重、肯定、认可女性在人口再生产中的社会价值，并给予其公正评价和合理补偿，不使女性因生育责任而被歧视和限制。

3. 强化国家责任，保障女性发展

男女平等、女性发展不会随着经济发展自然而然地实现。经济的发展为社会的发展、社会中人的发展提供了最根本的物质条件，一定程度上决定了社会各方面的发展。纵观人类历史不难发现，正是经济的发展为广大女性的社会参与提出了客观要求，并提供了坚实的物质技术基础。但是，人类社会生产力的发展和经济的增长，并不能自然而然地带来女性的解放与发展。男女平等、女性发展的实现是一个长期的历史过程，存在多方面的制约性因素，涉及社会的经济、政治、文化等各个方面。

男女平等、女性发展是社会进步、国家发展、民族昌盛的重要目标与体现。男女不平等、女性发展滞后，是一个社会问题，不仅仅是女性个人的问题。因此，男女平等、女性全面发展的实现，不仅需要作为主体的广大女性主体意识的觉醒和不懈的坚持与奋斗，更需要国家力量的强力保障，创造一种良好的支持性的社会环境。

当前，在男女两性实质上还存在发展差距的社会现实中，国家需要通过坚持不懈实实在在的努力，在出台法律、制定政策、编制规划、部署工作等各个环节充分考虑男女两性的现实差异和妇女的特殊利益，为开发妇女这支伟大的人力资源提供制度保障。离开国家的积极作为，男女平等的实现将更为漫长曲折。

（五）女性是生态环境保护不可缺少的重要生力军

人类是自然界长期发展的产物，是自然界的一部分。人类和自然界须臾不可分离。人类在享受大自然的同时也承担着管理和保护地球的自然资源和生态环境、与自然永续和谐相处的责任。人类应该像爱护自己的身体一样尊重自然、顺应自然、善待自然、呵护自然，同自然共生共长。保护生态环境，实现人类可持续发展，是全人类共同的伟大事业，是男女两性共同的权利与责任。女性同男性一样，对地球生态环境与人类未来肩负着重要职责，这不仅是女性不可剥夺的权利，更是女性不可推卸的伟大使命。

然而，长期以来，在生态环境保护与建设中，性别问题没有得到足够重视。受传统性别观念影响，女性在环境保护与自然资源的开发利用中的角色与作用、知识与经验、能力与贡献在一定程度上被低估甚至被忽视，女性的声音、权益与需求很少得到倾听与关注。一提起女性与环境，人们往往就把女性定位为生态环境恶化的受害者，女性是极其脆弱的，女性是需要被救助与被保护的。即使注意到了女性在环境保护中的作用与贡献，由于传统性别角色定型的影响，也只是突出强调女性在家庭生活领域以及作为消费者的作用，而忽视了女性参与经济与社会发展多样化的社会角色对环境的影响和作用。

事实上，女性不仅仅是环境恶化的受害者，还是环境保护的参与者、贡献者，更应对气候变化与自然灾害的重要力量。人类是生态退化、环境污染的受害者，在这一点上是不分性别的，男性女性没有谁可以幸免。只是，由于妇女的自然生理特征及她们在社会繁衍和发展中的特殊作用[①]，加之传统劳动性别分工及女性所遭受的制度性和结构性的歧视，环境恶化会对女性的健康、工作和生活质量造成更大的损害和更直接的影响。环境恶化导致女性生活更加贫困，环境污染直接影响女性的身心健康，还会通过怀孕、哺乳影响到下一代。我们既要看到女性在气候变化与自然灾害面前所具有的脆弱性、敏感性，也要看到女性同男性一样在促进生态环境优化与推动人类可持续发展中的主动性、能动性和创造力。由于女性承担着人类再生产的使命，

---

① 《中国妇女环境宣言（草案）》，《中国妇运》1994 年第 8 期，第 5—6 页。

因而母亲的爱与责任使她们对生态环境有着更为深刻的感受力与洞察力，更能体会到环境恶化对人类及子孙后代造成的严重影响，会更深切地关注生存环境的质量，从而积极采取保护环境的行动，为推进资源节约型、环境友好型社会建设贡献力量。

1. 作为消费者，女性是推动形成绿色消费方式的重要力量

作为家庭消费的主要管理者、家务劳动的主要承担者和家庭照料的主要力量，妇女在日常消费和生活中扮演着重要角色。妇女对消费品和消费方式的选择，不仅在改变家庭生活方式、推动节能环保方面起着关键性作用，而且能促进生产、流通、消费的过程减量化、再利用和资源化。女性能否考虑环保因素，采取一种低消耗、低污染、符合可持续发展与环境友好的生活方式，将直接影响一个家庭乃至整个社会的消费方式和生产结构，进而促进环境状况的改善。女性如果在日常生活中积极践行用布袋购物，选择绿色产品，积极参与垃圾分类回收、废旧物品循环使用，注意节水、节电、节约燃料等，就会带动社会生产方式的变革，反之，如果采用不可持续的消费方式，就会直接或间接导致对环境的破坏。女性对环境的作用还体现在她们在家庭教育中的重要影响力上。如果每一位母亲都能用自己"绿色消费、绿色生活"的理念和行动影响自己的孩子，使他们在生活的点点滴滴中养成保护环境的良好习惯，就可以大大增强下一代热爱自然、保护环境的自觉性。

2. 作为生产者，女性是推动形成可持续生产方式的重要力量

女性作为广泛参与经济、政治、文化、科技等各领域、各行业的生产者，在节约资源、清洁生产、节能减排、保护环境、转变经济发展方式，推动建立绿色、低碳、循环发展产业体系，推进绿色发展、环保发展、低碳发展中发挥着重要作用。农村妇女在现代农业生产中，发挥着主力军作用。我国 80% 以上的农业劳动、70% 的家庭种植业和养殖业都由妇女承担。[①] 她们能否在生产中注意生态保护和可持续经营，能否注意保护土地资源，科学选择使用化肥、农药和除草剂，科学处理废弃农膜、秸秆、家禽粪便等，她们

---

① 关夏：《重视女性主体性　以生态文化建构推进生态文明建设》，《中国妇女报》2012 年 11 月 13 日。

的环保意识、生产经营方式对生态环境的影响非常直接、非常重要。

3. 作为决策者，女性是推动形成科学环境决策与管理的重要力量

女性参与环境决策与管理，对于提高环境决策与管理的科学化、民主化、公平公正具有重要意义。《里约环境与发展宣言》指出，"妇女在环境管理和发展方面具有重大作用，她们的充分参加对实现持久发展至关重要"①。《行动纲领》指出，"健全的环境管理所需的战略行动应采取一种整体的、多学科和部门间的对策，妇女的参与和领导对于这一对策的每个方面都至关重要。没有男女共同参与的环境政策终究不会成功"。"除非承认并支持妇女对环境管理的贡献，否则可持续发展就将是一个可望而不可即的目标。"② 环境决策与管理中纳入性别视角，让女性全面参与其中，参与家庭、社区及国家各个层级关于生态环境的法律、政策、项目、方案的制订、实施、监测和评估，充分肯定和采纳女性环境知识、经验及技能，重视倾听女性的声音，关注女性的权益与需求，并将它们反馈到环境决策中，对于提升生态文明建设的层次和水平具有重要意义。

---

① 《里约环境与发展宣言》，《环境保护》1992 年第 8 期，第 2—3 页。
② 《1995 年联合国第四次世界妇女大会行动纲领》，见 http://www.wsic.ac.cn/internationalwomenmovementliterature/66149.htm，2019 年 6 月 15 日访问。

男女平等，什么样的平等？*

——马克思思想的启示

刘晓辉 **

千百年来，平等是人类社会孜孜以求的理想目标和最为珍视的价值之一。男女平等、阶级平等、种族平等是人类平等的具体化。男女平等，是人类平等不可或缺的组成部分，是衡量人类社会文明、进步与和谐的重要尺度。

几个世纪以来，妇女解放运动高扬"男女平等"的旗帜，凭借着坚强的意志与坚持不懈的奋斗，已取得不错的业绩，迎来一段辉煌的历史。当前，男女平等已成为国际社会的共识和不可阻挡的世界潮流，从一种美好的人文理想变为切切实实的追求和现实存在。正如习近平主席在全球妇女峰会上所指出的，"妇女参与政治经济活动在法律上已经没有障碍，然而，针对妇女的各种形式的歧视依然存在，虐待甚至摧残妇女的事情时有发生"①。在男女平等尚未实现、推进男女平等依旧任重而道远的社会现实中，关于"男女平等"理论问题的追问与思索仍是非常重要、必要和迫切的。其中，"男女平等的理论内涵到底是什么"是明晰男女平等现状、分析男女不平等根源

---

* 基金项目：本文是国家社科基金重大项目"男女平等价值观研究与相关理论探讨"（项目编号：12&ZD035）的阶段性成果。

** 刘晓辉，女，全国妇联妇女研究所助理研究员，马克思主义哲学专业博士，研究方向：马克思主义妇女理论，男女平等理论。

① 习近平：《促进妇女全面发展　共建共享美好世界——在全球妇女峰会上的讲话》，《中国妇运》2015 年第 11 期。

与探究推动男女平等实现路径的一个理论前提问题。

一、问题的提出：男女平等，到底是什么样的平等？

在当代西方政治哲学中，平等是其核心概念之一。围绕"平等，什么方面的平等"这个问题，当代平等主义者们提出福利平等、基本善、资源平等、可行能力平等等方面的平等，并以此为基点建构起不同的平等主义理论体系。同样，我们也需要追问：作为妇女解放运动核心目标的男女平等，到底意指什么样的平等呢？

我们对"男女平等的真义"的追问源于以下三个缘由：第一，澄清误区。当前，关于男女平等的内涵存在"男女一样""男女对立"两种理解误区。一种认为，男女平等就是男女一样、男女绝对等同，女性要成为和男性一样的人；另一种认为，男女平等就是女性向男性"夺权复仇"，女性要取代男性的位置，女性和男性是对立、对抗的。第二，当前，学界关于男女平等内涵的话语众多，尚无统一界定。第三，在我国，男女平等是中国共产党领导下的妇女运动始终遵循的价值原则和坚持不懈的价值追求，是马克思主义妇女理论的集中体现，是社会主义的本质要求，是培育和践行社会主义核心价值观的应有之义，是落实十八届五中全会五大发展理念的必然要求。因此，明晰男女平等的理论内涵具有深远的历史意义和深刻的现实意义。

二、学界关于男女平等理论内涵的已有界定

关于男女平等的理论内涵，学界给予极大的理论关注。共识是：男女平等是一个具有多维结构的复合概念，但关于究竟是"什么样／方面的平等"，尚无统一界定。综观之，学界从不同的学科视角对男女平等内涵做出了不同的阐释。

1. 权利平等

一部分学者强调，男女平等的内涵就是"权利平等"。正如《中华人民共和国宪法》所规定，男女平等指男女两性在政治的、经济的、文化的、社

会的和家庭的生活等各方面享有平等的权利。宪法对"男女平等"的规定科学而明确，既有明确的内涵、外延和目标，又具有法律权威并获得大众认可。权利、机会、结果平等的划分实际上是无必要的，原因在于权利平等本身就内蕴机会平等与结果平等，也就是说，为了实现两性权利的平等，必须争取平等的机会，创设平等的条件，追求平等的结果。①

2. 权利平等与义务平等

一部分学者认为，对于每个人来说，没有无权利的义务，也没有无义务的权利。男女平等是一种权利义务的平等，指男女两性在婚姻家庭及社会生活中享有平等权利，承担平等义务。②

3. 权利平等与地位平等

一部分学者提出，男女平等是权利与地位的平等，指男女享有平等的社会权利，处于平等的社会地位。权利平等是制度特别是法律法规规定和保障的权利的无差异性，地位平等则指实际生活领域中的性别关系状况。③

4. 权利平等与机会平等

一部分学者强调，男女平等是指男女两性作为人在社会和家庭生活的各个领域中享有平等的权利和平等的机会。

有学者认为，权利分为"基本权利与非基本权利"两部分，男女平等意味着男女基本权利的完全平等与非基本权利的比例平等。机会平等是男女两性能否发挥能力的先决条件，机会完全平等是权利平等不可缺少的内容。④ 也有学者认为，权利与机会的平等，指的是男女在占有和运用自然资源和社会资源方面的权利和机会均等。⑤ 持权利平等与机会平等说的学者特别强调，男女平等的内涵并不包括所谓的"结果平等"或"结果均等"，即简单的数字或比例的均等。因为在权利和机会平等的原则下，人的参与意愿、行为动机、实际能力、追求目标是千差万别的，追求结果的平均主义实

---

① 侯秀娟：《多视角考察男女平等的实现程度》，《中国妇运》2002 年第 12 期。
② 魏丰华、郭靖花：《论男女不平等的根本原因及解决办法》，《改革与开放》2014 年第 3 期。
③ 丁娟：《男女平等的定义》，《中国妇女报》2003 年 2 月 25 日。
④ 李慧英：《男女平等内涵初探》，《中国妇运》2002 年第 11 期。
⑤ 吴雁雁：《浅论男女平等的核心内涵》，《中国妇运》2002 年第 12 期。

际上是最大的不平等和误区。①

5. 权利平等、机会平等与结果平等

一部分学者认为，男女平等的内涵不仅应该包含权利与机会的平等，更应该包含结果的平等。强调男女两性权利与机会的平等非常重要，结果的平等也同样重要。这要求，基于两性结果平等的目标，将社会性别意识纳入决策主流。在出台法律、制定政策、编制规划和部署工作时，都能充分考虑两性的现实差异和妇女的特殊利益，使男女两性在家庭与社会领域真正享有平等的权利、机会与结果。提出消除不合理的社会性别差距和一切形式对女性的歧视，应制定"暂行特别措施"，为妇女创造专门的机会和福祉，② 达至事实上的平等。

6. 形式平等与实质平等

一部分学者基于法学视角，认为男女平等内涵的实质在于从形式平等到实质平等。基于相同情况相同对待（等者等之），形式平等强调相同对待和法律上的一致性；然而，形式平等恰恰忽视了个人先天和后天的差异，消极地保障形式上的同等对待，不可避免地导致了实质上的不平等。缘于形式平等的这种局限性，基于不同情况区别对待（不等者不等之）③，人们以实质平等来对形式平等进行"修正和补足"④。实质平等不仅是对形式平等的矫正和补充，而且是平等的最终目标和价值所在，是一种经常而又特别的平等保障方式，因为在某些情况下，不同对待比相同对待更重要。⑤ 从形式平等到实质平等，强调并明确了三大原则，即平等原则、特殊保护原则和禁止歧视

---

① 谭琳：《男女平等的理论内涵与社会推动：基于中国现实的讨论》，《妇女研究论丛》2002年第6期。

② 杜洁：《"三个平等"的战略思想与新时期男女平等基本国策——从性别平等与公共政策视角解读习总书记同全国妇联新一届领导班子集体谈话时的重要讲话》，《中国妇运》2014年第1期。

③ 林建军：《平等对待与倾倾斜保护——妇女法立法目的及其价值理念分析》，《河北法学》2007年第9期。

④ 温辉：《男女平等基本国策论略》，《法学杂志》2011年第1期。

⑤ 李薇薇：《平等原则在反歧视法中的适用和发展——兼谈我国的反歧视立法》，《政法论坛》2009年第1期。

原则。①

7.《墨西哥宣言》的经典定义：尊严、价值、权利、机会、责任平等

一部分学者借鉴国际男女平等思想理论资源，强调并认为1975年第一次世界妇女大会《墨西哥宣言》的定义不失为男女平等的权威、经典定义。有学者直接采用《墨西哥宣言》定义。有学者据《墨西哥宣言》，将尊严、价值平等合并为人格平等，认为男女平等包含人格、权利、机会和结果平等四个方面。②

8.《墨西哥宣言》与我国《宪法》的融合

有学者根据我国《宪法》及《墨西哥宣言》关于男女平等的规定，提出男女平等指男女两性在政治、经济、文化、社会和家庭生活等方面的尊严、价值、权利、机会和责任的平等。在内涵上，男女平等包括尊严、价值、权利、机会和责任等五个层面，相互联系，缺一不可；在外延上，男女平等有政治、经济、文化、社会和家庭生活等五个领域。③

9.其他视角的复合内涵

有学者根据自然性别与社会性别的区分，认为男女平等指的是对基于社会性别而形成的社会角色，男女拥有同等权利、机会、地位、责任与义务；对基于自然性别而形成的社会角色，不存在性别歧视。④有学者提出，男女平等至少包括同样的生命意义、同等的生存水平、同量的参与机会、同值的社会回报、同一的舆论评判五个方面。⑤有学者认为，男女平等范畴经过漫长的历史演进，其内涵体现在政治、社会、经济、法律、文化、伦理内涵等各个方面。⑥

---

① 　葛之蕤：《女性主义法学对中国男女平等的启示》，《唯实》2011年第7期。
② 　马忆南：《男女平等的法律辨析——兼论〈妇女权益保障法〉的立法原则》，《中华女子学院学报》2004年第5期。
③ 　李晓静、王云兰：《男女平等概念新说》，《南昌大学学报》（人文社会科学版）2005年第3期。
④ 　张一兵：《论男女平等内涵与目标的哲学基础及社会学定位》，《妇女研究论丛》2004年第2期。
⑤ 　叶文振：《男女平等：一个多维的理论建构》，《东南学术》2004年第4期。
⑥ 　陈爱华：《从我国男女平等的现状看男女平等的复合内涵》，《东南大学学报》（哲学社会科学版）2006年第1期。

总之，学界关于男女平等的内涵界定呈现出一个动态的、由单一走向复合的不断深化与扩展的过程，是妇女解放运动伟大实践历程的真切反映。男女平等的内涵由法律上的权利平等，到更加注重实际生产生活中的机会与结果平等的发展与转向，表明男女平等不是一个悬浮的、抽象的范畴与概念，不是虚无缥缈的文字游戏，而是实实在在争取实效的社会运动与社会变革，表征着男女平等的理性化、现实性和落地化。

三、男女平等理论内涵的解析

男女平等是马克思主义妇女理论的核心范畴。明晰和把握男女平等的理论内涵须以马克思主义立场、观点、方法为指导。马克思指出，人是自然人、社会人与精神人的统一体。男女平等是在正视、承认和尊重男女两性生理差异基础上，男女两性作为人的人格、尊严、价值的平等，以及在家庭和社会生活各领域中的权利、机会、结果与责任的平等。

男女平等是一个具有多维结构的复合概念，男女平等的内涵包括以下几个方面：

1.正视、承认和尊重男女两性的生理差异与相互依存

人首先是一个有生命的自然存在物，人是自然人，具有自然属性。同属自然人的男女两性，具有生理差异是一个不争的事实。正是差异形成的互补效应创造了丰富多彩的美丽世界；也正是既相互区别、又平等依存的男女两性共同组成了人类社会，共同创造了人类文明，共同推动了人类社会不断向前发展。

男女平等意味着，其一，要正视、承认作为自然人的男女两性的生理差异，尊重女性是与男性不同的人。而不是主张绝对的"男女都一样""男女等同"，不是以"男性价值"为标尺，使女性达到男性在现实中的水准，成为"男性化"的人。

其二，差异不等于差距，男女两性先天的生理差异并不能成为判断男女人格、尊严、价值高低、优劣的标准，更不应成为性别歧视或性别限制的理由和依据。当今社会，男女的生理差异总是被人为地夸大和渲染，女性的

生育等生理特点被视为天生的弱点与特殊的负担，成为女性求职、晋升难的根源，这有悖于男女平等的基本原则。

其三，正视、尊重男女两性生理差异的真义，体现为切实关怀、关照女性不同于男性的生理差别，针对女性群体的特殊生理机能给予女性特殊保护。如在国家的法律政策中做出关于妇女在经期、孕期、产期、哺乳期给予特殊劳动保护的规定，生育保障各项制度的制定与完善等。

其四，男女两性虽是不同的，但男女两性是相互依存、相互促进的，共同推动了人类社会的进步与发展。正如西蒙娜·德·波伏娃所说："要在既定世界当中建立一个自由领域，要取得最大的胜利，男人和女人首先就必须依据并通过他们的自然差异，去毫不含糊地肯定他们的手足关系"[①]。而不是把男性作为女性的对立面。

2. 男女两性在家庭和社会生活各领域的权利、机会、结果、责任平等

马克思指出："人的本质不是单个人所固有的抽象物，在其现实性上，它是一切社会关系的总和"[②]。人是自然人，也是社会人。人在社会中存在，同样需要在社会中发展。人的本质是社会关系，社会关系不是某一种社会关系，而是一切社会关系的总和，包括物质的、精神的、社会的和家庭的各个方面。男女两性不仅是自然人，具有自然属性，更重要的是社会人，具有社会属性。作为社会人，男女同样是从事生产活动，处在社会关系总和之中，在不同历史时期不断发生变化的人。男女平等，意味着同属社会存在物的男女两性在家庭和经济、政治、文化、社会、生态各个领域享有平等的权利，享有平等的机会，享有平等的结果，并平等地履行义务，承担责任。它包括以下几个相互联系、有机统一的层次：

其一，男女两性享有平等的权利。

在以人为本的社会发展模式中，人的权利平等的理念已成为人类发展的核心，越来越提升到发展的首位并成为发展的最终目的。什么是权利？彼彻姆在《哲学的伦理学》中指出：权利是去做、去要求、去享有、去据有、

---

① [法] 西蒙娜·德·波伏娃著：《第二性》，陶铁柱译，中国书籍出版社 2004 年版，第669 页。

② 《马克思恩格斯选集》第 1 卷，人民出版社 1995 年版，第 56 页。

去完成的一种资格，是应当而必需的有效的要求权。权利指公民依法在政治、经济、文化、社会各方面所享有的人的资格。权利平等是一种质的规定，不以民族、地域、性别、阶层、年龄、受教育程度等的不同而受到不同对待。①

权利平等指男女两性平等地享有参与社会与家庭领域的权利，在经济、政治、文化、社会、生态和家庭等各领域、各方面享有平等的权利。

男女两性权利的平等意味着男女两性平等地享有参与社会生活的各个领域（教育、就业、参政、社会保障、健康等）的权利；平等地享有参与家庭生活的各个方面（生产、生活、生育、财产、继承、休闲娱乐等）的权利；意味着不遗余力地打破传统固化的"男主外、女主内"性别角色分工模式，归还女性几千年来由于文化、体制、行为和态度方面的性别歧视、偏见与限制而被剥夺的权利。② 这一模式以表面的"内外界限"限定了男女两性权利的"公私界限"，剥夺了女性参与社会生产生活各领域的权利，同时也限制了男性充分参与家庭生活的权利。

男女两性权利的平等实质上是一种法律、制度层面的平等，须来自宪法和法律的肯定，在法治基础上得到国家政治的保障，以确立其权威性和强制性。虽然权利的平等是一种形式上的平等，并不等同于现实生产生活中事实上的平等，但妇女解放运动的理论与实践历程已经表明，形式上的立法平等不仅确立了明确的"男女平等"的法律原则，而且阐明了男女享有平等社会权利的具体内容。在此意义上，权利平等是克服制度性歧视、保障男女两性享有事实上平等的实际起点，是男女平等的前提、核心与目的。

其二，男女两性享有平等的机会。

机会是指社会成员生存与发展的可能性空间和余地。③ 所谓机会平等，

---

① 李慧英：《男女平等是社会主义核心价值的有机组成部分》，《中国妇女报》2011 年 11 月 21 日。

② 李晓静、王云兰：《男女平等概念新说》，《南昌大学学报》（人文社会科学版）2005 年第 3 期。

③ 吴忠民：《机会平等初论》，2005 年 12 月 16 日，见人民网，http：//opinion.people.com.cn/GB/8213/56588/56589/3949465.html。

指男女两性在社会生活和家庭生活各个领域享有平等的际遇，获得平等的可能性空间，以行使权利、承担责任与实现价值。可以说，机会平等是一种可持续性的、过程的平等，是权利平等实现的条件与途径，是连接权利平等与结果平等的桥梁。

在男女两性尚存社会性别发展差距的现实中，机会平等意味着两个方面：一是公平对待，机会共享。社会向男性开放的机会，也要向女性开放，给予男女两性平等的竞争机会、参与机会、发展机会与发展资源，不能以任何方式因性别因素而阻碍男女平等地进入某一领域或取得某一位置（除非出于对某一性别的保护，法律已专门作了规定）。故在招工招干招生的录用、选拔工作中提高某一性别的录用标准、限制某一性别的录用比例等做法，同样尽了赡养义务的女儿因为性别而失去继承遗产的机会的做法，都与男女机会层面的平等要求相悖。二是区别对待，机会倾斜。对相对劣势的女性群体加以倾斜，以使她们获得相对公平的起点、发展条件与发展空间。机会平等的实现不仅有赖于具有性别平等意识规则的制定及制度化、程序化的运行，更意味着发展性资源的社会政策引导与干预、分配与再分配，致力于女性赋权及女性发展能力的提高，增加对女性人力资本的投入，以使女性获得与男性相对平等的起点，有能力参与竞争。

其三，男女两性享有平等的结果。

所谓的结果平等又称为事实上的平等或实质平等，指法定的权利平等在现实中的实现。权利平等不仅上升为国家法律法规的具体规定，更需在社会生产生活的现实过程中加以实现，将规定的权利变成权利事实，这就是结果平等。权利平等和结果平等实质是一个逻辑关系的两个不同侧面，具有不可分割的联系。由于结果的易见性和可测量性，结果平等成为判断权利状况及实现程度的重要标准与量度。[①] 但是，结果平等并非数量上的平均主义，并不是简单地追求任何数字或比例的均等。例如，结果平等并不意味着某部门或企业的男女职工人数各占一半或工资均等，在其选拔干部或配备班子时男女比例就得各占一半。

---

① 刘澄：《对社会主义初级阶段男女平等理论的考察》，《江西行政学院学报》2006 年第 1 期。

结果平等不是一个唾手可得的果实，必须通过坚持不懈、实实在在的努力，考虑到男性与女性生理上的自然差异和社会文化上的差异，创造一种支持性的社会环境，在法律政策、工作机制、教育、舆论、公共服务等方面提供有利条件或采取积极行动，让女性享有平等的机会，行使并享受平等的权利，享受结果的平等。国际社会倡导打破传统的"男外女内"的传统角色分工，提倡男女共担家庭责任和社会责任，并为有家庭责任的男女职工提供育儿、照顾家中病人或老人的支持性政策和公共服务，使男女劳动者平等地获得就业机会和收入待遇。① 例如，通过生育保险制度不断完善，使生育行为对女性社会竞争力的影响降到最低。又如，一些国家在国家法律框架中逐步引入针对女性发展的薄弱环节，以期缩小男女两性发展差距，实现结果相对平等的临时性的"暂行特别措施"，是非常必要和重要的。

其四，男女两性享有平等的责任。

每个社会成员既没有脱离义务的权利，也没有脱离权利的义务。男女两性责任平等是男女平等的必然要求，指男女两性在政治、经济、文化、社会、生态和家庭生活的各个领域平等地承担责任、扮演角色、发挥作用。② 男女两性责任平等，意味着匹夫有责，匹妇亦有责，两性在社会生活和家庭生活领域平等地共享权利并共担责任，不因性别来区分这种责任；意味着女性比以往有更多的机会参与社会公共领域活动，与男性一起共担社会责任。同时，也使男性比以往有更多机会参与家庭生活领域活动，与女性一起共担育儿、家庭教育、照料老人、家务劳动等家庭责任。

3. 男女两性作为人的人格、尊严、价值的平等

马克思指出，人不仅是自然存在物和社会存在物，而且"是有意识的存在物"，不仅具有自然属性和社会属性，而且具有精神属性。同属精神存在物的男女两性，都具有独立的人格、尊严和自由意志，男女两性的人格、尊严、价值平等。人人生而自由平等。男性与女性具有生理差异，但没有高低、贵贱、优劣之分。男女的人格、尊严、价值平等是基于天赋性意义上的

---

① 刘伯红：《社会性别主流化的概念和特点》，《现代妇女》（下旬）2011年第1期。

② 谭琳：《贯彻落实男女平等基本国策重在具体化》，《中国妇运》2013年第2期。

平等，因而是一种绝对平等，是一切平等的基础。

人格平等指男女两性平等地享有人的尊严，平等地展示和实现人的价值。[1] 尊严平等指把社会中的男女两性作为平等的人予以尊重，肯定男女两性具有同样道德价值和独立自主意识，反对并消除任何领域基于性别而产生的偏见和歧视。[2] 价值平等指充分肯定男女两性的人生价值具有社会价值和自我价值两个方面，肯定男女两性在推动社会发展进步、创造人类历史、促进自我发展等方面发挥了重要的作用。人格、尊严、价值平等是一切平等的基础，意味着要反对"男尊女卑、男优女劣"落后的性别观念及表现这种价值观念的一切言论、习俗和行为。如在实际的家庭生活与社会生活中，在大众传媒的女性形象建构与女性价值定位中，人们总是执着于固化的"男高女低""男主女从"模式，自觉不自觉地强调女性依附男性，忽视或无视女性自尊、自信、自立、自强的主体性成长，这些都是与男女两性人格、尊严、价值平等相悖的表现。

总之，男女平等是双向度的，不仅仅关乎女性，也关乎男性；不仅是对女性的解放，也是对男性的解放。男女平等的旨归既不是向男性的归同，也不是与男性对立，而是同男女两性作为人的存在结构相适应，"把人的世界和人的关系还给人自己"[3]，意味着男女两性作为一个总体的人，"占有自己的全面的本质"[4]，意味着男女两性在自然、社会和精神各个领域的全面解放，在推动人类社会进步与发展的同时实现两性的平等、自由、协调、全面发展。

---

[1] 马忆南：《男女平等的法律辨析——兼论〈妇女权益保障法〉的立法原则》，《中华女子学院学报》2004 年第 5 期。

[2] 李晓静、王云兰：《男女平等概念新说》，《南昌大学学报》（人文社会科学版）2005 年第 3 期。

[3] 《马克思恩格斯全集》第 1 卷，人民出版社 1956 年版，第 443 页。

[4] 马克思：《1844 年经济学哲学手稿》，人民出版社 2000 年版，第 85 页。

男女不平等：从私人领域到公共领域*

——从《家庭、私有制和国家的起源》谈起

黄桂霞**

恩格斯在《家庭、私有制和国家的起源》（以下简称"《起源》"）一书中，运用马克思主义关于"两种生产"的理论，深刻阐述了男女不平等的起源是私有制，并指出了妇女解放、男女平等的路径：生产资料公有，个体家庭不再是社会的经济单位；妇女大量地、社会规模地参加生产，家务劳动只占她们极少的功夫；私人的家务变为社会的事业，融化在公共事业中，孩子的抚养和教育成为公共的事情。① 男女不平等和妇女受压迫是阶级社会存在的一种普遍现象，在人类历史上必然地、自然地产生，但也必将会被人类自觉地、必然地消灭。现在的社会，无论从哪一方面看，除了平等的信条外，再没别的基础。平等是一种原则，一种信条。虽然不平等仍然占统治地位，但平等是自然万物的萌芽，它出现在不平等之前，并终将会推翻不平等，取代不平等。② 追求、实现男女平等是社会发展的必然。

---

* 本文是国家社科基金重大项目"男女平等价值观研究与相关理论探讨"（项目批准号 12&ZD035）的阶段性成果。

** 黄桂霞，女，博士，全国妇联妇女研究所副研究员，研究方向：妇女就业与保障、性别平等。

① 恩格斯：《家庭、私有制和国家的起源》，转引自中华人民共和国全国妇女联合会编《马克思恩格斯列宁斯大林论妇女》，人民出版社 1978 年版，第 128、130、152 页。

② ［法］皮埃尔·勒鲁著：《论平等》，王允道译，商务印书馆 2012 年版，第 5、15、20 页。

一、私有制：男女不平等的起源

私有制是女权没落男权确立的根源。恩格斯认为，家庭的产生是人口繁殖——人类自身生产的结果，最初的繁殖是无意识的，完全是生理本能的结果，家庭结构以及性、婚姻等都是一种自然、混沌的状态。生产力的发展和社会分工的明确，确切地说是私有制的产生，催生了以奴隶为基础的最初意义的家庭，以及相伴而生的以性（压迫与对立）为基础的家庭，导致女性成为家庭的奴隶，男女不平等在家庭——私人领域正式出现。马克思后来也指出，私有财产的存在必然造成异化劳动，也是作为人口再生产主体的女性被压迫被剥削的根源。

1. 家务劳动由公共劳动变为私人事务

恩格斯在《起源》中，分析了家务劳动由公共劳动变为私领域的劳动，妇女被限制于私领域而缺乏公共权力，导致她们地位的丧失。

在原始社会，生产力低下，人们的劳动分工处于自然状态，尚未产生剩余价值，也就没有剥削。两性基于生理和生活需求进行分工，男性打猎捕鱼，女性从事采集、家务劳动，两种劳动相互依赖，男女各自为政，分别是自己活动领域的主人——男子是森林的主人，妇女是家里的主人，男女分别是自己所制造和所使用的工具的所有者。① 家庭经济是共制的，男女经济上是平等的。"委托妇女料理的家务，正如由男子获得食物一样，都是一种公共的、为社会所必需的劳动。"② 随着一夫一妻制个体家庭的产生，人类进入私有制为基础的社会，妻子成为主要的家庭女仆，被排除于社会的公共生产之外，家务劳动（包括生育）变成了私人事务，失去了其公共性质。而私人性的无酬家务劳动，也正是妇女无法获得解放、依然是家庭奴隶的根本原因，因为"琐碎的家庭事务压迫她们，窒息她们，使她们愚钝卑贱，把她

---

① 恩格斯：《家庭、私有制和国家的起源》，转引自中华人民共和国全国妇女联合会编《马克思恩格斯列宁斯大林论妇女》，人民出版社 1978 年版，第 149 页。

② 恩格斯：《家庭、私有制和国家的起源》，转引自中华人民共和国全国妇女联合会编《马克思恩格斯列宁斯大林论妇女》，人民出版社 1978 年版，第 127 页。

们缠在做饭管小孩的事情上；极端非生产性的、琐碎的、劳神的、使人愚钝的、折磨人的工作消耗着她们的精力"①。

2. 公共劳动与私人劳动出现冲突

马克思早在《德意志意识形态》中就指出，物质生活资料的生产和再生产、人自身的生产是人类社会活动的三个方面，也就是后来恩格斯在《起源》中提到的物质资料生产和人类自身生产。这两种生产是人类社会发展中密不可分的两个方面，充足的物质资料为安全的人口再生产提供基本保障，而人口再生产为物质生产提供生产的基础——劳动力。妇女既作为重要的人力资源参加物质资料的生产，又作为生育主体为社会发展与劳动力市场健康发展作出贡献。但物质生产和人口生产作为公私领域的两种主要劳动，在时间和精力上又是冲突的，"如果她们仍然履行自己对家庭中私人事务的义务，那么她们仍然会被排除于公共的生产之外，而不能有什么收入了；如果她们愿意参加公共的事业而有独立的收入，那么就不能履行家庭中的义务"②。家庭劳动不被社会承认的无酬性，使得妇女要想经济独立，就要参加公共的社会生产活动。人口老龄化、家庭结构转变影响家庭照顾能力，女性就业与家庭照顾冲突更加明显。为现实生活所迫，又囿于家庭照料义务的不可或缺，妇女选择了既承担家庭责任，又参与公共生产，双重负担导致妇女身心疲惫，又因为不能与男性平等参与公共事务，所以依然不能获得平等的权利。因此，只要存在公私领域而私领域劳动不被社会承认，只要人口再生产的生育依然由个体家庭中的女性承担主要责任，男女平等就无法真正实现。

3. 个体家庭作为经济单位存在

私有制最初的萌芽是在个体家庭，现代家庭在萌芽时，不仅包含着奴隶制，而且也包含着农奴制，因为它从一开始就是同田间耕作的劳役有关的。它以缩影的形式包含了一切后来在社会及其国家中广泛发展起来的对立。③

① 《列宁选集》第4卷，人民出版社1972年版，第18页。
② 恩格斯：《家庭、私有制和国家的起源》，转引自中华人民共和国全国妇女联合会编《马克思恩格斯列宁斯大林论妇女》，人民出版社1978年版，第71页。
③ 恩格斯：《家庭、私有制和国家的起源》，转引自中华人民共和国全国妇女联合会编《马克思恩格斯列宁斯大林论妇女》，人民出版社1978年版，第112页。

男女之间的对立亦包含其中，现代的个体家庭建立在公开的或隐蔽的妇女的家庭奴隶制之上，"在家庭中，丈夫是资产者，妻子则相当于无产阶级"，"而现代社会则是纯粹的以个体家庭为分子而构成的一个总体"。① 所以，在恩格斯看来，个体婚制在历史上"是作为女性被男性奴役，作为整个史前时代前所未有的两性冲突的宣告而出现的"②。

妇女家庭奴隶的从属地位一直延续到资本主义社会，妇女开始参与社会生产劳动。资本主义的家庭劳动作为工厂手工业的附属物，是资本主义工厂手工业进一步发展的标志，对妇女来说看似是参与社会生产的一种解放——妇女从事有收入的劳动，但实际上是资本对妇女更大的剥削，因为妇女是最便宜的劳动力，家庭劳动工作环境极为恶劣，工人没有可能改变劳动条件，而资本没有动力去改善③，导致妇女处于极为不利的生产地位。

在家庭经济理论者看来，作为一个生产单位，家庭中每个人都有比较优势，每个人根据自己的比较优势确立自己在家庭中的分工，所以，家庭内的性别分工，男性更多的是参加公共领域的有酬劳动，女性更多地负责家庭照料和承担家务劳动，是家庭经济理性的选择。④ 但事实上，在现代社会，家庭内的性别分工更大程度上是因为文化与制度导致，所谓的个人比较优势是文化与制度建构的，不是劳动性别分工的原因，而是结果。

按照马克思的逻辑，资本主义制度的本质导致男女两性组成的稳定组织——也成了男女两性结构不平等的物质基础，妇女被限制于私领域而缺乏公共权力导致其地位丧失，"只有现代大工业，才又给妇女——只是无产阶级的妇女——开辟了一条参加社会生产的途径"。社会主义制度虽然让妇女走向了公共领域，但家庭依然作为经济单位而存在，而中国作为社会主义大

① 恩格斯：《家庭、私有制和国家的起源》，转引自中华人民共和国全国妇女联合会编《马克思恩格斯列宁斯大林论妇女》，人民出版社 1978 年版，第 128 页。

② 恩格斯：《家庭、私有制和国家的起源》，转引自中华人民共和国全国妇女联合会编《马克思恩格斯列宁斯大林论妇女》，人民出版社 1978 年版，第 119 页。

③ 列宁：《资本主义工厂手工业和资本主义家庭劳动》，转引自中华人民共和国全国妇女联合会编《马克思恩格斯列宁斯大林论妇女》，人民出版社 1978 年版，第 186—189 页。

④ 参见 [美] 加里·S.贝克尔著《家庭经济分析》，彭松建译，华夏出版社 1987 年版。

国，20 世纪 70 年代末的家庭联产承包责任制将农业土地的使用权交由个体家庭，将家庭重构为基本的生产单位，进一步强化了家庭内外的性别劳动空间及分工。

二、生育社会价值的轻视：男女不平等的根本原因

1846 年马克思和恩格斯提到"最初的分工是男女之间为了生育子女而发生的分工"，私有制也是因生育导致的分工而产生的不平等，归根结底因生育导致的劳动的性别分工，是男女不平等的根本原因。历史上妇女没有进入关键的生产领域，不仅仅是在压迫关系中她们的体弱所致，还由于她们在生育中的作用，妇女生育后需要脱离工作休息一段时间，但这并不是决定性的因素，而是妇女在生育中所起的作用。① 妇女在生育中承担的大量抚养教育责任是妇女不能进入关键生产领域的关键因素，而这又源于家务劳动不被社会所认同、没有纳入社会发展指标。

1. 人口再生产的异化

恩格斯认为家庭、私有制和国家的起源是人类两个生产发展的结果。"根据历史唯物主义观点，历史中的决定性因素，归根结底是直接生活的生产和再生产。但是，生产本身又有两种。一方面是生活资料即食物、衣服、住房以及为此所必需的工具的生产；另一方面是人类自身的生产，即种的繁衍"②。两种生产是既有区别又有联系的辩证统一的关系，是相互依赖、相互制约、相互作用的。

两种生产的目的都是为了社会的发展、人类的延续，从这个意义来说，物质生产是为人口生产和发展服务的，或者说物质生产是以人口生产和发展为目的的。在母系社会，人口生产在社会发展和种族繁衍中的地位举足轻重，人类自身生产对社会制度起着支配作用，承担生育责任的女性地位相应较高。当男性在社会生产中占据了主导地位时，物质生产逐渐成为社会发展

① 李银河：《妇女：最漫长的革命》，生活·读书·新知三联书店 1997 年版，第 19 页。
② 《马克思恩格斯文集》第 4 卷，人民出版社 2009 年版，第 15—16 页。

的主要动力和衡量指标，成为"一切人类生存的第一个前提"和"第一个历史活动"。① 人口生产仅仅成为物质生产劳动力的来源，目的变成了手段，人类自身生产被追求发展的物质生产所异化。

2. 生育导致公私领域劳动的性别分工

性别分工从最初的基于生理差异为提高劳动效率满足生活需要的自然分工，变化到家务劳动失去公共性和生产价值的固化的"男外女内"基于性别角色的社会分工。"女主内"的家庭内分工决定了男女之间的财产分配，"从前保证妇女在家中占统治地位的同一原因——妇女只限于从事家务劳动——现在却保证男子在家中占统治地位：妇女的家务劳动现在同男子谋取生活资料的劳动比较起来已经失掉了意义；男子的劳动就是一切，妇女的劳动是无足轻重的附属品。在这里就已经表明，只要妇女仍然被排除于社会的生产劳动之外而只限于从事家庭的私人劳动，那么妇女的解放，妇女同男子的平等，现在和将来都是不可能的"②。即使在妇女广泛参加社会生产劳动的社会主义社会，由于家庭内劳动的性别分工，女性更多地从事没有交换价值的家务劳动，尤其是为劳动力市场提供潜在劳动力的人口再生产劳动，势必因为在公共劳动中投入较少而处于劣势地位。而内外的区分不仅仅是家庭与社会界限的区隔，更关键的是由此带来的社会地位的差异，女性因更多地从事不被社会承认的家务劳动，难以在社会上获得更多的尊重与较高的地位。女性在社会和家庭中的地位又是相互影响、相互加强的，公私领域的劳动性别分工导致女性无论在公共劳动还是在私人劳动中都处于劣势。人口再生产相对于社会物质生产和资本积累来说成为从属角色，以人口再生产为主的女性在劳动的性别分工中相对于以物质生产为主的男性来说也难逃从属地位的命运。"妇女在劳动力市场的从属地位加剧了她们在家庭内的从属性，在家里的从属性又加剧了她们在劳动力市场的从属地位。"③ 二者互相"促进"，

---

① 《马克思恩格斯文集》第 1 卷，人民出版社 2009 年版，第 531 页。

② 恩格斯：《家庭、私有制和国家的起源》，转引自中华人民共和国全国妇女联合会编《马克思恩格斯列宁斯大林论妇女》，人民出版社 1978 年版，第 152 页。

③ ［美］海蒂·哈特曼：《资本主义、家长制与性别分工》，载李银河《妇女：最漫长的革命》，生活·读书·新知三联书店 1997 年版，第 74 页。

造成男女不平等以及女性在社会以及家庭中的地位低下，男女不平等成为社会发展的必然。

3. 生育造成女性人力资本贬值

西方新经济增长理论和人力资本理论证明人力资本投资和人力资本积累是个体职业发展的重要支持，而生育会导致女性人力资本投资减少与贬值。

当劳动力市场中个体的价值是以收入来衡量，雇员的生产力取决于其以前的工作技能与经验时，任何非市场活动都可能导致人力资本存量的减少。雇主由于无法精确评估每个求职者的能力，通常认为男性的生产力比女性高，因为从统计学的角度看，女性劳动者容易因生育等家庭责任比男性容易退出工作，从而增加替换或培训成本。① 因此，用人单位更倾向于招聘男性，岗位设置时也会把重要的职位更多地留给男性，将有限的资源以及人力资本投资向男性倾斜，给男性更多的培训与进修机会，女性也可能因为生育而主动放弃培训或进修机会，在科学技术飞快发展的当代，女性职业技能无法同步更新进一步导致其原有人力资本贬值。生育尤其是抚养孩子有可能导致女性工作中的精力投入减少甚至是职业中断，人力资本部分或全部闲置，也直接影响女性人力资本存量在劳动力市场的价值。研究显示，35 岁以下的劳动者，母亲与非母亲的收入差距大于两性之间的收入差距。② 加里·贝克尔对生育成本的理论分析认为，在发达国家过去 100 多年里，妇女挣钱能力的提高是已婚妇女劳动力参加率有较大增加和生育率有较大下降的一个主要原因。③ 这也说明生育在一定程度上限制了父母尤其是母亲自身人力资本的投资。

---

① Dennis J.Aigner，Glen C.Cain. Statistical Theories of Dis-crimination in Labor Markets. *Industrial and Labor Relations Review*，1977（30）.

② Crittenden A. *The price of motherhood：why the most important job in the world is still the least valued*，New York：Metropolitan Books，2001.

③ ［美］加里·S.贝克尔著:《家庭经济分析》，彭松建译，华夏出版社1987年版，第110页。

三、劳动的性别分工：男女不平等的根本内容和表现形式

马克思主义认为，妇女之所以受压迫是因为男性控制了社会生产，而物质生产成为社会发展的主要指标，人类自身生产被挤出社会生产的公共领域，生育变成私人领域的家庭事务，变成女人的事情，妇女被公共领域排斥并囿于家务劳动之中，为男女不平等提供了"合理性"。父权制和资本主义制度相互作用，性别分工导致性别不平等。

1.社会分工导致人类自身生产重要性退居其次位置

"一定历史时代和一定地区内的人们生活于其下的社会制度，受着两种生产的制约：一方面受劳动的发展阶段的制约，另一方面受家庭的发展阶段的制约。"① 但在不同社会发展阶段，两种生产所起的作用是不同的，因为，"劳动越不发展，劳动产品的数量，从而社会的财富越受限制，社会制度就越在较大程度上受血族关系的支配"②。在人类早期，相比于物质生产，人类自身的生产在社会发展中占据着更加重要的地位，在无法确认生身父亲的条件下对母亲有着高度的尊敬。但随着生产力的发展，男性为主的物质生产成为衡量社会发展与社会贡献的主要指标，女性为主的人类自身生产退居其次，并且成为男性压迫女性、男女不平等的主要原因和方式，"在历史上出现的最初的阶级对立，是同个体婚制下夫妻间的对抗的发展同时发生的，而最初的阶级压迫是同男性对女性的压迫同时发生的"③。

导致女性在社会生产领域处于相对弱势的人口再生产，使得她们不仅地位降低，在人类自身再生产领域也失去了主导权，女性在沦为家庭奴隶的同时，也成为家庭生育的工具。朱丽叶·米切尔在《女人的地位》中提出，繁衍后代的再生产是导致妇女从属地位的四个因素之一。费尔斯通在《性的辩证法》中也指出，生育机制是女性受压迫的根源，女性的生育功能导致了两性权力的不平等——在孕产期，女人的基本生活来源要依赖于男人，以及

---

① 《马克思恩格斯文集》第4卷，人民出版社2009年版，第16页。
② 《马克思恩格斯文集》第4卷，人民出版社2009年版，第16页。
③ 《马克思恩格斯选集》第4卷，人民出版社2012年版，第76页。

建立在生理差异基础上的性别劳动分工。"性别之间差异的自然再生产，直接导致了在阶级产生之初的第一次劳动分工，并且提供了一种以生物特征为基础的社会等级的范例。"① 性别差异导致性别等级和劳动力市场的性别隔离，也是女性承担主要家庭责任、"主内"而处于被剥削地位的主要原因。社会主义的计划经济体制通过政治力量和再分配手段，在一定程度上弱化了这种性别分隔，大幅度削减了男性对女性的剥削，但亦不能完全排除。而以效率优先的市场经济通过对劳动力最大限度的使用和压榨，不断地深化这种性别分隔。

　　2. 劳动性别分工："男主外、女主内"的根源

　　家务劳动尤其是人口再生产的相关劳动基本由女性承担，却不在市场分工体系内，劳动价值不被市场机制所承认，不计入社会发展，更难以得到有效的市场补偿，女性在市场分工中处于明显的劣势。家务劳动社会化、自动化、现代化等为打破劳动的性别分工提供了一定条件，但与生育相关的家务劳动依然占据女性很多的时间和精力，而且短期内难以改变。大量无酬家务劳动尤其是家庭照料工作因占用女性大量时间和精力，成为女性进入劳动力市场从事有偿劳动的巨大障碍，使得她们在市场劳动中处于劣势地位，成为家庭经济的依附者，这不仅使她们在家庭中处于从属地位，家庭地位的降低，也直接影响了她们社会地位的获得与提高，经济的依附性、家务劳动价值不被社会承认，降低了她们社会价值的体现。

　　家庭内的性别分工，直接影响着劳动力市场的性别分工，传统社会男性在劳动力市场的优势使得女性从家庭利益考虑而更多地牺牲自我发展，公共领域的性别分工经由家庭进一步得到了强化。"社会分工使得各生产者的产品都作为商品而存在；分工之间的联系以商品买卖为媒介，这种分工是以生产资料分散在不同的商品生产者之间为前提。"② 市场分工，作为商品交换的社会分工，是社会资源的配置方式，支配着社会的再生产过程，把私人劳动转化为社会劳动，处于公共领域的市场分工的产生取代了基于生理差异的

---

① ［美］舒拉米斯·费尔斯通著：《性的辩证法》，载［美］格伦斯基编《社会分层》，王俊等译，华夏出版社 2005 年版，第 589 页。

② 马克思：《资本论》第一卷（上），人民出版社 1975 年版，第 389—394 页。

平等、互助的性别分工，家务劳动不被认同，不计入社会发展体系，市场分工和性别分工使得两性不能同步进入市场，导致女性社会地位降低。所以，承担着更多家庭责任的女性与男性"平等"参与劳动力市场竞争，而劳动力市场对女性要求更高，进一步凸显了劳动力市场对女性的歧视。

3. 劳动力市场性别隔离：劳动性别分工的结果

市场经济和"男主外、女主内"的劳动性别分工使得男女两性的收入出现明显的结构性分化，女性更多地集中于收入低、保障低、工作弹性大的非正规就业领域，在职业间收入差距的基础上又形成了固化的职业性别隔离。职业性别隔离又加剧了市场中的性别歧视，进一步扩大了性别差距，导致女性化职业贬值，女性人力资本含量降低、投资减少，又进一步加大了性别隔离度，形成女性职业发展的一个恶性循环。女性更多地集中于与家庭角色关系比较密切或者社会经济领域延伸的"服务性工作领域"，而男性更多地集中于象征权力和地位的社会声望较高、收入较高的职业。

公私领域的性别分工使得职业的性别隔离从制度上得以确立并被文化所认同。女性在劳动力市场上遭受歧视、劳动力市场存在性别隔离的重要原因之一，是女性承担了生育尤其是养老育幼的照料责任和过多的家务劳动。现代化使得普通的家务劳动可以通过家政服务的发展得到解决，但生育和抚养则是影响女性连续和平等就业的天然障碍。家庭无酬照料劳动的贡献通常得不到社会的承认，也没有进入对 GDP 的计算或是常规的劳动力调查。对于女性来说，家庭无酬照料劳动限制其劳动力参与和职业选择，这是导致劳动力市场性别歧视、性别工资差距等的主要原因。[①] 生育对女性的负面影响，一方面是身体的，即短期内体力劳动的弱势，使得女性在劳动力市场的竞争力减弱；另一方面，照顾孩子占用的时间和精力有可能减少女性投入工作的时间和精力，使得用人单位产生统计性性别歧视。

Polachek 通过研究指出，男女劳动者都根据"理性化"原则选择其职业类型，女性之所以会集中在那些低收入的"女性化"职业中，是因为女性

---

① Elson D. Labor markets as gendered institutions：equality, efficiency and empowerment issues, *World development*, 1999, 27 (3), pp.611-627.

"理性地"选择了那些人力资本投资比较小且可以让她们兼顾家庭的职业。[1]长期以来，女性在劳动就业中受到不公平待遇，很大程度上是由于社会观念对生育性质认识上的性别盲点，将抚育责任单方面推给女性的结果。[2] 而就业歧视贯穿于女性求职、雇用、工资评定、晋升机会与退休福利的全过程。所以，就业性别歧视和女性职业发展受限是所谓个人"理性选择"和用人单位"统计歧视"共同作用的结果。从管理角度来说，连续在业是对管理人员的基本要求，女性因生育中断职业，职业稳定性减弱、职业积累减少，会减少她们进入管理层的机会，个人能力提升受到影响，会进一步影响到职业阶层和收入水平的向上流动。所以，要想从根本上解决男女不平等问题，首先要消除劳动的性别分工。

四、重建男女平等：从公共领域到私人领域

社会主义制度消灭了私有制，实现了生产资料的公有，社会主义国家为女性进入劳动力市场/公共领域提供了机会与政治保障，妇女大规模地参加了社会生产，在法律政策保障下公共领域的性别分工逐渐走向平等。但因生育造成的公私领域的性别分工依然存在，个体家庭依然是社会的主要经济单位，社会发展以物质资料生产为衡量指标；因生育而带来的孩子的抚养和教育等家务劳动作为家庭私事由女性承担与社会对生育社会价值的轻视，以及历史形成的女性在资源和技术方面的劣势和因受教育程度、社会观念的影响女性潜力的开发还远远低于男性的状况在短期内无法彻底改变等，都限制了女性平等权利的实现。因此，需要对生育的社会价值进行认同与补偿，打破劳动力市场的性别隔离，推动家务劳动社会化和男女责任共担等。套用1995年世界妇女大会上的一句口号："分一半权力给女人，分一半家务给男人。"

---

[1]　Solomon Polachek. Occupational Self Selection：A Human Capital Approach to Sex Differences in Occupation Structure. *Review of Economics and Statistics*，1981（58）.

[2]　薛宁兰：《社会性别与妇女权利》，社会科学文献出版社2008年版，第18页。

1. 生育社会价值的认同与补偿：完善生育保障制度

人口再生产对社会物质生产的附属性导致的男女不平等成为性别不平等的根本原因，生育虽然是女性独特的生理机能，但也是一种社会职能，需要政府承担主要责任。在恩格斯看来，物质资料生产和人类自身生产这两种生产相互作用，共同推动社会的进步。妇女在人类自身生产的作用具有社会价值，"性和生育是社会经济基础的一部分"①，养育孩子是"一件极其重要又极根本的社会事业"②，人们通过生育创造新生命，为物质再生产提供劳动力资源。"生儿育女的妇女对国家作出的贡献决不小于用自己的生命抗击侵略成性的敌人来保卫家园的男子。"③罗素认为，"孩子是属于国家的利益，而不是父母的，他们的费用理应由国家支付，而不应让这沉重的担子落在父母身上"。国家应在生育中承担主要责任，包括建立足够的幼儿园和托儿所为已婚已育妇女提供托幼服务，使她们能够继续从事结婚前所做的工作；以及为愿意照看自己孩子的妇女发工资，当孩子长到一定年龄时保障妇女可以重操旧业④，以体现家务劳动尤其是儿童照顾的社会价值。社会主义国家要重新确立生育的社会价值与意义，改变生育的"女性化"认识，由国家和父母共同承担抚育下一代的责任。在实践中，要建立健全生育保障制度，推行社会统筹的生育保障模式，由政府兜底来保障和补偿女职工因生育给个体、家庭以及所在单位带来的"性别亏损"，减轻个体与家庭在生育中的责任。

2. 打破劳动的性别分工：家务劳动社会化与市场化

家务劳动虽然在家庭内完成，但它是公共生产劳动在家庭的继续，是社会生产、交换与消费过程的一部分，所以是一种社会劳动，不能作为私领域的劳动由妇女以无酬劳动的形式完成，因为"在完全平等的条件下，妇女事实上仍然是受束缚的，因为全部的家务都压在妇女肩上"⑤。因此，一方面

---

① ［美］阿利森·贾格尔著：《女权主义政治与人的本质》，孟鑫译，高等教育出版社 2009 年版，第 203 页。

② 费孝通：《生育制度》，生活·读书·新知三联书店 2014 年版，第 73 页。

③ ［德］倍倍尔：《妇女与社会主义》，中央编译出版社 1995 年版，第 299 页。

④ ［英］罗素著：《婚姻革命》，靳建国译，东方出版社 1988 年版，第 139—140 页。

⑤ 列宁：《论苏维埃共和国女工运动的任务》，载中华人民共和国全国妇女联合会编《马克思恩格斯列宁斯大林论妇女》，人民出版社 1978 年版，第 295—296 页。

要推动家务劳动社会化，"只有在废除了资本对男女双方的剥削并把私人的家务劳动变成一种公共的生产部门以后，男女的真正平等才能实现"[1]。"什么地方和什么时候开始了反对这种琐碎家务的普遍斗争，更确切地说，开始把琐碎家务普遍改造为社会主义大经济，那个地方和那个时候才开始真正的妇女解放。"[2] 实践也证明，公共食堂、托儿所、幼儿园等公共服务和福利可以很好地解决妇女参加社会生活和料理家务的矛盾，进一步解放妇女劳动力，完善的针对家庭和育儿的公共服务体系和家庭友好政策，更为宽松和平等的职业环境等都有助于消除就业歧视，推动女性就业和男女平等。另一方面要推动家务劳动市场化，将家务劳动作为社会生产劳动的一种，进入劳动力市场，从事家务劳动的劳动者（不再局限于女性）与其他社会生产劳动的劳动者一样，享有各项劳动权利与保障。

3. 消除劳动力市场的性别隔离：提高女性人力资本投资收益率

公私领域的性别分工被打破，男女平等进入公共领域，但如果劳动力市场的性别歧视与隔离未能消除，女性依然在劳动力市场处于不利地位。研究表明，女性接受高等教育、提高人力资本价值能有效提高女性人力资本投资收益率，更好地打破职业的性别隔离，从而打破劳动力市场的性别隔离。一是要缩小男女在教育资源方面的差距，在国家财政加大教育投资基础上，提高女性的受教育程度，尤其需要提高女性在创造性学科的比例，缩小不同学科的性别差异，提高女性进入高端劳动力市场的机会。二是将教育投资重点更多地转移到与就业密切相关的中等职业教育和高等教育，尤其是中等职业教育中，能够快速提高职业技能，将资源惠及更多的女性，增强她们在劳动力市场的竞争力。三是在职业规划与培训中将资源适度向女性倾斜，尤其是高端劳动力市场所需要的专业、技能培训。政府和企业都要将更多的培训资源给予女性，给女性创造更多的发展机会，搭建更好的发展平台，为更多的女性提供专业的职业规划指导等，保护和支持女性拥有平等的劳动力市

---

[1] 《恩格斯致盖古约姆-沙克》，载《马克思恩格斯书信选集》，人民出版社1962年版，第430页。

[2] 列宁：《伟大的创举》，载中华人民共和国全国妇女联合会编《马克思恩格斯列宁斯大林论妇女》，人民出版社1978年版，第289页。

场，为女性参与物质生产提供充分保障，使女性平等获得就业权和职业发展机会。

4. 促进男女平等：重构平等的性别文化

社会主义革命扫除了旧观念、旧思想，法律上的平等在社会主义国家得到确立和实现，工业化尤其是高科技推动社会生产力不断进步，第三产业的兴起使得男女可以在真正意义上从事完全平等的工作，女性的社会参与程度和能力得到前所未有的发展，女性独立自主的意识和能力大幅增强，男女平等有了理论和实践的支撑。但男女不平等依然在各个领域广泛存在，主要是性别分工的方式大部分是传统习惯规定下来的，根深蒂固的性别角色观念对男女不平等进行了沿袭与强化，固化的"男外女内"的传统性别文化更多地期待女性扮演好家庭照料者的角色。① 因此，要使男女共担家庭责任与社会责任，共享家庭权利与社会权利。一方面要从制度政策上保障两性在公私领域平等的权利与责任，"分一半权力给女人"。另一方面要宣传男性的家庭角色，推动家庭领域的性别分工变革，动员男性从社会走向家庭，"分一半家务给男人"。家庭事务代表的不仅是责任，也是权利的实现，照料子女不仅是责任，也可以培养良好的亲子关系，更好地享受子女绕膝的幸福与快乐，为重新进入社会生产积蓄能量。

---

① ［美］R. H. 罗维著：《初民社会》，吕叔湘译，江苏教育出版社 2006 年版，第 88—89 页。

传统家教文化的现代启示

——从孟母教子谈起*

姜秀花**

党的十九大报告强调：文化是一个国家、一个民族的灵魂。文化兴国运兴，文化强民族强。源自中华民族五千多年文明历史所孕育的中华优秀传统文化，是推进社会主义文化建设的重要思想资源。"孟母教子"系列故事两千多年来经久流传，已经成为深厚的中国文化传统。党的十八大以来，以习近平同志为核心的党中央高度重视家庭文明建设，在注重家庭、注重家教、注重家风的新形势下，结合时代发展和要求，以创新的精神深入挖掘孟母教子故事背后所蕴含的民族文化精髓及其当代价值，对于弘扬优秀传统文化、增强国人文化自信以及促进家庭文明建设，具有深远意义。超越"孟母教子"故事及其代表的中国母教文化本身，从文化传承的角度看，"孟母教子"的故事可以给我们以下几点启示。

一、先进的价值观念是传统文化传承之根本

价值观是深藏于人们内心的准绳，是人们处理事情、判断对错、选择取舍的价值标准，对人生道路的选择具有重要的导向作用，也对人格层次具

  * 本文是研究阐释党的十九大精神国家社科基金专项课题"新时代中国特色社会主义妇女发展道路研究"[项目批准号：18VSJ105] 的阶段性研究成果。
 ** 姜秀花，女，全国妇联妇女研究所副所长、研究员。研究方向：妇女发展与性别平等理论和政策，性别文化、中国妇女运动史、妇女健康等。

有重要塑造作用。每个时代都有其主流的价值观念为社会大多数成员所尊崇效行。中华优秀传统文化是中华民族的精神栖息地，之所以能够永久流传，最根本的还是因为她蕴含着统治者和老百姓都能够普遍接受和认同的价值理念，特别是伦理道德、理想信念层面的价值追求。"孟母教子"中最典型的事迹是择邻三迁、断织喻学、买肉啖子、教子明礼、劝子远行等，这些故事看似都很简单，实则包含了追求"修身齐家治国平天下"一体化的价值理念，这些价值理念是孟母自身的，也是她所处的时代的，更是中华民族的精神财富，所以才能生生不息，备受推崇。

孟母对孟子的教育主要体现在伦理道德、理想信念等人生观和价值观层面。从孟轲三岁到七岁期间四年三迁，不仅为孩子创造了一个好的成长环境，更重要的是定居于学宫旁，后来又鼓励孟子师承孔子之孙子思门下学习六艺，这样就建立起了孟子与周礼和早期儒家文化之间的现实关联，体现了孟母在当时诸子百家争奇斗胜、眼花缭乱的学术氛围中，唯独对孔子的忠恕之道情有独钟，崇尚礼乐学习，想把孟子培养成知书达理、重礼明义的儒者的价值期许。所以后人有称："夫人教子，志在孔子。古今以来，一人而已。"孟母买肉啖子旨在倡导诚信；断织喻学旨在明志，特别是启发主体意识觉醒；介入孟子休妻调解旨在明礼，甚至还有着要求孟子夫妻互相尊重、平等相待的朴素男女平等观；鼓励孟子周游列国意在舍小家而放眼天下。正是孟母以其对邹鲁文化特别是早期儒家文化的体认和实践，精心为孟子规划着人生，使其养成"穷不失义，达不离道"的品行，将其置身于"齐家治国平天下"的社会秩序建构中，从而终成一代"亚圣"。汉代班昭写《孟母颂》称赞："孟子之母，教化别分。处子择义，使从大伦。子学不进，断机示焉。子遂成德，为当世冠。"元仁宗褒崇孟父孟母封号的圣旨中写道："朕惟由孔子至于孟子百有余岁，而道统之传独得其正。虽命世亚圣之才，亦资父母教养之力也。其父凤表，母以三迁之教励天下后世。推原所自，功莫大焉。"这是对孟母母教文化价值理念的高度尊崇。

"孟母教子"故事所体现的价值观念与我们现在提倡的社会主义核心价值观在公民个人层面上的价值准则，即爱国、敬业、诚信、友善，有着血肉相连的紧密关系。坚守这一价值准则，需要家庭、学校和社会共同努力从娃娃抓起，全面提高人民的道德素养。在这方面，家庭更是要帮助孩子扣好人生的第一粒扣子，迈好人生的第一个台阶。当前我国坚持依法治国和以德治国相结合，也是汲取了中华优秀传统文化的智慧养分，进一步提高了国家治理体系和治理能力现代化水平。

二、国家意志是传统文化传承之基石

国家意志体现了一种公共意愿和追求，体现了一个国家和民族的精神信念和文化内核。孟母身处封建时代的父权文化体系中，"男尊女卑"观念与尊母文化矛盾并行。"孟母教子"能垂范千秋，并在男性中心文化体系中构成一道独特的文化风景，正是因为其中所蕴含的价值理念符合当时社会主流的愿望和需求，所以统治者才不遗余力地通过一系列手段把具象的、碎片化的"孟母教子"故事整合为国家整体意志，并进行制度层面的建构和巩固，从而形成一系列文化制度、文化产品和表现形态，引导着人们的价值观念和行为，服务于封建王权统治。

西汉时期，从韩婴的《韩诗外传》到刘向的《列女传》，基本形成了"孟母教子"的五个故事，之后在各朝代广泛流传。但元代之前还都基本属于知识阶层的描述和民间传颂。到了元朝，蒙古族入主中原后，统治者由于感到知识结构脆弱的单一蒙古游牧文化难以维持和巩固其统治，因此便接纳根基深厚的儒家文化，之后对孟母的尊崇日益盛隆，"孟母教子"故事传扬主力明显官方化，孟母也日益被塑造为一种偶像化的存在。

首先，对孟母大加诰封，赋予其尊贵的身份地位。元延祐三年，元仁宗追封孟母为邾国宣献夫人，这是历史记载上孟母有封号的开始。清乾隆二年，改封孟母为邹国端范宣献夫人。孟母身份的官方化、贵族化，为芸芸众生的高山仰止提供了楷模，也为各级政府尊崇孟母、弘扬"孟母教子"文化提供了支持。

其次，大肆建立纪念祠堂和遗迹，为孟母文化传播提供阵地。例如，一些地方政府修葺孟母墓、为孟母树碑立传、重修断机堂、为孟母塑像、建立孟母祠孟母庙、命名孟母泉等，使官方和民间开展孟母母教文化传承活动有了重要的活动场所，增强了此类活动的仪式感和感召力。

最后，出现大量反映孟母文化特质的各种文字记载和传播载体，将孟母精神进行世俗化、民间化渗透。比如学校教育中有蒙学第一书之称的《三字经》文中"昔孟母，择邻处；子不学，断机杼"一句，传播广泛，童叟皆知；其他如浩繁的文人作品、官员拜谒感言、家族贺寿词、墓志铭、堂铭、判词等各种文献里，都留下了很多对孟母的颂扬之词；而群众喜闻乐见的杂剧、戏曲等文艺表现方式，更是将"孟母教子"故事演绎得有血有肉、更加丰满。孟母母教文化经过世俗化传播，全面参与民间生活，成为现实世界中人们的一种美好精神信仰和价值追求，这一文化早已超越故事本身，成为一个文化符码和中华民族精神文明的文化基因，直到今天仍具有历久弥新的生命力。

党的十九大报告提出一系列文化强国战略，提出要牢牢掌握意识形态工作领导权；强化教育引导、实践养成、制度保障，发挥社会主义核心价值观对国民教育、精神文明创建、精神文化产品创作生产传播的引领作用，繁荣发展社会主义文艺，推动文化事业和文化产业发展，要深化文化体制改革，完善文化管理体制，完善公共文化服务体系，深入实施文化惠民工程，丰富群众性文化活动，推进国际传播能力建设，讲好中国故事，展现真实、立体、全面的中国，提高国家文化软实力，等等；都体现了党和国家将满足人民对美好生活向往包括美好文化生活向往的愿望变成国家意志并落地实施的一种责任担当。

三、批判创新是传统文化传承之动能

党的十九大报告提出要深入挖掘中华优秀传统文化蕴含的思想观念、人文精神、道德规范，结合时代要求继承创新，让中华文化展现出永久魅力和时代风采。中华传统文化博大精深，是社会主义文化的重要思想来源。但传统文化毕竟存在着一定的时代局限性，在继承过程中需要有一定的批判精神和创新精神，萃取精华去其糟粕，并与当今的时代精神相契合。孟母母教文化兴盛于男尊女卑的封建父权制社会，难免有父权文化的时代烙印，因此应在男女平等的时代语境下，以创新精神进一步阐述和丰富对孟母母教文化的认识。

第一，强调母亲作用的同时不要忘了父亲的作用。孟子是在父亲缺席的单亲家庭中长大，因此母亲的作用得以凸显，这是孟子和其母亲的一种特殊人生际遇。唯其如此，孟母所具有的中国妇女的传统美德才显得更加珍贵。但是在传统社会中，与中国父权中心文化体系相适应的教育和家庭制度中，实际上父亲的教子优势和角色作用更加突出，所以才有了"养不教，父之过"的说法。中国历史上也出现了众多的父亲教子典范，如曹操、诸葛亮、司马光、范仲淹、颜之推、柳公绰、曾国藩等，都留下了家风家训的千古绝唱，非常值得去挖掘。

习近平总书记强调注重家庭、注重家教、注重家风时，不仅强调母亲的作用，也强调父亲的作用。他说："家长特别是父母对子女的影响很大，往往可以影响一个人的一生。中国古代流传下来的孟母三迁、岳母刺字、画获教子讲的就是这样的故事。""家庭不只是人们身体的住处，更是人们心灵的归宿。""诸葛亮诫子格言、颜氏家训、朱子家训等，都是在倡导一种家风。毛泽东、周恩来、朱德同志等老一辈革命家都高度重视家风。"可见，在家庭教育和家风建设方面，父母的作用同样重要。

第二，对孟母的认识要更加全面。首先，孟母除了是母亲，更是一个独立的女人。除了教子，她还有自己的人生。"孟母教子"故事广为传颂，孟母的名字和事迹列在《列女传》之首，人们对孟母的研究和宣传主要专注于其教子，对于她的成长轨迹如何？婚后特别是丧偶后如何生活？有什么样的社会关系等个人生命历程，研究和认识并不全面。我们从她的故事中不仅看到了一个母亲的作用发挥得淋漓尽致，也看到了故事背后一个单亲母亲的自尊、自强、自信、自立精神，看到了在父权体制下她不断迁徙所经受的苦痛艰难。所以我们要从整个生命周期的角度、从多重角色的角度去认识孟母，赋予她更完整的人生。其次，孟母文化是有时代局限的。虽然她是非常自强、自立、自尊、自信的伟大母亲，但时代在她身上同样烙下了深刻的封建父权文化印迹。如将妇人之礼局限于"精五味，擅酒浆，养舅姑，缝衣裳而已，故有闺内之修，而无境外之志"。将妇女"三从之道"也视为天经地义："以言妇人，无擅制之义，而有三从之道也，故年少则从乎父母，出嫁则从乎夫，夫死则从乎子，礼也。"封建的男女观在世传的少量文献记载中体现明显。最后，教育子女的功利心和等级观念也有一定体现。对教育的功利性期许在三迁择邻和断织教子中都有体现，如不希望儿子和商贩、屠夫、厮役等所谓社会末流为伍，而是希望他出人头地、学以立名等。这也是当时邹鲁文化中重农轻商、"学也，禄在其中矣"（孔子）、"仕而优则学，学而优则仕"（子夏）等流行价值观的客观反映，所以孟母对孟子的培养目标也是根据邹鲁文化的价值取向设定的。

第三，对孟母文化的宣传在突出女性家庭作用的同时也要强调妇女的社会作用。在孟母所处的时代，女性没有社会地位，主要担当主内的角色。但如今男女平等是我们国家经济社会发展的一项基本国策，妇女已经成为我国经济社会发展的半边天力量。习近平总书记说："没有妇女，就没有人类，就没有社会。""我们强调促进男女平等、发挥妇女在各个方面的积极作用，都是对的，要坚定不移。同时，我们也要注重发挥妇女在社会生活和家庭生活中的独特作用。"所以对女性角色、作用和贡献的宣传就不能过分突出家庭，要更加全面客观。

第四，对女性的宣传需要政府主导、全社会参与，特别是男性的参与。在父系社会专制统治下，孟母以其教育子女的伟大成就，为妇女和母亲赢得荣誉和地位，但是历史的书写者主要还是依赖于有话语权的男性，特别是通过统治者和各级政府的作用，才使其母教文化精神不仅在民间得到传扬和崇拜，而且在男性文化历史书写中获得一席之地，这在父权文化体系中确实是难能可贵的，表明男性对母教文化的尊重发挥了特殊作用。当今世界，"他为她"（也被称为"He for She"）已经成为国际妇女运动的重要共识和策略。男性不仅要成为以男女平等为核心价值观的先进性别文化的支持者，更要成为传播者和行动者，把男女平等理念贯穿到家庭生活与社会实践中，这样才会使以孟母为代表的母教文化焕发出时代的光芒。

总之，在男女平等时代语境下讲好"孟母教子"故事，以批判的精神创新传播内容和方式，是我们促进社会主义文化繁荣昌盛义不容辞的历史使命。

本文先后分三部分发表于《中国妇女报》

构建和谐包容的社会文化
以文化促进可持续发展*

马　焱**

习近平主席在全球妇女峰会上提出："努力构建和谐包容的社会文化。男女共有一个世界，消除对妇女的歧视和偏见，将使社会更加包容和更有活力。我们要以男女平等为核心，打破有碍妇女发展的落后观念和陈规旧俗。我赞赏潘基文秘书长发起的'他为她'倡议，希望越来越多男性参与进来。"（以下简称"第三点主张"）。国家最高领导人在国际舞台上把消除性别歧视和构建和谐包容的社会文化，作为推动妇女事业发展的四大支点之一进行强调，前所未有。结合中国妇女运动发展史来看，"第三点主张"的很多内容具有突破性意义。比如，明确指出消除性别歧视对构建和谐包容社会的重要作用，强调打破落后的性别观念和陈规旧俗，不仅有利于彻底清理当前社会仍然存在的父权、夫权文化，还有利于社会主义核心价值观的培育和践行；积极倡导男性参与，不仅体现对联合国发起的"他为她"倡议的积极回应，也有利于弘扬中国男性参与、支持妇女运动的优良文化传统。这些主张对于推动现实中的性别平等都意义重大，影响深远。

妇女获得制度性解放以后，性别文化观念对于妇女实现平等权利和地位的获得起着越来越重要的作用。新中国成立以来，尤其是自 20 世纪 90 年

---

* 基金项目：本研究是 2012 年度国家社科基金重大项目："男女平等价值观研究与相关理论探讨"（项目编号：12&ZD035）的阶段性成果。

** 作者简介：马焱（1973— ），女，全国妇联妇女研究所理论室主任、研究员、法学博士。研究方向：妇女理论、人口老龄化与妇女发展、妇女组织。

代以来，党和政府始终秉持男女平等的价值理念，在全社会大力倡导马克思主义妇女观，逐步推进男女平等基本国策宣传教育进党校、进行政院校、进社区、进家庭、进课堂、进教材，并把营造男女两性平等和谐的家庭和社会环境、树立先进的性别文化写入中国妇女发展纲要；一些主流媒体在重要时间节点，大力宣传党的男女平等主张，封建传统文化中落后、腐朽的性别观念不同程度地受到抵制，男女平等逐渐成为我国社会的主流意识形态和价值观念。

当前国内外发展理念不断更新，为构建平等和谐包容的社会文化提供了难得机遇。从国内看，全党全社会都在大力培育和践行社会主义核心价值观，平等、公正作为社会层面的价值目标、价值取向和价值准则，正在成为全体中国人民共同追求的根本价值遵循。而男女平等正是社会公平公正的重要内容，培育和践行社会主义核心价值观本质上要求把男女平等作为其中的一项重要内容去推动。党的十八届五中全会提出创新、协调、绿色、开放、共享的五大发展理念，尤其是"人人参与、人人尽力、人人享有"的"共享"理念与要求，正好契合了妇女运动一向追求的权利机会平等、责任平等和结果平等，也再次呼应了党中央提出的男女两性平等依法行使民主权利、平等参与经济社会发展、平等享有改革发展成果的主张，为打破有碍妇女发展的落后观念创造了更为有利的政治环境。从国际看，联合国 2015 年后可持续发展议程 17 个可持续发展目标中，第 5 个目标就是"实现性别平等，增强所有妇女和女孩的权能"，在具体目标中明确提出要"在世界各地消除对妇女和女孩的一切形式歧视"。在其他目标中也不断强调文化对于可持续发展的重要作用。比如，目标 4"提供包容和公平的优质教育，让全民终身享有学习机会"的具体目标中提出：到 2030 年，所有进行学习的人都要接受关于可持续发展、人权和性别平等、促进和平和非暴力文化的教育，了解文化对可持续发展的贡献。新议程不断强调文化是可持续发展的重要推动力，希望所有文化与文明都能推动可持续发展。2015 后发展议程设定的目标，必将推动包括中国在内的世界各国更加重视文化对于实现可持续发展的重要作用，这些目标实现的过程也是平等和谐包容的社会文化形成的过程。

机遇与挑战并存。当前构建平等和谐包容的社会文化也面临着许多严峻挑战。一是由于文化所具有的相对独立性和代际传递性，歧视妇女的传统性别文化不仅不会自动退出历史舞台，还会在市场经济条件下不断演变其表现形态。比如，当前社会上出现的"女体盛宴"，就是将女性视为"附属物""玩物"的封建落后腐朽性别文化与消费主义、商品化合谋的产物。二是当前一些人借复兴传统文化和重视家庭建设之名，重提父权中心文化对女性价值的规训，片面强调女性在家庭中的隐忍和牺牲，歪曲妇女的家庭角色和责任，漠视女性的社会价值。比如一些地方公开开办所谓"女德"班，主张妇女对丈夫百依百顺，打不还手，骂不还口，纵容姑息家庭暴力，以此展现妇德；① 还有一些所谓社会知名人士公开将女性的价值固化于婚恋之中，宣扬"女子无才便是'得'"，贬抑高知女性的生命价值和社会作用。三是伴随着媒体市场化、娱乐化和消费主义文化的盛行，媒体对于女性在家庭和社会各领域的"半边天"作用缺乏应有的呈现，甚至存在歪曲女性形象和价值的报道，严重影响社会公众尤其是青年一代性别平等观念的形成。

当前中国最高决策层已经为推进性别平等做出了明确而坚定的政治承诺，党的十八届五中全会也提出经济社会发展的新理念，2015 年后发展议程也制定了以文化促进可持续发展的目标。站在新的历史起点上，落实习近平主席提出的"第三点主张"，特提以下建议。

第一，将是否坚持男女平等价值观这一中国共产党的政治主张，作为衡量领导干部是否具有马克思主义理论素养的一个重要方面。坚持男女平等是中国共产党的一贯政治主张和价值追求，党一再强调妇女事业是党的群众工作的重要组成部分。领导干部需要把落实习近平主席的"四点主张"作为一项重要的政治任务，进一步坚定马克思主义妇女观，正确认识妇女的价值，正确看待妇女在家庭和社会各领域的半边天作用，正确看待男女两性之间的平等、互助、合作关系，正确看待妇女与社会、国家、民族的关系。2015 后发展议程目标 10 提出：减少结果不平等现象，要取消歧视性的法律、政策和做法。能否完成这一目标，决策者是否秉持男女平等的价值理念将是

---

① 全国妇联课题组：《夯实男女平等基本国策的价值观基础》，《光明日报》2014 年 10 月 11 日，第 7 版。

至关重要的影响因素，直接决定了相关法律政策的制定是否具有社会性别的敏感性，也直接影响到社会性别主流化进程。因此，建议在领导干部的集体政治学习和培训中，加入性别平等方面的内容，并把它作为增强领导干部马克思主义理论修养的重要方面。

第二，加强媒体监管，充分发挥大众传媒对男女平等价值观念的正面引导作用。2015 后发展议程目标 5 提出：要使用信息和通信技术，促进增强妇女权能。针对当前媒体监管方面存在的问题（如在国家广电部门收听收看中心的监测手册和电影司的监测条款中，均没有加入性别平等的相关指标）①，建议在制定和完善媒介监管政策时，把是否存在性别偏见和歧视纳入监管内容；在一些特定栏目 / 节目的立意、内容、形式等设计上坚持男女平等的价值导向，特别是在针对重大节日、受众广泛的节目审查环节，应将无偏见、无歧视作为一个评价标准。针对当前媒体传播中存在的带有性别歧视性的标签性词语，如"剩男""剩女""女汉子""娘炮"等，建议将其列入国家新闻报道的禁用语范畴。针对媒体从业者性别意识缺失现象，建议加强对媒体从业者的培训，在媒体从业者岗位资格证获取考试中加入性别平等的内容，增强传播者坚持男女平等原则的文化自觉。②

第三，营造性别平等事业男女共同参与、共同尽力、共同享有的社会文化氛围。落实十八届五中全会提出的"人人参与、人人尽力、人人共享"的理念和要求，需要将妇女问题视为男女双方共同面对的社会问题。2015 后发展议程也提出：实现性别平等和增强妇女和女孩权能，需要让男子和男孩参与。建议采取不同方式让不同男性群体意识到自己在推动性别平等进程中的责任和可为空间，比如推动男性决策者把坚持男女平等的政治承诺转化为制定体现男女平等价值观的法律政策的实际行动；男性企业家把促进男女两性平等发展作为企业人力资源管理的价值追求，在制定企业发展战略时自觉为女员工的职业发展创造有利条件；普通男性公民积极主动从精神、物

---

① 刘利群、王琴：《互动发展与挑战反思——媒介传播与性别平等 20 年回顾》，《妇女研究论丛》2015 年第 5 期。

② "男女平等价值观研究与相关理论探讨"课题组：《亟需加强男女平等价值观传播，构建和谐包容的社会文化》，《成果要报》，2015 年。

质、时间上与妻子共同分担家庭责任，自觉摒弃"男主外、女主内""夫唱妇随""男尊女卑"等不平等的性别文化规范和歧视妇女的陈规旧俗，给妻子和其他女性家庭成员以实际支持。只有男女两性都认识到传统落后的性别规范是对双方的束缚且携手合作的时候，性别平等才可能顺利推进。

男女平等价值观与中国传统文化

范红霞

中国传统文化中究竟有没有男女平等思想？国内外学者一般认为，中国传统社会是一个男权和父系社会，中国传统文化是典型的父权制文化，充斥着男尊女卑、男主女从、三纲五常等封建思想糟粕，这些思想是造成中国男女不平等的文化根源；中国的男女平等思想、男女平等价值观不是从中国本土生发出来的，而是从西方舶来的，缺乏中国文化根基，与中国传统文化冰炭不能同炉。

党的十八大以来，习近平总书记在多个场合谈到传统文化，提到核心价值观和文化自信，强调中华文化"积淀着中华民族最深层的精神追求，代表着中华民族独特的精神标识"[1]，"是中国特色哲学社会科学成长发展的深厚基础"，"要加强对中华优秀传统文化的挖掘和阐发，使中华民族最基本的文化基因与当代文化相适应、与现代社会相协调，把跨越时空、超越国界、富有永恒魅力、具有当代价值的文化精神弘扬起来。要推动中华文明创造性转化、创新性发展"。[2] 在坚持和弘扬男女平等价值观的过程中应该如何对待中国传统文化？从传统文化中能继承什么？本文试图探讨男女平等价值观与传统文化的关系，发掘传统文化中的男女平等元素及其当代价值，坚定男女平等问题上的文化自信，反对文化虚无主义。

---

[1] 《习近平在庆祝中国共产党成立 95 周年大会上的讲话》（2016 年 7 月 1 日），《人民日报》2016 年 7 月 2 日。

[2] 习近平：《在哲学社会科学工作座谈会上的讲话》（2016 年 5 月 17 日），《人民日报》2016 年 5 月 19 日。

一、男女平等价值观与中国传统文化的内在联系

关于中国传统文化的界定，学界一直存在争议，主要有封建社会形成的文化，氏族社会晚期、奴隶社会、封建社会三个时期精神成果的总和，远古社会至近代的文化，周秦至 1911 年辛亥革命以前的文化，1949 年以前的中国文化等观点。① 笔者认为，中国传统文化应该特指中国古代文化，即 1840 年鸦片战争之前的文化，主要原因在于，"传统"是相对于"现代"而言的，鸦片战争后，国门洞开，西学东渐，中国开始了现代化进程，中国文化在吸收、借鉴外来文化的基础上也开始逐渐向现代文化迈进。

文化具有传承性和延续性，无论是在党和人民伟大斗争中孕育的革命文化，还是社会主义先进文化都不能割断与传统文化的关系。价值观作为一个文化范畴，是在一定政治、经济、历史文化基础上形成的，不可能完全割裂与旧价值观的内在联系。因此，社会主义核心价值观也离不开中国特定的历史文化土壤，中华优秀传统文化是社会主义核心价值观的基石、思想来源和源头活水，为社会主义核心价值观提供路径导向和方向遵循；社会主义核心价值观又是对中华优秀传统文化的继承、创新和超越，二者一脉相承，密不可分。正如习近平总书记所指出，"培育和弘扬社会主义核心价值观必须立足中华优秀传统文化。牢固的核心价值观，都有其固有的根本。抛弃传统、丢掉根本，就等于割断了自己的精神命脉。博大精深的中华优秀传统文化是我们在世界文化激荡中站稳脚跟的根基"②。

男女平等价值观既是马克思主义妇女理论及其中国化的集中体现，也是社会主义核心价值观的重要内容，其与中国传统文化有何内在联系？马克思主义与中国传统文化属于不同性质、不同时代的文化，二者有着根本区

① 参见张翼星《马克思主义与传统文化的结合与冲突》，《安徽大学学报》1996 年第 1 期；钱逊《关于马克思主义与传统文化关系的几点思考》，《学术月刊》1996 年第 5 期；张岱年、方克立等《中国文化概论》，北京师范大学出版社 1997 年版；庄严《何谓传统文化》，《兰州学刊》1987 年第 2 期；杜悦《什么是国学？什么是传统文化？》，《中国教育报》2007 年 5 月 23 日。

② 《习近平总书记在中央政治局第十三次集体学习时的讲话》，2014 年 2 月 24 日，见中华人民共和国中央人民政府网站，http://www.gov.cn/ldhd/2014-02/25/content_2621669.htm。

别。作为外来文化，马克思主义之所以能在中国生根、开花和结果，绝非偶然，这固然与中国传统文化的吸纳力和认同力有关，但最重要原因则在于马克思主义与中国实际相结合，扎根于中国本土的历史和文化土壤中，并获得了本土文化的认同和支持。本土文化何以会认同马克思主义，一方面由于中国传统文化具有很强的包容性、吸纳性和同化能力；另一方面则由于马克思主义与中国传统文化在某种程度上存在共通性，与中国传统文化价值相契合，有着坚实的文化基础。男女平等价值观离不开中华优秀传统文化的滋养，如果脱离了中华传统优秀文化，将成为无源之水、无本之木。

中华传统文化以儒家文化为核心、为主导，但同时又包含道家、墨家、法家、佛教等文化形态，是多元文化融通和谐的统一体。诚然，儒家文化中的男尊女卑、三纲五常、三从四德、男主女从、"女子无才便是德"等思想观念是造成中国男女不平等的文化根源，儒家的纲常名教更是遭到了近代倡导社会变革和男女平等的思想家如康有为、梁启超、谭嗣同等人的严厉批判。然而，在中华民族优秀传统文化中也不乏自由、平等、和谐、仁爱、阴阳平衡等思想元素，这些思想无疑是男女平等价值观形成和发展的文化基因和思想来源。

二、传统文化中蕴含的男女平等思想元素

1. 物无贵贱、万物齐一思想

如何看待作为个体的人，中国古代一些思想家认为人与生俱来是平等的。如道家认为，包括人在内的万物，都是由"道"产生的，"道生一，一生二，二生三，三生万物"①。"道"在对待其创造的万物上是平等的，"天地不仁，以万物为刍狗"②，意思是说天地对待万物一视同仁，对于不平等现象，"道"会"高者抑之，下者举之；有余者损之，不足者补之"③。

---

① 《老子》第三十六章，《诸子集成》(3)，上海书店出版社 1986 年版。
② 《老子》第五章，《诸子集成》(3)，上海书店出版社 1986 年版。
③ 《老子》第四十六章，《诸子集成》(3)，上海书店出版社 1986 年版。《道德经》第七十七章。

在生而平等的基础上，古代思想家提出了人格、尊严平等的思想。道家提出"以道观之，物无贵贱"，"万物齐一"①，认为在"道"面前万物平等，包括人在内的万物无高低贵贱之分，归根结底都是"齐一"平等的，这是一种绝对平等观。儒家认为人生而具有相同的道德修养和价值，孟子言"舜，人也；我，亦人也"，"尧舜与人同耳"。②"人人皆可为尧舜"反映了人格、尊严平等的观念。儒家奉行"絜矩之道"和"忠恕之道"，所谓"絜矩之道"就是公平地对待每一个人；所谓"忠恕""尽己曰忠""推己及人曰恕"，即孔子所说的"己所不欲，勿施于人""己欲立而立人，己欲达而达人"，强调了人格尊严的平等。"己所不欲，勿施于人"已被联合国确定为最普遍的伦理原则。由此可见，儒家思想中的"忠恕之道"不仅对男女平等思想的形成具有重要价值，而且对中国社会乃至整个世界都具有普遍的现实意义。

2. 尊阴尚柔、崇尚女性思想

在中国传统文化中有大量对女性祖先崇拜的传说和记载，其中极具代表性的是对女娲的崇拜。女娲抟土造人、炼石补天的神话故事，充分体现了女娲的主体性和创造力，体现了远古时代女性在实际生活中的地位，也反映了女性在初民中的神圣地位。远古的八大姓如姜、姬、妫、姒、嬴、姞、姚、妘都是从女旁，也反映了女性在远古时代的核心地位。

古代有很多对女性赞美的词句，如《周易》中有"地势坤，君子以厚德载物"③，"至哉坤元，万物资生，乃顺承天，坤厚载物，德合无疆，含弘光大，品物咸亨"④，都是赞扬"坤"的道德淳厚、涵养万物、成就万物的作用。古代常用"坤""阴""柔"等来指代女性，古人对"坤"的作用和品德的赞扬，也可以看作对女性的赞美。

"崇阴尚柔"思想在道家思想中尤为突出。如"天下之至柔，驰骋天下之至坚""人之生也柔弱，其死也坚强……故坚强者死之徒，柔弱者生之徒。

---

① （清）王先谦注：《庄子集解·齐物论第二》，《诸子集成》（3），上海书店出版社1986年版。

② 杨伯峻、杨逢彬注译：《孟子》，岳麓书社2000年版，第147、151页。

③ 《周易·坤·象》，李鼎祚集注：《周易集解》卷二，中央编译出版社2011年版，第19页。

④ 《周易·坤·象》，李鼎祚集注：《周易集解》卷二，中央编译出版社2011年版，第17—18页。

是以兵强则不胜，木强则共；强大处下，柔弱处上"①；在道家看来，柔弱是一种柔韧精神，柔能胜强。这也可以从老子对水的赞美中反映出来，"天下莫柔弱于水，而攻坚强者莫之能胜，以其无以易之。弱之胜强，柔之胜刚，天下莫不知，莫能行"②。意思是说，水是柔弱的，它的力量就在于韧性，水可以穿石，可以决堤，女性与水一样，具有柔韧的精神，表面柔弱，却蕴藏着强大的生命活力。在中国传统文化中，柔、弱是女性特质的象征，道家对柔、弱、水的推崇和赞美，亦可看成其对女性阴柔特质的推崇和女性价值的肯定。

3. 男女智识、能力平等思想

在男女智识能力是否有天赋差别的问题上，明代思想家李贽认为人与之间并无所谓"上智"和"下愚"的天赋差别，"圣人之所能者，夫妇之不肖可以能，勿下视世间之夫妇为也。……夫妇所不能，则虽圣人亦必不能，勿高视一切圣人为也。"夫妇与圣人是平等的，妇与夫也是平等的。现实中男女智慧、见识所以存在差异，并非性别所致，而是由于儒家思想束缚造成的。"昨闻大教，谓妇人见短，不堪学道。诚然哉！诚然哉！夫妇人不出阃域，而男子则桑弧蓬矢以射四方，见有长短，不待言也。但所谓短见者，谓所见不出闺阁之间；而远见者则深察乎昭旷之原也。"③"故谓人有男女则可，谓见有男女岂可乎？谓见有长短则可，谓男子之见尽长，女人之见尽短又岂可乎？设使女人其身而男子其见，乐闻正论而知俗语之不足听，乐学出世而知浮世之不足恋，则恐当世男子视之，皆当羞愧流汗，不敢出声矣。"④李贽从见多识广角度分析女人见短的原因，认为见识长短并非性别所致，而是由于妇女被束缚在闺阁之中，丧失了参与社会活动的权利和机会，见得少自然识就会短，如果男性见得少，所识同样会短；如果让女子像男子那样多见，参与政事，学习出世之道，恐怕男子在女子面前也会羞愧难当，望尘莫及。因此，李贽主张摒弃重男轻女的社会偏见，让妇女和男子享有同样受教育的

① 《老子》第三十六章，《诸子集成》(3)，上海书店出版社 1986 年版。
② 《老子》第六十五章，《诸子集成》(3)，上海书店出版社 1986 年版。
③ (明) 李贽：《焚书》卷二《答以女人学道为见短书》，中华书局 1974 年版，第 164 页。
④ (明) 李贽：《焚书》卷二《答以女人学道为见短书》，中华书局 1974 年版，第 165 页。

权利。为此，他在招收门生时不限男女，并不顾世俗的非议，公开招收女弟子，给予妇女受教育的权利和机会。

4. 众生平等、天下为公思想

在如何看待人与人之间的关系上，墨家提出了"人无贵贱，有能则举"的平等观念，主张兼爱、非攻、尚同，"人无幼长贵贱，皆天之臣也"①，"天下之人皆相爱，强不执弱，众不劫富，富不侮贫，贵不傲贱，诈不欺愚"②，要求平均、平等。兼爱就是"爱无等差"，就是普遍地、相互地、平等地爱，爱人如己，爱己如人。法家则主张"法不阿贵，绳不挠曲。……刑过不避大臣，赏善不遗匹夫"③。强调法律面前人人平等，统治者也不能有特权。孔子提出"不患寡而患不均"④，并由此发展出"等贵贱、均贫富"思想，以及"有教无类"的教育平等思想。儒家平等思想的最高境界则是"大同思想"，倡导"大道之行也，天下为公。选贤与能，讲信修睦。故人不独亲其亲，不独子其子，使老有所终，壮有所用，幼有所长，鳏寡孤独废疾者皆有所养"⑤。"天下为公"思想是对男女一视同仁，人人都是社会的一员，地位平等；人人参加社会劳动，经济平等；选举贤才，政治平等。人与人之间没有贵贱之别、高下之隔，相互尊重、相互诚信，这也是儒家精髓"仁"的进一步彰显。

需要指出的是，儒家虽主张平等，但承认事实上的不平等。孟子言"求则得之，舍则失之"，在孟子看来，潜在的平等并不一定会转化成事实上的平等，如果不进行培育和扶持，就会失去平等的机会。人与人之间的平等还体现在角色的平等上，相同的角色拥有相同权利和责任，孔子所说的君君、臣臣、夫夫、子子就是强调每个人都应承担起自己的角色责任。在社会分工上，儒家主张基于人的实际能力实行适当的社会分工，"农以力尽田，

---

① 《墨子·法仪》，谭家健、孙中原注译：《墨子今注今译》，商务印书馆2009年版，第17页。
② 《墨子·兼爱》，谭家健、孙中原注译：《墨子今注今译》，商务印书馆2009年版，第84页。
③ 《韩非子·有度第六》，张觉等撰：《韩非子译注》，上海古籍出版社2007年版，第48页。
④ 《论语·季氏篇第十六》，杨伯峻、杨逢彬注译：《论语》，岳麓书社2000年版，第157页。
⑤ 《礼记注疏》卷二十一《礼记正义·礼运第九》，《十三经注疏》，世界书局1935年版，第1414页。

贾以察尽财，百工以巧尽器械，大夫以上至于公侯，莫不以仁厚知能尽官职。夫是之谓至平"①。即从事不同职业的人都各司其职、恪尽职守，并获得相应的报酬，就是最大的平等，平等不是平均，同工才能同酬，不同工却同酬也是不平等。

佛教认为众生本质上平等无二，"一切众生悉皆平等""一切众生皆有佛性"，人人皆可成佛。从众生平等的理论出发，佛教提出"形有男女，性无彼此"的观念，认为男女在信仰、修德等方面是平等的，享有同等的闻法、受教的资格和权利，也有说法、教育他人的能力和义务，女性有权主宰自己，可以摆脱男子自主修行，"尔时无有男女、尊卑、上下，亦无异名。"②

5. 阴阳平衡、和而不同思想

在处理人与人、男人与女人的关系上，传统文化中有阴阳平衡、阴阳和合思想。阴阳平衡思想暗含着朴素的男女平等观。《易传》曰："乾，阳物也；坤，阴物也。阴阳合德而刚柔有体"；《易·系辞》也说："一阴一阳谓之道"，都是强调阴阳互补、刚柔相济。《老子》对"道"的论述中有大量关于阴阳、雌雄等关系的论说，如"万物负阴而抱阳，冲气以为和"③，一切事物都包含了阴阳两种对立面，阳背负着阴，阴拥抱着阳，或者说是阴阳相互负抱、相互联系又相互制约，二者激荡交流达成和谐状态，万物才能长久。"和"是阴阳相抱的本质特征，而男女作为万物之一，同样需要平衡和谐，由此强调了男女平等的伙伴关系。道教对男女和谐思想表述更明确："有阳无阴，不能独生，治亦绝灭；有阴无阳，亦不能独生，治亦绝灭……故男不能独生，女不能独养。"④ 因此，对歧视、虐待、残杀女性的现象极为不满，"今天下失道以来，多贱女子，而反贼杀之，令使女子少于男，故使阴气绝，不与天地法相应"⑤。这些论说无疑是男女平等思想的萌芽。

① （清）王先谦注：《荀子集解》卷二《荣辱篇第四》，《诸子集成》，上海书店出版社 1986年版，第 44 页。
② 《长阿含经》卷二十二，《大正新修大藏经》第一册，CBETA 版电子佛典集成，feb，2004年。
③ 《老子》第三十六章，《诸子集成》（3），上海书店出版社 1986 年版。
④ 王明编：《太平经合校》，中华书局 1960 年版，第 149—150 页。
⑤ 王明编：《太平经合校》，中华书局 1960 年版，第 34 页。

贵和持中的和谐理念是中国传统文化的精髓。儒家提出"礼之用，和为贵"①，要求人与人之间以礼相待，和平共处，彼此融洽。儒家强调"和为贵"的同时提出了"和而不同"观点，"君子和而不同，小人同而不和"②。"和而不同"就是不一味求同，而是首先承认不同，强调尊重个性差异基础上的平等、和谐。"和而不同"的观念提示我们男女平等、男女和谐并不是男女都一样，而是尊重男女差异基础上的男女平等、和谐。

6.婚姻自由、夫妇齐体思想

在婚姻家庭问题上，传统文化中包含着婚姻自由思想。其一，强调婚姻以爱情为基础，《周易》曰："亨，利贞，取女吉"，即强调男女相互爱慕，产生爱情，在此基础上结为夫妻。其二，强调婚姻自由。"夫择妇，妇亦择夫"，不仅丈夫有权选择妻子，妇女也可以挑选适合自己的丈夫。清代学者俞正燮明确反对男子单方面苛求女子守节，指出，如果要求女子夫死不改嫁，男子亦当妻死不再娶。如果男子再娶而苛求女子守节，是"无耻之论"，寡妇再嫁，"不当非之"。③也就是说，妇女是否再嫁，应听凭其意志自由选择。明清时期的一些家法家规中对寡妇改嫁也持宽容态度。明代《温氏母训》规定"少寡不必劝之守，不必强之改"④；清代《蒋氏家训》中规定"妇人三十岁以内，夫故者，令其母家择配改适，亲属不许阻挠。若有秉性坚贞，视死抚孤守节者听之"⑤。这两则家训表明宋代至明清时期虽然提倡寡妇守节，但并不反对或禁止寡妇改嫁，寡妇是否守节或再嫁由其自己决定。

古人非常重视妇女在家庭中的作用，认为妇女是家庭之主，承担着主中馈、相夫教子、"正家"的职责，应当受到尊敬。孔子曾说："昔三代明王之政，必敬其妻、子也，有道。妻也者，亲之主也，敢不敬与?"⑥孔子将妻

① 《论语·学而篇第一》，杨伯峻、杨逢彬注译：《论语》，岳麓书社2000年版，第5页。
② 《论语·子路篇第十三》，杨伯峻、杨逢彬注译：《论语》，岳麓书社2000年版，第125页。
③ （清）俞正燮著，于石等点校：《俞正燮全集》第一册，黄山书社2005年版，第630页。
④ （明）温以介：《温氏母训》，《丛书集成初编本》第976册，商务印书馆1960年版。
⑤ （清）蒋伊：《蒋氏家训》，《丛书集成初编本》第976册，商务印书馆1960年版。
⑥ 《礼记注疏》卷五十《礼记正义·哀公问第二十七》，《十三经注疏》，世界书局1935年版，第1611页。

提到很重要的地位，认为妻子是家庭、家族之主，承担着主持家政、奉养公婆、养育后代的重要职责，因此应该尊敬妻子。由于女性在教育后代上承担着特殊的作用，因此，古人认为妇女的德才学识与相夫教子、持家的质量密切相关，认为只有德才兼备的女性才能勤俭持家，才能在言传身教中影响自己的丈夫和子女，进而起到提高为官者的素质，净化社会风气的作用，实际上是间接肯定妇女的社会作用。

古代社会也非常尊敬母亲。老子用"牝""雌"和"母"等阴性词汇来比喻万物之源的"道"，如"天下有始，以为天下母。既知其母，复知其子。既知其子，复守其母，没身不殆"①。"有国之母，可以长久。"老子认为"道"是阴性的，有母性，母性的伟大就在于"生而不有"的无私精神，反映了老子对母亲、对女性母性品质的尊崇。不仅尊重自己的母亲，在夫妻平等的基础上，妻子对公婆、丈夫对岳父岳母都要同等尊重，"父母，一也""父之父母，母之父母，亦一也。男女，一也；男之子，女之子，亦一也"。针对"出嫁从夫""嫁出去的女儿，泼出去的水"等重男轻女的观念，古人强调"人之于父母，一也；女子在室于父母，出嫁于父母，岂有异乎?"对父母而言，儿子和女儿都是自己的子女，因此，父母不仅不能贵男贱女，而且应该更爱女儿，"均是子也，乃我之恤女也，则甚于男"②。

夫妻关系在家庭关系中占有重要地位，古代传统观念非常重视夫妻关系，将之视为"人伦之始"，作为社会各种伦理秩序建立的基石，甚至提到五伦之首，"夫妇，人之始也。有夫妇然后有父子，有父子然后有兄弟，有兄弟然后有上下"③。古人推崇平等融洽、相敬如宾的夫妻关系。"妻者，齐也，与夫齐体。"④"齐"即对等、匹敌，也就是说妻子地位与丈夫是对等的，这里的"妻"是正妻而非媵妾。夫妻不仅平等，而且贤惠的妻子并不是一味地"从夫之令"，而是应该有劝谏丈夫的责任，"妻得谏夫者，夫妇一体，荣

---

① 《老子》第四十五章，《诸子集成》(3)，上海书店出版社 1986 年版。
② (清)唐甄：《潜书·夫妇》，黄敦兵校释：《潜书校释》，岳麓书社 2011 年版，第 102、103、108 页。
③ (明)李贽：《焚书》卷三《夫妇论》，《焚书续焚书》，中华书局 1974 年版，第 252 页。
④ (汉)班固：《白虎通·嫁娶》，《白虎通》，北京图书馆出版社 2006 年版。

耻共之"①，认为妻子劝谏丈夫意义重大，"夫有诤妻，则不入于非道"②。《周礼》所提倡的夫妻相处准则是"夫妇相下"，即相互尊重，"夫妇之论，恩若父子，洽若昆第，敬若君臣，谊若朋友"③。夫妻相处要像父子一样恩爱，像对各自的兄弟那样融洽亲和，像君臣一样相互敬重，像对待朋友那样真诚信义。明末清初思想家唐甄也认为，"敬且和，夫妇之伦乃尽"，即夫妻之间要相互尊重、和谐相处。

7."天人合一"的生态观

在如何看待人与自然的关系上，古人主张"天人合一"。"天人合一"就是天人统一、天人和谐。"天人合一"观认为，"有天地，然后有万物；有万物，然后有男女"④，"天地与我并生，而万物与我为一"⑤，即大自然孕育万物，而人是万物之一，是自然界的一部分，自然界作为一个不可分割的整体，包括人类在内的万物"并育而不相害"，相互依存，共生共荣。因此，老子主张"人法地、地法天，天法道，道法自然"，即人应该遵循自然规律，追求人与自然和谐相处。在"天人合一"思想指导下，中国传统文化中形成了"民胞物与""天民共生""天与人一"等观念，都是强调人与自然的和谐。如何实现"天人合一"，古代思想家提出"圣人处物而不伤物。不伤物者，物亦不能伤也。唯无所伤者，为能与人相迎也。"⑥主张人要尊重自然界的客观规律，协调人类与自然万物的关系，不破坏自然，保持和维护生态平衡，只有这样，自然才能服务于人类。

---

① （汉）班固：《白虎通·妻谏夫》，《白虎通》，北京图书馆出版社 2006 年版。
② （唐）郑氏：《女孝经·谏诤章第十五》，《丛书集成初编》本，中华书局 1991 年版。
③ （清）戴震：《原善》，《戴震全集》第一册，清华大学出版社 1991 年版。
④ 《周易·序卦》，李鼎祚集注：《周易集解》卷十七，中央编译出版社 2011 年版，第 315 页。
⑤ （清）王先谦注：《庄子集解》卷六《齐物论第二》，《诸子集成》(3)，上海书店出版社 1986 年版。
⑥ （清）王先谦注：《庄子集解》卷六《知北游第二十二》，《诸子集成》(3)，上海书店出版社 1986 年版。

三、传统文化中男女平等思想的当代价值

习近平总书记在党的十九大报告中强调了文化的重要性，指出"文化是一个国家、一个民族的灵魂。文化兴国运兴，文化强民族强""中国特色社会主义文化是激励全党全国各族人民奋勇前进的强大精神力量"。而中国特色社会主义文化"源自中华民族五千多年文明历史所孕育的中华优秀传统文化"。因此，发展中国特色社会主义文化，就要正确对待中华优秀传统文化。如何对待中华优秀传统文化，习近平总书记在党的十九大报告中也提出了明确要求："深入挖掘中华优秀传统文化蕴含的思想观念、人文精神、道德规范，结合时代要求继承创新，让中华文化展现出永久魅力和时代风采"，要"推动中华优秀传统文化创造性转化、创新性发展"。① 发掘传统文化中的男女平等思想，汲取中华优秀传统文化的养分，是文化创新的源泉和动力。

1.为培育和践行社会主义核心价值观提供源头活水

长期以来，许多人认为，中国实现妇女解放和男女平等的道路之所以异常艰难，主要原因在于，中国传统文化是父权制文化，是性别不平等文化，缺少性别平等因子，男女不平等思想已经深入中国人的骨髓里，根深蒂固。诚然，中国传统文化是男女不平等的根源之一，但男女不平等只是传统文化中的一部分，或者说是统治阶级文化的一部分，传统文化中也不乏男女平等思想。

党的十八大提出了以"富强、民主、文明、和谐、自由、平等、公正、法治、爱国、敬业、诚信、友善"为基本内容的社会主义核心价值观。它传承着中华优秀传统文化的基因，正如习近平总书记所指出的，"我们生而为中国人，最根本的是我们有中国人的独特精神世界，有百姓日用而不觉的价值观。我们提倡的社会主义核心价值观，就充分体现了对中华优秀传统文化

---

① 习近平：《决胜全面建成小康社会　夺取新时代中国特色社会主义伟大胜利——在中国共产党第十九次全国代表大会上的报告》，《中国共产党第十九次全国代表大会文件汇编》，人民出版社 2017 年版，第 33、14、33、34、19 页。

的传承和升华"①。通过梳理传统文化中的男女平等思想因素可以看到，无论是儒家、道家、墨家，还是佛教，其谈论平等的出发点都是基于对人的相同性的抽象认识。虽然传统文化中所说的平等、男女平等与现代意义上基于权利平等、机会平等的男女平等不尽相同，但从价值观的意义上说，传统文化中的阴阳平衡、"和而不同""不患寡而患不均""己所不欲，勿施于人"无男女之别等平等思想，不仅构成了社会主义核心价值观的文化根基，更是培育和践行社会主义核心价值观，不断增强社会主义核心价值观生命力的源头活水，同时也是男女平等价值观的思想基础和源头活水，后者是对前者的继承和发展。因此，培育和践行社会主义核心价值观，需要深入发掘中华优秀传统文化中与社会主义核心价值观相契合的思想、元素，并结合新时代中国特色社会主义实践，进行现代意义的阐释和转化。

2. 立足优秀传统文化坚定文化自信

许多性别研究专家也认为，中国的男女平等思想、男女平等价值观不是从中国本土生发出来的，而是从西方舶来的，缺乏中国文化根基。实则不然，既然中国特色社会主义文化"源自于中华民族五千多年文明历史所孕育的中华优秀传统文化"，那么作为中国特色社会主义文化重要内容的男女平等价值观也同样源自中华优秀传统文化。

习近平总书记指出，"文化自信是更基础、更广泛、更深厚的自信，是更基本、更深沉、更持久的力量。坚定文化自信，是事关国运兴衰、事关文化安全、事关民族精神独立性的大问题""历史和现实都表明，一个抛弃了或者背叛了自己历史文化的民族，不仅不可能发展起来，而且很可能上演一幕幕历史悲剧"②。因此，深入挖掘传统文化中的男女平等元素，不仅可以回击西方社会对中国传统文化的轻侮，更加有力地向世界宣示中国文化是优秀的文化，即使在性别平等方面也有很多精华可以汲取，这无疑也是对中国文化虚无主义的一种反驳，同时也有利于增强国人在性别平等问题上的文化自信，为当代中国马克思主义男女平等观的长足发展增添中国文化的有力注脚。

---

① 《习近平谈治国理政》，外文出版社 2014 年版，第 171 页。

② 习近平：《在中国文联十大、中国作协九大开幕式上的讲话》(2016 年 11 月 30 日)，人民出版社单行本，第 6 页。

第二编

男女平等价值观的认同状况

高校学生男女平等价值取向及其群体差异

——基于北京市 13 所高校调研数据的分析

魏国英 *

平等是社会主义核心价值观的基本内容之一，男女平等是平等的必然要求。培育和践行男女平等价值观，是培育和践行社会主义核心价值观不可或缺的组成部分。高校学生是学历层次和认知能力较高的年轻群体，他们的性别平等意识既体现了我国民众性别平等意识的发展水平，又对民众性别平等意识未来发展具有重要影响。因此，了解高校学生对男女平等价值观的认同状况及其发展态势，制定和实施提升学生性别平等意识的积极措施，是在高校中有效践行社会主义核心价值观的重要环节。本文基于"首都高校学生性别平等意识调研"数据和访谈资料，对高校学生男女平等价值取向的总体状况与群体差异，以及与北京居民的异同做一解析，并提出相关对策建议。

一、数据来源与样本概况

1. 数据来源

本研究使用的资料来自北京市妇联立项、北京大学中外妇女问题研究中心主持，于 2013 年 9 月至 2014 年 3 月完成的专题调研——"首都高校

---

* 魏国英，女，（1946— ），北京大学中外妇女问题研究中心常务副主任、编审，主要研究方向为女性学基本理论，女性现实发展问题。

学生性别平等意识调研"。此调研分为两部分：一是在北京大学、清华大学、中国人民大学、北京理工大学、北京农业大学、北京林业大学、北京外国语大学、中国政法大学、中央民族大学、中国传媒大学、首都师范大学、首都经济贸易大学、中华女子学院等 13 所高校学生中发放"性别平等意识调查问卷"2000 份，回收有效问卷 2002 份（出现了没有被抽到的同学认为问卷非常有意义，主动复印填写的情况）；二是在这 13 所高校发放并回收"性别平等意识教育与女性学学科建设情况问卷"13 份，并对其中 6 所院校中的 16 位性别研究领域的教师进行了访谈。数据采用 SPSS 统计软件进行统计分析。

2. 样本概况

"性别平等意识调查问卷"抽样设计注意了性别、学历和专业的分布，因此在回收的有效问卷中，受访者的性别、年龄、学历、专业、婚姻等状况与高校学生分布基本一致。样本中男性占 45.35%，女性占 54.65%，女性略多于男性；20 岁以下者占 23.84%，20—24 岁的占 56.67%，25 岁以上者占 19.49%；本科生占 56.17%，硕士研究生占 26.88%，博士研究生占 16.13%，专科生仅有 16 人，不到 1%；理工医学（27.66%）、农林学（11.64%）、人文科学（22.22%）、社会科学（38.49%）等学科专业的学生均有一定的比例；未婚者占绝大多数（94.45%），已（曾）婚人数很少，仅占 5.55%。

通过对样本的统计分析，我们还发现了受访者的其他一些特征。一是政治面貌好，党团员比例高。共产党员占 33.23%，共青团员占 59.62%，党团员合计为 92.85%；普通群众占 6.85%，民主党派占 0.30%。二是来自城镇的学生比例高。出生地为城市的学生约占一半（46.60%），农村学生（29.90%）和县镇学生（23.50%）相差不大。若将县镇学生也归属于城市，城乡学生比例则为 70.10% 与 29.90%。三是独生子女数量并没有占绝大多数。近 30 多年我国一直坚持实行计划生育基本国策，特别是城镇，一对夫妻只能生一个孩子，但在样本中，在校大学生独生子女占 58.61%，不到六成；非独生子女数量仍很大，为 41.39%。

二、高校学生对男女平等价值观的认同状况分析

价值观是个人或社会对事物价值，即对事物用途或作用的认知与判断。性别价值观则是个人或社会对男女两性能力、作用以及相互关系的认识与看法。当下，性别价值观通常被分为两种类型，即男女平等价值观与男女有别价值观。男女平等价值观强调的是男女两性在政治、经济、社会、文化和家庭生活等各方面都应该是平等的，并致力于消除一切男女不平等的现象。而男女有别价值观，则认为男女两性在人类社会中应该承担不同的社会和家庭角色，并将这些不同归因于两性的先赋性差异，认为其不可改变，从而将男女不平等合法化。①

这次调研既询问了受访者是否同意"女人的能力不比男人差""男人也应该主动承担家务劳动"等倡导男女平等观念的问题，也询问了"男人应该以社会为主，女人应该以家庭为主""男孩要有男孩样，女孩要有女孩样"等坚持男女有别观念的问题，从受访者对两类问题的态度来考察他们对这两种观念认同的态势。数据显示，高校学生性别价值观主要呈现以下特点：

1. 多数学生认同男女平等价值观，但仍有三至四成学生的性别观念停留在传统文化框架内

数据显示，首都高校学生基本认同性别平等价值取向，主要表现为：

对性别歧视现象多有敏感。对于高考中曾出现的小语种等专业按性别划定分数线且男生录取分数线低于女生的情况，67.23%（518人）的受访者认为是性别歧视。对于在同等条件下，女生是否存在更难找工作的问题，40.40%认为这是"女性群体面对的普遍问题"。对于"因性别而不被录用或提拔""男女同工不同酬""因结婚/怀孕/生育而被解雇""因生女孩而被人瞧不起"等社会现象，认为都是性别歧视的占64.25%。

---

① 吴利娟、魏国英：《北京妇女的性别认知与态度》，载《北京妇女社会地位研究》，中国妇女出版社2013年版，第391页。

对传统的男女有别的性别观念多不赞同。对于引发我国各级领导岗位上女性数量相对较少的原因，42.80%的受访者认为是家庭和社会的原因；48.50%认为既有家庭和社会的原因，也有个人原因；认为完全是女性个人原因造成的仅占8.70%。对于"女人的能力不比男人差""男人也应该主动承担家务劳动""在领导岗位上男女比例应大致相等""男女平等不会自然而然实现，需要积极推动"等男女平等的观念，均持"完全同意"和"比较同意"的占50.95%。

对传统婚恋观和家庭性别分工多不认同。66.78%的受访者在求偶中最看重异性的品性；其次是能力，占17.64%；而选择相貌和经济实力的只有8.27%和1.10%。对于女性选择做全职太太，完全无法接受和不大能够接受的占六成（59.52%）。

对男女平等国家政策多有了解。50.73%的受访者知道男女平等是我国的基本国策，84.45%知道我国有专门保护妇女权益的法律，23.17%能正确写出一部保护妇女权益的法律名称。

但值得注意的是，具有鲜明的性别平等意识的学生还只占60%—70%，仍有三至四成学生的观念停留在传统的男女有别的框架内，他们对两性社会地位差异和一些性别歧视现象尚不敏感，甚或认为具有一定的合理性。

2.高校学生性别平等意识略高于北京市民，但优势不显著

由于此次问卷的部分题目选用了我国第三期妇女社会地位调查中的相同问题，比较两次调研的数据结果可以看出，首都高校学生整体对男女平等观念的认同略高于北京市民，对传统男女有别观念的认同略低于北京市民。但也有例外，即学生赞同"领导岗位上男女比例应该大致相等"和"男女平等需要积极推动"的比例，分别比北京市民低9.6%和6.2%；赞同"挣钱养家主要是男人的事情"的则高8.0%。这就是说，高校学生比市民更不赞同通过行政手段推动实现男女平等，更赞同男性要承担养家糊口的责任（见表1）。

表 1　首都高校学生与北京市民性别观念比较①

		群体	同意	不同意	说不清
男女平等的观念					
	女人的能力不比男人差	市民	87.3%	12.0%	0.8%
		学生	90.5%	7.6%	2.0%
	男人也应该主动承担家务劳动	市民	91.5%	7.7%	0.8%
		学生	92.3%	5.9%	2.0%
	在领导岗位上男女比例应大致相等	市民	70.3%	28.3%	4.3%
		学生	60.7%	28.3%	11.1%
	男女平等需要积极推动	市民	93.7%	3.6%	2.7%
		学生	87.5%	8.3%	4.2%
男女有别的观念					
	男人以社会为主，女人以家庭为主	市民	45.3%	53.8%	1.0%
		学生	42.9%	54.0%	3.2%
	挣钱养家主要是男人的事情	市民	41.4%	57.8%	0.7%
		学生	49.4%	48.4%	2.3%
	丈夫的发展比妻子的发展更重要	市民	49.3%	49.2%	1.5%
		学生	34.8%	62.1%	3.2%
	男孩要有男孩样，女孩要有女孩样	市民	93.2%	13.6%	1.1%
		学生	81.9%	13.6%	4.6%
	干得好不如嫁得好	市民	40.6%	56.5%	2.9%
		学生	37.6%	56.8%	5.7%

　　相对于北京市民，高校学生生活在优秀者聚集的群体中，他们能更清晰地感知到身边女性的优秀潜质和才干，更易于认同"女人的能力并不比男人差""女人完全可以像男人一样独立而有成就"的平等理念。但是，他们对男女平等的推动方式和前景又有更多的思考或犹疑不定，相比北京市居

① 问卷中设计了"非常同意""比较同意""不太同意""很不同意""说不清"五个选项，此表将"非常同意""比较同意"合并为"同意"，将"不太同意""很不同意"合并为"不同意"。

民，有更高比例的高校学生不同意"领导岗位上男女比例应该大致相等"。这部分学生也许更为信奉个人能力而不是性别在其中的决定性作用，这种比普通市民更进一步的考虑从某种角度说，或许也是一种进步，但缺失的是他们没有考虑到在男女不平等的性别结构和性别观念长期作用下，现实生活中社会性别与个人能力是交互影响的，仅凭个人的努力难以改变男女不平等的现状。而高校学生认同"男女平等需要积极推动"的比例低于北京市民，或许是因为高校女生在各个方面，无论是其享有的条件还是获得的成绩，都并不比男生差，这使得部分学生认为男女平等没有必要再刻意推动，而他们没有考虑到现实生活中尤其是在偏远地区以及不同于校园生活的职场中，依然存在十分普遍的男女受到不平等待遇的现象。象牙塔中的生活往往使得高校学生与社会现实存在一定的隔膜，他们对性别问题的思考也难免与实际脱节。

三、高校学生男女平等价值取向的群体差异

数据分析显示，性别、出生地、是否独生子女、学历、专业等方面的不同都会对高校学生的男女平等价值取向产生一定影响，但影响较为显著的是性别和学历。

1. 男生比女生更认同传统性别角色分工

分性别来看，男生对男女平等的国家政策法律的关注度高于女生，同时他们又更倾向于认同传统的性别角色分工。

多变量分析显示，即使在其他条件都相同的情况下，男生能正确回答出男女平等是我国的基本国策的可能性是女生的 1.50 倍；但男生认同性别平等观念的可能性只有女生的 0.28 倍；认同男女有别观念的可能性则是女生的 2.41 倍。在连续引入了其他社会人口变量、原生家庭特征、在学校和社会的性别社会化经历以及女性学相关知识等多组变量之后，男女生之间在性别平等意识各方面的差异都依然存在。

比如，两性在求偶时最看重异性"品性"的比例都远远高于其他选项，男生为 71.8%，女生为 62.6%；但在接下来的选择中两性差别却很大，女生

更看重男性的"能力"，比例达 25.7%，男生只为 8.0%；而男生更看重女性的"外貌"，比例达 14.0%，而女性只为 3.5%。对于目前我国各级领导岗位上女性数量相对较少的原因，14.4% 的男生认为这是女性个人原因造成的，而持这种观点的女生仅为 3.9%；超过一半的女生（50.8%）认为这是由家庭和社会因素造成的，但持这种观点的男生仅占 33.2%。对于"因性别而不被录用或提拔""男女同工不同酬""因结婚/怀孕/生育而被解雇""因生女孩而被人瞧不起"等社会现象，明确认为都是性别歧视的女生为 75.5%，而男生只有 50.7%。对"女人的能力不比男人差""在领导岗位上男女比例应大致相等""男人也应该主动承担家务劳动""男女平等不会自然而然实现，需要积极推动"等倡导男女平等的观念，女生均认同的比例为 65.1%，男生只有 35.0%，仅为女生的一半。而且，女生对每一项的认同率均高于男生（见图 1）。

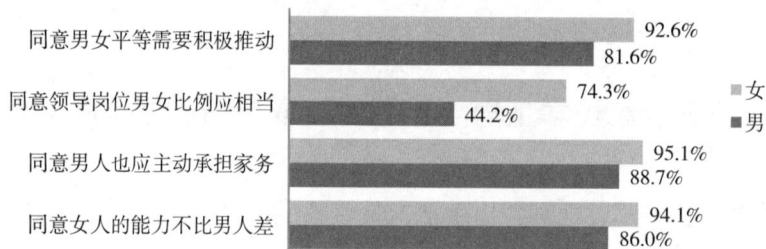

图1　认同男女平等选项的性别差异

不同性别群体之间对男女不平等社会现象的认知差异，则与他/她们在成长过程中面对的生存与发展境况不同，也与遇到的困惑和承受的压力不同密切相关。女性作为性别关系中的弱势群体，对性别不平等的感受更为深切，对平等的渴望和需求更为强烈，对平等理念的吸纳更为主动积极，对传统性别分工及文化习俗的认同就会出现松动。而在性别不平等的结构和机制中，男性受到的制约不如女性大，因而比女性更易于固守传统性别不平等意识并内化为自身观念。而当下高校的校园环境和相关教育还不足以促进男女学生在性别平等意识上共同进步。

2.学历越高的学生越认同传统性别观念

从学历上来看，学历越高者对性别歧视的敏感性越强，但也越倾向于认同传统性别观念与习俗。

多变量分析显示，学历对性别认知与性别观念有显著影响。了解男女平等是我国基本国策的，博士研究生比例最高，为56.4%；硕士研究生次之，为53.9%；大学本专科生最低，仅为48.2%。32.2%的博士研究生能正确写出一部保护妇女权益的法律名称，硕士研究生为26.2%，大学本专科生仅为19.7%。对于在同等条件下，女生是否存在更难找工作的问题，55.1%的博士研究生认为是女性群体面对的普遍问题，持这种看法的硕士研究生为45.5%，大学本专科生仅为33.8%。这说明随着专业知识的增多，博士生对事物的理解和分析能力增强，对不公平现象的敏感度就会增加。

但是，学历越高者在性别关系认知上又明显地比低学历者更倾向于传统观念。多变量分析显示，博士研究生认同"挣钱养家主要是男人的事情"等5个男女有别观念的可能性是大学本专科生的2.35倍，硕士研究生则是本专科生的1.80倍。而且，博士研究生对每一项的认同度都明显高于本专科生（见图2）。学历越高的学生也越认同传统性别角色分工。在理想妻子形象的选项中，博士研究生选择"温柔完美的家庭主妇"的比例最高，为43.5%，大学本专科生最低，为35.2%；而选择"事业有成的女强人"的比例，则是大学本专科生最高，为22.2%，博士研究生仅为14.4%。博士研究生完全可以接受女性选择做全职太太的比例最高，为51.6%，本专科生为38.5%；而完全无法接受的，博士研究生比例最低，为9.2%，而本专科生则为11.3%。

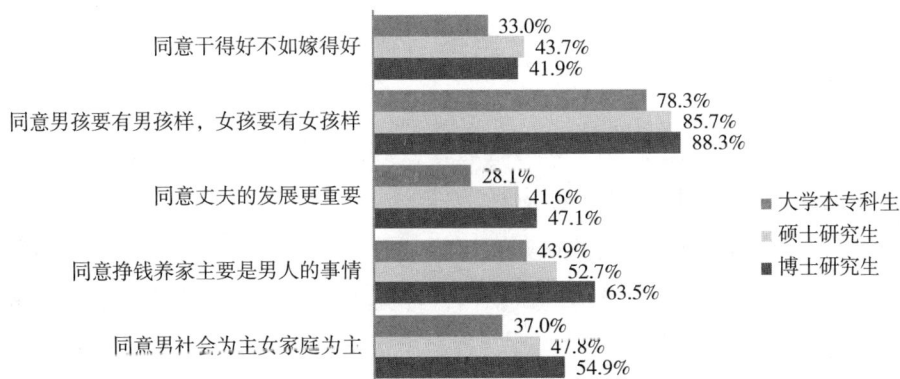

图2　不同学历群体对男女有别的认同差异

这一现象在男女高学历者中均存在，即无论是男性还是女性，随着学历的升高，他／她们对传统性别观念的认同度均升高。比如，男博士生赞同"干得好不如嫁得好"的为41.9%，比本专科男生高出了8.1个百分点，不赞同的则低9.8个百分点；同样，女博士生赞同的，也比女本、专科生赞同的高8.1个百分点，不赞同的则低12.4个百分点。男博士生赞同"丈夫的发展比妻子更重要"的为47.1%，比本专科男生高出了19.1个百分点，不赞同的则低17.5个百分点；同样，女博士生赞同的，也比女本、专科生赞同的高16个百分点，不同意的则低13.8个百分点。此前曾有研究发现，"与女性受教育程度和落后文化呈反比的态势所不同，在男性中，大学以上文化程度者，赞同女性干得好不如嫁得好的比例反而上升"，大学以上文化程度的男性与性别文化进步可能存在一定的反向性关系。[①] 这次调研显示，这种反向性关系也存在于女性中，即在大学以上学历者中，学历越高的女性，也越认同男女有别的传统观念。

总体上看，博士研究生对女性的能力作用有更准确的评价，对一些性别歧视问题通常会有更清晰的解析能力；但随着年龄增大和阅历的增多，他们对社会现实的了解也更为深入透辟。面对男性中心的性别结构、社会文化习俗和传统性别观念依然占据社会主流的现实状况，不管男博士还是女博士，从生存和发展的需要出发，他们往往会顺应社会现实来选择自身的性别角色定位，性别意识因而呈现出较为传统守旧的态势。

四、思考与建议

第一，高校学生性别意识与普通社会群体相比，既有共性，也有自身的特性；既有进步性，又有局限性。一般来讲，性别意识分为两个方面：一方面是对两性能力与价值的认知和评价，另一方面是对两性关系的认知和处置。对于两性能力和价值的认知，首都高校学生的正向评价高于北京市

[①]　丁娟、李文：《关于妇女地位认知与态度基本状况的分析与思考》，载《亚洲女性论坛报告》，北京大学出版社2013年版，第37页。

民，他们更认同"女人的能力不比男人差"，更不赞同"丈夫的发展比妻子的发展更重要"，体现出性别意识的进步性。但是，对于两性关系的认知和处置，高校学生并没有表现出明显的进步优势，甚至出现某种退步，他们更赞同"挣钱养家主要是男人的事情"，更反对"在领导岗位上男女比例应大致相等"。

究其原因，高校学生虽然处于思想活跃的校园环境，但仍然与广大市民一样，生活在男女不平等广泛存在的当今社会中，在传统性别分工依然占据主导地位的现实熏染下，他们自然会对传统的男女有别理念有所认同。同时，高校又是多种价值观汇聚之地。近年来，受个人主义价值观的影响，部分学生崇尚个人奋斗，对集体主义、社会主义的价值观有所疏离，更为信奉个人能力而不是群体力量在男女平等中的决定性作用。因此，在一些性别问题的判断和选择上显现出某种价值分离和矛盾的现象。

第二，知识增长与性别平等意识提升并不存在必然的正相关性。一般情况下，受教育程度与先进性别观念的认同程度呈正相关关系。[①] 因为随着人们受教育程度的提高，知识水平和认知能力提升，对传统的男尊女卑性别观念已落后于社会发展有更多的感知，更易于认同男女两性应具有同等的人格与尊严，应享有同等的权利、地位、机会和责任的先进性别理念。但此次调研却显现，在大学以上学历者中，学历升高与性别平等意识的提高却存在着某种反向关系。这说明，知识水平对性别观念进步的影响是重要的，但不是单一作用的。由于高等教育发展过程中并没有专门的性别平等意识教育，一些学生在看待性别问题时，还会像普通社会群体一样遵从传统性别观念去解析和判断。可以认为，在当下中国复杂多元的性别语境下，没有哪一种先赋的特征可以确保个体持有先进的性别意识形态，而已有的后天所接受的教育虽然有时候能消除某些先赋特征的影响，但并不一定能保证培养出更进步的性别平等意识。

第三，成长环境对个体性别意识的形成影响深刻。调研发现，在对女

---

① 丁娟、李文：《关于妇女地位认知与态度基本状况的分析与思考》，载《亚洲女性论坛报告》，北京大学出版社 2013 年版，第 37 页。

性自身能力和价值等问题的认识上，不同出生地的高校学生没有显著差别，但对两性关系的一些看法，却表现出明显差异。出生于农村的受访者赞同"丈夫发展更重要"的比例为 42.4%，城市的仅为 30.2%；选择理想妻子形象为"温柔完美的家庭主妇"的，农村出生的受访者为 47.1%，城市的仅为 33.2%。父母之间的性别互动关系状态对于受访者的性别意识也有较大影响。多变量统计显示，成长于母亲更有实权的家庭的受访者以"温柔完美的家庭主妇"为理想妻子形象的可能性较低（0.74 倍），而成长于父亲更有实权的家庭的受访者则没有显著不同。这说明母亲占优势这一非传统的权力分配模式导致子女心目中的理想妻子形象也不那么传统。农村地区出生的学生显然更为接受"男强女弱""男主外、女主内"的传统性别分工模式，甚至更接受女性为了家庭应该牺牲自身发展的观念。

社会存在决定社会观念。当前城乡居民物质生活和文化生活存在的显著差异，会通过一定的渠道在性别关系和性别文化领域得以反映，广泛影响人们的性别认知和态度。2010 年全国第三期妇女地位调查已经发现，城乡发展的不对称、农村发展的相对滞后等问题，都在性别文化领域有着相应的表现。农村女性对"男人应该以社会为主，女人应该以家庭为主"的认同率比城镇女性高 22.9 个百分点，农村男性比城镇男性高 18.2 个百分点。[1] 可以说，农村地区接受现代理念相对滞后，性别观念相对守旧。而成长于其中的儿童及青少年，其性别社会化过程自然会受到这种传统性别观念潜移默化的影响，而高校在性别意识教育方面的缺失又无力削弱和改变这种影响，以致部分出生于农村的学生，虽然在城市接受了高等教育，却依然带着农村性别意识影响的烙印。

第四，学习女性学与性别研究相关知识有助于学生增强男女平等观念。多变量分析显示，农村出生的学生更为偏好"温柔完美的家庭主妇"这一符合传统规范的妻子形象，但这一偏好会因他／她们对女性学的了解以及学校设有妇女研究专门机构而消失。多变量分析还显示，知道并了解女性学专业

---

① 丁娟、李文：《关于妇女地位认知与态度基本状况的分析与思考》，载《亚洲女性论坛报告》，北京大学出版社 2013 年版，第 39 页。

的受访者比不知道女性学专业的受访者认同男女平等观念的比例高 1.56 倍，准确回答出男女平等是我国基本国策的比例高 1.55 倍。这说明，在大学设立妇女与性别研究机构，开设女性学与性别研究课程，进行性别平等理念教育，是增强学生男女平等价值观认知，提高他们对相关政策法规了解和认同的一个重要推力，有利于削弱某些学生在性别观念上的传统保守倾向。所以，提高高校学生的性别平等意识，不能单纯依靠当前的通识教育和专业教育，而是更需要专门的性别平等意识教育，即在通识教育中加入专门的性别平等意识教育。

为此，在党和国家切实运用法律、政策、舆论等多种手段，在全社会培育和践行社会主义核心价值观、落实男女平等基本国策、推进事实上的男女平等的基础上，还应"因人而异"，研究和制定提升高校学生男女平等价值取向的政策措施。这里，笔者提出两点具体的对策性建议：

一是把推进男女平等教育作为培育和践行社会主义核心价值观的重要内容，实实在在地引进高校。首先，要将性别知识与性别平等理念教育纳入高校必修课，作为高校本专科生、硕士生、博士生政治必修课的一部分；其次，针对对女性和性别研究有兴趣但并非专业修习的学生，开设面向全校学生的女性学与性别研究的通识课；最后，在现有的各院系开设的与女性／性别相关的其他学科课程中，重点增加性别平等意识等内容，力求在当前载体不足的情况下，最大限度地利用现有资源，培养和塑造高校学生的男女平等价值取向。

二是将女性学学科建设、课程设置、师资队伍建设纳入高等学校教学科研规划之中。建立规范的学科体制和机制，在人员、经费、设施、科研、教学等方面给以倾斜性支持，以女性学理论研究与学科建设的丰硕成果支持高校性别平等教育持续发展。

（原载《中华女子学院学报》2015 年第 5 期，第 40—46 页；中国人民大学《复印报刊资料（妇女研究)》2016 年第 1 期，第 37—42 页）

流动妇女的男女平等价值观*

郑真真**

一、研究背景

男女平等价值观是实现男女平等的基础，人们对男女平等价值观普遍认同，才有可能形成男女平等的社会环境、塑造具有男女平等意识的行为规范。男女平等价值观是人类社会对"男女平等"的价值取向和价值追求，是指人们对男女两性的人格与尊严以及两性在家庭和社会领域中的能力与价值、角色与分工、权利与责任、机会与结果进行认知和评判时持平等的态度和看法。[①] 虽然党和国家通过宣传教育和各种政策法规不懈地推动男女平等，工业化、农业现代化和城镇化也对形成男女平等意识具有积极作用，但在实际社会生活中男女平等观念仍时时受到传统意识的挑战。相对于工业化、城镇化和经济增长等社会经济变化，人们观念的改变需要更为漫长的过程，男女平等价值观的培育要依靠制度保障、文化认同和主体自觉等各方面的不懈努力。[②] 了解不同人群的男女平等价值观，探索培育男女平等价值观、开辟

* 本文是国家社科基金重大项目"男女平等价值观研究与相关理论探索"（项目编号：12&ZD035）的部分成果。

** 作者简介：郑真真（1954— ），女，中国社会科学院人口与劳动经济研究所研究员。研究方向：人口学。

① 刘晓辉：《男女平等，什么样的平等？——马克思思想的启示》，《中华女子学院学报》2016年第6期；国家社科基金重大项目"男女平等价值观研究及相关理论探讨"子课题一报告：《男女平等价值观的理论基础研究》，2017年。

② 刘晓辉：《男女平等价值观的理论内涵和建构》，《妇女研究论丛》2014年第3期。

对男女平等价值观普遍认同的有效途径，将有利于推动实现男女平等。

大规模劳动力的流动，是中国改革开放以来特别是 20 世纪 90 年代以来的人口变动大趋势之一，妇女在劳动力流动中占比近半，是一个不可忽视的群体。国内外学术研究都一致发现，人口流动具有较强的选择性，即在年龄、受教育程度和健康方面具有优势的个体更可能发生迁移流动，受教育程度相对较高的农村劳动力率先流向城镇。不过，随着中国城乡人口年龄结构、社会经济和劳动力市场的变化以及流动成本的下降，21 世纪以来农村劳动力的流动更为普遍，流动的选择性有所弱化，更多受教育程度较低、年龄较大的农村劳动力加入流动行列[1]，使流动人口群体在受教育程度和年龄结构方面更为多样化。本研究将关注从农村向城市流动的女性群体，了解这个群体在男女平等价值观方面的主要认知，探讨从农村到城市的流动经历对她们男女平等价值观的可能影响。

对三次中国妇女社会地位调查结果的分析发现，中国城镇女性的性别观念更为现代，性别观念的现代程度也与受教育程度和职业地位有正向关联。[2] 那么，城市的现代性别观念是否会影响从农村流动到城市的女性呢？不少已有研究发现，从农村到城市的务工经历，不仅提高了妇女的经济收入，也在很大程度上影响了农村妇女的价值观念和生活态度。不过也有研究发现，从农村向城市的迁移流动还不足以消解传统作用。例如，流动经历并没有改变女性农民多数在婚后从夫居的模式，无论是妻子留守还是举家迁移，她们的生活道路仍受到父权制意识形态的规范和约束，父权制家庭的父系世系核心、男性优势的本质特点仍未有根本的改变；[3] 传统的"男高女低"的择偶模式和"男主外、女主内"的社会性别分工模式在农民工群体中依然起着重要作用。[4] 可见，城市的工作和生活经历对农村流动妇女的影响是比

---

① 牛建林：《改革开放以来乡城劳动力流动对农村居民教育的选择性及其变迁》，《劳动经济研究》2014 年第 4 期。

② 杨菊华等：《近 20 年中国人性别观念的变动趋势与特点分析》，《妇女研究论丛》2014 年第 6 期。

③ 金一虹：《流动的父权：流动农民家庭的变迁》，《中国社会科学》2010 年第 4 期。

④ 靳小怡、任锋、任义科、悦中山：《社会网络与农民工初婚：性别视角的研究》，《人口学刊》2009 年第 4 期。

较复杂的。此外，男女平等价值观的形成也是一个长期和复杂的过程。考虑到迁移流动的选择性，那些较有能力的早期女性流动者可能具有更强的自主性，在男女平等方面也会更容易接受现代观念，所以对于这个群体而言，在男女平等价值观的形成过程中既有自我选择的成分，也会受到进城务工后的影响发生改变；而相对于较为一般化的态度和行为方式而言，某些长期形成、根深蒂固的传统观念和规范，可能在短时期内难以改变。

本研究将聚焦乡—城流动妇女这个群体，描述和分析她们的男女平等价值观的表现，并比较流动妇女中不同人群的价值观异同，比较流动妇女与流动男性之间的异同，比较流动妇女与城镇妇女的男女平等价值观差异，讨论在促进农村妇女的男女平等价值观认同方面，流动经历可能起到的作用，并根据研究结果，对积极促进流动人口的男女平等价值认同提出建议。

二、数据来源与分析方法

本研究所用数据来自 2010 年第三次中国妇女社会地位调查。该调查除了具有全国代表性的男女样本之外，还增加了乡—城流动人口样本和受流动影响群体的附加问卷。[①] 鉴于流动妇女的年龄分布不同于一般居民，更集中在青壮年，50 岁以上人数较少且在很多特点上也与青壮年人群有较大不同，因此本研究仅包括 50 岁以下、调查时在城市中居住、户口类型为农业的流动妇女共 1803 人。

根据全国妇联妇女研究所的研究成果，具体可以从四个维度来考察男女平等价值观，即：(1) 人们对男女两性个体的人格、尊严、能力、价值等是否持有平等的态度和看法；(2) 人们对男女两性之间的关系是否持有平等的认知和评判；(3) 人们对女性在家庭中的角色、地位、贡献是否持有正确认识和态度；(4) 人们对女性与国家、民族、社会的关系是否持有正确的认

---

① 有关调查样本的详细情况，请参考宋秀岩主编《新时期中国妇女社会地位调查研究》，中国妇女出版社 2013 年版，第 15 页；有关流动人口的调查内容和主要结果，请参考该书第十二章。

识和判断。① 参考该研究提出的理论内涵，应用第三次中国妇女社会地位调查问卷的内容，本研究选择了三组相关问题，用以反映流动妇女的男女平等价值观，即对男女两性个体的人格、尊严、能力和价值平等方面的认知，对女性在家庭中的角色和地位的认识，以及对就业中性别歧视的认知和对领导层男女平等的认知。需要说明的是，这三组内容只是尝试对男女平等价值观部分内容进行定量的简单勾画，并未全面涵盖以上四个维度的所有内容。这三组相关指标，按照问题所涉及的观念与个体的"距离"，分别从个体、家庭、社会层面，反映流动妇女的男女平等价值观。首先，从价值观的形成考虑，既可能与个人生活经历和成长环境有关，也与社会舆论和公众倡导有关，与个体的"距离"较远的更容易受到后者的影响；其次，从受访者对问卷的回答考虑，对与自己"距离"较近的问题会有较为明确的答案，而对"距离"较远的更可能说不出清楚观点。

在个体层面，通过受访者认为自己符合"对自己能力有信心"和"很少依赖他人"的程度，反映个人的主观自信和独立性；对"女人的能力不比男人差"的认同程度，反映受访者对男女两性能力的看法；从受访者认为"因生女孩被人瞧不起"是否属于歧视，反映受访者在社会对女孩价值看法方面的认知。

在家庭层面，从受访者对以下说法的同意程度，反映对夫妻在家庭内外角色分工的认同以及对男女持家责任的看法。这些说法分别是：（1）挣钱养家主要是男人的事情；（2）男人应该以社会为主，女人应该以家庭为主；（3）丈夫的发展比妻子的发展更重要；（4）男人也应该主动承担家务劳动。

在社会层面，包括了对领导层男女平等的认知和对就业中性别歧视的认知，如果说前者多少出自个人感觉，后者则可能更与个人经历相关。

本文将首先聚焦流动妇女这个群体，描述她们对男女平等价值观的认同状况，并分析不同特征的流动妇女之间的差别，流动妇女与流动男性之间的差别。其次考虑到流动妇女是一个选择性的群体，即有能力和有愿望离家

---

① 对男女平等价值观内涵的更多理论阐述，请详见国家社科基金重大项目"男女平等价值观研究及相关理论探讨"子课题一报告：《男女平等价值观的理论基础研究》，2017 年。

外出打工的妇女，可能与未外出农村妇女在很多方面有所不同。如已有研究发现，与农村非流动妇女相比，有外出务工经历的农村女性自我能力评价明显更高。[①] 如果与农村非流动妇女直接进行简单比较，难以排除混杂因素的影响。本研究假设流动妇女在流入城市生活时间越长，越可能受到城市观念的影响，在对某些男女平等价值观的认同方面会与城市妇女趋同，尤其可能在一般性问题上或者说与自己"距离"相对较远的问题上更容易受到影响，因此将对流动妇女与城市妇女进行比较。本文主要介绍各指标的描述性结果，对具有共识的指标不再深入分析，对于意见分歧较大的结果，则分析不同人群之间的差别。

三、流动妇女的男女平等价值观

（一）个人自我能力和女性价值评价

尽管流动妇女在事业和生活中要面对各种挑战和困难，但仍是一个充满自信的群体，她们在个人能力认知方面有相当积极的态度，而且很少有人在这方面说不清的。从表1可以看出，流动妇女中绝大部分都对自己的能力有信心，认为"非常符合"和"比较符合"的合计占89.5%，大多数人都认为自己有独立性（89.7%）。在泛指的一般性能力认知方面，绝大多数妇女都同意"女人的能力不比男人差"这种说法，非常同意和比较同意的合计占85.2%。

表1　流动妇女对个人能力和两性能力认知状况（百分比）

	对自己的能力有信心	很少依赖他人	女人的能力不比男人差 *
非常符合	32.5	36.1	42.8
比较符合	57.0	53.6	42.4
不太符合	8.8	9.2	9.7
很不符合	0.6	0.7	3.8

①　杨菊华等：《近20年中国人性别观念的变动趋势与特点分析》，《妇女研究论丛》2014年第6期。

续表

	对自己的能力有信心	很少依赖他人	女人的能力不比男人差 *
说不清	1.2	0.4	1.2
合计	100.0	100.0	100.0

* 对这个问题的回答选项分别为：非常同意、比较同意、不太同意、很不同意、说不清。

"因生女孩被人瞧不起"反映了女孩价值低于男孩的社会偏见，流动妇女认为这是歧视行为的比例高达 77.0%，说明受访者对男孩女孩的价值平等具有普遍共识。不过仍有 19.4% 的受访者不认为这是歧视行为，还有 3.6% 的受访者说不清，说明并不是所有人都对男女价值平等具有清楚的认识。进一步分析发现，流动妇女中有 8.3% 自诉曾有因生女孩而被人瞧不起的经历，而有此经历的妇女中 89.4% 都认同这是歧视行为，反映了亲身经历会使妇女对社会上贬低女孩价值的看法更为敏感。

（二）家庭性别角色认知

对于男女在家庭内外角色的分工，挣钱养家是经济责任，"男人应该以社会为主，女人应该以家庭为主"则代表了传统的"男主外、女主内"的家庭分工，而丈夫的发展是否相对于妻子的发展更为重要，反映了家庭内的男女平等意识。在这三个问题上，流动妇女们显示出相对较大的意见分歧。从表 2 可见，对这三种说法总有超过四成妇女表示同意。而且关于这方面的问题，绝大多数人都有明确的看法，极少有人"说不清"。由此可见，虽然绝大部分受访的流动妇女都在城市有工作，但仍认可夫妻在家庭中各自的传统角色。这一结果间接支持了此前的相关研究发现，尽管农村妇女离开了传统社区、从事非农劳动、拥有自己的收入，但是家庭性别分工方面的传统观念并未发生相应改变。不过，在对待男女共同承担家务方面，流动妇女表达了相当一致的观点，九成的受访者都认同男女两性应分担家务。

表 2   流动妇女对于男女家庭角色说法的认同状况（百分比）

	挣钱养家主要是男人的事情	男人应该以社会为主，女人应该以家庭为主	丈夫的发展比妻子的发展更重要	男人也应该主动承担家务劳动
非常同意	15.7	14.1	17.3	37.0
比较同意	31.9	36.7	40.3	54.1
不太同意	42.7	38.7	34.2	7.2
很不同意	8.8	9.2	6.6	0.8
说不清	0.9	1.3	1.6	0.9
合计	100.0	100.0	100.0	100.0

　　基于表 2 的结果，为简化表述并易于比较，将受访者对前三项说法的认同用三项回答分数加总的指数来表示，权且称为家庭角色平等指数。用 1 代表非常同意，4 代表很不同意，"说不清"的是极少数，作为缺失处理。理论上指数取值在 3—12 之间，分数越高表示对男女家庭角色有更为平等的认知。经过处理后的有效样本为 1761 例，家庭角色平等指数的平均得分 7.2，标准差 2.1。从指数得分的分布看，对夫妻家庭角色持有高度平等或非常不平等观点的妇女是少数，多数人处在较为模糊的"中间地带"。

　　应用家庭角色平等指数比较不同流动群体的观念，通过方差分析（ANOVA）发现，30 岁以下妇女的指数得分平均为 7.6，显著高于 30—39 岁的 6.9 和 40—49 岁的 6.7。根据统计检验结果，后两个年龄段在得分上没有统计上的显著差别。这个结果显示了调查时 30 岁以下的受访者（所谓"80 后"一代）与年龄较大妇女的差别。

　　根据流动妇女构成的不同特征进一步探询分歧所在，可为我们认识平等价值观的形成提供信息。已有研究发现，受教育程度与性别平等认知高度相关，受教育程度较高，对男女平等的认同度也相对较高；在男女家庭角色认同方面，婚姻状况、年龄等人口特征与认同度密切关联。[①] 对于流动妇女

---

① 　杨菊华等：《近 20 年中国人性别观念的变动趋势与特点分析》，《妇女研究论丛》2014 年第 6 期。

而言，一般都是在完成学校学业后外出务工，且绝大多数都受过中等教育。虽然受教育程度与从事职业高度相关，但本研究更为重视务工经历对男女平等价值观的影响，妇女在受访时所从事的职业在一定程度上反映了她们在城市中的就业情况，且根据就业的分组在现实工作中更具有可操作性。本研究应用多元分析也发现，年龄组和从事职业与家庭角色平等指数的取值显著相关。流动妇女受访者中有 32.8% 未婚，有接近一半属于"80 后"，考虑到婚姻与男女家庭角色更为密切，组建自己的小家庭后对男女家庭角色的认识可能更贴近现实。因此，下文将分年龄、婚姻状况和从事职业考察她们对男女家庭角色的认同情况。

按婚姻状况分，未婚妇女大多为 30 岁以下年轻妇女，指数得分较高，平均为 7.6，显著高于已婚妇女的 7.0。进一步对已婚人群的分析发现，她们当中 30 岁以下的妇女在男女家庭角色认同方面仍然与 30 岁以上的妇女有显著差别，前者指数平均为 7.4，后者依次为 6.9（30—39 岁）和 6.8（40—49 岁）。可以说，无论是否结婚，"80 后"流动妇女更为认同家庭中的两性平等。

如果按职业分类，不同职业之间的指数得分也有明显差距，主要差别表现在各类负责人 / 专业技术人员 / 办事人员显著高于其他各类人员（统计检验结果，p 值 <0.001），生产工人和商业服务业人员之间没有显著差别，而农业等其他从业人员则显著低于其他所有人。这四类人员的指数均值依次为 7.9、7.2、7.1 和 6.1。

此外，考虑到流动妇女在流入城市居住时间越长，越会有可能受到城市居民在价值观念方面的影响，因此进一步按外出时间长短将流动妇女分组，结果发现已婚妇女的家庭角色平等认知与外出时间无关，并未显现出外出时间长、平等认知高的结果。分年龄组和外出时间的比较，也未发现各组之间有显著差别。因此可以说，流动妇女对家庭角色的平等认知与流动时间长短没有明显关联，也就意味着流动经历对增强农村妇女在家庭内性别平等方面的认知影响不大。

（三）社会和就业中的性别歧视认知

由于大部分流动妇女从事非农劳动，她们对职场中的歧视或偏见应有切身体会，从而会有较清楚的态度。对于表3中的三类行为是否属于歧视，绝大部分受访者都能作出明确判断，但有约四分之一的女性作出否定的判断或说不清。进一步分析发现，有63.9%的受访者对三种行为都作出了属于歧视的判断。不过，自诉有过被歧视经历的人很少。

表3　流动妇女对歧视行为的判断和个人受歧视经历状况（百分比）

	因性别而不被录用或提拔	男女同工不同酬	因婚育被解雇
是否属于歧视			
是	71.8	75.4	74.6
否	21.9	19.5	20.1
说不清	6.3	5.1	5.3
曾经有此类经历	4.2	7.2	3.6

不同年龄流动妇女对就业方面的性别歧视认知没有明显的差别。对总体样本的分析发现，受教育程度与对性别歧视的认知有正相关关系，即受教育程度越高，对性别歧视的敏感性越强。由于流动妇女的受教育程度比较集中在中等教育，且从事职业与受教育程度高度相关，因此本研究不对受教育程度单独分析，而重点分析从事不同职业妇女对性别歧视认知的情况。从表4可见，从事不同职业的妇女在认知上有所不同，各类负责人 / 专业技术人员 / 办事人员和生产工人对性别歧视有更清楚的认知。这两类从业人员认为三种行为都属于歧视的比例也明显更高，而商业服务业人员的相应比例居于其后，农业和其他从业人员的相应比例最低，与最高的相差14个百分点。

表4　分职业流动妇女对歧视行为的判断（认为该行为是歧视的百分比）

	因性别而不被录用或提拔	男女同工不同酬	因婚育被解雇	认为三种行为都是歧视
各类负责人 / 专业技术 / 办事人员	79.3	79.3	82.3	70.1
生产工人	75.4	77.7	78.5	66.7
商业服务业人员	69.7	74.4	72.5	62.3
农业等其他从业人员	62.0	66.7	62.0	55.6

将表4结果与总样本的分析结果相比，从事不同职业者的性别歧视认知差距在模式上是一致的，有所不同的是作为生产工人的流动妇女对性别歧视的认知比例更高，虽然与总体的差距并不是很大。有可能从事这些职业的流动妇女在求职和就业过程中更多听说过或议论过性别歧视问题，因而对此更为敏感。以上的比较结果也提示我们，在对流动妇女的具体问题进行深入分析时，切忌将她们作为内部一致的群体，而需要考虑到不同流动妇女之间的差别和流动群体内的不同构成。

"领导岗位上男女比例应大致相等"是不具有特别针对性的说法，可以反映在社会层面对男女平等的看法。对于这个说法，分别有24.8%和53.1%的流动妇女表示非常同意或比较同意，有12.0%表示不太同意，只有1.2%表示很不同意。不过有8.8%的妇女"说不清"。与此前涉及个人和家庭的价值认同相比，显然领导岗位是离普通流动妇女较为"遥远"的事情，有些人可能并不关心。

基于以上结果，显然流动妇女对社会上存在的男女不平等观念和现象有程度不同的认识，她们大多数都认同应积极改变现状，分别有37.9%和50.6%的受访者非常同意和比较同意"男女平等不会自然而然实现，需要积极推动"，表示不太同意和很不同意的分别只有4.3%和0.8%，还有6.4%"说不清"。

四、流动妇女与其他群体的比较分析

对男女平等价值观的认同程度，除了在流动妇女内部会存在不同群体之间的差异，比较流动妇女与其他群体的差异，也有助于我们了解流动妇女观念的相对状况。本节比较了流动妇女与流动男性、流动妇女与城市妇女在家庭性别角色和就业领域性别平等认知方面的差异。

（一）流动男性与流动妇女的男女平等价值观异同

流动人口中，年轻人对家庭角色平等认同的男女差距较大，流动妇女对就业中的性别歧视认知度高于男性。

对男女家庭角色平等的认同，流动男女两性有显著的差距，尤其在负责人／技术人员／办事人员和 30 岁以下的年轻人中差距最大（见图 1）。而从事农业等其他职业的流动女性在家庭角色平等认同方面看起来低于男性，不过统计检验发现与男性没有显著差别。从图 1 还可观察到，流动男性在家庭角色平等认同方面的职业差别不像在流动女性中那么明显。

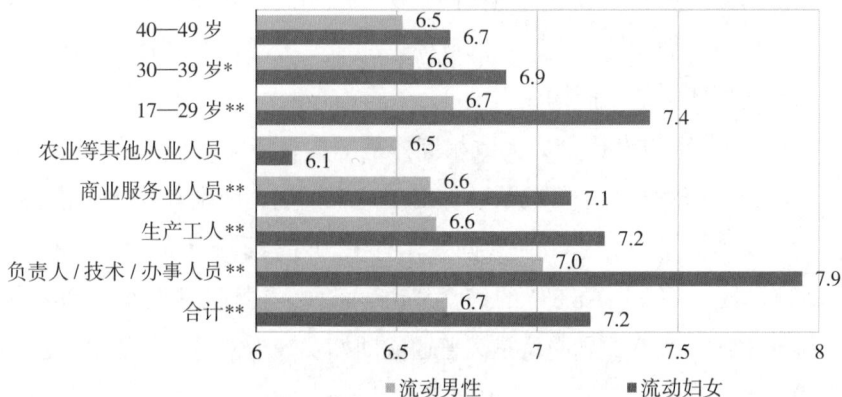

图1　流动男女两性家庭角色平等指数的比较（均值）

两组差别有统计上的显著性，ANOVA 检验结果：**p 值 <0.001；*p 值 =.016。

对第三次全国妇女地位调查样本总体的分析结果显示，除了在怀孕生育被解雇问题上男女认知没有差别，妇女对其他歧视行为的敏感程度都高于男性。① 对流动男性和女性的比较也相似，但不同职业的男女差距不同。从事各职业的流动妇女对多数性别歧视行为的认知都相对较高，且男女之间的差距明显大于总样本。负责人／专业技术人员／办事人员和生产工人对录用提拔中的歧视认知，男女差别都超过 5 个百分点。在认为三种行为都是歧视方面，流动男性中负责人／专业技术人员／办事人员、生产工人、商业服务业人员、农业等其他从业人员的比例分别为 66.3%、62.8%、59.0% 和 45.6%，最后一类从业人员的男女差异最大，高达 10 个百分点。

如果流动人口是个选择性的群体，或流动经历对男女平等价值观有所影响，那么这种影响对不同职业的流动人口作用不一样，对男女两性的作用

① 丁娟、李文：《性别认知与态度和妇女地位》，载宋秀岩主编《新时期中国妇女社会地位调查研究》，中国妇女出版社 2013 年版。

也不一样。从以上分析结果看，流动男性对就业中性别歧视的敏感度较差，尤其是农业等其他从业人员的性别差距更大。而相对来说，流动女性对就业中性别歧视更敏感。

（二）流动妇女与城市妇女的男女平等价值观差异

与城市非流动妇女相比，流动妇女对家庭角色平等的认知与她们有差距，对就业中性别歧视的认知则较为相似。

对于家庭角色平等的看法，城市妇女的平均认同程度高于流动妇女。但由于家庭角色平等的认同度与年龄和职业显著相关，而城市妇女的年龄和职业构成与流动妇女不同，因此需要进一步分组进行比较。为了与此前的流动妇女内部不同群体的比较相一致，以下特别对已婚妇女进行比较。

与流动妇女不同，城市妇女在家庭角色平等指数得分上存在显著的各年龄组之间的差距，即年轻组得分均显著高于较高年龄组，17—29 岁组、30—39 岁组和 40—49 岁组的指数值分别为 7.9、7.6 和 7.3。进一步对已婚妇女进行分年龄组比较，17—29 岁流动妇女和城市妇女在指数得分上没有显著差别，前者为 7.4，后者为 7.5（见图 2）。流动和城市妇女的差别体现在 30 岁以上年龄组，两组妇女的家庭角色平等指数得分均值差分别为 0.7 和 0.6，差别在统计上非常显著。

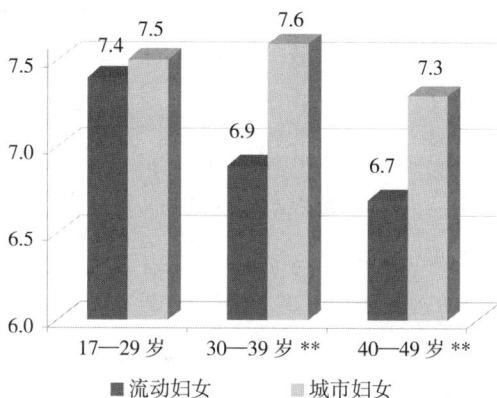

图 2　已婚流动妇女和城市妇女家庭角色平等指数的比较（均值）

** 两组差别有统计上的显著性，ANOVA 检验结果的 p 值 <0.001。

在对就业中性别歧视的认知方面，流动妇女与城市妇女相当接近，不过城市妇女认为属于歧视的百分比都略高于流动妇女，"说不清"的比例都略低于流动妇女。具体而言，城市妇女认为"因性别而不被录用或提拔"是歧视的比例比流动妇女高 2.4 个百分点，对"男女同工不同酬"的回答高 4.1 个百分点，对"因结婚生育被解雇"的回答高 2.4 个百分点，差别都不是很大。

从前面分析已知，不同职业的流动妇女对性别歧视的认知存在差异。在城市妇女中也同样存在职业间的差异，只不过不同职业间相差幅度较小，而生产工人的认知则明显不如商业服务业从业人员。例如，城市妇女中认为三种行为都属于歧视的比例，各类负责人 / 专业技术人员 / 办事人员为71.5%，生产工人为 64.0%，商业服务业人员的相应比例为 68.1%，农业和其他从业人员为 60.5%。这种现象可能与城市的商业服务业从业人员的构成与流动人口不同有关，流动人口大部分是在低端商业服务业就业，而城市妇女更多从事较为高端的商业服务业，因而在教育构成上会具有较大差别，城市妇女从事商业服务业者平均具有相对较高的受教育程度。

五、小结与讨论

根据第三次中国妇女社会地位调查结果，流动妇女总体来说具有较平等的价值观。她们对自我能力和社会上的男女平等认知度较高，对就业中存在的性别歧视有较强的认知，并较一致地赞同需要积极推动男女平等。但是在面对与家庭有关的男女性别平等问题上，则存在相对较大的意见分歧，"男主外、女主内"的观念还得到相当一部分人的赞同。

虽然能够外出务工的妇女是农村妇女中一个具有选择性的群体，她们的价值观有可能在流动之前就已经形成，也就是那些有能力流动的妇女可能具有相对较平等的价值观，但是从不同职业女性之间的差距来看，也不能否认流动经历对她们的影响。如负责人 / 专业技术人员 / 办事人员和生产工人对性别歧视问题更为敏感，不排除城市中的从业经历以及城市妇女关注性别平等的意识对她们性平等价值观的影响。虽然价值观的形成或改变都需要一定的过程，从一次调查无法得知流动经历的影响在多大程度上会改变妇女的男女平等价值观，但是不同职业从业人员之间的差距暗示着从业经历影响的可能性。流动妇女的男女平等价值观在某些方面与城市妇女相当接近，如对性别歧视的认知；但在另一些方面则有显著的差距，如对家庭角色平等的看法。这提醒我们不可对差别或趋同一概而论，显然在公领域方面的男女平等更呈现出城乡趋同的现象，而在家庭领域则还有较大差别。值得注意的是，"80后"的新一代流动妇女显示出与较年长的流动妇女显著不同的价值观，她们在很多方面与同龄城市妇女基本上没有差别，无论是在社会、就业还是家庭层面，都趋于更为平等。随着时间的推移，有越来越多的年轻农业户籍妇女加入城市经济和社会活动中，有可能进一步推动流动妇女的男女平等价值观与城市趋同。

与全国农村妇女的平均水平相比，流动妇女具有相对较高的男女平等价值认同，但差别幅度不大。非农就业尤其是从事专业技术或文职工作的流动妇女具有较高的性别平等认知度，这提醒我们应重视工作环境和就业经历对男女平等价值观的影响。相对于同样处于流动状态的男性，流动妇女对性别歧视行为的敏感度较高，对男女家庭角色平等也有较强的认同，这种男女差距与全国样本相似。

这次调查结果也显示，流动妇女在政治、社会和经济宏观领域对男女平等价值观有比较一致的认同，但在家庭层面的观念则显示出较大差别，间接说明了要在家庭层面普遍形成男女平等价值观仍面临挑战。

本研究对流动妇女男女平等价值观的分析结果，对在公众中推动男女平等价值观的工作有两点重要启示。首先，流动妇女的内部差异不可忽视，如职业、年龄，在某些职业和"80后"群体中，流动妇女和城市妇女几乎没有差别，不宜在推动男女平等的工作中将流动人口与城市户籍人口差别对待，而应分职业考虑工作重点。从事个体工商业、农业以及其他非正规就业的群体应当作为工作重点人群。其次，流动妇女在个人能力和价值认知、在社会层面和就业领域的男女平等认知方面已经有相当高的认同，而在男女家庭角色方面则有相当一部分人认同传统家庭分工。需要意识到的是，即使在工作场所能够实现男女平等，家庭中的男女角色差距仍会影响妇女在经济参与和社会参与中充分发挥作用。因此，在广大群众中推动男女平等价值观的重点应放在改变传统家庭角色方面。

性别观念变迁的多视角考量：
以"男主外，女主内"为例

贾云竹　马冬玲*

一、问题的提出

中国社会经济的高速发展，在深刻改变女性社会生存状况的同时也引发了社会公众性别观念的变迁，一些学者开始关注性别观念变迁的特点。从已有的研究结论来看，有的认为性别观念回潮了[1]，有的则认为性别观念进步了[2]，也有学者认为性别观念处于传统与现代过渡期[3]，还有研究认为性别观念总体上趋于现代与平等，但在某些方面或维度出现了回潮。[4] 甚至不同

* 作者简介：贾云竹，女，时为全国妇联妇女研究所副研究员，研究方向为社会性别量化分析评估、老年妇女，现为北京协力人口与社会发展研究所所长。马冬玲，女，博士，全国妇联妇女研究所助理研究员，研究方向为性别理论、劳动就业。

[1] 顾辉：《国家、市场与传统社会性别观念回潮》，《学术界》2013年第6期；顾辉：《国家、市场、社会和家庭交织影响下性别观念的回归》，《社会科学辑刊》2014年第3期。

[2] 畅引婷、许英、邸晓星：《社会性别观念与妇女地位的关系探讨》，《太原理工大学学报》（社会科学版）2013年第4期；李洁：《新时期高校女生性别观念及影响因素调查》，《中华女子学院学报》2013年第6期；唐雪琼、朱竑：《旅游发展对云南世居父权制少数民族妇女社会性别观念的影响——基于撒尼、傣和哈尼三民族案例的比较研究》，《人文地理》2010年第1期。

[3] 刘爱玉、佟新：《性别观念现状及其影响因素——基于第三期全国妇女地位调查》，《中国社会科学》2014年第2期；全国妇联妇女研究所课题组：《社会转型中的中国妇女社会地位》，中国妇女出版社2006年版；杨菊华、李红娟、朱格：《近20年中国人性别观念的变动趋势与特点分析》，《妇女研究论丛》2014年第6期。

[4] 宋秀岩主编：《新时期中国妇女社会地位调查研究》（上、下卷），中国妇女出版社2013年版。

的学者基于同一数据，其得出的结论也有出入。

　　学者们之所以得出不同的结论，除了性别观念本身是一个多维度、内涵丰富的概念，不同学者对其界定有差异外，也受到所使用资料的信度、时间跨度、参照系以及研究方法选择等诸多因素的影响。这充分表明了性别观念变迁研究的复杂性、挑战性，需要我们认真反思现有性别观念变迁在研究方法上的不足，去厘清和完善性别观念变迁研究中的一些重要概念和分析研究范式。本文以目前国内有关性别观念调查较为权威、同时也是数据质量相对可靠的三期中国妇女社会地位调查中"男主外，女主内"这一性别分工观念数据为例，尝试使用多重视角，更细致地揭示 1990—2010 年城镇女性在此性别观念上的变迁轨迹，以推动国内有关性别观念变迁研究方法和思路的发展完善。

二、文献回顾

　　根据所使用的数据不同，性别观念变迁的研究方法大致有两种：一是基于追踪调查数据进行的同期群分析；二是基于时点调查数据进行的假定同期群分析。前者所揭示的是同批人的性别观念随时间变化而发生的改变，也即刻画的是同一批人 20 岁时和 50 岁时性别观念发生的变化。这种变迁一方面受社会经济发展变迁的影响；另一方面也与他们个人的生命历程变迁有关。生命历程的研究视角起源于 20 世纪初的芝加哥学派对于生活史方面的研究。其后，诺曼·雷德尔（Norman Ryder）将"同期群"（cohort）① 概念引入生命历程研究，赖利（M. W. Riley）等进一步提出年龄分层（age stratification）理论，将年龄作为一个结构性的时间因素纳入生命周期理论，认为同期群进入一个年龄层就会被赋予相应的角色期待和习得并遵循相应的社会规

---

① 　注释：期群是人口学研究的一个经典范式，通过对在某一时期内发生过某种共同人口事件的群体进行跟踪观察，分析和记录其相关人口变动的特点，是认识和发现人口规律的重要手段。其中最常见，也是社会学、人口学研究中运用最广泛的是同一时期出生的同期群，也即实际一代人（a real generation）。参见刘铮《人口学辞典》，人民出版社 1983 年版。

范①，从而逐渐形成了生命周期研究视角的主要分析框架。生命历程中最重要的是同期群概念，同期群捕捉到两项相关的时间维度：历史性经历和经历式生命历程阶段②，对同期群观念变迁的研究能揭示出个体性别观念随时代的发展、个体生命历程的演进而变化发展的真实轨迹，对探究性别观念的变迁规律、探寻引发性别观念变迁的主要因素等具有特殊的价值。

另一个方法则是基于某一时点的调查资料所呈现出的不同年龄群体性别观念的差异，即用代际差异的状况来说变迁，是假定同期群（hypothetical cohort）的分析方法。该方法假定当前年轻人与老年人性别观念上的差异和特点，就是人们性别观念随时间流逝而发生的变迁轨迹。但在严格意义上，这样的研究结论只能说明在同一个时点上不同年龄群体在性别观念认可上的差异情况，而不是真正意义上的人们性别观念随时间而发生的变迁。特别是在社会变迁如此剧烈的当前社会，不同年龄群体的性别观念社会化程度差异巨大，如果我们把年长者目前的性别观念状况视为当前年轻人性别观念未来发展的坐标，显然是经不住推敲的。

在现实中，由于实际同期群的分析需要有长期的历史数据资料，在现实中较难以获取，而假定同期群的分析方法只需要一个时点的截面数据即可，所以在现实研究中得到了广泛的应用。需要指出的是，按照假定同期群分析得出的结论，实质上是反映某一特定时期的具体情况，用它来推论观念的发展变化轨迹带有很大的假定性，特别是在社会剧烈转型的特殊时期，基于假定同期群的分析结果要运用于对变化趋势的预测和推断，风险会更大。这也是有必要从不同视角对性别观念的变迁进行考量的原因。

国内关于性别观念变迁的研究，也都关注到了年代和代际等的差异。大多数研究是基于一个时点的横截面数据考察了同一时点上的代际差异，如刘爱玉、佟新发现，越年轻者性别观念越趋向于现代；男性的性别观念更偏

---

① Riley, M. W., Johnson, J. and Foner, A.. *Aging and Society: A Sociology of Age Stratification*, New York: Russell Sage Foundation, 1972 (3).

② 周雪光：《国家与生活机遇：中国城市中的再分配与分层 1949—1994》，郝大海等译，中国人民大学出版社 2015 年版，第 242 页。

传统，且在不同年龄群体间表现出高度的一致性与稳定性。[①] 李文研究发现，农村地区年轻女性关于性别分工的态度较之年长的女性更加平等和进步，对"男人应该以社会为主，女人应该以家庭为主"的认同比例相对较低。[②] 相对而言，杨菊华关于中国人性别观念的变动趋势与特点的研究更近了一步，她分别考察了 1990 年、2000 年和 2010 年三个调查年份（不同时点）分性别群体的性别观念、同一时点不同年龄组人群的性别观念之间的差异，认为年龄与性别观念之间的关系十分复杂，并未呈现出一致的关系模式。[③] 但此文也没有从同期群的视角对性别观念的变迁特点进行探讨。

国外相关研究中，Patricia Passuth Lynott 和 N.Jane McCandless 指出，不少关于性别观念的研究认为老年女性的性别角色观念更倾向于保守，这些研究往往混淆了年龄和同期群的影响，导致生命历程中的同期群差异没有得到系统探讨。她们在年龄与性别观念关系的研究中，纳入了生命历程的视角，关注"在人的一生中通过年龄分化而体现的生活道路"[④]。她们发现，在控制了同期群效应后，年龄对性别角色观念的影响弱化了。相对而言，不同同期群的生命历程更能预测老年人的性别角色观念，尽管这种预测效应在不同同期群间不尽相同。[⑤]

总的来说，以往国内有关社会性别观念的实证研究尽管有对于年龄和代际差异的考虑，但仍侧重于对个体微观层面的原因分析和探究，并且多是基于某一个时点数据来描述当下社会公众的社会性别观念状况，纵向的比较分析相对来说还有待深化，对社会转型中同期群社会性别观念的变迁轨迹缺

---

① 刘爱玉、佟新：《性别观念现状及其影响因素——基于第三期全国妇女地位调查》，《中国社会科学》2014 年第 2 期。

② 李文：《农村妇女对传统性别分工的态度及其影响因素分析》，《山东女子学院学报》2014年第 1 期。

③ 宋秀岩主编：《新时期中国妇女社会地位调查研究》（上、下卷），中国妇女出版社 2013年版。

④ Glen H. Elder Jr..Time，Human Agency，And Social Change：Perspectives on The Life Course，*Social Psychology Quarterly*，1994（2）.

⑤ Patricia Passuth Lynott & N. Jane McCandless. The Impact of Age vs. Life Experience on the Gender Role Attitudes of Women in Different Cohorts，*Journal of Women & Aging*，2000，12（1/2）.

乏关注和研究。

　　本文将通过三期中国妇女社会地位调查有关性别分工观念相关数据的深度分析，总结出 1990—2010 年这 20 年中国城镇女性群体性别观念的变动轨迹，力图回应相关的学术争论，即在过去的 20 多年间，她们的性别观念到底发生了怎样的变化？这种变化是今昔对比的时代变迁，还是年轻人与年长者之间的代际变化？随着年龄的增长、生命历程的演进，女性的性别观念会发生什么样的变化？并试图为进一步探究性别观念为何而变奠定相对可靠的讨论基础。

三、数据和方法

1. 数据

　　本文的数据主要来自 1990 年、2000 年及 2010 年三期中国妇女社会地位调查（以下简称地位调查）。该调查由全国妇联与国家统计局联合开展，是每十年一次的专注于妇女发展和性别平等重要议题的专题性社会综合调查。三期地位调查的抽样方案均采用了分域、分层多阶段 PPS 抽样，虽具体方案有所不同，但都具有很好的全国代表性。本文所用数据均为根据抽样方案和对应年份的人口普查数据资料进行了加权调整的数据。表 1 列举了各期调查的地域覆盖范围、样本规模及调查对象等信息。三期中国妇女社会地位调查均对被访者的性别观念进行了调查，是分析研究中国社会急剧转型期社会各阶层性别观念状况、历史变化和影响因素等不可多得的重要数据资料。

表 1　三期中国妇女社会地位调查情况说明

	1990（第一期）	**2000（第二期）**	**2010（第三期）**
抽样方案	分域、分层四阶段 PPS	分域、分层四阶段 PPS	分域、分层三阶段 PPS
样本覆盖省区	11	30（无宁夏）	31
调查对象	18—64 岁	18—64 岁	10 岁及以上
总体规模	23740	48192	101226a

续表

	1990（第一期）	2000（第二期）	2010（第三期）
其中全国样本	23740	19449b	29698b
城镇女性	6266	5452	21610d

* 注：有关中国妇女社会地位调查情况的进一步说明，可参看宋秀岩主编《新时期中国妇女社会地位调查研究》（上、下卷），中国妇女出版社 2013 年版。

　　a：含 10—17 周岁儿童问卷 20523 份，18—64 岁主问卷 84406 份，65 岁及以上老年问卷 11808 份。

　　b：仅是 18—64 岁组的全国样本数据。

　　c：城镇女性问卷数为未加权的实际调查份数。在具体的分析中各时期的数据都进行了加权处理，以增强其代表性。

　　d：分析中因为涉及对 20 世纪 30 年代和 40 年代出生群体的比较，故第三期实际使用的数据框为全部调查数据中 18 岁及以上被访人员的数据，包含了老年调查的相关样本。

2. 变量

在三期中国妇女社会地位调查中，每期都设计了不同题项，从不同维度来测度公众的社会性别观念。考虑到男女在家庭与工作之间的角色分工平等是其中的一个重要维度[①]，男女不平等的根源在于劳动分工上的差异[②]，"男人以社会为主，女人以家庭为主"也是测度男女性别分工最为有效的一个题项[③]，本文以性别分工为例，对性别观念的认知变迁做一重点考察。选择城镇女性作为研究对象，主要是因为研究表明，中国城镇女性是相对最具有现

[①]　刘爱玉、佟新：《性别观念现状及其影响因素——基于第三期全国妇女地位调查》，《中国社会科学》2014 年第 2 期；A.Thornton and Linda Young-DeMarco. Four Decades of Trends in Attitudes toward Famliy Issues in the United States：The 1960s through the 1990s, *Journal of Marriage and Family*，2001，（4）；Shu，Xiaoling and Yifei Zhu. Uneven Transitions：Period-and Cohort-Related Changes in Gender Attitudes in China，1995—2007, *Social Science Research*，2012，（5）。

[②]　[美] 阿莉森·贾格尔著：《女权主义政治与人的本质》，孟鑫译，高等教育出版社 2009 年版；宋秀岩主编：《新时期中国妇女社会地位调查研究》（上、下卷），中国妇女出版社 2013 年版。

[③]　刘爱玉、佟新：《性别观念现状及其影响因素——基于第三期全国妇女地位调查》，《中国社会科学》2014 年第 2 期。

代和性别平等观念的一个群体①，她们在社会性别观念上的变动情况具有风向标意义。

　　三期地位调查在题项设问上有微小的变动，这可能会对被访者的判断有所影响，对此将在后文中讨论。各期选项的赋值也存在差异，本文对各期题项按照统一原则重新赋值，如果题项答案是倾向性别平等的，则赋以正值；如果是倾向男女区隔和不平等的，则赋以负值；说不清或者无所谓的，则视为中庸，赋值为0。由此形成从［-2，2］的封闭区间（见表2）。

表2　对三期中国妇女社会地位调查变量的同一化处理情况

年	题目	选项赋值转化
1990	W611男人以社会为主，女人以家庭为主	1（非常同意）=-2，2（同意）=-1，3（无所谓）=0，4（不一定）=1，5（很不同意）=2，0（未回答）=7
2000	i3_a男人以社会为主，女人以家庭为主	1（非常同意）=-2，2（比较同意）=-1，8（说不清）=0，3（不太同意）=1，4（很不同意）=2，9（不回答）=7
2010	J2b/NI5a男人应以社会为主，女人应以家庭为主 *	1（非常同意）=-2，2（比较同意）=-1，8（说不清）=0，3（不太同意）=1，4（很不同意）=2，7（缺失）=7

注：2010年的数据是将老年专卷和18—64岁主问卷的数据对接后形成的全年龄段的数据资料，故同时将主问卷和老年问卷的相应题号都标明在表中。

　　有学者提出，第三期的题目比第一期、第二期多了一个"应"字，这一细微的变化可能会影响到其测度的实质出现偏差，从而影响其可比性，但具体会产生多大程度及什么方向的偏向，则还有待研究。②

　　3. 方法

　　本文主要对群体的性别观念均值进行分析，群体均值的取值范围也在［-2，2］的封闭区间中，-2为非常赞同传统性别分工观念，2为非常认可

---

① 刘爱玉、佟新：《性别观念现状及其影响因素——基于第三期全国妇女地位调查》，《中国社会科学》2014年第2期；杨菊华、李红娟、朱格：《近20年中国人性别观念的变动趋势与特点分析》，《妇女研究论丛》2014年第6期。

② 宋少鹏：《"回家"还是"被回家"？——市场化过程中"妇女回家"讨论与中国意识形态转型》，《妇女研究论丛》2011年第4期。

性别平等的观念。如果体现在图上，就是群体认可平等的性别观念，其取值将落在正向的维度上，且数值越高则该群体在该观念上越具有现代和平等的意识；如果取值落在负向的维度上，则数值越高说明其观念越具有传统、保守和不平等的色彩。为了更全面展示性别观念的变化特点，本文也结合群体性别观念的分布状况进行了分析，以丰富和深化对性别观念变动特点的认识。

本文将以同期群的性别观念变化为重点，同时兼顾同龄人及代际差异比较，从三个视角对城镇女性群体 20 年间的性别分工观念变化状况进行比较，深入刻画城镇女性群体性别分工观念变化的特点：

（1）同期群比较：以出生时间为同期群的划分标准，以 10 年为一代，将城镇女性划分为 1920—1929 年出生的"20 后"、1930—1939 出生的"30 后"，直至 1980—1989 年出生的"80 后"等不同的同期群，考察各个同期群在 1990 年、2000 年和 2010 年三次地位调查时点上性别观念的差异，揭示同期群性别观念变动的真实轨迹。需要指出的是，由于地位调查并非追踪调查，在三期地位调查中的"同期群"并非严格意义上的同一批人，而仅是同时期出生人口中抽取的不同样本。对三期地位调查城镇女性"同期群"的基本社会经济特征如年龄分布、文化程度等的比照发现，她们具有较好的吻合度，可以在一定程度上满足对同期群群体观念变动的分析需求。

（2）同龄人比较：对 1990 年、2000 年和 2010 年三个不同时点处于同一年龄阶段的城镇女性的性别分工观念进行比较分析，揭示不同时代同龄人性别分工观念的差异，凸显性别观念的时代特点。

（3）代际比较：揭示同一时期不同年龄群体在性别分工观念上的差异，即比较 1990 年时 20 岁组、30 岁组、40 岁组性别分工观念的差异，并将其与 2000 年、2010 年的代际差异进行比较，揭示同一个时空维度下性别分工观念的代际差异及变动特点。

四、主要发现

如前文所述，性别角色分工是性别观念的核心指标，在地位调查的性别观念测度指标中信度和效度都是最高的。数据显示，随着中国社会的急剧转型和经济的飞速发展，2010 年的中国城镇女性群体总体上比 1990 年的城镇女性更认同"男主外，女主内"这一传统性别分工模式。

1.同期群的变化

数据显示，对不同年代出生的同一批人而言，自身年龄的增长、生命周期的演进以及现实社会中文化、经济等外部环境的时代变迁，各年代城镇女性对于"男主外，女主内"这一传统性别角色分工的认同都经历了从现代向传统的不同程度的"回潮"（见图 1）。同期群性别角色分工观念的变动，一方面与自身生命历程的演进有关，经历了更多现实生活中男女性别角色分工的磨砺，各个同期群随着年岁的增长都更倾向于认可传统的性别分工观念。同时，她们的性别观念在 20 年间的变迁也与社会经济发展，特别是相应时间段内中国社会在处理妇女参与社会劳动（承担社会物质生产）与参与家务劳动（承担人口再生产）之间矛盾的现实策略密切相关。①

以 20 世纪 60 年代出生的这一批城镇女性为例，1990 年，她们 20 多岁涉世未深时，对"男主外，女主内"这一传统观念的认同最为现代，该群体的均值达到了 0.77 的峰值；而时隔 10 年，当她们步入 30 多岁时，绝大多数人已为人妻、为人母，虽然对"男主外，女主内"的认同情况依旧比较现代和平等，但相对她们 20 多岁时，均值则回落到了 0.36 左右；而到 2010 年，当她们 40 多岁、处于中年阶段时，随着她们在社会发展中与同龄男性发展层次差异的进一步拉大，更多女性在家庭事务中的角色也更加稳固和强化，这一女性群体在此观念上的整体均值仅为 0.0215，处于现代和传统的临界线上。当然导致她们性别观念在 20 年间变迁的还有同期中国社会经济的市场化转型所带来的、对女性社会劳动参与的排斥等宏观制度性因素的影响。

在过去的 20 年间，其他同期群对"男主外，女主内"观念认同的变化也经历了类似的轨迹。2010 年数据显示，20 世纪 60 年代以前出生的那些城

---

① 李春玲、李实：《市场竞争还是性别歧视？——收入性别差异扩大趋势及其原因解释》，《社会学研究》2008 年第 2 期。

镇女性群体都已经背离了自己年轻时期对"男主外，女主内"这一传统社会性别分工模式的否定，转而成为这一观念的拥趸。值得一提的是，20世纪30年代出生的城镇女性在1990年和2000年调查时，这一同期群显示出比20世纪四五十年代出生的城镇女性更为现代、平等的性别观念。这一代女性在新中国成立时步入自己的成年期，是新中国大力宣传男女平等、鼓励妇女走出家门、投身社会劳动的首批亲历者，她们也被认为是最具有男女平等观念的一代人。但到了2010年，随着她们步入晚年，她们对"男主外，女主内"性别角色分工的认同也跌落到了相对传统的维度上。

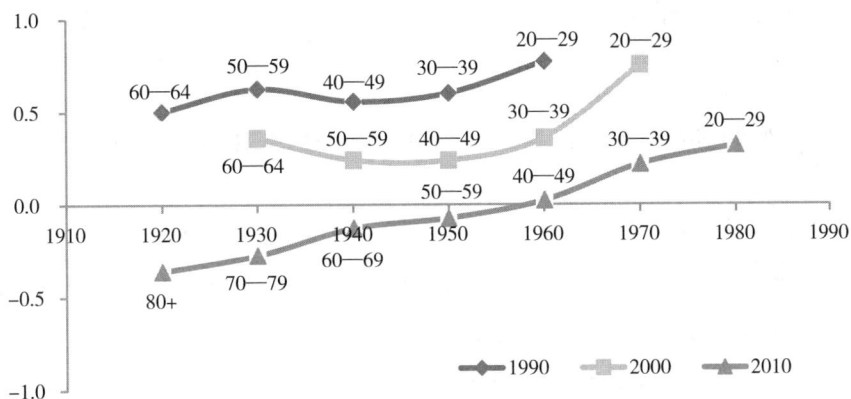

图1 城镇女性同期群对"男主外，女主内"认可态度的时代变迁

注：图中横坐标是被调查者出生时代的起点，如1960年代表的是1960—1969这10年，对应的各个不同调查时点曲线上的数值区间则是对应被访者在相应调查时点时候的年龄，即1990年，60年代出生的人处于30—39岁期间，2000年则进入了40—49岁，2010年这一群体步入了50—59岁年龄阶段。

为了更深入地了解各同期群的性别角色分工观念在20年间的变动特点，除了考察均值外，还需要对她们在各个具体态度上分布状况的变动进行考察（见图2）。左侧为三次地位调查中18—64岁所有城镇女性对性别角色分工模式的认可情况，右侧是各出生同期群的情况。从图2直观地来看，各个同期群对性别角色分工观念的认同在20年间大致都经历了由"很不同意"为主导逐渐向"不太同意"和"同意"分布双头主导、"非常同意"略胜"很不同意"为辅的相对均衡的分布格局转变。各个同期群"很不同意"传统性别分工模式的比例在过去 20 年间一直在降低，前 10 年的降低幅度相对大于后 10 年；而"非常同意"比例的增长主要是在 1990—2000 年的这 10 年，在 2000—2010 年的变动则不大，"不太同意"的比例在 20 年间保持稳步提升状态，"同意"的比例在 2000 年有所降低后，2010 年又有不同程度的提高。

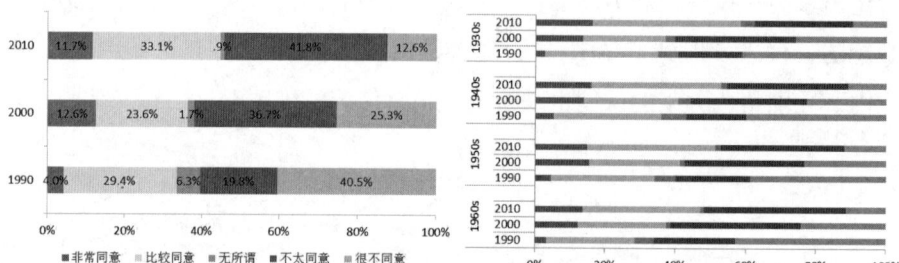

图 2　不同同期群在三期地位调查中对性别角色分工模式的态度分布

2. 同龄人的变化

数据显示，城镇女性不同时代的同龄人对"男主外，女主内"的看法呈现出较显著的时代差异：虽然 2010 年的社会比 1990 年在很多方面都更加"现代化"，但各年龄段城镇女性群体对于性别角色分工模式的认同却更加"传统"，同龄人的性别角色分工立场和态度的确呈现出"回潮"的趋势（见图 1）。2010 年 20—29 岁组城镇女性比 1990 年和 2000 年的同龄人在性别角色分工的态度上变动最为显著：2000 年仅比 1990 年降低了 0.197 个分值，而 2010 年比 2000 年则降低了 0.435 个分值，是 20 年间所有同龄组中降低幅度最大的一组。

3. 代际差异的变化

总体而言，各个时期性别分工观念的代际差异大体上都呈现出年轻人的性别观念相对现代、平等，年长者则相对更认同"男主外，女主内"的传统性别分工模式格局，但在不同时代的代际差异也呈现出不同的特点（见图 1）：1990 年时的代际差异相对较小（极差为 0.27），且各年龄组均持有较为现代和平等的性别角色分工态度；2000 年后代际差异显著扩大（极差为 0.51），20 多岁的年轻群体显著高于其他年龄组，其他年龄组之间的差异则相对较小，形成以 40—49 岁中年组为谷底的一个平缓"U"形分布，但总体上相对现代；到了 2010 年，代际分布曲线呈现出近似线性的特点，年轻人相对现代，而年长者则显著趋于传统。其中以 20 世纪 60 年代为分水岭，此前出生的城镇女性，即在 50 岁以上的群体中，赞同"男主外，女主内"传统分工模式的人已经占据了主导地位，整个群体的社会性别观念已经滑入传统的维度。

4. 与其他群体的比较

总体而言，就性别角色分工所持态度的现代性程度来看，在三期地位调查中均基本保持城镇女性最现代，城镇男性次之，农村男性排第三，农村女性最传统的这一格局（见图 3）。

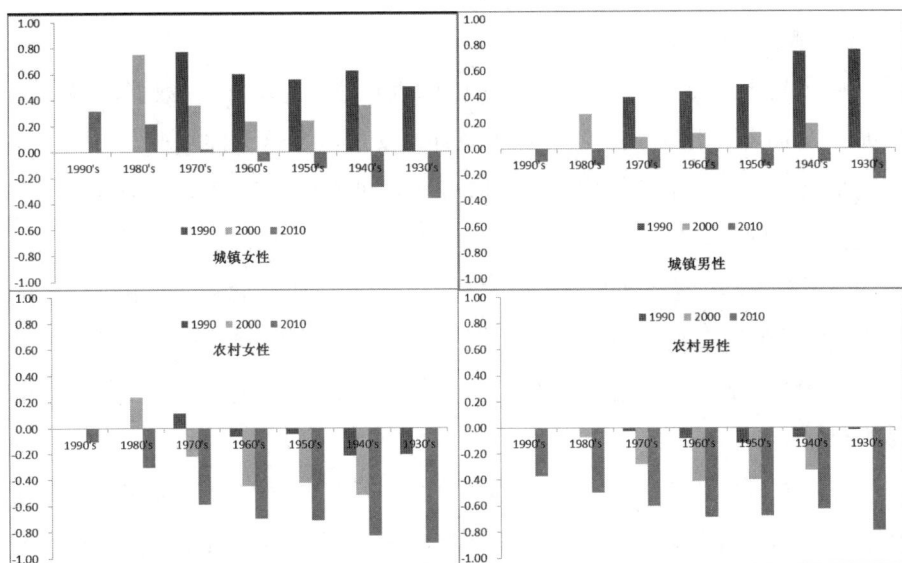

图 3　分城乡、分性别同期群对"男主外，女主内"观念认可程度的比较

其他群体在 1990—2010 年对性别角色分工的集体认知也经历了与城镇女性类似的轨迹，即：（1）同期群：随着年岁的增长，性别分工观念趋于传统；（2）同龄人：随着时代的发展，同龄人的性别分工观念也呈现出更传统的特点；（3）代际差异：农村女性和男性与城镇女性类似，年轻人比年长者现代，但农村男女两性整体都更认可传统的性别角色分工；城镇男性的代际差异则在不同的年代有不同特点：1990 年和 2000 年，各年龄段的城镇男性都持有相对现代的性别角色分工观念，且在 1990 年，越是年长的城镇男性越具有现代的性别角色分工观念，而 2000 年则呈现出年轻组比年长组更现代的格局，并且代际间的差异大大缩小；而到 2010 年，则各年龄组都陷入了相对传统的维度中，且代际差异逐渐缩小。

不同群体近 20 年间在"男主外，女主内"观念上的变迁所呈现的特点和差异，再次印证了性别观念变迁的复杂性，非常值得进一步去深入探究引发这些变化的深层次原因。

五、结论与思考

1. 主要结论

本文基于三期中国妇女社会地位调查性别观念的相关数据，揭示了 1990—2010 年中国城镇女性对"男主外，女主内"这一性别观念态度上的变动状况，总结了不同年代出生的城镇女性同期群在 20 年间性别观念变动的轨迹、不同时代同龄人性别观念的差异，以及同一时代中代际差异状况，为深入了解中国社会剧烈转型时期城镇女性群体性别观念的变动和差异状况提供了实证研究资料，为今后进一步深入探寻影响性别观念时代变迁的因素奠定了基础。更重要的是，本研究为今后的观念变迁研究提供了更细致、更多视角的工具。

总体而言，1990—2010 年，城镇女性对性别角色分工的集体认知变动轨迹如下：（1）同期群：随着年岁的增长，各同期群均呈现出从现代趋于传统的变化趋势；从具体的分布状况来看，也呈现出从 20 世纪 90 年代各同期群均相对以"很不同意"为主导的格局，逐步向"不太同意"和"比较同意"双头为主导、更为均衡的多元化格局分化；（2）同龄人：与早前相比，生活在晚近时期同龄人的性别分工观念相对更趋传统，即呈现出 1990 年调查时的人比 2000 年调查时的同龄人性别分工观念现代，而 2000 年调查时的人则又比 2010 年的同龄人更现代的格局；（3）代际差异：就生活在同一时期的人而言，三期均是年轻人的性别分工观念比年长者现代，但各个时代代际差异的程度则有所不同：20世纪90年代际差异最小，2000年最大，2010年又有所缩小。

可以说，20年间，无论是基于同期群还是同龄人的视角，城镇女性群体对"男主外，女主内"这一传统性别分工模式的认可都出现了不同程度的从现代向传统的"回潮"，突出体现在20年来各群体均值的整体回落，这是群体内持有相对传统观点的比例持续扩张、持有相对现代观点的比例不断缩减，特别是认可平等性别分工观念的比例有较大幅度减少的结果，城镇女性群体内部对性别分工模式的态度更为分化。

需要特别指出的是，尽管在本文中，从不同视角得出的结论有相似的地方，但在对不同视角下性别分工观念变迁进行原因解释时其所需要的理论框架和考量因素则是不尽相同的。要理解同期群变迁的特点不仅需要考量宏观社会经济的影响，同时还要考量个体生命周期发展对性别观念变动的影响，需要将两者叠加嵌套在一起来解释其性别观念的变迁，通常需要追踪数据、使用事件史（生命历程）分析方法来处理；而同龄人的视角则主要考量宏观社会经济的差异性，使用历时的横断面数据即可，分析方法可使用相应的多元回归等；代际差异其实更多是考量处于不同生命历程阶段的群体在性别观念上的差异性，数据只需要一个时点的横断面数据即可，方法也与同龄人比较类似。

2. 本文的局限和对未来研究的启示

由于中国妇女社会地位调查数据不是严格的追踪调查，故本文从同期群的视角对城镇女性性别观念变迁所进行的探索只能停留于群体层面的分析，而无法进行微观个体层面的观念变迁研究。追踪数据虽然调查成本相对高昂，但其在探究社会现象的规律方面具有其他数据难以取代的独特价值，建议在今后的地位调查中应该适时启动追踪调查，以获取更为有价值的数据资料，进而更好地揭示中国妇女社会地位变迁的内在规律和特点。

此外，观念作为主观议题，无法像一些客观社会经济指标那样可以采用回溯性的方式采集以往的信息，这也使得历史数据弥足珍贵，今后的调查应该尽可能保持问题的一致性和延续性，为分析和探究观念变迁的历史轨迹提供可能。对这些建议或质疑的回应和思考，无疑会有助于今后进一步改进性别观念的调查。

最后，本文仅就城镇女性在 1990—2010 年的性别观念变化情况在性别分工维度上做了基础性的状况分析和描述，但对于为什么城镇女性的性别观念会发生这样的变化则还需要更多的研究去揭示和探析。毫无疑问，城镇女性群体性别观念在 1990—2010 年所发生的变化是她们在中国剧烈的社会经济发展和变迁中现实生存境遇的折射，同时观念也反过来影响到她们的发展选择。未来关于性别分工观念变动的研究，应该进一步结合相关的影响性别关系的宏观社会经济变量，如可以结合女性社会劳动参与状况的数据资料、国家养老托幼等社会公共服务的投入以及教育发展状况等方面的数据来进行进一步的分析，也许可以得到更多的启迪。

中国社会男女平等吗？

——性别不平等的认知差异与建构*

吴利娟**

一、问题的提出

　　无论从我国妇女解放的实践经历还是从西方女权主义运动的历史来看，社会对男女平等的认识并非逐渐深入，相反，在性别平等观念上的犹疑和反复不时地以多种形式呈现出来。其中，引起研究者重点关注的现象之一就是传统性别意识形态的回潮①，近期的多项研究也从不同角度分析了我国的传统性别观念回潮现象②。这些研究或通过揭示现实中的性别不平等现象以批驳林林总总的反女权主义迷思，或注重于考察具体的性别观念变化趋势及其影响因素，但都没有直接回应人们对是否有必要继续讨论男女平等议题时最常见的质疑：难道现在男女还不够平等吗？③

＊　本研究得到国家社会科学基金重大项目"男女平等价值观研究与相关理论探讨"（项目编号：12&ZD035）的支持。

** 作者简介：吴利娟，北京大学社会学系，副教授，博士。

① ［美］苏珊·法露迪著：《反挫：谁与女人为敌》，顾淑馨译，自立晚报社文化出版部1994年版。

② 顾辉：《国家、市场、社会和家庭交织影响下性别观念的回归》，《社会科学辑刊》2014年第3期；杨菊华、李红娟、朱格：《近20年中国人性别观念的变动趋势与特点分析》，《妇女研究论丛》2014年第6期；许琪：《中国人性别观念的变迁趋势、来源和异质性——以"男主外，女主内"和"干得好不如嫁得好"两个指标为例》，《妇女研究论丛》2016年第3期。

③ 李菲、黄小希、孙铁翔：《"半边天"的艰难——妇代会上关于男女平等的思考》，2013年10月30日，见新华网：http://news.xinhuanet.com/politics/2013-10/30/c_117939183.htm。

其实，提升社会性别意识是在推进性别平等的实践中常见的工作手法和重要的目标，其要点在于提升人们对性别不平等的认识，意识到女性在平等参与社会政治经济生活[①]并从中平等获益方面面临更多的阻碍。可以说，认识到男女之间存在不平等是追求性别平等的前提条件之一。但是，一方面由于社会性别体系具有多维度多层次的复杂特性；另一方面由于不同群体的社会性别经验参差不一，人们对于是否存在性别不平等的看法可能并不一致。遗憾的是，此前关于社会性别意识提升的研究通常将性别不平等作为有待揭示的结构性真相，将否认性别不平等的观念归为虚假意识，却未能深入探究在性别不平等问题上的认知差异是如何形成的。

本研究从社会建构论的视角，将人们对性别不平等现状的认识视为一种建构性的知识，汲取不同流派女权主义认识论主张中相容的部分，考察人们对中国社会男女平等现状的认知具有怎样的差异，以及这种不同的认知是如何建构而成的。首先，通过对第三期中国妇女社会地位调查的定量分析，本研究将考察对于性别不平等的认知在人群中存在怎样的差异，哪些因素会影响人们对中国是否仍存在男女不平等问题的看法。其次，通过对全国六省市城乡居民定性访谈资料的分析，试图进一步了解人们对男女平等状况做出判断的依据，分析多重语境下对性别不平等的认知建构过程。

二、文献综述

女权主义认识论的不同理论流派为理解对性别不平等的认知差异提供了可能的思路。本文采用哈丁（Harding）对女权主义认识论的分类[②]，分别从女权主义经验论、女权主义立场论和女权主义后现代主义的视角梳理已有的相关理论和经验研究，并检视各自的优势和不足，从而形成一个更具综融性的研究视角。

---

① 王政：《"女性意识"、"社会性别意识"辨异》，《妇女研究论丛》1997 年第 1 期。

② Susan Harding, *The Science Question in Feminism*, Ithaca：Cornell University Press，1986.

（一）女权主义经验论

女权主义经验论是一种新型的经验论，它一方面拥抱传统经验主义的科学信条；另一方面致力于揭露在科学实践与制度中充斥着由性别歧视和男性至上所导致的偏见，指出只有移除这些偏见才能改进科学实践。[1] 在女权主义经验论看来，性别歧视和男性至上主义所产生的偏见可以通过严格地遵循科学研究既有的经验主义方法论得到纠正。女权主义经验论取向下的研究者认为可以从"利益"（interests）和"接触"（exposure）两条路径来理解不同群体在性别观念上的差异。[2]

以利益为基础的解释路径认为，当个体能够从性别平等的意识形态中受益时，他或她更可能支持性别平等的主张，也因此对现实生活中存在的性别不平等更加敏感。由于女性、参与劳动力市场的女性以及配偶参与劳动力市场的男性都是女性平等参与劳动力市场这一意识形态的受益者，因此，个体的社会人口特征如性别、就业状态、家庭结构等都会影响其对性别平等意识形态的支持度。

以接触为基础的解释路径认为，当人们通过个人经历、教育、社会化等渠道接触到性别平等的意识形态和实际表现以后，可能改变自己对女性在社会中位置的看法，发展出更倾向于性别平等的观念。从接触论的角度来看，女性参与劳动力市场将她们直接暴露于职场的性别歧视之下，因而将有助于她们认识到性别不平等的存在，同时也有助于她们打破关于女性工作能力的各种迷思，并使她们有机会结交非传统的女性，这些接触都有利于女性促使支持性别平等的态度。此外，教育也可能带来性别平等思想的启蒙。母亲的较高教育程度以及母亲参与家庭以外的工作也被认为是社会化过程中较早接触性别平等的意识形态与个人经历的良好机会，有助于人们发展出性别平等的意识。

---

[1]　Nancy Tuana, "The Radical Future of Feminist Empiricism", *Hypatia：A Journal of Feminist Philosophy*，Vol.7，No.1，1992，pp.100-114

[2]　Catherine I. Bolzendahl & Daniel J. Myers, "Feminist Attitudes and Support for Gender Equality：Opinion Change in Women and Men，1974—1998", *Social Forces*，Vol.83，No.2，2004，pp.759-789.

目前关于性别观念的研究多采取经验论的视角，运用定量分析的方法，将基于利益和基于接触的解释路径结合起来，重在分析影响性别观念的个人社会人口特征、家庭因素以及区域社会经济文化发展水平。[①] 但这一研究模式有一个根本的预设，即个体经验的同质化，假设相似的经验即等同于利益上的同一性和接触效果的一致性，忽视了相似的经验在不同的处境下可能产生程度不同的影响，甚至带来截然相反的后果。

（二）女权主义立场论

女权主义立场论强调作为边缘群体的女性在认识论上的优势地位。它可追溯至黑格尔的主奴辩证法[②]，认为居于不同社会位置的群体会因立场不同而形成不同的认识。此外，它在很大程度上受到马克思主义的无产阶级立场观影响[③]，强调社会边缘群体如女性、少数族裔、穷人等具备一种认识论的特权，他们由于在既定权力关系中受到压迫和排斥，反而能够产生批判性的见解。正如无产阶级在资本主义生产关系中的定位能够使他们清晰地认识到这种关系的剥削性，女性与男性之间的境遇差异也使得她们更有可能去理解和揭示构成父权制的不公平的社会性别关系。[④]

因此，从女权主义立场论出发，可以做出以下推论：女性比男性对两性的社会地位不平等具有更清晰的认识。大量的经验研究结果也表明，男性在性别平等意识形态上落后于女性是国际性的普遍现象[⑤]，在中国也基本如

---

① 陈婷婷：《中国农村女性的性别角色意识及其影响因素——基于 2006 年全国综合调查的实证分析》，《妇女研究论丛》2011 年第 1 期；Fred Pampel，"Cohort Changes in the Sociodemographic Determinants of Gender Egalitarianism"，*Social Forces*，Vol.89，No.3，2011，pp.961-982；刘爱玉、佟新：《性别观念现状及其影响因素——基于第三期全国妇女地位调查》，《中国社会科学》2014 年第 2 期。

② 陈英、肖锋：《知识与政治》，《自然辩证法研究》2011 年第 9 期。

③ 戴雪红：《女性主义的立场论研究述评》，《马克思主义研究》2010 年第 2 期。

④ ［美］桑德拉·哈丁著：《什么是女权主义认识论?》，载 ［美］佩吉·麦克拉肯编《女权主义理论读本》，戴雪、王学风译，广西师范大学出版社 2007 年版。

⑤ Youngjoo Chastemology & Sarah Thebaud，"Labor Markets，Breadwinning and Beliefs：How Economic Context Shapes Men's Gender Ideology"，*Gender & Society*，Vol.23，No.2，2009，pp.215-243.

此①。但是，立场论无法很好地解释男性和女性群体内部分别存在的性别意识形态差异，有将性别本质化之嫌。而且，边缘地位是否必然带来批判性也需商榷。②

（三）后现代女权主义

后现代女权主义全方位挑战了立场论和经验论。根据后现代的观点，女性之间因阶级、种族、文化等方面的差异而存在异质性，并不存在一个所谓同一的女性群体，因此，宣称女性群体因边缘地位而获得批判性的立场论犯了将性别本质化的错误。③ 此外，后现代女权主义认为，经验论和立场论的真理宣称都有很大问题。如果承认知识的情境性，那么从逻辑上就无从判断何种知识具有认识论上的优势④，也无法达致经验论所追求的"好的"科学（good science），因此也就不存在关于性别不平等问题的绝对真理或正确认识。

在后现代女权主义看来，性别观念上的差异是当代社会价值观多元的一种体现。⑤ 但后现代主义的问题在于：一方面人们并不必然意识到自己的知识具有情境性，反而往往试图宣称自己的知识具有普遍性；另一方面它否认了人的自主性和反思性，即人们摆脱个体情境的束缚而获得一般性知识的能力，进而否认了对社会公平与正义的追求。

女性主义经验论、立场论和后现代主义这三种认识论之间充满张力，彼此之间的批判一直延续至今，试图在三者之间寻求共存和互通的努力也从

① 许晓茵、陈琳、李珍珍：《性别平等认知及其影响因素的研究述评》，《妇女研究论丛》2010 年第 3 期。

② Uma Narayan，"The Project of Feminist Epistemology：Perspectives from a Non-Western Feminist"，Alison M. Jaggar（ed.），*Gender/Body/Knowledge：Feminist Reconstructions of Being and Knowing*，New Brunswick：Rutgers University Press，1989，pp.256-272.

③ 吴小英：《科学、文化与性别——女性主义的诠释》，中国社会科学出版社 2000 年版。

④ Susan Hekman，"Truth and Method：Feminist Standpoint Theory Revisited"，*Signs：Journal of Women in Culture and Society*，Vol.22，No.2，1997，pp.341-365.

⑤ 吴小英：《"干得好"还是"嫁得好"？——市场化时代女性身份认同危机及其主体性建构》，载孟宪范编《女性的生存状况和社会心态》，中国社会科学出版社 2010 年版。

未停止过。① 从社会建构论② 的角度来看，女权主义认识论的三种理论流派可以被看作不同的话语形式，它们都只是多种理解方式中的一种，互相之间并非是竞争性、吞并性的关系，也不需要做出非此即彼的选择，而是可以彼此联结的。基于这一立场，本研究将对性别不平等的认识视为一种建构性的知识，在考察性别不平等的认知差异时，认可女权主义经验论主导下的定量研究所具有的发现共性和规律的特长，以及女权主义立场论对性别观念上普遍存在的男女差异所具有的解释力，但同时也接受后现代女权主义对二者的批评，汲取后现代女权主义对知识情境性的强调，考察相似的经验在不同语境下是否对性别不平等认知的建构具有相同的意涵。

三、数据来源

本文采用定量与定性相结合的研究方法，首先通过定量分析揭示对性别不平等的认知差异及其影响因素，进而通过定性分析理解人们如何建构出自己关于中国社会男女地位是否平等的判断。

定量分析的数据来自第三期中国妇女社会地位调查，分析中对数据进行了加权处理。定量分析的因变量为对中国社会男女平等现状的认知。第三期中国妇女社会地位调查在问卷中询问受访者"您怎么看目前我国男女两性的社会地位"，并给出了"男性更高""女性更高"和"男女差不多"三个有效选项。根据受访者对这道题的回答，选择"男性更高"被编码为1，即认为中国社会仍存在男女不平等，而选择"女性更高"和"男女差不多"被编码为0，即认为中国社会已经基本实现男女平等。自变量则包括性别、年龄、社会经济地位、家庭生活状况等四组变量。样本的因变量和自变量基本

① Susan Harding, "Comment on Hekman's 'Truth and Method: Feminist Standpoint Theory Revisited': Whose Standpoint Needs the Regimes of Truth and Reality", *Signs: Journal of Women in Culture and Society*, Vol.22, No.2, 1997, pp.382-390.

② [美] 肯尼斯·J. 格根著：《建构论与实在论：一种必然的冲突?》，载 [美] 肯尼斯·J. 格根《语境中的社会建构》，郭慧玲、张颖、罗涛译，中国人民大学出版社 2011 年版。

情况见表 1。①

表 1 定量分析样本的基本特征

	百分比 / 均值		
	全体	男性	女性
因变量			
性别不平等认知			
不平等	34.9%	32.0%	37.9%
平等 / 女性更高	65.1%	68.0%	62.1%
自变量			
性别			
男性	51.2%	—	—
女性	48.8%	—	—
城乡			
城镇	49.6%	48.3%	51.0%
农村	50.4%	51.6%	49.0%
年龄			
小于 30 岁	16.8%	16.5%	17.0%
30—39 岁	24.8%	23.1%	26.6%
40—49 岁	29.4%	28.7%	30.1%
50—59 岁	22.0%	23.4%	20.5%
60—64 岁	7.1%	8.3%	5.8%
教育程度			
小学及以下	26.2%	21.6%	31.0%
初中	36.5%	38.2%	34.7%
高中 / 中专 / 中技	21.8%	23.8%	19.6%
大专及以上	15.6%	16.5%	14.7%
职业			

① 表 1 中显示的是最终进入多变量分析的样本的情况。由于多个变量存在缺失值，本研究的样本量小于第三期中国妇女地位调查的总样本量。

续表

	百分比 / 均值		
	全体	男性	女性
非农工作	60.3%	64.0%	56.3%
务农	36.0%	34.0%	38.1%
未工作	3.8%	2.0%	5.6%
收入（取对数）（0—14.7）	8.930	9.376	8.482
单位 / 社区 / 村的决策影响			
有影响	17.3%	22.0%	12.2%
无影响	82.8%	78.0%	87.8%
夫妻家务分工			
无配偶	9.9%	12.3%	7.5%
丈夫为主	7.6%	8.2%	7.0%
妻子为主	65.8%	62.9%	68.9%
差不多	16.8%	16.7%	16.7%
遭受家庭暴力			
是	21.3%	19.9%	22.9%
否	78.7%	80.1%	77.2%
夫妻支持度（1—4）	3.211	3.226	3.195
个人事务自主度（1—4）	3.424	3.475	3.371
总计（n）	22743	9409	9598

　　定性分析的资料来自 2014 年 12 月至 2015 年 5 月期间全国妇联"男女平等价值观研究与相关理论探索"课题组在广东、湖北、上海、陕西、黑龙江、北京等六省（市）的访谈资料。课题组在每个省（市）内选取一个城镇调查点和一个农村调查点，在每个调查点选取至少四位女性居民和四位男性居民，通过焦点小组的方式收集资料。除了广东农村的两个焦点小组为男女居民混合之外，其他焦点小组都是单一性别小组。在每个焦点小组成员的选择上，尽量做到年龄、职业和家庭经济状况的多样性。在焦点小组中，研究者询问受访者"您觉得现在男女平等吗"，并请受访者阐述"什么是男女平

等"。本文所分析的资料来自六省（市）共计24个焦点小组成员回答该问题的录音逐字整理稿。

四、对性别不平等的认知差异及其影响因素

对第三期中国妇女地位调查数据初步分析的结果显示，大多数人（65.1%）认为中国社会已经基本实现了男女平等，还有34.9%的人认为依然存在男女不平等，男性的社会地位高于女性。进而，本研究采用多元logistic回归的方法，在模型中引入性别、城乡、年龄、教育程度、职业、收入、是否在单位/社区/村庄具有决策影响力、夫妻家务劳动分工、夫妻支持度、个人事务自主程度以及是否遭受过家庭暴力等变量，对性别不平等认知差异的影响因素进行分析。首先通过对全体样本的分析，重点考察性别变量的影响；其次通过对男性样本和女性样本的单独分析，以期发现影响男性和女性对性别不平等看法的因素具有哪些共性和特性。多变量分析的结果（表2）显示，男性和女性之间对性别不平等的认知存在显著差异；而且，与男性相比，影响女性对性别不平等认知的因素更为复杂。

表2 对性别不平等认知差异的多元 logistic 回归

	模型 1（全体）	模型 2（男性）	模型 3（女性）
性别（"男性"为参照）			
女性	1.33***	—	—
城乡（"农村"为参照）			
城镇	1.03	1.13	0.94
年龄组（"30 岁以下"为参照）			
30—39 岁	1.01	0.87	1.15
40—49 岁	1.08	0.99	1.19*
50—59 岁	1.21**	1.15	1.26**
60—64 岁	1.30**	1.25	1.35**
教育（"小学及以下"为参照）			

续表

	模型1（全体）	模型2（男性）	模型3（女性）
初中	0.92	1.08	0.81***
高中/中专/中技	1.10	1.16	1.08
大专及以上	1.77***	1.68***	1.92***
职业（"务农"为参照）			
非农工作	1.14**	1.10	1.20**
未工作	0.95	1.01	0.98
收入	1.02**	1.05**	1.01
对单位/社区/村的决策是否有影响力（"无"为参照）			
有	1.08	1.10	1.04
夫妻家务劳动分工（"夫妻差不多"为参照）			
无配偶	1.05	0.97	1.18
丈夫为主	1.02	1.15	0.90
妻子为主	1.41***	1.29***	1.49***
夫妻支持度	0.79***	0.89**	0.73***
个人事务自主度	0.96	1.11*	0.87***
遭受过家庭暴力（"无"/"未婚"为参照）			
是	1.26***	1.15*	1.35***
有效样本	22743	11243	11500
F值	23.4	8.1	17.6
Prob > F	0.0000	0.0000	0.0000

* $p \leq 0.05$，** $p \leq 0.01$，*** $p \leq 0.001$。

（一）女性对性别不平等具有更强烈的认识

从全体样本的多变量分析结果可以看出，女性比男性对性别不平等有更明确的认知。在其他条件相同的情况下，女性认为中国社会仍然是男性地位更高的可能性为男性的1.33倍。这一结果与以前关于社会性别观念的研究发现相似，也在一定程度上符合女权主义立场论关于女性比男性更有可能理解和揭示不公平的社会性别关系的预期。

全体样本的多变量分析结果同时显示，年龄、教育程度、职业、收入以及家庭生活状态（包括夫妻家务劳动分工、夫妻支持度、是否遭受过配偶的家庭暴力）都与人们对性别不平等的认知显著相关。进一步分析的结果表明，这些因素并非总是对男性和女性具有相似影响。

（二）教育有助于提升两性对性别不平等的认知，但对女性的影响呈现出非线性的特征

男性样本和女性样本的多变量分析结果说明，无论对于男性还是对于女性，教育都能在一定程度上提升人们对性别不平等的敏感度，从而对男女两性社会地位不平等具有更清晰的认识。对男性来说，随着教育程度的提高，他们更倾向于认为社会上仍存在男女不平等，但是统计检验的结果显示，只有达到大专（含）以上教育程度才可能显著提升男性对性别不平等的认识（为小学及以下教育程度的 1.68 倍）。

女性样本的分析结果则显示，教育对女性关于性别不平等认知的影响更为明显，但呈现出非线性的"√"形特征。具体而言，与具有小学及以下教育程度的女性相比，具有初中教育程度的女性反而更有可能认为男女社会地位已经基本平等；具有高中、中专或技校教育程度的女性在对性别不平等问题的认识上则与具有小学及以下教育程度的女性没有显著差别；而大专及以上教育程度的女性认为仍然存在性别不平等的可能性显著升高。

可见，接受大专及大专以上的教育对男性和女性的社会性别意识提升都具有积极作用，但教育对于女性如何理解和看待性别不平等的影响显得更为复杂，教育水平从小学上升到初中反而使得女性对性别不平等的敏感度有所降低。

（三）夫妻关系不平等促使女性对性别不平等有更明确的认识，但对男性却不尽然

反映夫妻关系平等程度的一组变量对男性和女性的性别不平等认知都产生显著影响。总的看来，生活在不平等的夫妻关系中且处于弱势的女性通常更倾向于认为男女社会地位仍然不平等。但对于男性而言，夫妻关系状态的影响在很大程度上未表现出相似的规律。对于女性来说，如果家务劳动以妻子为主、夫妻支持度低、在家庭生活中对个人事务的自主度低以及曾遭受配偶家庭暴力，则越倾向于认为仍然存在男女不平等。这类夫妻关系可以视为男强女弱的不平等关系，生活于其中的女性认为存在男女不平等可能是源于其在家庭内部性别结构中的边缘地位。

但边缘地位的逻辑不能完全解释男性内部的性别平等认知差异，仅适用于夫妻支持度低的男性。在夫妻关系中居于优势地位的男性，比如妻子在家庭中承担主要家务或者本人在家庭中对个人事务有较高的自主度，都仍有更大可能认为社会上是男女不平等的，男性地位高于女性。更悖论的现象是，曾遭受妻子家暴的男性反而更倾向于认为男性社会地位高于女性。

（四）收入水平仅对男性的性别不平等认知有显著影响

对男性样本的多变量分析结果表明，随着收入水平的提高，男性认为仍存在性别不平等的可能性也上升：收入每增加 1%，这种可能性则上升至原来的 1.05 倍。但是，收入水平对女性的性别不平等认知不构成显著影响。

（五）年龄和职业仅对女性的性别不平等认知有显著影响

女性内部对性别不平等认知的年龄差异非常明显，除了 39 岁及以下年龄段的女性之间没有显著差异之外，随着年龄的上升，女性认为男女之间仍存在不平等的可能性也显著增加。相比之下，男性对性别不平等的认知虽也随着年龄的增长而上升，但这些差异并不具有统计显著性。此外，与务农的女性相比，非农就业的女性认识到男女仍存在不平等的可能性更大。但不同职业状态的男性之间对性别不平等的认识并不存在显著差异。

定量分析的结果发现，人们对性别不平等的认知差异与下列因素有关：（1）女性比男性具有更强烈的性别不平等认知；（2）教育程度以及夫妻关系平等程度对男性和女性的性别不平等认知都有一定影响，但影响的方式有所不同；（3）收入水平与男性的性别不平等认知成正相关，但对女性没有影响；（4）年龄增长以及从事非农业劳动与女性对性别不平等的认知成正相关，但男性内部却没有发现因年龄和职业不同而带来的显著差异。

上述发现揭示出对性别不平等的认知差异具有一定的规律性，与性别、教育程度、家庭内部平等状况、收入、年龄、职业等因素相关。但这些因素究竟如何在人们对性别不平等现状进行判断的过程中发挥作用呢？本研究进一步通过定性访谈来了解人们对性别不平等的不同认知是如何形成的，关注不同语境下上述因素在关于性别不平等的知识建构过程中怎样发挥作用。

五、多重语境下对性别不平等认知的建构

在焦点小组访问时，受访者应邀回答他们对男女平等状况的评价，并给出判断的标准。从受访者的回答可以看出，人们对男女是否平等进行判断的过程具有很强的建构性，通常是从纷繁复杂的现实中撷取片段，作为自己评判男女是否平等的依据。当受访者依据所选取的片段，阐述自己对性别不平等问题的认识时，他们的讲述中浮现出三种不同的语境：以成为公众话题的现象为主要依据的公共议题语境、以个人家庭生活体验为主要依据的家庭生活语境以及以与过去进行比较为主要依据的历史比较语境。

（一）公共议题语境下对性别不平等认知的建构

女性领导较少、女大学生就业难等现象是近年来在媒体上可见度较高的性别议题。在各地的焦点小组中，女性在职业发展方面弱于男性的现状或在职场遭遇的不公平对待往往被视为男女不平等的主要表现，那些认为仍存在性别不平等的男性受访者普遍以此作为依据。他们在说明自己为什么认为男女不平等时提到，"女领导还是比男领导要少"（GZUM5），"政府部门选拔干部的时候，有可能10个男的里面选拔3个，10个女的选拔1个"（XAUM1），"有的比如说化学、化工方面，或者是检验方面，明确要求男性，本来女性完全可以胜任的工作，但是它就完全要求是男性"（XAUM1），"我感觉不平等就是女性的就业方面，选择工作的时候好多是只限男性，不要女性，这个相对来说有些不平等"（XARM1）。可见，成为公众话题的性别不平等现象对于男性建构出男女仍然不平等的认识非常关键。

与男性相似，女性也借助于已成为公共议题的现象作为仍存在性别不平等的理由。但与男性相比，女性受访者对这些公共议题有更多的个人体验和情感共鸣。以职场上的男女不平等为例，有一位受访者在焦点小组中讲述了自己的亲身经历，"说男女平等，其实不平等。我跟我老公是读建筑的，毕业找工作的时候都说我是女生，不肯要我！我毕业前后，找工作大概找了一年吧，我老公一找就找得到。原因就是他是男的，我是女的。"（GZUF8）

这位女性的经历也引起了在场其他女性的共鸣,"所以你说男女平等就是区别在这里,真的区别在这里"。(GZUF3)"你看像她那么的优秀,我相信她坐到她老公那个位子可能现在都不止三级四级了,是因为有这样的社会,这样的一个束缚,她就下来退到二线了,这个说实在也是逼的。"(GZUF1)

(二)家庭生活语境下对性别不平等认知的建构

家庭生活中较为和谐的夫妻分工往往是男性受访者认为男女已经基本平等的重要依据,这种和谐有时候是指夫妻双方分担家庭责任,包括家务劳动:"我们家很平等的,反正大家都挣得不多,每个月发工资拿回家放好,要买东西就从那里拿,家务只要有空大家都做,不分你我。当然最重(的活)是我做,其他都是谁有空谁做。煮饭、洗衣服都是这样,买菜的话如果大家都休息就一起去买。"(GZUM13)但更多的时候,和谐的夫妻分工是指夫妻各司其职,协调合作。"反正我觉得我妈挺开心的。她在家做好自己的东西,我爸在外面做好他的东西,分工明确,也不是说我多做一点,你做少一点就在那吵。我觉得大家开心就行,如果纠结谁多做一点谁少做一点,这才是问题。我觉得这不是男女不平等的问题,只是双方协调的问题。"(GZUM9)"一般我家里面我和我爱人遇到问题的时候,都是相互提醒、相互沟通,你理解我,我也理解你。有些女人做的事男的不能做,男的做的事也有女的不能做的,就是看哪个方面。"(WHRM1)。有受访者将夫妻之间的分工合作概括为"家里家外,各尽所能"(WHUM3)。"有事儿共同商量,钱商量着花,夫妻共同组织家庭,有商有量,这叫平等。"(BJRM2)

与之相似,对那些认为男女已经基本平等的女性受访者而言,男女平等也并不一定是指夫妻在家里干的活要一样多,而更多强调相互尊重。"在干家务活上体现男女平等,我认为这个不是说我干多了我就不平等了,我干少了我就平等了,这得互相尊重。并且,家里的事情得互相商量,如果根本不跟你说,就自己决定了,那好像就有点不平等。什么事儿都商量着来,尤其家庭那些大事,生孩子或者什么的,我觉得男女平等体现在这上面。"(HEBUF2)访谈中,一部分承担较多照顾家庭和家务劳动责任的女性表示,丈夫对自己家务劳动价值的承认和尊重是男女平等的表现。

（三）历史比较语境下对性别不平等认知的建构

不少受访者在回答"你觉得现在男女平等吗"的问题时，自觉或不自觉地与过去进行比较。有些人通过个人生活中的变化感受到现在男女已经平等了，"现在我家也体现出男女平等。这种平等来源于什么？从经济上！因为互相之间都有收入，家里平等了，家里有些大事咱们有权利参与了，比如说家里置办什么大型的电器，咱们也可以参与，他们一说老婆你看这个电器买不买了？以前（自己没有挣钱的时候）人家问你干什么，你也没有权利，人家在外面想买什么拿回来就可以了，你无条件接受"（HEBRF1）。与之相似，有受访者表示，市场经济为女性提供了"平等的机会"（SHUM1）。

更多的人通过时代的变迁体验到现在男女已经平等了。"像以前主要都是男主外，现在很多女性都出来工作了。整体上都算是平衡的。"（GZUM12）"之前男主外、女主内比较普遍，现在女的和男的可以说是对家庭的贡献是相同的。"（XAUF2）"我觉得男女平等第一个表现就是（妇女）在家庭中的作用越来越明显。因为现在村里不像90年代以前，田地、厨房、猪圈成了她每天的固定生活。现在只要有能力，男的女的都可以出去赚钱。"（XARF1）

农村社区对男孩女孩态度的转变也是部分受访者认为已经基本实现男女平等的依据。"经济或者在很多方面基本上现在都已平等了。包括我们身边也好，我们自己家庭也好，儿子能做的事情（女儿也能做），比如说儿子该读书，姑娘同样能读书，儿子能开车，那么姑娘同样也能买车开。"（WHRM1）"以前我们村里有个风俗习惯，就是大年三十姑娘不能在娘家过夜，现在可以了。再一个，清明祭祖的时候，姑娘以前不能上坟。现在不上还不行。"（WHRF1）"现在农村都有这样一些话，生个男的是建设银行，生个女的成了招商银行。再一个说是生个女孩等于生了个亲人加仆人，生个男孩是得了一个敌人加一个仇人。从这几句话，就说现在男女不平等这个问题在社会上逐渐消失了。因为现在对生男生女方面，农村观念确实转变很快。"（XARM1）"在咱们农村男女平等可能比例占到90%"（XARF3）。

对定性访谈的资料分析可以发现，在对男女是否平等的知识建构过程中，同时存在着多重语境，而对性别不平等现状持不同看法的人则通过不同的语境来建构自己的观点。认为仍然存在性别不平等的男性都是从公共议题语境出发，以公众话题中出现的性别不平等现象为依据，形成他们关于仍然存在男女不平等的判断。而持这一观点女性更是通过亲身经历以及与有过此类经历的其他女性的情感共鸣，与性别不平等的公共议题发生联系，从而完成她们对性别不平等的认知建构。而那些认为已经基本实现男女平等的人，无论男性还是女性，多是立足于家庭生活语境和历史比较语境，一方面从对和谐夫妻关系的切身体验（如夫妻间较为平等的家务分工、配合良好的分工合作、互相协商彼此尊重的氛围）中建构出男女已经基本平等这一认识；另一方面以过去曾经存在过的性别不平等现象已经发生改变或消失为依据，做出已经实现男女平等的判断。

六、结论与讨论

当今中国社会的性别不平等状况在不同维度上的表现并不一致，甚至存在差异极大的情况，综合性的性别差距指数（gender gap index）以及构成该指数的分指标数据① 是对这一现象的极佳反映。因此，人们对性别不平等的认知存在差异似乎在所难免。但问题是，对性别不平等的认知差异受到哪些因素的影响？这些因素在对性别不平等认知的建构过程中如何发挥作用？结合第三期中国妇女社会地位调查数据的定量分析与全国六省（市）城乡居民焦点小组访问的定性分析发现，对中国社会性别不平等的认知差异与性别、教育程度、家庭内部平等状况、收入、年龄、职业等因素有关，同时人们对性别不平等的认知建构可能出自公共议题、家庭生活、历史比较等不同的语境。而且，定量分析中发现的与性别不平等认知差异相关的因素在不同的语境下参与对性别不平等认知的建构，并发挥着不尽相同的作用。

（1）在公共议题语境下，人们聚焦于媒体上可见度较高的性别不平等现象，建构出男女社会地位仍然不平等的认知。这一语境有效凸显了女性基

---

① World Economic Forum, *The Global Gender Gap Report 2016*, Geneva: The World Economic Forum, 2016.

于性别立场的认识论优势，她们借由个体在社会性别结构中处于边缘地位的切身经历以及与其他女性的情感共鸣，对进入公共议题的性别不平等现象既有身受亦有感同，从而发展出对社会性别体系更具批判性的认识。公共议题语境同时也有助于男性超越自身性别立场，看到社会对女性的不公。

由于公共议题的概括性和抽象性，因而个体与公共议题语境建立联系的可能性非常重要。具有较高社会经济地位（表现为较高的教育水平、收入水平或职业地位）的个体可能更有意愿和能力关注公共议题。在男性和女性群体内部，社会经济地位较高的个体反而比处于边缘地位的个体更容易认识到性别不平等的存在，可能也说明了这一点。

（2）在家庭生活的语境下，个体对夫妻关系的切身体验在对性别不平等的认知建构中占据了重要地位。这一点在女性身上表现得尤为明显：曾经遭受过丈夫的家庭暴力或是承担主要家务劳动的女性对性别不平等具有更强烈的认知，而夫妻彼此支持度较高或在家庭中拥有较高的个人事务自主权的女性则更倾向于认为男女社会地位是平等的。可见，不平等的夫妻关系将女性置于家庭内部性别结构的边缘地位，从而强化了女性对性别不平等的认知。这同时也意味着，良好的夫妻关系可能削弱女性基于性别立场的认识论优势，因为她们在家庭中不再处于性别结构的边缘地位，也缺乏相应的边缘体验。处于相互支持的夫妻关系中的男性，也从这种和谐平等的家庭生活体验中建构出男女已经基本平等的认识。

但对男性而言，家庭生活语境下的性别不平等认知建构似乎充满了矛盾：遭受过妻子家暴、由妻子承担更多家务以及在家庭中对个人事务拥有较高自主权的男性，都更倾向于认为男性的社会地位高于女性。一种可能的解释是，男性和女性都已经普遍认识到家庭中夫妻分担家务劳动对男女平等的重要意义[1]，因此男性也将主要由妻子承担家务视为男女地位不平等的表现。另一种可能性在于，男性在家庭生活语境下对性别不平等的认知建构逻辑不同于女性，但这需要在未来的研究中进一步了解。

---

[1] 第三期中国妇女社会地位调查课题组：《第三期中国妇女社会地位调查主要数据报告》，《妇女研究论丛》2011 年第 6 期。

　　由于家庭对多数人而言是日常生活的构成部分，与家庭生活语境产生联系是顺理成章的。正因为多数人与家庭生活语境有"天然的"紧密联系，在对性别不平等的知识建构中具有超越家庭生活体验的能力变得尤为重要。从事非农业劳动对女性的性别不平等认知有显著影响，可能也在一定程度上表明家庭之外的经验对女性体察到性别不平等的存在具有重要意义。

　　（3）在历史比较的语境下，不同代际的女性处境的改变对人们关于性别不平等的认知建构发挥了很大作用。本研究发现，年长女性比年轻女性对性别不平等有更强烈的认知，这与已有研究关于具体性别观念的代际差异正好相反，通常是越年长则在性别观念上越保守。① 这可能有三方面的作用机制。第一，年长女性所处的时代确实存在着更严重的男女不平等，她们对此有切身体会；第二，随着年龄的增长，女性的人生阅历也在增加，有机会更多地遭遇到因性别而被不公平对待的情况；第三，通过与年长女性的处境相对比，年轻女性在周遭环境中已经基本看不到性别不平等的传统表现形式，因而更倾向于认为已经基本实现了男女平等。男性在性别不平等认知上的代际差异也符合历史比较语境下的建构逻辑，但可能由于男性的体会不如女性直接，因此男性内部的代际差异不够显著。

　　个体主要通过个人记忆与集体记忆而与历史比较语境建立联系，时代的进步成为建构性别不平等认知的重要元素。在历史比较语境下，参照的对象是传统上存在的对女性的歧视，性别不平等的新的表现形式则被排除在建构的框架之外。

　　综上所述，在对中国社会是否已经实现男女平等的问题进行判断时，人们分别从公共议题、家庭生活、历史比较等不同的语境出发，并在各自语境下选取最具有说服力的客观事实和主观体验，最终建构出对性别不平等现状的不同判断：有些人认为中国仍然是男女不平等的社会，有些人则认为中国已经基本实现了男女平等。通过对以上影响因素与建构过程的分析，可以看出即使是同一要素，在不同的语境下也可能对知识的建构产生不同的作

---

① 贾云竹、马冬玲：《性别观念变迁的多视角考量：以"男主外，女主内"为例》，《妇女研究论丛》2015 年第 3 期。

用。因此，在未来的性别观念研究和推进性别平等的实践中，一方面需要进一步揭示不同语境下性别观念的建构过程，避免将性别本质化以及将经验同质化；另一方面也需要凸显人的自主性和反思性，超越单一语境的局限，注重培育多重语境下了解和表达不同立场的能力，只有这样才能发展出更加灵活有效的实践，进一步推动社会性别平等。

多元与挣扎的并存[*]

——新自由主义价值观与高校女生性别观念

李　洁^{**}

一、研究问题和方法

本文中的高校学生是指全日制在读的大学本科生和研究生。这一人群的年龄集中在 18—28 周岁，正处于人生观和价值观形成与稳定的关键时期。作为受教育程度较高的青年群体，高校学生是我们社会未来发展和建设的中坚力量。女性人才是我国人才队伍建设过程中不可或缺的群体，而男性则是她们的伴侣和伙伴。这一人群的价值观将在很大程度上影响和代表着我国未来二三十年间的主流价值观念，因此对这一人群性别观念的分析和探讨将在很大程度上预示我国未来两性关系和性别平等状况。

在普通研究者的心目中，高校学生群体是一个具有较高同质性的群体，他们受教育程度较高，年龄相仿，尚未走出校园，社会经历相对简单，对社会性别相关的议题或许尚未深刻体会，或是停留在校园理想主义色彩的层面上。但在实际调查过程中我们还是在这一人群身上发现了鲜明的时代特征：不同性别、专业和学历的高校学生在性别观念上不仅存在一定差异，甚至在座谈会上对彼此的观点表示较大的异议；部分学生对两性平等以及对社会现实的理解和批判程度也远远超过我们的设想。因此，对这一群体性别观念现

---

　*　国家社会科学基金 2012 年第一批重大项目（文化类）"男女平等价值观研究与相关理论探讨"（项目编号：12-ZD035）的阶段性研究成果。

**　作者简介：李洁，1981 年出生，女，汉族，中华女子学院社会工作学院，教授，博士。

状和背景的深入探讨和分析就显得更为必要。

本研究主要以焦点小组的方式在北京、广州、河北等地共计六所高校收集调查资料。调查对象涵盖了重点院校和一般院校中的本科生和研究生群体，涉及的专业门类包括文学、理学、法学、工学、经济学、管理学等学科门类。之所以选择焦点小组的调查方式，是由于"性别观念"原本就是一个社会建构的产物。每个焦点小组由6名左右的在校学生组成，男女各半，在调查者的主持下，小组成员自发地就"社会性别"议题展开讨论。在讨论过程中，小组成员往往会产生不同观点，并互相交流和论证，从而将原本不易表述和外化的观念层面的议题得到较为深入的挖掘和展现。

二、研究综述

在文章的分析过程中，我们主要借鉴了已有的社会性别理论对"人的发展"的阐述和理解。同时，文章认为，社会性别观念并不是孤立存在的，而是受到其他更为核心的文化制度的约束和影响。作为高等学府中的青年精英人群，新自由主义价值观对他们的影响和渗透是毋庸置疑的。

1. 社会性别理论对"人的发展进程"的阐述

在弗洛伊德、皮亚杰、科尔伯格等传统的男性中心主义的学者看来：人在发展过程中需要逐渐摆脱家庭，进入社会，自主性（autonomy）、独立性（separation）和个体化（individualization）是人的发展的必经阶段，高一层次的发展阶段势必意味着更复杂的智识能力和更强的自主性。[1] 以吉利根（Gilligan）为代表的女性主义学者对此进行了尖锐的批判，后者认为，家庭并不是现代文明的对立面，男性逻各斯主义在其发展过程中倾向于贬低和怠慢女性社会化过程中所形成的"联系"、责任感和关怀伦理。[2]

这种社会性别角色的分化继而影响了男、女两性在接受高等教育期间的认知模式和成就动机来源。研究发现，尽管男、女两性在大学阶段都经历

---

[1]　参见弗洛伊德著《文明与缺憾》，傅雅芳译，安徽文艺出版社1996年版。

[2]　参见吉列根著《不同的声音——心理学理论与妇女发展》，肖巍译，中央编译出版社1999年版。

了认识论上的重大改变，即认识到真理是相对的，是被建构的结果。但对女性的智识发展而言，人际互动、合作和共识的形成则显得更为重要。女性的认同发展和职业期望更多地受到家庭、同龄群体和浪漫关系的影响。她们是在和他人的交往关系中逐渐形成了自我认同——而非在和他人的边界划分和竞争性关系的基础上。① 优秀女性的学术动力恰恰来自帮助他人，而不是像男性那样更容易在高竞争性的学术压力环境下取得学术成就。这也解释了为什么在所有的科学专业中，医学——特别是社区医疗、儿科医生和精神病学等以病人为取向的医学专业中女性最多。②

2. 新自由主义与青年精英及女性主义的关系

新自由主义建立在"经济人"假设上，认为人都是自私自利的、理性的、试图用最小的成本获得最大的利益。市场的自我调节是分配资源的最优越和最完善的机制，通过市场进行自由竞争，是实现资源最佳配置和充分就业的唯一途径。只要有可能，私人经济活动都应该取代公共行为，政府不要过多干预。新自由主义披着自由、解放、选择、权利的外衣，把财富和权力聚集到资产阶级上层手中，与此对应的是社会不公的扩大和个人承担竞争失败的后果。③ 实施新自由主义理论的主体包括以英美发达为代表的政府领导人，跨国公司总裁，主要银行的高管和投资商、世界金融组织的负责人以及为跨国公司服务的各国主流媒体。④ 在新自由主义者看来，精英对大众的统治具有正当性，因为"精英是占有财产、受过教育因而是有能力的、理性的、能为自己的行为负责的少数人。而大众则是没有财产、缺乏行为能力、

① Baxter Magolda，M.B. *Knowing and Reasoning in College：Gender-related Patterns in Student's Intellectual Development*. San Francisco：Jossey Bass.1992；Beutel，Ann M.，& Marini，M.Mooney. "Gender and Value"，*American Sociology Review*. 1995，Vol.60 (3) ；Josselson，R. *Finding Herself：Pathways to Identity Development in Women*. San Francisco：Jossy-Bass. 1987；Komarovsky，M. *Women in College：Shaping New Feminine Identities*. New York：Basic Books. 1985.

② Miller，P.H.et al. "A Desire to Help Others：Goals of High-Achieving Female Science Undergraduate"，*Women's Studies Quarterly*. 2000，Vol.28 (1/2) .

③ 参见哈维著《新自由主义简史》，王钦译，上海译文出版社 2010 年版。

④ 苏红军：《危险的私通：反思美国第二波女权主义与新自由主义全球资本主义的关系》，《妇女研究论丛》2013 年第 3 期。

容易受感情支配、不能对自己行为负责的大多数人"①。这种观念在英美上流社会和高等学府的盛行使得那些以未来社会精英群体自居的青年高校学生很容易内化新自由主义价值观的信条。

在新自由主义价值观在全球快速推进的过程中,我们也要警惕这一价值观和传统父权制之间的微妙联系。已有学者指出:资本主义全球化的过程也是进一步压迫和剥削妇女和有色人种的进程。"全球化的这种表征证明了新自由主义资本主义与父权制度结成了新的联姻,应成为父权制的资本主义。"② 这种看似女性主义的解放进程实际上是和新自由主义对全球劳工的进一步压迫紧密相关,使得当今的工作制度与其说是对女性的解放,不如说是对女性新的压迫。③

尽管妇女就业给女性提供了更多的自主和自由,但这种"向前一步"④真的只是劳动力的解放吗?"职业女性"在确保劳动市场更为充足的劳动力供应的同时,是否只是给个人及家庭提供了"令人沮丧的工资水平,不断降低的工作安全保障,不断下降的生活水准,迅速上升的工作时间,日益加重的双重打击"?⑤ 在费雷泽提出的理想体系中,"公民的生活将包括工作挣钱、照顾家庭、参加社区活动、参与政治和参加民间社会团体的活动,同时也会留下一些时间娱乐",男、女双方都需要增加非工作时间,恢复社会生活本身变得更为重要。⑥

已有研究指出:传统性别观念对性别角色的期待和新自由主义价值观都对高校学生这一青年精英群体产生不可忽略的影响。但却极少有研究从这两

---

① 王忠汝:《精英——大众命题与自由主义民主的基本逻辑》,《天津社会科学》2012 年第 1 期。

② Ebert,Teresa L.Ludic. Feminism and After:Postmodernism,Desire,and Labor in Late Capitalism. Ann Arbor:the University of Michigan Press. 1996.

③ 玛德琳·施华兹、杨侠:《从国家管理资本主义到新自由主义危机——评南希·弗雷泽主编的〈女性主义之幸〉》,《国外理论动态》2013 年第 12 期。

④ Sandberg,Sheryl. *Lean in:Women,Work,and the Will to Lead*,New York:Knopf Publishing Group,2014.

⑤ Fraser,N. *Fortunes of Feminism:From State-Mannged Capitalism to Neoliberal Crisis*,New York:Verso,2013.

⑥ Fraser,N. *Fortunes of Feminism:From State-Mannged Capitalism to Neoliberal Crisis*,New York:Verso,2013.

种价值观互相作用的角度来加以考察。本文认为，这两股不可忽视的价值观力量在男、女两性高校学生群体身上产生了截然不同的作用方式和影响，并继而对高校女生群体的性别观念与策略展开了类型学的分析。

三、新自由主义对高校学生群体的影响

伴随着社会经济的快速发展和文化观念的日益开放，人们的性别观念也日趋多元。作为其中受教育程度较高的大学生群体，再加上独生子女政策对这一代青年人成长的家庭环境的影响，使得被访的高校学生群体在社会性别观念上更加平等、多元和包容。然而社会性别观念仅是个体价值观体系的面相之一，它并不是孤立存在的，而是受到价值观体系中其他处于核心位置的价值观念的影响和渗透，因而需要深入时代背景下去具体考察这一群体本身的位置与特征。

1. 新自由主义对青年精英群体的渗透

作为未来社会的精英群体，新自由主义价值观对高校学生群体的吸引力几乎是自然而然的。特别是在开放沿海地区和经济学背景的一些男生群体中，新自由主义的价值信条几乎已经内化成他们血液的一部分。

这种信念包括对效益和利润的看重，在提到就业市场上的性别歧视时，一位经济学专业的男生提道：

"美国有一种谚语叫做人家抱有歧视，因为它带来效率。效率和公平都是兼顾的，但是很多情况下，特别是对个体或者企业来讲更考虑效率。"

甚至他们对女性能力的尊重也是基于这样一套"效率至上"的逻辑：

"应该要平等，因为就像现在一些公司老总她是女的也很正常。男的女的都可以做老总，女强人也 OK，关键就是经济发展，对我来说。……对，利润最大化为主，而不是说谁当老总。就是男的女的都没关系，谁当经理，谁当老总都可以。"

市场竞争的逻辑无处不在，甚至在婚姻市场上也不例外：

"但是我不会说我娶了一个老婆强迫她一定要做家务，但是我只会娶愿意做家务的。找一个她愿意做的，不要强迫她去做。市场经济嘛，就是说大

家交易是自由的。"

他们相信依靠理性主义和时间管理的自我控制能够全面操控自己的生活。金钱和市场能够帮助他们解决所有生活上的琐事，而他们只需要全身心地投入市场竞争之中实现自我价值的最大化：

"我男朋友就这样认为的。我就说家务的问题，他说有钱就请保姆。然后带孩子，可以高价请幼儿嫂。……要做家务洗碗干吗的，在外面吧。有钱就在外面吃，有钱就请保姆了，会有这样的想法。"

在这种新自由主义意识形态的影响下，相当数量的高校女生也会产生"理性—感性""高效—低效""强—弱""领导—被领导"等二元对立的观念，并自然而然地按照市场竞争的逻辑贬低自身的性别特质。

"就是我觉得女性，由于母性，有时候在思考问题的时候，会更多地，就是感性跟理性，它有时候会，就是两个它是控制不好的。所以不像男性，他可能更多地偏向理性决断；女性的话，她可能会思考一些比较感性的问题。然后根据自己的个人经历啊，或者是个人的感受什么之类的，她会做一些可能是非理性的一些判断。然后这样别人就会觉得她这个做法，就不是那么的明智。所以可能会觉得女性的领导力，不是那么的强，就是不够那么狠，那个角色。……我觉得在职场上的话，可能就是那样，比较理性化的，然后就是那个比较果断一些的，工作效率以及速度什么之类的，就会更高一些，我觉得是这样的。"新自由主义价值观对"效率""理性""功利"和"市场竞争"的强调已经无孔不入地渗透到高校青年精英群体之中。事实上，这种资本全球化背景下政治精英和市场原教旨主义者所鼓吹的"赢者通吃"的价值观自有其内在的危险，很容易使得整个社会在自由的名义下沦为资本与市场的奴隶。但这些以未来"上流社会"自居的青年精英却很容易被所谓上层精英的新自由主义价值观所淹没。

2. 新自由主义对不同性别角色的影响

尽管新自由主义价值观在高校精英群体中的盛行是普遍存在的，但是这套价值观念对男女两性的影响方式却存在微妙的差别。主要表现为：新自由主义价值观原本就是男权社会精英阶层的产物，工业时代的主流价值观和传统性别角色对男性的期待不仅不存在矛盾，并且是相互强化的。一个典型的例子是谈到结婚之后夫妻双方的角色分工时，一位被访的男生认为自己工作挣钱就是对家庭最大的贡献：

"我们聊到（家庭责任），基本上收入高就是（和男性的家庭责任有）直接的关系。主要是我们也是外地的，假如来北京，你想买房子干吗的，最基本的就是这个东西，就是都必须有钱！要是家本来就是北京的，家里有房子，我可以再考虑我家人两个人怎么分担（家务劳动）。但是我们考虑最基本的还是先有房。"北上广地区高昂的房价是外地学生——特别是男性——成家立业首先要考虑的外部因素。对男性而言，挣钱、成家、立业是方向一致的努力目标。他们需要在残酷竞争的市场经济中脱颖而出，这是工业资本主义竞争模式和传统男性角色对他们的共同期待。二者力量的叠加往往让高校男生更多地认同个人主义、效率和竞争性的个人发展模式——甚至他们在上文中提到的对优秀女性个体能力的承认和尊重亦不例外。

但对高校女生而言，新自由主义价值观和传统的性别角色之间却存在着一定冲突和张力，并将她们向两个截然不同的方向牵扯。一方是传统性别角色对亲密情感和家庭关系的向往；另一方则是在激烈的市场竞争中实现个人价值。这两种力量的共同牵扯就使得男女两性在面对工作—家庭责任时，表现出不同的立场和态度。例如，在被问到孩子早期应该由谁来照顾时，相当数量的男性毫不犹豫地认为应当由妻子或双方父母来看护；而女性则更多地考虑到他人的需要。下面这段对话发生在焦点小组的实际访谈过程中，在谈到妻子产后的照料和孩子的照顾时：

男生："然后男性的话，因为就即使是（产后）陪同妻子的话也可以让父母陪嘛。因为现在独生子女比较多，父母一般退休之后也没什么事情，都可以在家里帮忙做这些事。……对，就充分利用劳动力。"

女生："因为我刚刚听他说，就是孩子你可以有父母来照顾，我就觉得很反感这个。……他们早年养育孩子已经是蛮辛苦的了。……然后我在家的时候，我要分担家务，因为我的爸爸妈妈要出去玩。"在上面这段访谈中，男性的逻辑是将家庭作为一个企业进行经营，自己则是这个企业的CEO，父母和妻子都是为了实现"家庭利润最大化"的员工和工具。而女生则对这个男生的观点进行了直接反驳，认为这个男生考虑问题的出发点都是自己，而没有考虑到父母的艰辛以及孩子的需求。类似地，在被问到一个具体的工作—家庭冲突的情境下① 该如何选择时，一个典型的性别化回答是：

男生："肯定会跟妻子交流，但是决定权还是在我手上。……女方不同意去的话，那你就跟我离（婚）啊，我无所谓。"

女生："我觉得这是一个家庭的决策。因为你的家庭不是你自己一个人了。就是我要尊重我丈夫有什么意见，甚至我要尊重我一两岁的孩子有什么意见。然后像如果我的父母在帮我带孩子的话，我要尊重他们的意见，看他们能不能接受。这虽然说这是一个个人的事情，但是我觉得就是因为人有角色的嘛，肯定不是你一个人了。然后尊重大家的意见，自己再做决定吧。……我觉得我也是，就是做事情做决定真的我就是考虑太多了，然后我真的就是经常拿不定主意。"

面对同样的假想情境，大部分男性会选择毫不犹豫地出国提升自己的事业发展；而女性则会顾忌自己的配偶、父母乃至孩子的意愿和需求，甚至连她们自己都意识到自己在这些重重顾虑之下往往很难做出有利于自己个人发展的决定——但正是这种对他人感受的顾虑和审慎往往会被视为不够果敢和坚毅，因而不适合担当工业社会中的领导者。

可见，新自由主义对不同性别在角色定位上的影响是不同的：对男性而言，新自由主义只不过进一步强化了他们作为男性领导者的精英意识；但对于女性而言，在新自由主义和传统性别角色期待之间存在较大的冲突和张力。而不同家庭背景、社会化经历、个性倾向和能力的女性则会在这样一种多重力量相互博弈的场域中试图找寻自己的一席之位和行动策略，从而出现了高校女生群体中的观念分化与行动差异。

---

① 为了更好地探究被访者的性别角色观念，研究者假想了一个现实情境。在这个情境下，被访者得到了一个非常好的出国提升的机会，为期一年，回国后无论是薪水还是职位都会得到很大的提升；但与此同时，孩子刚刚出生，不满一岁。在这样的情况下，被访者如何选择自己的去留。

四、高校女生群体性别观念的类型学分析

新自由主义和女性角色社会化过程中存在的矛盾和冲突会让高校女生陷入一种多重力量相互影响和牵制的场域之中。我们以在意识层面上"对父权制体系的认识是／否清晰"以及在行动层面上"对传统性别分工模式的顺从／反抗"为两个考察维度，将高校女生群体的性别观念和行动策划划分为下述五种类型。

1. 对社会现实缺乏认知和对父权制体系的再生产

这一类型的女生大多来自城市中产阶级以上的家庭背景，多为家中独生女，家庭背景和睦、父母在家庭中的权力关系相对平等，在升学和成长过程中也较为顺利。优越的成长环境和背景让尚未走出校园的她们对社会现实中的性别差异和地位不平等缺乏明确的认识。对中国目前的性别环境问题，她们认为：

"会存在某些方面（的不平等），总体还是挺平等的。"这种对社会现实状况缺乏认知的另一个重要原因是由于这一群体的女性正处于父权制权力关系体系下女性的"黄金时期"。这些二十多岁的高校女生青春蓬勃、生命力旺盛，正掌握着父权制体系下优渥的性资本，享受着周围人群对青年女性暂时的"性别优待"。另一位被访的高校女生敏锐地捕捉到这一类青年女性目前所处的状况：

"比如说年轻的女生，她们的性资本是比较优厚的。很多年轻女性会遭受很多人捧、喜欢，是因为她年轻貌美。这是她的一个性资本最优厚的时期，然后很多女性就会觉得其实大家喜欢我是因为我漂亮。但是有些男性她们就会说，其实她们根本不知道这是她们这个时候的性资本，当她们随着年龄（增长），性资本就会下降。"但沉浸在这种暂时性"性别优待"环境之中的青年女性往往无法辨识这种权力关系的陷阱，甚至很享受这种青年时期短暂享有的"偏爱"，并一厢情愿地将自己和那些已婚已育的妇女区别开来，从她们脸上的表情不难读出她们并不喜欢他人把自己归入"那样"一种群体：

"我是觉得自己说的结婚才能接受别人这样叫我（妇女），我觉得现在

不能接受。倒不是说别人也这么看，我就不能接受别人叫我妇女。"这些青年女性终归要变为她们自己所嫌恶的"中年妇女"，她们在青年时期所享有的性别优待也终有一天会让她们付出代价。但沉浸在这种优势位置上的女性很容易将这种暂时性的"性别优待"设想为终其一生的，从而在行为的层面上继续复制既有的父权制关系体系。在提到未来要找寻什么样的配偶时，一位被访的女生提道：

"因为我有的时候跟同学聊，一般女生同学都是这种想法：不可能说我跟你一起之前爸爸给我这么多东西；跟你反而什么都没有，可能吃得都没有以前好，那肯定接受不了的。"

在这位被访者的观念深处，女性依然是男性的附属品，婚姻对她而言，就是从父亲提供的生活走向配偶提供的生活，从而延续了之前的从属地位。

可以看出，这一类型女生的出现，主要是由于她们目前所处的年龄阶段和相对简单的社会经历；一旦步入社会、成立家庭之后，她们势必面临再一次的反思和选择机会，从而转变为下述几种观念模式之一。

2. 对亲密情感的主动选择和对职业发展的搁置

这一类型的高校女生表现为：由于成长经历或教育背景的原因，她们或多或少地认识到社会中的性别差异和角色期待，以及女性在此过程中的巨大牺牲和付出。

"因为我哥 2012 年结的婚，现在我看他们夫妻，就是也有小孩了，但是感觉，大多数还是我嫂子在抱。就感觉大部分家务都是我嫂子在干。就是她现在工作也很忙，她上班的银行早上七点就要去，然后下午也是到七点左右才回家。晚上她说，因为带小孩两个小时必须醒一次，看小孩，喂奶，我看她变瘦了！下班回来小孩就会让（她）抱着。"她们意识到在不久的未来，自己也会过上这种白天工作、通勤十二小时，回家接着料理家务，夜间还要醒来多次哺乳幼儿的艰辛生活。但是由于女性在早期社会化过程中形成的对家庭和亲密情感的依恋，往往让她们非常看重父母老年生活的照料与子女早期情感需求的满足，甚至将这种关系性纽带的建立视为自己生命价值的核心组成部分。

不止一位女生提到父母养育自己的艰辛和对自身发展的期待；提到要尊

重父母的晚年生活，不希望因为自己的原因（主要是指照料幼儿）破坏他们安享自己的晚年生活；提到要尽自己最大的能力弥补父母（特别是母亲）早年的付出。一位女生在提到自己工作地点的选择时强调：

"因为我父亲去世几年了，现在只有我母亲，就觉得不想让她自己（单独生活）。我家是河北的，不一定回家，可以让她跟我一块儿生活。就是我以后找工作我可能会首先考虑这点，就是家庭方不方便，要照顾母亲。"类似地，女性也对满足未来子女的情感需求和早期教育有更多的考虑和顾忌。一位被访的女大学生提到年轻的职场妈妈忙于工作，孩子无人照料时的情景：

"就是我看到过，那个小表妹，就是我姑没有下班的时候，她趴在那个栏杆下，看着那个底下的大巴车，等着妈妈回来。其实小孩也更希望跟妈妈在一起的，多一点的。我真的看到那幅景象蛮想哭的，就觉得挺可怜的小孩子。"

她们会更多地考虑到自己未来的子女在饮食、情感、教育和培养方面的需求，以及自己作为"母亲"所要承担的责任和义务。

除了早期家庭社会化影响之外，女性在恋爱过程中往往还会经历一个"继续社会化"过程。这主要是指青年男女在两性交往过程中，对性别分工模式的再次商讨与确定。这种正式步入婚姻家庭之前的交流与观念的形成，往往会在很大程度上影响两性婚后长达几十年的性别分工模式。一位女生在访谈中提到自己目前的恋人希望自己在婚后更多地照料家庭和孩子时说：

"他说两个人，对于孩子来说，爸爸和妈妈对于孩子都是很重要的。但是在母亲这方面，他就举了一些古代的例子，就说母亲的责任对于孩子来说，还是比父亲要大一点。就是孩子他有更靠近母亲那一方，天生依赖性那种。所以说他说女生能在平衡好的情况下多投入家庭中。"在这种背景下成长起来的女性与第一种类型的差别在于：她们明确了解父权制体系下对女性的角色期待，以及自己可能承担的后果。但是由于早期社会化和继续社会化过程中不断强化的传统性别角色和观念，使得她们一方面仍然保留传统社会观念下对"养育者""关怀者"和"帮助者"等女性气质的期待，并没有全盘接受新自由主义价值观对高学历精英人群的殖民化入侵；但另一方面，从其行为后果或部分男性口中所谓的"追求家庭利益最大化"的角度而言，她们事实上又成为新自由主义工业生产秩序的末梢神经——既维持着更大范围内工业资本的持续运行，也承受着系统殖民化所带来的压力和阵痛。这不得不说是新自由主义生产模式和父权制体系的又一场合谋。因为对这一部分女性而言，她们拒绝在科层晋升体系上奋力攀爬，就意味着她们必须放弃或搁置自身在权力斗争体系中的有利位置，选择相对清闲稳定的工作以便照料生活和家庭：

"就比如说工作性质，如果要是成家了，成家就意味着会有小孩子。就是工作性质不可能那种特别忙，不是经常加班那种。因为得教育小孩，不能生下来就不管，就是那种幸福小生活。那种感觉，就是妻子的责任在这方面还是挺大的。……我觉得女生需要找的工作是那种比较稳定的，朝九晚五那种。"

或是在生命周期的特定阶段退出职场，回归家庭：

"我觉得孩子成长的前几年，会特别想带着孩子，可能就会不想工作。我觉得有可能啊，因为女性对这个小孩喜欢起来，真的就是（喜欢得不得了）。"

3. 对个人能力的过度倚重，而不涉及制度的根本变化

这一类型的高校女生大多成绩优异、能力出众。成功的求学背景让她们对自己的个人能力和时间管理非常自信。她们既希望自己在事业上有所作为，也希望能够凭借出众的自我管理和控制能力平衡好事业和家庭之间的关系。

"教育比较高的女性就是这样。她们不甘于，比如像我们读了这么高，也不甘于做一个家庭主妇。那么我在外面，比如说我要保住我自己的工作，或者你要想上，你又得跟男性竞争。家庭内的话还是得照顾家庭……我也不希望自己结婚之后，就比如说中断或者降低自己对生活的追求，因为我一直以来都是对自己生活或者各方面比较有追求的人。然后我也不希望说，因为事业放弃生活的。……我觉得我自己能兼顾。"

这部分女性往往对自己在家庭生活和工作方面都有较高要求，她们以社会上成功女性为楷模，希望能够借助高效率的自我管理和时间控制优势，

同时驾驭好工作与生活两个层面。不难看出，这是一群有目标、有追求、非常优秀和卓越的青年女性群体，她们很可能成为未来的女性精英和领导者。但是事实上我们也要警惕另外一种可能性的存在，就是这一批优秀女性对制度的反抗主要体现在个体主义抗争的层面上，而不涉及对整个父权制度的反思和批判。她们未加反思地全盘接受了父权制背景下的新自由主义价值观，希望依靠自己出众的个人能力驾驭工作和生活的方方面面。但是这种对自己严苛的时间管理和控制往往会让这部分女性在身体与情绪上都处于一种高度紧张的状态，如桑德伯格在《向前一步：女性、工作及领导意愿》中，提醒职业女性对过度劳累和疲惫所应当做好的准备："一天的时间总是不够用会成为一种新常态"①。

"我是比较想做金融方面（的工作）。但是我又想到一个问题，现在不说是男主外或者女主内，有一种更为现状的是：女生也要出去工作，那另一方面又要照顾家庭，这两方面的压力。对外是有社会的压力，对里面你有一个婚姻家庭的压力。就变成了，男主外女主内，对女生来说还是比较轻松的。但现在更为普遍的是女性又要主外，又要主内。……所以女性真的很累。"

工作和家庭的高要求也很容易让她们在紧张的"顾此失彼"时陷入一种"双重愧疚"之中：既觉得自己在事业上的付出不及全身心投入的男性伙伴，同时也容易背负起对家庭和子女的歉疚之情。

"女性事业成功跟（照顾）小孩蛮矛盾的。就是经济条件确实不错，但是回到家里面，家里总没人，感觉也不是很好，对于小孩。"

这一群体的女性受到新自由主义价值观的影响最深，但同时她们也不希望放弃自己在家庭和亲密情感方面的位置，并常常不自觉地将工作场所中的行为模式代入家庭和情感关系之中，并遭遇现实生活的压力和困境：

"我说那个姐就是在北京，一个人在北京，奋斗了十几年，现在是财务总监了。就特别强势，她那种强势就是从小到大，都是年级第一上出来的，现在又是到了一把手的位置，跟我们说话都能感觉出来。虽然她在事业上很

---

① Sandberg, Sheryl. *Lean in: Women, Work, and the Will to Lead*. New York: Knopf Publishing Group. 2014.

成功，但是回到家里面，说的都是那个问题（个人情感的不顺利）……她前两年因为这个问题，真的差点哭出来，真的是这样。"

这样的一批优秀女性希望依靠自己出众的个人能力对抗整个文化规范和制度安排，但却很容易在追求多方面成功的过程中遭遇种种困境、压力和挫折，容易在残酷的现实面前身心俱疲。"我是觉得这个平衡很难达到，在现实当中，如果一个女生又要想做一些事业，又要生孩子，那孩子刚生下来那一两年谁来带?!"

她们力求面面俱到，却在现实面前举步维艰，容易在个人主义竞争的道路上愈走愈窄。

4. 对既有社会制度的全面批判与彻底背弃

这部分女性大多由于专业或个人兴趣的原因，较为全面地接触过女性主义理论和观点，对父权制社会的理解和批判也更为全面和彻底。

"广州这几年像中大之类的高校会开设一些性别的公选课，对我们有大的方面的帮助，这边做女权的人比较活跃。""然后我不知道我为什么会对，我最初为什么会对女性主义那么感兴趣，但是自从我接触以来，我觉得就是打开另外一个世界，可以用女性主义去看这个社会，就是什么是平等的，什么是不平等。"

她们有自己的朋友圈和社会组织，并会以搭建网络信息平台和集体行动的方式来表达对现实权力关系的批判和介入：

"我觉得微博是女权里面最好的一个，一个最接地气的互动，它是有几个有女权主义思想的一些人，它对一些女性是直接针对她的婚姻，实际的问题，直接渗透女权思想。"

"我就觉得不公平，主要现在在做性别，就业歧视的举报。"这部分女性对新自由主义价值观的影响也有清晰的认识：一位人类学专业的女生提到市场经济和性别压迫之间的微妙关系时认为，上层社会可以通过金钱构建起来的权力关系转嫁性别矛盾：

"他事业特别成功，就可以把矛盾转嫁到外部，转嫁到市场。就我看过一本书叫《跨国灰姑娘》，讲的就是中国台湾地区的保姆。就是你特别成功的时候，可以通过钱来解决这个问题。……就是在家庭内部，你是解决了男女平等，但是你把这个男女平等转到更低层上了。"

结果导致第三世界国家的底层妇女成为经济全球化发展过程中遭受最深压迫的人群。一位经济学专业的本科生明确提出了上述观点：

"我可以看得出在怎么去推动经济全球化的过程中，是什么人受到压迫。……我觉得这两方面（经济发展和妇女地位）是没有任何的因果关系。如果这个是有因果关系的话，我们就能论证出，如果经济越来越好，我们人群就会越来越好；如果经济发展得更好，环保就会发展得更好。"

他们也敏锐地洞察到经济的快速发展并不必然带来女性地位的提升和解放。

正是由于对现实的深刻洞察和批判，使得这一群体对现实持更加批判和悲观的态度，认为实现男女平等是"一个漫长的过程"，涉及各方面的共同推进，"（个人）努力是一个方面，最重要的是社会能给一个努力的空间。至少让我们去努力，或者是允许你去努力。"甚至其中的一部分激进群体会对人类社会的婚姻制度产生根本性的批判和质疑：

"然后就我个人而言，我觉得就不应该，为什么只有一男一女这样的选择。那可能多男多女组成一个多元的家庭，或者是同性别的人组成一个多元的家庭，或者就不要家庭这个概念。"

尽管这一部分女生在高校学生群体中只占到极少数，但是她们身上所体现出来的这种极端的观点和激进的态度却可能是当下高学历女性遭遇重重社会压力和困境的集中体现和爆发。

5. 庞大的灰色地带：困惑与消极

除了上述四种较为典型的性别观念之外，在调查过程中，我们也发现有相当部分的高校女生对性别分工的现状以及自身的应对方式并没有特别清晰的认知和明确的应对方式。她们或多或少地意识到社会现实的不公，但却只能把它当作一个既成的社会事实；她们试图在个人发展上有所成就，但却不得不面对现实生活的诸多压力和限制：

"就是比如说男生读博士，我是觉得他们就很正常。然后女生要读博士，我刚读研究生的时候，我是打算读博士的。然后别人就说，你要当第三类人。为什么女生读博士就是第三类人呢？还有一点就是，女生到了二十七八岁，别人就说，你这么大年纪了还不结婚，就一脸嫌弃的感觉。然后男生到二十七八岁，为什么就觉得，正值黄金年龄，就感觉男生他们读博士读到二十七八了，就是他好有能力！"面对传统观念的制约，她们在意识层面上感到困惑和痛苦；面对现实生活的压力，她们也缺乏明确的行动方向，只能在现实压力之下随波逐流，在行动层面上显得无力而消极，最后很容易滑入对传统性别角色的复制和再生产之中。

"结果你会发现：她们说的时候是一回事，在现实生活中，她突然间说了一句话，做一件事，你就知道，原来她不是这么想的。她（仍然）以她男朋友为中心，她以她丈夫为中心。"这种意识层面的困惑和行为选择上的消极或许代表了中国目前绝大部分的青年知识女性，新自由主义和传统性别观念的双重牵制让她们陷入更大的主体困境和悲观情绪之下。对这一群体的影响和塑造会在很大程度上影响我国未来几十年间社会主流价值观对男女两性平等和性别分工模式的态度与观念。

五、结论与讨论

（一）结论

社会经济的发展和文化观念的日趋多元，使得我国当下高校学生群体的性别观念更为平等和包容。绝大部分高校学生都认为女性的能力不比男性差，国家应该出台相应的政策保护妇女权益，并认为女性也应当拥有自己的一份事业，实现经济和人格上的独立。除此之外，作为第一代独生子女群体，独特的成长环境也使得他们对多元化的性别形象更加宽容。

但是另一方面，新自由主义价值观在青年精英群体中的盛行，也使得这一群体的社会性别观念不可避免地受到"功利主义""效率至上"与"工具理性"等价值观的影响。工业时代背景下的价值观念体系与传统性别文化中对男性气质的期待从根本上而言并不相悖；但却与传统性别观念下成长起来的女性气质形象存在种种冲突与张力，并由此造成了高校女生群体中性别观念与行动选择的撕裂与分化：

		意识层面	
		不清晰	清晰
行动层面	顺从	I. 对社会现实缺乏认知 对父权体制的再生产	II. 对亲密情感的偏重 对职业发展的搁置
	反抗	III. 对个人能力的倚重 不涉及根本制度变革	IV. 对既有社会制度的 彻底批判和背离

图 1　高校女生群体性别观念类型图

如图 1 所示：如果我们以在意识层面上“对父权制体系的认识是 / 否清晰”以及在行动层面上“对传统性别分工模式的顺从 / 反抗”为横纵坐标轴，可以将高校女生的性别观念分为四种类型，分别是：第Ⅰ种类型，缺乏对父权制体系下性别不公的认识，顺从既有性别角色。第Ⅱ种类型，对父权制背景下的性别分工有所认识，但由于对家庭和亲密情感的依恋，愿意选择“阶段性回归家庭”。第Ⅲ种类型的高校女生，实际上对社会上的性别分工与不公平有所认识，但是她们却相信依靠自己的个人能力完全可以同时驾驭工作和家庭，从而达到对传统性别分工模式的反抗。本文认为，这种对个体能力的过度倚重实际上是受新自由主义价值观影响最深的一类女性，她们缺乏对父权制体系的整体性认识和批判，容易在个人主义奋斗的道路上愈走愈窄。第Ⅳ种类型的女性对父权制社会分工体系有着较为全面和深刻的认识，她们以极端的方式选择与这一价值体系彻底断裂。除了按照这一分类模型形成的较为典型的上述四种类型之外，实际上在高校女生群体中还存在着一个庞大的灰色地带，亦即处于上述四种类型之间的第Ⅴ种观念类型，她们对父权制性别体系有所觉察，但却并不确切；试图反抗，但却无从做起，因而还处于一种困惑和消极的状态。这一类型的女性或许占据了当下中国青年知识女性的绝大多数。

（二）讨论

通过对小组座谈材料的深入剖析，本文部分解释了在定量研究中表现出来的高校学生群体性别观念的一些疑问：新自由主义精英价值观进一步强化和巩固了男性传统性别角色，因而男性的性别价值观与女性相比更为保守；在女性群体内部，不同的家庭背景、社会化经历、能力禀赋以及社会环境造成了女性性别观念的分殊与行为分化；国家力量在家庭福利上的退出和"个人能力至上论"表面上看起来是让所有人在市场竞争中创造最大价值，但却造成了女性在特定生命周期的脆弱以及各种现实的家庭矛盾和困境——而这种家庭的负担最终仍然大多落在这些青年女性群体身上，并进一步强化了她们在照顾家庭与自我实现双重压力下的撕裂与痛苦。

高校女生群体中所表现出来的性别观念的种种挣扎与困惑，并不是她们个人生活和情感的问题，而是整个时代在当下和未来所面临的来自性别角色、家庭分工、公私领域以及国家政策等多重矛盾的反映和凸显。对这些矛盾和紧张关系的化解也绝非个人努力和所谓的心态调解就能够克服的，而是需要更大范围内社会文化的反思与国家政策的推进。这些反思和推进包括如何看待家庭和现代文明之间的关系？国家在公共领域和私人领域中应当承担哪些性别平等推进的职责？新自主主义经济增长模式在对男、女两性工具效用最大榨取的同时，在多大程度上扭曲了人的自然情感和社会关系？在城乡分割和激烈竞争的工业时代，作为一个完整意义上的"人"，应当如何安放家庭和情感关系的位置等？

家务劳动与男性气质的建构

——基于六省市城乡居民的定性调查

马冬玲*

一、问题的提出

家务劳动的性别分工作为"性别政治"实现的载体①，其在两性之间持续的不平等分配被看成父权制在家庭领域的表现。② 甚至有学者认为，"如果父权制被看作男人统治女人的一系列社会关系，那么父权制要适应妇女在就业市场上新建立的独立性的方式之一，就是保证父权制关系在家庭中的继续存在"。女性主义马克思主义者认为，妇女受压迫和承担家务劳动是根植于父权制和资本主义的相互作用中的。③ 国内学者也多认为这是性别不平等在家庭中的体现。④ 因此，男性参与家务劳动被看作性别关系、家庭关系走

---

* 作者简介：马冬玲，女，全国妇联妇女研究所副研究员，社会学博士，主要研究方向为性别理论、妇女与劳动。

① 方英：《家务劳动分工：女性的"生活实验"与"性别政治"》，《广东社会科学》2011年第4期。

② Walby, Sylvia. *Theorizing patriarchy*, Oxford：Blackwell, 1990；Delphy, Christine, Diane Leonard. *Familiar exploitation*, Cambridge：Polity, 1992.

③ 詹·温德班克（Jan Windebank）著：《家务劳动》，姜春梅译，载［美］谢丽斯·克拉马雷、［澳］戴尔·斯彭德《路特里奇国际妇女百科全书》，高等教育出版社2007年版。

④ 黄河清、张建国：《中国当代夫妻家务公平观研究——对上海市2005年抽样调查的一点分析》，《华东师范大学学报》（哲学社会科学版）2007年第4期；王亚萍、张申：《从家务分工看家庭中两性间的隐性不平等》，《法制与社会》2007年第10期；刘爱玉、佟新、付伟：《双薪家庭的家务性别分工：经济依赖、性别观念或情感表达》，《社会》2015年第2期。

向民主与现代的一个重要标志，日益成为性别研究、家庭研究的理论关注重点与社会政策的一个重要取向。

实际上，尽管当前中国城乡家庭中的家务劳动主要由妻子承担①，但是"两性分担家务劳动"的观念和行动已出现②。越来越多的男性认同对家务劳动自己也有责任，并且在实际生活中也更多地参与家庭事务，承担了更多的家务活。例如，2005 年对上海市抽样调查的分析发现，男性也开始重视家庭，并改变对妻子和家务劳动的看法，在影响公平观上，家庭内部因素的重要性上升。③ 2010 年第三期中国妇女社会地位调查显示，8 成以上的男性认同"男人也应该主动承担家务劳动"的说法④，2010 年男女从事家务劳动时间的差距比起 2000 年已有大幅减少（2000 年男性比女性少做 105.1 分钟家务，2010 年则只少做 61.8 分钟）。⑤ 这也表现出，在当代中国，家务劳动分工中呈现层次丰富的生活实验状态，不同家庭中的两性根据自身的情境和条件做出不同的选择。⑥

男性更多参与家务劳动的可能性为什么会出现？他们如何理解家务劳动？对这一问题的回答，无疑有助于加深对家务劳动变迁背后因素的考察，也有助于相关议题中政策与宣传策略的调整，并有利于建设更加平等、和谐的新型家庭关系。

---

① 杨玉静、郑丹丹：《婚姻家庭中的妇女地位》，载宋秀岩《新时期中国妇女社会地位调查研究》（上），中国妇女出版社 2013 年版，第 364 页；王晶晶：《性别观念对家务劳动时间的影响》，华中科技大学 2013 硕士学位论文。

② 方英：《家务劳动分工：女性的"生活实验"与"性别政治"》，《广东社会科学》2011 年第 4 期。

③ 黄河清、张建国：《中国当代夫妻家务公平观研究——对上海市 2005 年抽样调查的一点分析》，《华东师范大学学报》（哲学社会科学版）2007 年第 4 期。

④ 杨玉静、郑丹丹：《婚姻家庭中的妇女地位》，载宋秀岩《新时期中国妇女社会地位调查研究》（上），中国妇女出版社 2013 年版，第 361 页。

⑤ 刘爱玉、佟新：《性别观念现状及其影响因素——基于第三期全国妇女地位调查》，《中国社会科学》2014 年第 2 期。

⑥ 方英：《家务劳动分工：女性的"生活实验"与"性别政治"》，《广东社会科学》2011 年第 4 期。

二、文献综述

对家务劳动性别分工的解释主要有时间约束理论（time constraint theory）、相对资源理论（relative resource theory）和性别角色理论（gender role theory）或性别观念理论（gender ideology theory），国内不少学者运用定量数据对这些理论进行了验证。其中，性别角色理论认为，家务劳动所具有的性别意涵是社会性地建构起来并嵌入文化结构之中的[①]，性别角色观念 / 性别意识形态对家务分工具有重要影响。[②] 一般认为，这种影响的方向是，"男主外，女主内"的家务劳动性别分工模式作为历史沉淀下的一整套稳定而有力的性别规范体系，依然在广泛地指导人们的"家庭生活和社会生产"[③]。国外一些实证研究支持这一观点，认为持有传统性别角色观念的男性承担的家务劳动更少[④]，而具有平等性别观念的男性和女性会更平等地担负家务。[⑤] 在国内，不少实证研究发现，性别观念是影响家务劳动分工的重要因素。利用第三期中国妇女社会地位调查数据的研究表明，平等的、现代的性别角色观念会促使男性更多地参与家务劳动。[⑥] 对上海城乡 892 对夫妻

[①] Zuo Jiping, Bian Yanjie.Gendered Resources, Division of Housework, and Perceived Fairness: A Case in Urban China, *Journal of Marriage and Family*, 2001, (4).

[②] 刘爱玉、佟新、付伟：《双薪家庭的家务性别分工：经济依赖、性别观念或情感表达》，《社会》2015 年第 2 期；王晶晶：《性别观念对家务劳动时间的影响》，华中科技大学 2013 年硕士学位论文；刘爱玉、庄家炽、周扬：《什么样的男人做家务——情感表达、经济依赖或平等性别观念》，《妇女研究论丛》2015 年第 4 期。

[③] 左际平：《从多元视角分析中国城市的夫妻不平等》，《妇女研究论丛》2002 年第 1 期。

[④] Perrucci, Carolyn C, Harry R Potter, Deborah L Rhoads. Determinants of Male Family-Role Performance, *Psychology of Women Quarterly* 1978, (1).

[⑤] 参见 Blair, Simpson Lee, Daniel T Lichter. Measuring the Division of Household Labor: Gender Segregation of Housework among American Couples, *Journal of Family Issues*, 1991, (1)；参见 Lachance-Grzela M, Bouchard G. Why Do Women Do the Lionhe Share of Housework? A Decade of Research, *Sex Roles*, 2010, (66)。

[⑥] 参见王晶晶《性别观念对家务劳动时间的影响》，华中科技大学 2013 硕士学位论文；参见杨菊华《传续与策略：1990—2010 年中国家务分工的性别差异》，《学术研究》2014 年第 2 期。

的定量研究发现，男性对父职身份和意义的积极认同、非传统的性别角色态度、育儿技能和回报对促进父职参与有正向意义。① 反过来，农村地区的女性受到传统性别观念的影响，无法持续地利用相对收入的增加来减少其家务劳动，表明传统性别观念在持续发挥作用。②

　　性别角色观念中的一个重要维度就是性别气质。心理学家认为，男性气质是和女性气质相对或平行的、具有一定可塑性的人格特质，是个体内化了的、关于男性应展现出的、符合男性气质意识形态的构念（construct），维系着自我概念和行为的一致性。③ 同时，男性气质作为"与男人的外表或行为相关的武断/专制的品性"，其范围因不同的历史时期、不同的文化、不同的社会阶级和种族群体而不同。但是，男性气质的要求将男人建构成有理智、有逻辑、追求真理、强壮有力并具有"当然"权威的人。在此过程中，男性气质也塑造了社会对男性的要求："男人应该是女人和孩子的保护人，男人应该负责养家糊口并且是户主。"④ 性别气质代表着区分："男性气质和女性气质在任何地方都是截然不同的。"并且男性气质是支配性的，高于女性气质。"这些差异导致了男性对女性的统治""这种规范其实是一种等级制度模式，男性凭借着这种等级制度对女性进行压迫。"⑤ 研究发现，家务劳动是通过"性别表演"的方式来展示性别身份⑥、中和性别偏离⑦ 的一种实

---

① 徐安琪、张亮：《父亲育儿投入的影响因素：本土经验资料的解释》，《中国青年研究》2009 年第 4 期。

② 於嘉：《性别观念、现代化与女性的家务劳动时间》，《社会》2014 年第 2 期。

③ 蒋旭玲、吕厚超：《男性气质：理论基础、研究取向和相关研究领域》，《心理科学进展》2012 年第 7 期。

④ ［英］帕梅拉·阿博特（Pamela Abbott）著：《男性气质》，载［美］谢丽斯·克拉马雷、［澳］戴尔·斯彭德编《路特里奇国际妇女百科全书》，商梅清译，高等教育出版社 2007 年版。

⑤ ［美］西尔维娅·马科思（Sylvia Marcos）著：《性：信仰与习俗》，载［美］谢丽斯·克拉马雷、戴尔·斯彭德主编《路特里奇国际妇女百科全书》，朱悦平译，高等教育出版社 2007 年版。

⑥ West Candace，Don H.Zimmerman.Doing Gender，*Gender and Society*，1987，（1）.

⑦ Bittman Michael，Paula England，Nancy Folbre，et al. When Does Gender Trump Money? Bargaining and Time in Household Work，*American Journal of Sociology*，2003，（1）；Greenstein，Theodore. Economic Dependence，Gender and the Division of Labor in the Home：A Replication and Extension，*Journal of Marriage and the Family*，2000，（2）.

践，男性不参与家务劳动是其性别身份的一部分，那些挣得少的或是失业男性有时也通过减少家务劳动以维持男性尊严和彰显男性气质。① 在中国，早在 1996 年，周怡就将做家务与性别意识形态包括男性气质联系起来，指出在男性的家务参与方面，"传统的性别刻板印象起障碍作用"②。邬文娟提出，应引入男性气质视角，以有利于更进一步探讨家庭研究中诸如家务分工的性别差异等的推进，有利于推动夫妻平等实践的深入发展。③ 高丽君、郑涌用贝姆性别角色量表（BSRI）及自编家务分工调查表对 279 对已婚夫妇的调查发现，男性的男性气质得分与家务贡献率负相关，男性的女性气质得分与家务贡献率正相关。④

已有研究为探讨影响家务劳动性别分工的性别角色观念 / 性别意识形态这一文化因素做出了积极的尝试。然而，将男性气质与不做或者少做家务联系在一起，认为"越具有男性性别气质，越可能不做或者少做家务"，这一结论存在将男性看成铁板一块，将男性气质看成单一的、不变的和支配性的局限，同时对那些驱动男性做家务的文化、制度与个体因素关注不够。由于定量研究多为面板数据，难以进行因果分析，可能存在价值观和理念先行造成的论证逻辑上的同义反复之危险。

因此，有必要进一步审视家务劳动和性别气质之间的关系，考察究竟什么样的性别角色观念或者性别意识形态会影响家务劳动的性别分工和男性参与。因此，需要用定性研究方法对家务劳动性别意涵的理解进行深入探讨。毕竟，男性气质的形成依赖于性别自我认同、社会认同和文化认同⑤，

---

① Greenstein，Theodore. Economic Dependence，Gender and the Division of Labor in the Home：A Replication and Extension，*Journal of Marriage and the Family*，2000，（2）；Brines，Julie. Economic Dependency，Gender，and the Division of Labor at Home，*American Journal of Sociology*，1994，（3）.

② 周怡：《男女家庭角色分享中的困境及对策》，《社会科学》1996 年第 3 期。

③ 邬文娟：《男性气质视角下夫妻平等关系的实证研究》，天津师范大学 2012 硕士学位论文。

④ 高丽君、郑涌：《婚姻关系中的性别角色与家务分工》，《中国心理卫生杂志》2012 年第 7 期。

⑤ 蒋旭玲、吕厚超：《男性气质：理论基础、研究取向和相关研究领域》，《心理科学进展》2012 年第 7 期。

男性自身对家务劳动本身的理解是塑造其家务劳动参与行为的内在动力。为此，本文利用国家社科基金重大项目"男女平等价值观的理论探讨与相关研究" 2015 年在全国 6 个省市所做的定性调查资料①，以男性受访者为主，分析他们为什么做家务、怎么看待家务劳动，从而分析家务劳动与性别身份如男性气质之间的关联。

文中所指的家务劳动采用杜吉平的宽泛定义，即"凡有助于维系一个家庭的生存与发展的一切活动。"② 具体来说，家务劳动不仅包括洗衣、做饭、收拾屋子、抚育儿童、赡养老人等体力劳动，还包括教育儿童、感情交流活动、人际关系交流、心理情绪调适以及娱乐活动等一系列脑力劳动和精神活动。

三、家务劳动与个体能力的建构

国外已有研究表明，在从事的家务劳动数量和类型上存在明显的性别差异。③ 女性大多从事"女人的活"（如做饭、洗衣与收拾房间），男性多干"男性的活"（如整理院子、维修等），男性大约干了 70% 的男性家务活，女性干了 75% 的女性家务活。④ 男人做家务时倾向于选择一些比较舒适、有创造性的家务，如烹饪。⑤ 第三期中国妇女社会地位调查显示出类似的家务类

---

① 课题组于 2015 年 1—7 月间对东（上海市）、西（陕西省）、南（广东省）、北（黑龙江省）、中（湖北省）、京（北京市）共 6 个地区进行的城乡居民进行了座谈与个案访谈。共计访谈了 127 名城乡居民，基本上男女各半，城镇与农村居民各半，年龄包括老中青，家庭经济状况各异，农村居民考虑了是否有外出流动经历，城镇居民考虑了就业状况等。此外，还在上述广东之外的五省市召开了决策者座谈会和个案访谈，共计 26 名决策者接受访谈。基本上男女各半、年龄包括老中青、工作领域各异，合计 151 人。访谈资料全部录音并逐字整理为近 100 万字的文字材料。

② 杜吉平：《家务及家务劳动泛议》，《兰州学刊》1989 年第 4 期。

③ Blair, Simpson Lee, Daniel T Lichter. Measuring the Division of Household Labor: Gender Segregation of Housework among American Couples, *Journal of Family Issues*, 1991, (1).

④ Lennon, Rosenfield. Relative Fairness and the Division of Housework: The Importance of Options, *American Journal of Sociology*, 1994, (2).

⑤ 瓦普·迪斯卡（Vappu Tyyska）：《家务活》，载［美］谢丽斯·克拉马雷、［澳］戴尔·斯彭德·路特里奇编《国际妇女百科全书》，叶芬译，高等教育出版社 2007 年版。

型分配：男性在家庭日常维修、买煤、换煤气、砍柴等家务劳动中相对承担较多，而做饭、洗碗、洗衣等日常家务劳动更多是由女性承担；此外，城乡分别仅有 2.6%、3.2% 的男性是照料孩子生活的主要承担者，3.2% 和 4.9% 的男性是照料老人的主要承担者。[①]

2011 年的一项调查表明，母亲花在接送孩子的时间和对孩子的教育辅导上显著多于父亲。[②] 本调查还发现，男性愿意承担的家庭事务在种类上存在性别意涵，主要包括三类：一是相对更多地承担频率较少的重体力活和脏活等"重型家务"；二是更愿意承担做饭工作；三是子女照顾和教育。那么，男性是如何看待自己所承担的家务劳动，并在做家务与自己的性别气质之间进行协商的呢？

（一）家务劳动的体能化：重活、脏活与大活儿

访谈表明，男性相对更多地承担重体力活和脏活，或者说，将自己承担的工作定义为更具有体力劳动意涵的活。

男性受访者普遍认为，在家庭中"男的做的重活多一点"。有的男性表示："当然最重（的活）是我做，其他都是谁有空谁做。""东西很多，要搬来搬去。""比较体力重一点的消耗大一点的，挪洗衣机呀，要洗大件的衣服、被子什么的呀，那些都是我，像搓地呀、擦地呀什么的都是我。"相比之下，妻子干轻活多一些，"细致的一些东西，洗洗涮涮啊、擦擦啊、抹抹的这些东西，他干得少一些"。

有的表示男性干脏活更多。"男士墩地啊，就是可能体力方面比女性更好一点儿，搬个桶啦什么的，刷个马桶。马桶堵了下水道，女的爱干净，反正我们男的相对好点儿。"还有的男性表示自己干的是"大活儿"："基本上这些大的卫生都是我搞，平常那些小的卫生就是她搞。"一位女性受访者认为，自己配偶想的是"他就干的大活儿"。

相对于女性从事的洗洗刷刷之类的家务劳动，男性受访者对自己承担

---

① 杨玉静、郑丹丹：《婚姻家庭中的妇女地位》，载宋秀岩主编《新时期中国妇女社会地位调查研究》（上），中国妇女出版社 2013 年版，第 366 页。

② 梁海艳、徐行：《基于父母对子女的家庭关照差异度来看性别分工——以昆明市为例》，《黑龙江对外经贸》2011 年第 8 期。

较多的家务劳动用"重活""体力重""消耗大""大件""大活儿"等加以描述，强调这些劳动中蕴含着的不可替代的体力要求，展示了这些劳动的重要性（虽然发生频率比女性所从事的日常劳动低得多）。在传统的男性气质建构中，强壮有力、不怕脏累是其中重要的一个内容。即便在母权制社会，"男子的体力、搏斗时的优势以及争强好胜的倾向，也使他们拥有优越的地位和控制力。"① 因此，承担脏重累活，在文化中不会损害男性气质，反而有助于男性气质的形成。

（二）家务劳动的技能化："文武双全"的男人

贝克（G.S.Becker）认为，家庭里男女性别的劳动分工部分地归因于专门化投资得来的效益。② 在他的"家庭生产"模型下，男人和妇女被假设为具有共同的实用功能，夫妻双方专门从事不同类型的活动，并互相交换他们的专业技能，以实现共同利益。③ 从这个角度来看，尽管分工不同，无论是男性的赚钱养家能力，还是女性在家庭里持家理事的能力，都被看成在社会文化中存在一定价值的技能。调查中，不少受访者提到，在家务劳动方面，"能者多劳，谁能力大，谁就多干"。这表明，家务劳动的能力确实被认可为一种技能。不少人认为，男性也有这种技能，或通过后天可以学习掌握，甚至比女性掌握得更好。

家务是值得男性掌握的技能。例如，陕西一位 68 岁的城镇男性认为："男同志还是多学学做饭，这玩意好处大了。……第一个你自己能吃到你自己做的可口的饭，第二个有你表现的机会，接待好朋友你都可以露一手。"

家务是男性可以掌握的技能。访谈中，有的男性因自幼丧母无姐妹只能自力更生，有的因为用人单位提供过烹饪培训，有的因为妻子不会煮饭，纷纷学会了做饭。很多女性受访者也表示，男性是可以掌握家务技能的，包括洗衣、做饭、缝衣服、买菜、打扫卫生等，并且可以"干得挺好的"。

① 穆斯姆比·R. A. 坎尤若：《母权制》，载［美］谢丽斯·克拉马雷、［澳］戴尔·斯彭德主编《路特里奇国际妇女百科全书》朱悦平译，高等教育出版社 2007 年版。
② 加里·S. 贝克尔著：《家庭经济分析》，彭松建译，华夏出版社 1987 年版，第 25 页。
③ 詹·温德班克：《家务劳动》，载［美］谢丽斯·克拉马雷、［澳］戴尔·斯彭德主编《路特里奇国际妇女百科全书》，姜春梅译，高等教育出版社 2007 年版。

　　家务是男性可以掌握得比女性更好的技能。不少男性认为，妻子在某些方面特别是做饭的技能不如自己。例如，有的认为："还是男人做饭好吃一些，比如说饭店里一些厨师啊什么的，一般都是男的。"尽管家庭中做饭的主力主要是女性，且一般多是家常菜，但在这些男性受访者看来，当厨艺作为技能时，男性不仅可以掌握，而且能比妻子更好地掌握。因为男性有必要、有能力掌握这些技能，社会也认可这些劳动技能，所以他们在做这些家务时，是有成就感的。女人能干的，男人也能干，并且干得更好。如果男性在掌握自己的技能、完成自己的责任（赚钱养家）之余，还能掌握属于女性的技能，应看作加分项（技多不压身），而非对男性气质的损害。他们愿意被评价为"文武双全"。

　　（三）**家务劳动的知识化：管家之人与有才之人**

　　家务劳动被称为家政学，其中既包含体力劳动，又包含脑力劳动。因此，一些男性在定义自己承担的家务劳动时，也会较多地强调其知识含量。

　　一是强调家务劳动中对从事者管理、统筹能力的知识要求。调查中，陕西某 35 岁城镇男性用了较长时间，列举了自己承担的几类家庭事务，如安排看望老人，负责外部交往协调，管理家庭每年的工作安排和预算，照顾女儿并安排其生活和学习等事务。他还特意提到，过年时回农村走亲戚，大家族因为日常安排发生争议，他女儿发话了："听我爸的，我爸是领导。""所以我就把它规划得很细。"他使用的"安排""协调""规划"等词语显示，在他看来，家庭事务是需要管理知识的事情。

　　二是强调家务劳动中自己的知识优势。越来越多的男性受访者特别是城镇男性，接受了自己在子女成长和教育方面具有不可替代的观点，也相对更愿意承担照顾孩子、教育孩子的工作。但是在子女教育方面，他们更愿意承担学习教育而非日常照顾责任。有的男性认为，自己学历更高，或者在辅导孩子、培养孩子方面更有优势。例如，湖北省一位 47 岁的男性指出，家中孩子的作业方面，"我管得多一点，因为我爱人的学历不怎么高，初中、高中以后她管不了"。

　　可以说，男性通过将自己承担的家务劳动体能化、技能化、知识化，从而使之成为能力的组成部分，规避了做家务对自己男性气质的损害。家务劳动之所以能够成为能力的一部分，可能与家务劳动的社会可见度、社会价值显性化有关。同时现代社会对人的能力要求也发生了一定转变，更偏向于全能的人的标准，不仅要求女性里外一把手，还要求男性也变成多面手。

四、做家务与家庭中的角色扮演

性别气质与社会对性别角色的看法紧密相连。周怡认为："在履行家庭义务方面，假如社会普遍相信一个男子做家务、带孩子会有失男子气概的话，那么，他尽管会因出于对妻子的体贴、出于道义情理，内心里真正愿意帮助妻子做些家务，但他仍可能只说不干或者仅仅是私下里做这些事情。"[1]这个判断发生在 20 年前。随着时代的变化和社会的变迁，人们对"男子气概"的界定与反应也发生了变化。2017 年关于受众对电视文本的男性气质读解的研究发现，尽管主导—霸权式解码和协商式解码也存在，对于电视文本中不符合时代语境的支配型男性气质，受众主要采取了对抗式解码的方式。[2]在现实的家庭生活中，尽管不少男性依然不愿意干家务，认为家庭事务麻烦，但是拒绝做家务可能遭到"不负责任"、不够"男人"的攻击。作为回应，男性在扮演父亲与丈夫等家庭角色时的方式也会发生相应的调整。

（一）新型父亲角色与亲子关系的建立

"父亲角色是体现男性气质的一个重要方面，它同时也是传递男性气质的结构性因素。"[3]如果说传统性别角色中，父亲往往是威严、权威的象征（所谓慈母严父），较少参与到子女的日常照顾、养育活动之中，那么在女性越来越多地参与到社会工作中、男性也追求私领域的亲密关系以及教养要求日益提高需要家庭分工合作的社会背景下，越来越多的男性日渐重视陪伴、亲历孩子的成长过程，积极承担子女陪伴、照顾，特别是教育方面的相关家

---

① 周怡：《男女家庭角色分享中的困境及对策》，《社会科学》1996 年第 3 期。

② 何天平、常江：《我国家庭伦理电视剧对男性气质的意义生产：一项对受众解码机制的考察》，《新闻界》2017 年第 5 期。

③ 雷峰利：《男性气质视角下的父职参与》，天津师范大学 2012 年硕士学位论文。

务，"有的甚至比母亲更为投入和成效卓著"①。

参与子女抚育是新型父亲角色的要求。与传统文化中片面强调母亲在孩子发展中的不可替代性不同，在通过网络等媒体传播的科学育儿知识中，父亲的独特作用日益得到强调。国外有关儿童发展的研究发现，父亲对儿童的发展具有与母亲同等重要甚至超过母亲的影响作用。② 有人甚至认为："母亲不可避免地有某些个性弱点，如软弱、胆小，而父亲具有坚强意志力等男性特征，父爱可以使人变得刚强、坚毅，给孩子以更大的生命激情对事业执着追求的精神，父亲的角色是无法替代的。"③ 在访谈中，很多男性认同父亲参与对子女成长必要性与独特性的观点。例如，陕西一位年长男性认为："为什么说'子不教父之过'，所以这个男人，这个当父亲的还有个潜移默化的过程。……这个是你很大的一个责任。"另一位年轻的父亲认为："0—3岁的这个阶段，孩子对父爱、母爱都是缺一不可的。……孩子小的时候，不管是母亲的教育，还是父亲的教育都很重要，同等重要。"因此，父亲们愿意积极地参与到孩子的养育活动（包括照顾、陪伴与教育）中去，以保证孩子"在童年的阶段能享受到他的父爱"，甚至对于给孩子沏奶、洗衣服等传统上认为属于女性的家务劳动也能坦然承担。同时，"密集育儿""母职经纪人"不仅仅对女性提出了挑战，也要求父亲们投入精力和时间，来共同实现对子女的教育目标。

对男性来说，在育儿中的积极投入除了来自对孩子的责任感，于自己亦有着情感上的回报。上海某中年男性颇为自得地说："我女儿就是跟我亲。因为我就是觉得，双休日、闲暇日带着孩子能够去公园玩玩，我觉得很开心的一件事情，我不觉得这件事情应该是母亲做的。"

男性参与育儿相关家庭事务的积极性与外界影响密不可分。包括媒体在内的知识权威对父亲角色进行了引导，流行影视剧、综艺节目等宣扬亲密

---

① 徐安琪、张亮：《农村父亲的亲职参与意愿、行为与体验——上海郊县的经验研究》，《湖南师范大学社会科学学报》2008 年第 3 期。

② 周波、张智：《美国儿童发展中父亲影响作用研究综述》，《当代青年研究》2004 年第 2 期。

③ 梁海艳、徐行：《基于父母对子女的家庭关照差异度来看性别分工——以昆明市为例》，《黑龙江对外经贸》2011 年第 8 期。

育儿，塑造暖心爸爸，批判缺席父亲，甚至在早教机构中父亲们也会被规训："老师都是非常强调说爸爸一定要多陪陪孩子，尽可能陪孩子。"日常观察到的同性榜样也形成同伴压力，同时也为男性的抚育参与打开了社会空间。不少男性在生活中发现："现在这个孩子，男的管孩子还比较多。""我自己所见的啊，上海的爸爸带孩子的很多很多。""现在我们身边同学像我们这样的，哄孩子做饭的，多的是男的。"家庭中的女性推动更是不容忽视，她们会向家人强调男性在子女照顾方面所具有的独特作用。有的则告诉丈夫："这个孩子也有你一半的基因，你也要去负责他。"

　　可以说，在社会和家庭内部对父亲角色的要求发生转变的情况下，男性也逐渐认识到自己参与家务劳动、自己在场对于承担父亲角色、建立亲密关系的必要性，并开始积极加入其中。

（二）现代丈夫角色与夫妻关系建设

　　除了想当一个新型的合格父亲，现代社会中，男性也有要做一个负责任的、心疼妻子的丈夫的道德压力。现实生活中，仍有不少男性特别是年长的农村男性认为女性"主内"是天经地义的事。有的是在女性提出要求后才做家务，"就是说你指使他，你说干他就干，都不是主动的"。但是，年青一代特别是城镇受过教育的男性却有着明显的改变，以至于不少女性受访者认为现在的男孩"特别会照顾家，会照顾媳妇，真的现在有这种孩子"。家庭中的"甩手掌柜"被塑造成负面形象，做家务不再是"怕老婆"的标志，而成为"尊重老婆"的表现。

　　男性参与家务劳动的一个重要动力是女性大规模参与社会劳动，亦成为养家者。目前，我国超过70%的妇女参与经济社会建设[①]，她们的收入也成为家庭的重要经济来源。与此同时，在市场化过程中，原先主要由妇女无酬承担的隐形家务劳动变得可见了，价值可量化了，男性也更加明确地认识到家务劳动对家庭的价值与贡献，而他们自己的收入未见得能使他们心安理得地免除家务劳动责任。既然男性不能承受配偶不工作的风险与负担，他们

---

① 黄晓薇：《高举习近平新时代中国特色社会主义思想伟大旗帜　团结动员各族各界妇女为决胜全面建成小康社会实现中华民族伟大复兴的中国梦而不懈奋斗——在中国妇女第十二次全国代表大会上的报告》，《中国妇运》2018 年第 11 期，第 29 页。

也就难以拒绝分担家务劳动的义务与责任。他们也认识到女性承担双重责任的现实，认为配偶承担的持家责任确实更多、更重，"操心""相夫教子，家里主要都靠她……""家里头是女的在这方面起到主要的作用。""实际上还是女同志付出得多。""女同志说实在的比男的辛苦"。为此，承担部分家务劳动成为夫妻间的一种道义，他们要帮配偶做家务，"作为我们男同志来讲，尽量减轻她的负担"。

同时，不少愿意承担持家责任的男性认为，夫妻之间共同承担家务劳动有利于家庭成员之间情感的培养和家庭的团结。对他们来说，一起做家务"是一种夫妻情感的这样一种培养和催化"。"很有利于家庭和睦和团结的事情，很有意思。""这样家庭才能其乐融融，互相不能说你抱怨我、我抱怨你了。"

日常生活中，一些男性对于家务从不做到做、从少做到多做的改变，主要来自妻子"抱怨"的直接推动。除了消极的指责，一些妻子的策略更为积极，会有意识地对家务劳动进行分工。上海一位37岁的女性，在家庭建立之初承担家务较多，后来发现丈夫不做家务了，认为妻子做理所当然。为了纠正这种现象，她对家务进行了重新分配："我说倒垃圾以后都是你的问题，楼上楼下，都不是我的问题，是你的问题。"通过明确丈夫的家务劳动范围，使得丈夫意识到，这样的家务劳动安排中自己还是仅占了小部分。丈夫出于对妻子的心疼与照顾，使其难以拒绝妻子的家务安排。

可以说，当男人需要女人分担养家责任的时候，他们就有了分担持家责任的义务。同时，夫妻关系的维系也需要通过男人"进"到家务中来实现。

（三）成员角色与家庭建设

家务即家庭事务，归根结底，是家庭建设的重要内容。做不做家务、做什么家务、怎样理解家务，是与个体对家庭的理解息息相关的。社会的要求、女性的策略之所以能够得到男性的认可与接受，归根结底取决于男性作为家庭成员，对家庭属于大家、家务属于大家的一种共同感的认可与接受。

共同的家庭需要共同的参与。例如，陕西31岁城镇男性认为："我觉得作为一个家庭干家务活都是互相的，并不是说有一个人做得好就得多做，我觉得干家务是两个人一起，然后我可能觉得干家务活两个人一起做，你要在这个上面可以，你就做，然后我在这个上面，都不牵扯什么谁多做，谁少做，重要的是两个人一起参与。我觉得家庭就在于参与，因为只有两个人参与才能成为家。"

对于年长的男性来说，当其社会人的身份消失之后，家庭成为其最后的情感堡垒，价值尤为凸显。不少男性原先认为，妻子在家里操劳家务"是你应该做的"。但随着年岁见长，因家庭事务参与少带来的家庭地位的边缘性、与家人的疏离感、亲情缺失使他们对家庭、对家务意义的体悟也发生了改变。例如，陕西一位68岁的城镇男性年轻时经常在外地工作，很少回家，三个孩子都由妻子带大，老了以后他发现自己因为付出少导致亲子关系不够亲密，深觉遗憾。他反思道："我感觉男人赚钱，女人管家。这个男人赚钱不一定就能养家，应该辩证地看这个事情。你有钱了不一定把这个家养活了，没有女人在家里头，衣食住行，家里面的所有吃喝拉撒把你的后代细心的照料，一年一年地拉扯大，你那些钱也是没有用的，钱多了并不是好事。难道说这个，你是拿钱能买来的，你去雇个保姆，她不会这样照顾你的。"在他看来，商品化的家政劳动与家庭中的家务劳动的情感意涵不同，后者的价值是不可替代的。这些反思给他带来行为上的改变，并开始研究打家具、做饭、打扫卫生等。

如果说年长男性的家庭感来自对过往生活经历的反思，年轻男性更可能在与家人的日常互动中被推动、被影响。一些年轻妻子会有意识地将家务劳动与家庭意识结合起来。例如，上海某城镇家庭39岁的女主人为了让丈夫分担家务劳动，采取"前置策略"："我觉得我一开始就形成一个定位，就是我们应该共同来承担这个家庭责任……就是家庭建立初期就跟他讲，这个家庭是两个人的，不是说在家庭里面我占了两份，你才一份，那么我要承担两份，对吧？权利义务是对等的，我说咱们一起把这个家庭撑起来。"通过让丈夫理解家是共同体的概念，表明自己会承担自己那一份责任的态度，使得丈夫承受不参与家务劳动的道德负累。最终，家庭中"家务基本上还是比较均衡的"。

可以说，男性正是在对生活滋味与家庭意义的感悟与反思中发现，固有的一套关于男子气的规范可能给自己和自己的家庭带来了某种损害，从而愿意加以转变。他们开始从家庭建设的旁观者或者仅仅是经济供养者，转变为全方位的参与者。

五、结论与讨论

对六省市定性研究的资料分析发现，男性做家务是受社会环境塑造和在主体间互动中，经由反思理解及与个人利益相结合的产物。从他们对家务所赋予的意义来看，做家务不一定与男性气质相冲突，不一定会挑战和损害男性气质。从对男性气质中个体能力的要求来看，男性受访者通过将自己从事的家务劳动体能化、技能化、知识化，为家务劳动赋予了与女性气质的差异化甚至等级化（优越）的意涵。从对男性气质中角色承担的要求来看，男性积极参与家务劳动是其履行夫职、父职的一种方式，有利于塑造新型父亲、现代丈夫、积极建设者的家庭成员形象。这种新好男人形象是更新了的男性气质的组成部分。因此，当家务与个体能力、家庭责任联系起来以后，男性做家务并不意味着对男性气质的危害与贬抑。他们不用采取远离策略或性别划界的方式① 来维护自己的男性气质，使之免受"创伤"，反而可以将家务劳动整合进社会对男性气质的定义中去，成为其有机的组成部分。

当然，也应该看到男性气质内涵的变化。从做家务的数量和种类的变化来看，男性不仅参与的数量增加，而且也开始做非传统的男性家务活。这表明，男性气质（诸如要有能力、敢承担的部分）虽然会延续，但其内涵是可协商、可再造的。这其中，敢于表达情感、敢于建立情感连接成为男性气质的一部分。这种协商和再造来自多元化的社会要求赋予男性的更多选择空间，同时亦符合男性自身的利益。正如康奈尔（Connell，R.W.）认为的，男性气质／气概是多样的，是处于实践中的，是变化过程和趋势而非稳定不

---

① 苏熠慧、洪磊：《交叉性视角下的男售货员性别气质分析——以上海市两家品牌店为例》，《妇女研究论丛》2017 年第 5 期。

变的位置，支配性男性气质 / 气概是可以被改造的。①

有研究认为，非传统职业男性管理自身性别气质的焦点在于制造差异，并且这种差异是等级制的，即男性气质是"不同但优于女性"的。② 本研究发现，就男性的主体策略来看，他们虽然有抬高自己所承担的家务劳动重要性的情况，但这种差异仍以性别的区分而非凌驾、支配为主。事实上，男性对女性承担家务劳动的价值是充分认可的。同时，男性制造差异的策略也是回应性的，而不是积极的、支配性的。

值得关注的是，以往"男做女工""男做女职"与男性气质之间的关系研究主要集中于公领域（职场）中，讨论重点在于性别气质挑战和性别气质焦虑。③ 而在私领域中，男性做通常被认为应该由女性承担的家务劳动，所面临的性别气质挑战和焦虑则小得多。这表明，公私领域中性别气质的解读空间存在差异，性别气质作用的机制也存在差异（如刚性的公共领域和弹性的私人领域等）。

研究还表明，作为统治工具的支配型、霸权型男性气质可能日趋边缘化乃至消除。但作为性别差异的男性气质则可能在很长的一段时间内存在于文化之中，甚至保留主流地位。由此引出关于政策和文化倡导的一点余论：如果说男人在家庭活动方面的变化，是家务劳动的社会性别分工对女人在就业角色中的"滞后适应"的一个证据④，那么在男性气质作为社会文化的产

① 方刚：《男性气概实践的多样性分析》，《暨南学报》（哲学社会科学版）2007 年第 6 期；方刚：《康奈尔和她的社会性别理论评述》，《妇女研究论丛》2008 年第 2 期；Connell，R. W. Globalization，Imperialism，and Masculinities，in：Michael，Kimmel，Jeff，Hearn，& Connell，R.W.，eds. *Handbook of Studies on Men & Masculinities*. CA.Sage Publications. 2005。

② 高修娟：《国外非传统职业男性气质研究述评》，《妇女研究论丛》2017 年第 5 期。

③ 参见苏熠慧、洪磊《交叉性视角下的男售货员性别气质分析——以上海市两家品牌店为例》，《妇女研究论丛》2017 年第 5 期；高修娟《国外非传统职业男性气质研究述评》，《妇女研究论丛》2017 年第 5 期；Xiaoli Tian，Yunxue Deng. Organizational Hierarchy，Deprived Masculinity，and Confrontational Practices：Men Dong Womenname=CJFD2008&lobal Factory，*Journal of Contemporary Ethnography*，2017，（4）。

④ Gershuny，Jonathan，Michael Godwin，et al. The Domestic Labour Revolution：A Process of Lagged Adaptation，Michael Anderson，Frank Bechhofer，and Jonathan Gershuny. *The Social and Political Economy of the Household*，Oxford：Oxford University Press，1994.

品具有滞后性的情况下，要实现男性更多参与家务劳动、两性家务分工相对平衡的现实目的，我们并不一定需要诉诸男性性别气质的消失，只要这种男性气质不再是支配型的、霸权型的即可。同时，男性家庭感的滋生在这种转变中会起到重要作用。

走向平等、民主与和睦

——新时代社会主义新型家庭关系创建探析*

刘晓辉**

"家和万事兴，家齐国安宁"。中国自古就十分重视对家族／家庭的管理，追求家庭的和睦。中国共产党人历来重视家庭建设和良好家庭关系的创建。在 1961 年 12 月 27 日《重要的是做好经常工作》的讲话中，邓小平同志强调："家庭和睦也是经常要做的工作。要处理好的，一是夫妻关系，二是婆媳关系，三是妯娌关系，四是父母子女关系等等。"① 党的十八大以来，习近平总书记高度重视家庭和家庭建设，他多次强调，"家庭和睦则社会安定，家庭幸福则社会祥和，家庭文明则社会文明。要充分认识家庭文明建设的重要性，动员社会各界广泛参与，推动形成爱国爱家、相亲相爱、向上向善、共建共享的社会主义家庭文明新风尚"②。可以说，家庭关系是家庭建设根基性的一环。一个家庭的面貌、家庭成员之间关系的状况会直接影响到国家、民族、社会的发展样态。和睦的家庭不仅是个人安身立命之所，更关系到每一个人的成长成才和安康幸福，更是国家富强、民族振兴、社会安宁的前提和基点。

* 本文系国家社科基金专项课题"新时代中国特色社会主义妇女发展道路研究"（项目批准号 18VSJ105）阶段性成果。

** 刘晓辉，女，全国妇联妇女研究所助理研究员、马克思主义哲学博士。研究方向：马克思主义妇女理论、男女平等理论。

① 《邓小平文选》（第一卷），人民出版社 1994 年版，第 294 页。
② 习近平：《在会见第一届全国文明家庭代表时的讲话》（2016 年 12 月 12 日），人民出版社 2016 年版，第 7 页。

当前，"中国特色社会主义进入了新时代"，这是我国发展新的历史方位。新时代，在家庭的形态、结构、功能和观念等发生急剧变迁，女性发展、家庭建设面临着新情况、新问题、新挑战的情境下，纵观近百年来党领导中国人民、中国妇女在家庭领域的理论探索和实践变革，我们必须思考和回答，在继续追寻男女平等和妇女全面发展、不懈奋进中华民族伟大复兴的目标诉求下，家庭关系的内涵和本质是什么？新时代中国的家庭建设须创建一种什么样的家庭关系？又如何建设呢？

一、家庭关系的内涵与封建时代家庭关系的本质

家庭是基于婚姻关系、血缘关系而形成的最基本的社会组织。家庭，从本质上讲，是一个社会关系网。在《德意志意识形态》中，马克思恩格斯从家庭关系的角度对家庭的内涵作了界定，指出家庭"就是夫妻之间的关系，父母和子女之间的关系"①。

在《家庭、私有制和国家的起源》一文中，恩格斯提出，家庭和私有制、国家一样是一个历史范畴，有其产生和发展过程。家庭自形成之日起，就不是一个静止不变的组织，而是随着社会生产方式的变迁而不断进行着调适。家庭关系也随家庭形态、家庭规模和家庭结构而动，呈现发展变化和多样化样态。社会学家认为，家庭关系的复杂程度，往往和家庭人口成正比。家庭人口越多，家庭关系越复杂。如美国社会学家波沙特就提出了家庭互动定律，用来表明家庭人口数对家庭关系的影响。②

家庭关系，指家庭成员间的人际互动或联系，包括平行关系和垂直关系，前者指同辈人之间的关系，如夫妻、兄弟、姐妹、妯娌、姑嫂等；后者指代际之间的关系，如亲子、婆媳、翁婿、叔侄、祖辈与孙辈等。家庭是社会的细胞，家庭关系是社会上存在的各种关系在家庭中的反映，是家庭成员间的经济、政治、法律、道德、情感、宗教等关系的集合体。说到底，家庭

---

① 《马克思恩格斯文集》第 1 卷，人民出版社 2009 年版，第 532 页。
② 邓伟志、刘达临：《家庭社会学讲座第四讲家庭关系》，《社会》1982 年第 4 期，第 64 页。

关系的本质，是一种相当久远、普遍、深刻、密切的社会关系。

每一个国家和社会，在不同的发展时期，均主张并推行一系列的家庭伦理道德去规范和调整家庭成员之间的关系，虽标准与模式不尽相同，以期求得国家和社会的和谐、稳定与发展。中国几千年的封建社会，国家强调和贯彻的意识形态是仁义道德，礼教纲常，等级森严，尊卑有别，父权家长制家庭是其社会结构的基础。"父为子纲""夫为妻纲""重男轻女""男尊女卑""男主女从"为封建社会家庭关系之根本。家长是整个家族/家庭的中心，在家庭中享有绝对的统治权和至高无上的权威。《礼记·丧服传》云，"父，至尊也"。《朱子家礼》云，"凡诸卑幼，事无大小，毋得专行，必咨禀于家长"。封建社会家庭中的子女，尤其是妇女，挣扎在社会的最底层，处于完全无权利的地位。毛泽东在《湖南农民运动考察报告》一文中指出："中国的男子，普遍要受三种有系统的权力——政权、族权、神权的支配。至于女子，除受上述三种权力的支配外，还受男子（夫权）的支配"①。妇女没有独立的人身权利，没有外出参加经济社会活动的权利，没有家庭的财产权和财产继承权，甚至没有使用自己姓名的权利。究其根本，封建社会所谓的"父子笃、夫妇和"的家庭关系，是为子、为妻的各安其位以及对父权、夫权绝对服从基础上的所谓的和谐，是一种无视、牺牲、遗弃了家庭中的女性的独立人格、平等权利的"顺从的和睦"。

二、平等、民主、和睦社会主义新型家庭关系的意涵

近代以来，随着中华民族危机的加深和救亡图存运动的高涨，从资产阶级的维新派到革命派再到五四时期的先进知识分子都把批判封建的旧道德、旧思想、旧文化和再造新国民、新家庭、新社会作为挽救中国危亡的出路和希望。从康有为的取消夫妇之名的"去家界"思想，到无政府主义的"废婚毁家"主张，再到五四知识分子"家庭要革命，妇女要解放"的疾呼，封建父权家长制家庭制度向新型家庭制度的过渡成为时代发展的必然潮流和

---

① 《毛泽东选集》第一卷，人民出版社 1991 年版，第 31 页。

趋势。

以马克思主义为指导思想的中国共产党人，要打碎一个旧社会，建设一个新中国；要消灭剥削和私有制，解放劳苦大众；要实现中华民族伟大复兴，为共产主义奋斗终生。男女平等、妇女解放是党和国家根本主张和奋斗目标的应有之义，而家庭的改造与变革，建设一个新家庭，是其推进妇女解放、男女平等、社会建设的一个基点。在近百年革命、建设、改革的发展进程中，中国共产党人继承和发展了马克思列宁主义家庭理论，结合中国的历史与现实，对延续数千年的整个封建伦理道德和封建的婚姻家庭制度进行了解构与扬弃，不遗余力地推行以男女平等为基本原则的平等、民主、和睦的社会主义新型家庭关系的建设。

（一）平等是社会主义新型家庭关系的第一要义

新中国成立后，特别是改革开放以来，中国特色社会主义的经济、政治、文化等方面的巨大变革，对中国家庭的变化产生了重大影响。党和国家始终坚持把妇女发展纳入国家发展总体布局，综合运用法律、政策、行政、教育、舆论等手段不遗余力地推行男女平等为基本原则的婚姻家庭关系的建设，中国的家庭关系从父系父权转变为夫妻平权和亲子平权，家庭成员无论性别、年龄和辈分，在人格、权利与责任方面都是平等的。

首先，人格平等。在家庭中，无论男女，无论哪个家庭成员，都不是家庭的私有物，女子亦不是男子的私有财产和附属品。在生命的尊严与人格上男女两性是平等的，每一个家庭成员都是独立、自主、创造的主体，都是自己命运的主宰者。男女两性先天的生理差异并不能成为判断男女人格尊卑的标准，更不应成为性别歧视或性别限制的理由和依据。

其次，权利平等。新中国成立后，作为国家根本大法的《中华人民共和国宪法》明确规定，"中华人民共和国妇女在家庭生活中享有同男子平等的权利，婚姻、家庭、母亲和儿童受国家的保护"①。1980 年颁布 1981 年开始实施的《中华人民共和国婚姻法》明确规定，"夫妻在家庭中地位平等"，并对家庭中女性与男性平等的婚姻自主权、人身权、职业发展权、财产权、

---

① 《中华人民共和国宪法》，人民出版社 1954 年版。

继承权等做出明确的法律规定，"夫妻双方都有参加生产、工作、学习和社会活动的自由，一方不得对他方加以限制或干涉；夫妻双方都有各用自己姓名的权利；子女可以随父姓，也可以随母姓；夫妻对共同所有的财产，有平等的所有权与处理权"①。家庭成员共享家庭的教育、健康（营养）等基础性资源和房产、宅基地、存款、股票／基金等财产性资源；子女有要求父母抚养教育的权利，父母有要求子女赡养扶助的权利，父母和子女有相互继承遗产的权利，对于父母的财产，子女拥有平等的继承权。第一部全面保障妇女权益的基本法《中华人民共和国妇女权益保障法》以专门法的形式确认了女性的婚姻家庭权益、政治权利、文化教育权益、人身权利、财产权益、劳动和社会保障权益六项基本权益，明确规定"妇女在农村土地承包经营、集体经济组织收益分配、土地征收或者征用补偿费使用以及宅基地使用等方面，享有与男子平等的权利"②。经过几十年的实践，家庭成员的平等权利在现实生活中逐步得以实现。

最后，责任平等。家庭是一个生产生活的单位，更是一个充满着爱和情感、奉献和责任的港湾。没有脱离义务的权利，也没有脱离权利的义务。在家庭中，每个家庭成员作为家庭的一分子，责任与义务平等，在家庭生活中平等地承担责任、扮演角色、发挥作用。一方面，男女两性共同承担挣钱养家之责，尽自己所能为家庭的经济来源做出贡献。中国传统的家庭大多是丈夫工作养活妻子儿女，成为一家之主。在当代中国，男女都是家庭的主人，广大女性同男性一起投身中国特色社会主义经济、政治、文化、科技、生态、军事、体育等各领域、各方面建设的火热实践，与男性一起承担起养家的责任，成为家庭经济的支持者与贡献者。第三期中国妇女社会地位调查数据显示：女性个人年总收入占夫妻年总收入的比例平均为40%，有近35%的女性对家庭的经济贡献已经与丈夫相当甚至超过了丈夫。③ 另一方面，男女两性共同承担持家之责，尽自己所能担负家庭的养老、育幼、家务劳动等

① 《中华人民共和国婚姻法》，法律出版社1980年版。

② 《中华人民共和国妇女权益保障法》，法律出版社1992年版。

③ 马焱、马冬玲、刘晓辉：《事实告诉你中国妇女有多拼》，见女性之声网 http://www.hnflw.gov.cn/2018/12-29/38319.html。

责任。中国传统的家庭要求"男主外、女主内",当代中国,女性已走出家庭广泛参与社会实践,与男性一起承担社会建设之责。相应地,越来越多的男性认识到自身肩负的神圣的家庭责任,并积极主动地投身家庭建设,和女性共担家庭职责。目前,中国已经有30个省、自治区、直辖市在人口和计划生育条例中规定了男性陪护假/护理假。2019年11月1日起正式施行的《宁夏回族自治区妇女权益保障条例》提出,鼓励用人单位对符合法律、法规规定生育子女的夫妻在子女0至3周岁期间,每年给予夫妻双方各10天共同育儿假。[①] 可以说,国家以立法形式明确男性对家庭养老、育儿、家庭教育、家风传承、家务劳动等责任的分担已越来越成为一个必然趋势。

(二)民主是社会主义新型家庭关系的关键

"民主"一词源于希腊词根demos(人民)和kratos(统治),意味着人民的统治,指在一定的阶级范围内,按照平等和少数服从多数原则来共同管理国家事务的国家制度。民主是社会主义的生命和本质特征。我国《宪法》明确规定,中华人民共和国的一切权力属于人民。中国特色社会主义的民主追求的是人民当家作主。现代社会,民主更多地从政治学角度被认为是一种政治体制,一种政府组织形式,然而,民主实质上还意味着一种生活方式,一种价值理念,一种人际交往规则,一种利益的协调机制。[②] 不仅在政治生活领域,而且在人类社会的各个领域中,在一切人类组织中,民主都应成为人与人之间交往的一种方式而存在。

家庭民主指家庭成员之间的民主互动和家庭事务的民主管理,意味着在一个家庭中无论性别、辈分、年龄,每一个家庭成员都是家庭建设和家庭事务的参与者、决策者和执行者,大家同参与,共商量,同决策,共执行。不是谁是家长就听谁的,也不是谁年龄大、辈分高就听谁的,而是谁的意见科学就听谁的。如子女的婚姻自主,不再是"父母之命,媒妁之言"。孩子的成长是自己的成长,父母无法代替,更不能打着"爱"的名义包办一切。总之,家庭民主意味着夫妻、代际之间的尊重、沟通与宽容。尊重每一个家

---

① 《宁夏:"共同育儿假"11月1日正式生效　夫妻双方各十天》,见人民网宁夏频道http://nx.people.com.cn/n2/2019/1031/c192493-33493635.html。

② 李婷:《作为生活方式的民主》,燕山大学2016年硕士学位论文。

庭成员，找到合适的方式，如家庭民主会议，让每一个家人畅所欲言，自由交流，以达成共识和公意，并为此而携手奋斗。给予每个家庭成员充分的生活、心理空间，让每一位家庭成员舒适、愉快、健康、幸福地成长。

（三）和睦是社会主义新型家庭关系的旨归

"和"，意为和谐、协调；睦，意为和好、亲近、友好。和睦，指相处融洽友爱，不争吵。家庭和睦，指在平等、民主的基础上，每个家庭成员之间良好互动，相亲相爱，相处融洽，携手成长，共同发展，共享幸福。

其一，夫妻和睦是家庭和睦的核心。夫妻关系由封建社会占有与依附的关系，变为相互尊重、相互信任、相互支持、共同发展的关系。周恩来同志与邓颖超同志的爱情与婚姻，成为世人传颂的佳话。在他们的婚姻生活中，始终践行"互爱、互敬、互勉、互慰、互让、互谅、互助、互学"的"八互"原则，为世人树立起夫妻平等、恩爱、和睦的典范。夫妻之间所谓的"夫唱妇随""夫贵妻荣""二保一"都不是真正的和睦。

其二，老少共融，代际和睦。尊老爱幼、扶老携幼是中华民族的传统美德，也是家庭的基本准则。朱德指出，"每个人都有一个家庭，每个人在家庭中都负有一种不可推卸的光荣的养老养小的责任"[①]。作为父母或祖辈父母对下一代子女/孙子女无论男孩女孩都应该同等呵护关爱；做子女的也应同样关心、孝敬、照顾父母，克尽赡养之责和人子之孝。古人云，"爱之以德"。父母和家长应担负起以德育人为国教子的责任，父母对子女的爱不仅仅是给予其生活、物质上的照顾与满足，更要重视和做好子女的品行、人格、价值观的教育和培养，做到爱幼有责，育幼有方，引导和帮助孩子健康快乐地成长。

三、新时代社会主义新型家庭关系建设路径

习近平同志强调，"无论时代如何变化，无论经济社会如何发展，对一

---

① 中华全国妇女联合会编：《毛泽东周恩来刘少奇朱德论妇女解放》，人民出版社1988年版，第136页。

个社会来说，家庭的生活依托都不可替代，家庭的社会功能都不可替代，家庭的文明作用都不可替代"。家庭作为个人生于斯长于斯归于斯的物质之所和精神家园，作为国家治理体系的基本单元，为实现个体的成长成才和国家治理的现代化提供着强大的源动力。"一家仁，一国兴仁；一家让，一国兴让；一人贪戾，一国作乱。"当前，在经济迅猛发展和社会急剧变迁的态势下，受社会经济发展水平、国家法律政策规定和导向、人口流动以及思想文化和价值观念多元并存等多方面因素的影响，中国的家庭关系发生着诸多的变化，也呈现出诸多问题。一些人的家庭观念极其淡薄，一些家庭的家庭成员情感淡漠、婚外恋/情、离婚率上升，家庭暴力、遗弃、虐待、啃老等社会现象时有发生，农村的留守儿童、夫妻长期分居、农村老人养老等问题日益突出，家庭中的夫妻关系、亲子关系与代际关系处于紧张与不和谐当中。这不仅深深伤害到家庭中的每一个人，也深深影响着整个社会的和谐与安定。

家庭，从来不是独立的堡垒。新时代社会主义新型家庭关系建设，不是一己私事，而是事关人类社会、国家和民族发展的重大问题。平等、民主与和睦的社会主义新型家庭关系需要国家、社会和家庭成员携手共建。需要国家为之创设和夯实经济、政治、文化、制度基础；需要女性与男性持续不懈的主体自觉和主体责任；亦需要每一个家庭成员共同的悉心呵护与经营。

（一）不断解放和发展生产力，夯实家庭关系建设的物质基础

马克思在 1846 年致巴维尔·瓦西里也维奇·安年柯夫的信中指出，生产力，"是全部历史的基础"。"在人们的生产力发展的一定状况下，就会有一定的交换和消费形式。在生产、交换和消费发展的一定阶段上，就会有一定的社会制度、一定的家庭、等级或阶级组织，一句话，就会有一定的市民社会。"① 人类社会所达到的生产力的总和决定着社会状况，决定着家庭形式，也决定着家庭关系的状况。

家庭关系的本质是一种物质关系，家庭关系建设不是脱离经济基础的

---

① 《马克思恩格斯全集》第 27 卷，人民出版社 1957 年版，第 477 页。

空中楼阁。我国改革开放 40 多年经济建设的巨大成就，广大人民生活水平不断改善，为社会主义新型家庭关系的建设提供了良好的经济条件。但同时，众多家庭在就业、教育、医疗、居住、养老、托幼等方面面临不少难题。党和国家须紧紧抓住经济建设这个中心，坚持高质量发展，建设现代化经济体系，不断促进社会生产力发展，为每一个家庭的"幼有所育、学有所教、劳有所得、病有所医、老有所养、住有所居、弱有所扶"等夯实物质基础，不断满足每一个家庭和家庭成员日益增长的对美好生活的需要。

（二）不断建立和完善"家庭"视角的法律、政策和公共服务体系，加强家庭关系建设的制度保障

随着经济的飞速发展和社会结构的急剧变迁，家庭功能或多或少地发生着变化，家庭本身变得越来越脆弱和充满风险，不少家庭面临着独立应对经济、育儿、教育、养老、疾病等不同方面的压力或困扰，极易陷入困境，也影响家庭成员之间良好关系的建立。家庭的巩固和能力提升是一个社会问题，因此，必须依靠党和国家的力量，重视家庭、支持家庭、投资家庭，给予家庭人文关怀和强有力的制度支持和保障。

社会主义新型家庭关系建设亟须党和国家在立法、决策和社会管理中纳入"家庭"视角，高度关注多元家庭的多元需求和回应家庭的关切，不断建立和完善提升家庭长期发展能力，支持、投资家庭成员全面发展的社会支持制度体系。包括建立和完善保护关爱家庭成员特别是儿童、老人、妇女的法律法规体系，帮助职工、父母平衡工作和家庭的"家庭友好"法律法规政策体系；对就业困难家庭提供机会和培训扶持；大力完善及提供以政府为主导、以社区为依托的多种形式的可持续、价廉质优的托幼、养老等家庭照料的公共服务体系；推进以家庭为单位的社会保障制度建设，为家庭特别是承担养老和育幼责任者提供福利津贴，降低家庭扶老育幼的成本等。

（三）大力弘扬社会主义核心价值观和新时代家庭观，创设家庭关系建设的良好社会文化环境

文化是一种力量，环境是一种氛围。个体总是生活在特定的文化环境之中，文化环境凭借其强大的感染熏陶和整合教化功能潜移默化地塑造着生活于其中的人们的思维方式、价值观念和行为习惯等，个体的思想意识和价值观念都是在与社会文化环境的相互作用过程中产生和形成的。① 改革开放以来，我国社会的经济、政治、文化生活发生了深刻而巨大的变迁，经济全球化和新科技革命的影响下，多种西方思想文化和社会思潮的涌入使社会文化环境日益开放，更加多元。当前，需要我们通过创造性实践不断优化社会文化环境，整合各种资源，形成有效合力，充分发挥文化环境在建设社会主义新型家庭关系过程中的积极作用。

党和国家以及社会各方须多渠道、多形式、多层次旗帜鲜明地弘扬新时代家庭观和男女平等价值观，坚决摒弃背离社会主义核心价值观的家庭关系建设理念。大力选树、表彰爱国爱家、男女平等、孝老爱亲、勤劳创业、教子有方、向上向善、共建共享的"最美家庭""五好家庭""绿色家庭"等先进典型，激发广大家庭的创建热情，营造尊重女性、关爱家人、人人文明、家家和谐、社会进步的良好文化环境和舆论氛围。

（四）主体自觉与主体责任

家庭以爱为根，生活以和为贵。每一个家庭成员都是家庭建设的主体，良好家庭关系建设离不开每一个人持续不懈的爱、参与和贡献。在《论"贤妻良母"与"母职"》一文中，周恩来同志提出："无论在任何社会，做母亲的当然要良，做妻子的当然要贤，这犹之做父亲的当然要良，做丈夫的当然要贤，一样成为天经地义不可变易的真理。"② 他始终主张，"贤妻良母"对应的是"贤夫良父"，只提一方面是偏颇的。男女两性、父亲母亲在家庭中都应尽好父职母职，共担家庭责任。周恩来在谈孝道时还专门指出，妻子在家从事家务劳动，丈夫所得的工资就应该有妻子的一份，因为没有她的劳动，就难以生活。家里养儿育女的事情，要共同负担。③ 男性应积极转变观念，提高认识，摒弃传统的男尊女卑思想和性别分工观念，拿出实际行动，和女

---

① 蒋艳、张长立：《文化环境视域下社会主义核心价值观的培育》，《吉首大学学报》（社会科学版）2017年第4期，第134—138页。

② 中华全国妇女联合会编：《毛泽东周恩来刘少奇朱德论妇女解放》，人民出版社1988年版，第78页。

③ 孙业礼：《邓小平："家庭是个好东西"——兼及毛泽东、周恩来、刘少奇、朱德等领导人有关共产党人应如何对待家庭的论述》，《党的文献》2010年第6期，第118—120页。

性一起，共享家庭建设的权利和共担家庭的养老育幼、家风传承、家庭美德建设的责任。父母应注重良好家庭关系的培育，共同营造家人平等尊重、民主和睦、相亲相爱的家庭环境。父母应注重自身道德修养和行为举止，切实承担起子女第一任老师的责任，以身作则，言传身教，在日常点滴生活中教育引导子女养成好思想、好品德、好习惯、好人格。父母应注重中华民族优良传统美德传承，用好家风、好家训滋养家庭成员的精神，约束家庭成员的行为，让社会主义核心价值观成为每个家庭成员的思想自觉与行为自觉。

　　家庭是个人成长的摇篮，家庭是国家发展和人类社会进步的始基。新时代，让我们爱我们共同的家，让我们的家走在中国特色社会主义康庄大道上，远离不平等、专制和暴力，让我们的家走向平等、民主和和睦，走向温馨、宁静和幸福。

第三编

男女平等价值观的媒介传播

从法律政策到文化自觉

——大众传媒在男女平等价值观确立中的作用

刘利群

新中国成立以后，党和政府制定了一系列的法律政策，倡导男女平等，不仅有力地推动了妇女发展，提高了妇女地位，也为中国在国际社会赢得了尊重和赞誉。

从推行男女平等基本国策到倡导男女平等价值观，对我们践行男女平等提出了更高的目标。我们需要认识到：法律政策解决的是国家意志、法律规范问题，价值观解决的是集体共识、个人信仰问题，只有男女平等价值观得到全面贯彻落实，并成为人们的自觉认识和行动，才可以真正实现男女平等从法律政策到文化自觉的跨越。

在这样一个跨越的过程中，大众传媒的作用不可或缺。男女平等基本国策不等于共识，认识不等于行动。法律政策解决的是规范性，大众传播解决的是针对性；法律政策解决的是原则性，大众传播解决的是说服力；法律政策解决的是约束性，大众传播解决的是自觉性问题。因此，男女平等价值观从法律政策到文化自觉的过程，正是大众传媒实现有效传播的过程。

一、发挥传媒的宣传工具作用，强化舆论引导，增强针对性

中国大众传媒的基本定位一直是党和国家的喉舌，这也说明传媒必须为国家发展服务，为党的政策宣传服务。从世界范围来看，传媒一直承担着重要的社会责任。传媒不仅提供社会信息，还负责引领社会观念，制造社会

舆论。自大众媒体诞生以来，媒体就被赋予了社会公器的重要责任。传媒人应铁肩担道义，妙手著文章，为社会责任和社会理想不懈奋斗。

从媒介的发展现实看，主流媒体对女性议题的关注度不高，女性媒体中充斥的仍多数是时尚美容、情感八卦等信息，缺少真正与女性自身利益相关的新闻报道。

媒体报道中性别意识的缺失使我们感到，加强对媒体的性别意识监测和培训是当前媒体发展的重要内容。从国际经验来看，联合国教科文组织在2012年与国际新闻工作者联合会合作，制定了"媒体性别敏感指标"[1]，并在世界各国推广。中国传媒大学联合国教科文组织媒介与女性教席承担了这一指标的中文翻译和本土推广工作。

传播机构和传播者是大众传媒的传播主体，具有把关人的重要作用和功能。媒体传播哪些社会信息，怎样传播这些信息都有重要的主观选择性。具体到对男女平等价值观的传播中，大众传媒需要积极承担起制造话题、引领舆论的重要责任，推动将社会性别意识纳入决策主流、纳入传播主体的主流。

二、发挥传媒公共场域的作用，加强议程设置，增强说服力

国家新闻出版广电总局2013年统计公报显示，全国共设立广播电视播出机构2579个，其中广播电台169个、电视台183个、教育电视台42个、广播电视台2185个（含县级广播电视台1992座）。[2] 这些数据表明，传媒不仅仅是发布新闻信息的载体和工具，它还发挥了组织和实现公众自由交流观点、广泛进行讨论的公共场域的功能。

媒体作为传播男女平等价值观的公共场域，近年来在对性别议题的议程设置方面取得了长足的进展。议程设置理论认为，大众传播往往不能决定人们对某一事件或意见的具体看法，但可以通过提供给信息和安排相关的议

---

① 联合国教科文组织、国际新闻工作者联合会：《媒体性别敏感指标：衡量媒体运行和媒体内容的性别敏感指标框架》，2012年。

② 庞井君主编：《中国广播电影电视发展报告（2013）》，社会科学文献出版社2013年版。

题来有效地左右人们关注哪些事实和意见及他们谈论的先后顺序。大众传播可能无法影响人们怎么想，却可以影响人们想什么。大众传媒在男女平等价值观的传播中发挥着越来越重要的议程设置与公众场域的作用。

以出生性别比为例，20世纪80年代以来，中国的出生性别比一直居高不下，但媒体在报道时却对2020年将有2400万"剩男"面临"娶妻难"表现出了较大关注。① 但这种媒体所谓的"娶妻难"背后，其实是无数的女婴生命由于性别选择性人流而被扼杀的悲剧。由于媒体议程设置的角度，使得大众更多地只看到了男性的择偶权，但其实，我们更应该关注到的是女性的生命权。

三、发挥传媒信息普及的作用，注重传播效果，增强推广性

从宏观效果来看，大众传播对受众的影响可谓无远弗届，但受众在面对大众传媒时，往往呈现出更复杂的接受心理。"受众在接触大众传播的信息时并不是不加选择的，而是更愿意选择那些与自己的既有立场和态度一致或接近的内容加以接触。"② 这说明，受众面对大众传媒具有一定的能动性，能够在海量的信息面前从容自主选择。

由此看来，相对受众而言，大众传媒的内容要有可读性、有吸引力，避免说教，要采用大众喜闻乐见的形式来进行传播。以电影《刘巧儿》的播映和新《婚姻法》的传播为例，1950年《婚姻法》是新中国的首部婚姻法，宣布废除包办婚姻，实行婚姻自由和一夫一妻的新婚姻制度。为了配合《婚姻法》的宣传，长春电影制片厂将刘巧儿追求婚姻自由的故事改编成电影在全国放映，勇敢的刘巧儿成为当时青年人的偶像。《刘巧儿》在全国掀起了宣传贯彻《婚姻法》的热潮，在"刘巧儿"的鼓励下，千千万万的新中国妇女大胆追求婚姻自主和自由。

随着信息技术进一步发展，传播介质间的快速融合推进信息传播进入

---

① 王永生：《2020年内地将有2400万男光棍　姐弟婚姻可能大量涌现》，《法制晚报》2010年1月8日。

② 郭庆光：《传播学教程》，中国人民大学出版社1999年版。

全媒体时代，尤其是基于 Web2.0 技术发展起来的以微信、微博、博客、论坛为代表的社交媒体迅速普及，大众传播从"一对多"的传播模式发展到"多对多"的形式。全媒体时代受众的参与意识进一步增强。媒介与受众不只是简单的传播者与接受者的关系。

在信息传播不断发展的新时代，大众传媒要有效运用自己特有的手段和优势，传播男女平等价值观，落实男女平等基本国策，增强选择性，加强说服力，实现推广性，积极发挥传媒正能量，助力男女平等从法律政策到文化自觉的跨越。

主流媒体在男女平等价值观
传播中的职责定位

马　焱

　　"妇女与媒体"是《北京行动纲领》提出的 12 大重点关切领域之一。媒体尤其是主流媒体在引导公众正确认识女性价值、向全社会传播男女平等价值观方面肩负着重要的社会责任。新中国成立后，我国媒体尤其是主流媒体在破除"男尊女卑""男主外，女主内"等传统的刻板性别角色定型和社会分工方面发挥了重要作用。值得关注的是，当前随着媒体市场化、娱乐化和消费主义文化的深入发展，主流媒体在男女平等价值观的传播方面面临诸多挑战。深入探讨主流媒体在倡扬作为社会主义核心价值观重要内容的男女平等价值观所肩负的主要职能，已经成为一项重要而紧迫的任务。

一、主流媒体与主流价值观

　　关于什么是主流媒体、其标准是什么，迄今业界和学术界众说纷纭，莫衷一是。尽管如此，还是有一些共识。比如，由党和政府主办主管、既是传播机构又是党和国家的部门、其资金来源和人员配置等获得国家和政府的扶持、具备一定的规模和相当的影响力、代表国家发展方向的主要媒体。通常来说，主流媒体主要包括各级党和政府主办的机关报（刊）、电台、电视台和网站。比如中央级的《人民日报》、《光明日报》、新华社、中央电视台、中央人民广播电台等，地方党和政府主管的党报、党刊、电台和电视台等，以及国家重点扶持的大型新闻网站如人民网、新华网等。

媒体不仅传播信息，更传递着某种文化规范和价值理念。在现代社会，大众媒体对人们生活方式的影响程度日益扩展。传媒信息广泛渗透到受众日常生活的每个角落，潜移默化地改变着人们的思维习惯，会把人们心目中处于模糊状态的价值观念捕捉、固定、放大，并让它们参与到意识形态的再生产之中。① 主流媒体是主流价值观的支柱，已成为国际共识。主流价值观反映出一个国家意识形态、历史传统和社会道德的基本取向。美国著名的社会学家赫伯特·甘特在分析新闻传播的意义时曾指出："新闻本身不局限于对真实的判断，这也包含着价值观。或者说，关于倾向性的声明。"此外，他还谈到，在西方各国，媒体不只限于报道正在或者已经发生的事实，同时还在或明或暗地提倡着什么、反对着什么，以其认为的国家和社会应该如何的理想图景力挺主流价值观。② 《纽约时报》的创始人 Henry J. Raymand 也认为他们的报纸在"报道应该报道的消息"③。

在我国，主流媒体承载着传播社会主义主流意识形态和与之相适应的社会主义核心价值观的责任与使命。2013 年 12 月，中共中央办公厅印发的《关于培育和践行社会主义核心价值观的意见》特别强调了主流媒体传播社会主流价值的主渠道作用："党报党刊、通讯社、电台电视台要拿出重要版面时段、推出专栏专题，出版社要推出专项出版，运用新闻报道、言论评论、访谈节目、专题节目和各类出版物等形式传播社会主义核心价值观。……不为错误观点提供传播渠道。"男女平等价值观是社会主义核心价值观的重要组成部分，有效传播男女平等价值观是主流媒体不可推卸、责无旁贷的义务。

二、主流媒体在男女平等价值观传播中的主要职能

所谓男女平等价值观是指人们对男女两性的人格与尊严以及在家庭和社会领域中的能力与价值、角色与分工、权利与责任进行评判时持有平等的

---

① 蒋建国：《消费时代的大众传媒与物欲症传播》，《马克思主义研究》2010 年第 11 期。

② ［美］H. T. Gams，"The message behind news"，*Columbia Townalism Review*，1979（1）.

③ 程曼丽：《外国新闻传播史导论》，复旦大学出版社 2004 年版，第 105 页。

态度和看法。它反映了人们在评价、判断、取舍女性价值、男性价值以及男女两性关系时的价值取向和价值追求。在我国，男女平等价值观作为一种主流价值观的形成，是建立在日臻完善的社会主义制度基础之上的，主流媒体在此进程中功不可没。相对于一般媒体，主流媒体具有政治性、权威性、导向性和公信力强等特点。这些特点决定了主流媒体在传播男女平等价值观方面肩负着引导、监督和示范带动等职能。

1. 职能之一：舆论引导

主流媒体代表党和政府的意志、形象和主张，是党和政府传递社会主义核心价值观的前沿力量，对于引导大众树立积极的、公正、平等的世界观、人生观、价值观举足轻重。男女平等是社会主义制度的本质要求，也是我们党领导下的妇女运动始终坚持和遵循的价值原则和价值追求。当前，各种思想文化相互激荡，人们的价值观念多样多变，反映在性别领域，既存在认同男女平等的价值观念，也存在歧视女性的落后甚至腐朽的价值观念，贬抑女性生命价值和社会作用的言论不时出现，涵养男女平等的价值观受到诸多挑战。在这种背景下，迫切需要主流媒体把党和政府的男女平等的立场和主张，以及国际社会关于男女平等的共识及时、准确地传递给社会公众，在引导人们树立正确的性别观念和价值取向，自觉抵制不良性别观念的侵蚀、提升全社会对男女平等价值观念的认同度等方面发挥更加积极的作用，从弘扬男女平等价值观这一侧面贡献于社会主义核心价值观的培育和践行。具体来说，应该在"引导什么"和"怎么引导"上下功夫。

首先，应该明确引导的方向。主流媒体需要通过新闻传播让人们获悉怎么认识性别平等问题，包括怎么认识男女两性的能力与价值、性别角色分工、在家庭和社会中的权利与义务等，并需要让人们知道朝哪个方向走以及怎么走才是符合现代文明社会的发展趋势。宣传什么不宣传什么，媒体舆论的选择必须要有坚定正确的政治方向和立场，时刻牢记"一切离开社会主义的言论行动是完全错误的"①。"确保一切文化阵地、一切文化产品、一切文化活动，都要体现社会主义核心价值体系的内容和要求，使之无所不在、无

---

① 《毛泽东文集》第七卷，人民出版社 1999 年版，第 303 页。

时不有，在人们心中深深扎根，充分发挥文化引导社会、教育人民、推动发展的重要功能。"① 也即主流媒体上的一切作品都必须立场鲜明，价值取向和价值理念都要体现社会主义主流意识形态和与之相适应的社会主义核心价值观。反映在性别领域，就是要坚持马克思主义妇女观，传递尊重女性的独立人格和尊严，尊重女性的生存权、受教育权、劳动权、支配自己身体和生活的权利以及选择权等信息，一方面要倡导更和谐、更多元、更公平、更高效的性别互动模式，营造男女两性共担社会责任和家庭责任的舆论氛围，摒弃性别二元对立和性别刻板印象，提倡根据个体的能力、特点而非性别划分分工模式，避免个人能力和智慧被性别标签所束缚和掩盖；另一方面要引导公众正确地看待女性价值，不把女性的价值与"婚姻""生育""容貌"相捆绑。当然，也应教育引导女性自尊、自信、自立、自强，独立自主地通过自己的努力实现个人价值，而不是甘做男人的附庸。

2015 年春晚小品《喜乐街》中对"女神"和"女汉子"的对比环节，显然是在"引导什么"上出现了严重偏误。首先，从"女汉子"这一提法本身来看，就包含对女性歧视的价值隐喻。"女汉子"一般被定义为不拘小节、性格开朗直爽、心态乐观、内心强大，敢于担当的像男人一样的女人。这一提法的潜台词是"女性都不独立，不自强，没有个性"，默认女性不具备多数男性通常具备的健全性格和智力。其次，从节目内容和形式的编排来看，让人们感受到的是对矮胖女性、大龄未婚女性的嘲讽。让一名长相普通的矮胖女性和专职模特站在一起，分别贴上"女汉子"和"女神"的标签，试图从外在形象上给观众带来视觉冲击。撇开"女汉子"本身的价值隐喻不说，节目向受众展现的"女汉子"形象已经完全没有人们通常认为的这类女性所具有的独立、自强、敢于担当等个人能力和品质的元素，"女汉子"和"女神"的判定标准完全取决于女性的外貌特征。节目传递给公众的是暗含性别歧视的价值观，贬损了部分女性的形象，伤害了女性尊严，不但让身材矮胖、大龄未婚女性找不到改变命运的正确方向，而且还会让这类女性产生自卑感，甚至会把所遇到的困难和挫折归因为难以改变的个人相貌，致使许多

---

① 《毛泽东选集》第四卷，人民出版社 1991 年版。

有矮胖身体特征的女性陷入无奈和无望境地。此节目播出后，立即引起网上热议，很多网友的评论印证了上述分析。有网友说："看贾玲那个小品看得我特别心塞，本来我也胖胖的没对象也没觉得怎样，看了那个小品才忽然感觉自己貌似应该自卑的啊！"作家 @ 沉金评价道："春晚作为全国人民的年夜饭，公然把'剩女''女汉子''胖 / 矮'等诸如此类当成笑点拿上桌强行挠痒，这到底是放坏了什么馊味的调料……简直前所未有的糟心……"还有不少网友也表示看了这个小品觉得心塞，自己不自卑似乎都是不正常了。①也有人说不要小题大做，太敏感了，不就是"乐呵乐呵"吗？然而，作为世界收视率最高、播出时间最长、演员最多、收看人数最多的综艺晚会，应该不是一台普通的娱乐晚会，而是一个宣传和引导社会主流价值观的晚会。而且，中央电视台是党领导下的重要新闻舆论机构，是党、政府和人民的重要喉舌，也是我国重要的思想文化阵地、全国公众获取信息的重要渠道和世界了解中国的重要窗口，这些定位决定了它的工作方向和服务宗旨，弘扬社会主义核心价值观应该是其重要使命。遗憾的是，在这个重要舞台上，在举国同庆的日子里，所播节目突破了法律、道德、人权底线，默认和加深了本应摒弃的错误的性别观念，消解了男女平等的主流价值观，在社会上尤其对处于价值观形成过程中的青少年产生误导，其消极和负面作用影响深远。

其次，应该明晰确保传播效果的实现途径。主流媒体如何呈现当代女性形象和女性价值，对于受众的性别意识建构意义重大。受众往往会在媒体对男女两性角色的反复描述中形成对两性角色的期待，这种期待又会潜移默化地影响受众对自身角色的定位。缺乏性别敏感的报道，会造成社会性别生态的失衡。因此，主流媒体应注重信息传播的社会价值，选择传播议题时坚持男女平等的价值标准，从社会效应的角度充分考虑传播内容对受众的价值判断、思想倾向以及社会行为等方面的影响，谨慎考量信息传播的可行性，在性别观念多元多变的复杂情境下，加大对女性多元形象的正面报道，主导

---

① 《春晚小品嘲笑矮胖女汉子冒犯了谁》，见 http://www.kftv.net.cn/NewsLookAction.action?newsId=30056&newTypeid=9。

公共舆论走向，提升全社会对男女平等价值观的认同度。

关于怎么引导全社会正确认识女性价值和男女平等问题，20世纪五六十年代主流媒体的一些做法至今仍值得借鉴。新中国成立后，妇女获得了制度性解放，男女平等被写入新中国第一部宪法，政府颁布了一系列法规政策鼓励妇女走出家门广泛就业。然而，传统父权制下所形成的落后性别观念根深蒂固，相对于法律政策的改变，人们性别观念的改变是迟缓的，具有滞后性。为传播党在性别问题上的政治主张，尽快帮助人们摒弃"男尊女卑""男强女弱""男外女内"等封建思想糟粕和传统性别角色的刻板印象，增强全社会对妇女社会身份的认同，主流媒体侧重于报道活跃在各行各业的劳动妇女形象，这些职业女性媒介形象是刚刚获得制度性解放走向新生活的女性的重要参照群体，引领了那个时代的妇女从家庭走向社会。这种对妇女多元社会角色的刻画和报道，向人们传递了妇女是一支伟大的人力资源、"妇女能顶半天"等社会主义意识形态以及与之相适应的男女平等的价值理念，有力地挑战了传统的陈规性别角色定型，对于人们重新认识女性在家庭和社会领域的价值发挥了重要的舆论引导作用。正是这样一种通过主流媒体的广阔言论平台迅速传播党和国家的意志并积极引导社会舆论，才使得那个时期广大妇女蓬勃向上的劳动激情成为那个年代人们最重要的集体记忆，也才为广大妇女日后广泛深入地参与社会生活从而成为国家发展的主体奠定了深厚的思想文化基础。

应该说，新中国成立以来的70多年里，女性参与社会生产劳动的广度和深度不断拓展，相应地，女性的角色也发生了重大变化，逐渐由传统的单一家庭角色向现代的社会建设者的多重角色转变。媒体尤其是主流媒体对新时代女性形象的塑造应关照到日益壮大的职业妇女群体这个社会现实，充分反映她们在改革大潮中为实现自己的多彩梦想知难而上、锐意进取、自强不息、追求卓越的精神风貌，引导越来越多的人对女性的多元价值做出全面的、公正的评价。然而，根深蒂固的男女不平等观念仍残存在一些人包括媒体从业人员的头脑中，反映在传媒作品中，自觉不自觉地对两性的社会评价存在陈旧的刻板定型和角色期待，与现实中妇女的多重角色形象严重不符。比如，2015年三八节，我国某网络门户首页为表达对节日的纪念，设计了一个涂鸦动画：一个小女孩在八音盒中独舞旋转，然后慢慢变成披着头纱的新娘，最后新娘摘掉头纱变成一个少妇，身边不断出现的物品有项链、口红、玫瑰、情书、对戒，最后还有奶瓶、婴儿车、玩具等。设计师用一个穿着蓬蓬纱裙的公主玩偶来代表女性群体，并且呈现了一个女性由天真女童成长为美丽的求偶对象直至实现完美的生育角色的全过程，将女性的价值完全与"婚育"相捆绑，凸显了旧式父权中心文化对女性价值的规训，将本已多样化的女性群体刻画成面目统一的刻板形象，向受众传递了女性生存空间狭小、价值单一的信息。这种带有性别偏见的资讯对于民众尤其是价值观形成过程中的青少年，影响极其消极和负面，会使他们对性别角色认识上的偏差不断强化和继续扩大。同样为纪念三八节，当天另一国外网络门户首页的涂鸦则呈现了不同职业、不同年龄的女性的多样性生活状态，反映出了女性能够成为的社会角色的无限空间。① 由此可见，国内部分媒体在创作和表现女性形象和女性价值时的性别意识相当陈旧，远远落后于时代的发展。

主流媒体应总结历史上曾经创造的有益经验，善于把党和政府关于男女平等的执政理念带入大众的视野，在创作女性形象时自觉打破刻板印象，均衡描述多元化的妇女形象，客观呈现各行各业女性的多样化的生活状态，尽可能地营造一个对女性价值评判更加多元包容的舆论环境。尤其应注重发掘、整理、传播新时代女性在参与国家各项建设过程中涌现出来的各类先进典型，充分展示典型人群的人格魅力，发挥典型示范的激励和引导作用，带动广大民众对男女平等价值观的认同和践行，从而为两性平等和谐发展创造良好的社会环境。

2. 职能之二：舆论监督

舆论监督不仅是媒体组织的功能，也是媒体组织必须担负的社会责任。对于权威性、公信力强的主流媒体来说，认真履行此项职责更为紧迫和必要。在全媒体和自媒体迅猛发展的时代，信息来源渠道纷繁复杂，传播形式丰富多样，人们每天接触的信息量之大前所未有，每个人都可以成为意见领

---

① 《如何看待 Google 和百度妇女节涂鸦的区别？》，见 http://www.chicagowind.com/2015/0308/2609.html。

袖，都可以发布信息，这既为男女平等价值观的传播提供了更多的发声渠道，同时也为落后、腐朽性别观念的传播提供了相应的机会。由于受众的认知水准不一，如果不对媒介信息适当地加以监督控制，那些鱼目混珠的信息将会使受众的性别观念发生扭曲，扰乱受众对性别问题建立正确的价值评价标准。主流媒体应充分利用自身公信力强等优势，认真履行舆论监督的职责，在以下两方面下功夫。

首先，应对信息源进行过滤和筛选。关于性别文化信息，哪些是值得提倡的，哪些是应该有所限制的，哪些是必须坚决反对和禁止的，都需要仔细鉴别、严格把关。主流媒体应时刻关注社会舆论的走向，对于那些违背男女平等价值理念的信息，要拒之于传播大门之外，通过信息过滤和筛选，尽量减少不良信息的传播和不良报道所造成的舆论混乱。

其次，应对不良信息进行舆论校正。部分媒体为吸引受众和提高收听、收视率，突破法律和道德底线，传播一些带有性别偏见色彩或贬损女性人格、价值、尊严的信息，误导受众的价值判断，影响受众的价值取向。比如，近期相亲类节目风靡，一些媒体包括一些主流媒体争相响应，为追求片面的轰动效应，高调宣扬拜金主义、"以貌换财"等错误的人生观、价值观和爱情观，在社会上产生了恶劣影响。类似地，一些媒体举办形式多样的"富豪相亲会"，活动过程充满男尊女卑、"男财女貌"的双重价值标准，对未婚男性只有金钱财富的要求，而对女性则条件严苛，设置了从外貌到知识、从心理特点到心理健康等种种条件限制，有的甚至搬出封建的贞操条件，俨然一副"皇帝选妃"的阵势。这种公然引导、赤裸裸地宣扬拜金主义的恋爱观和男尊女卑等腐朽落后的婚姻观，直接挑战了强调平等、公正的社会主义核心价值观，挑战了男女平等的社会主义婚姻观，不仅会误导女性树立不劳而获、坐享其成的观念，而且会误导全社会对男女两性的价值判断。①为消除此类活动对大众尤其是青少年带来的消极负面影响，主流媒体应自觉承担起舆论校正责任，勇于揭露这类活动背后的商业运作牟利目的，及时澄清事实，向社会公众传递最真实、最准确的信息，引导社会公众正确

---

① 谭琳：《"富豪相亲会"：引导什么？挑战什么？》，《中国妇女研究网》2013 年 7 月 22 日。

认识此类活动的本质，将社会舆论引向正确健康的轨道上来。

3. 职能之三：示范带动

在媒体格局发生深刻变化的新形势下，主流媒体作为党、政府和人民的"喉舌"，在男女平等价值观传播的实践中应发挥示范带动作用。

首先，在传播内容方面，保持高品位、高质量，做传播男女平等价值观的表率。主流媒体的政治性、权威性、导向性等特点，决定了其传播信息的品质应该代表同时期本行业的最高水平。如果说，坚持法律、道德和人权的底线是对一般媒体在传播性别文化时的要求，那么对于主流媒体，则需要其自觉打破陈规性别角色定型，大力宣传两性平等，并以均衡的方式描绘妇女在不断变化的世界中不同的生活和对社会的贡献，把社会舆论导向更加平等、和谐、健康的方向。在媒体市场化改革和消费主义文化盛行的形势下，并非所有的媒体都能本能地、自觉地构建、支持体现性别平等的主流价值观。相当一部分媒体，为追求自身经济利益而置法律和道德底线于不顾，日益迷失在市场经济大潮的旋涡中，非但不支持主流价值观，还在消解、对抗甚至瓦解主流价值观。上述"富豪相亲节目"便是例证。面对舆论生态所呈现的多样性态势，主流媒体应坚持社会效益至上的原则，自觉抵制各种商业化浪潮以及由此滋生的"非政治化"观点，理直气壮地坚守媒介作品的指导性以及对其他媒体的引领作用，做传播男女平等价值观的表率，为推动党领导下的妇女运动健康发展提供舆论性支持。

其次，在议题设置方面，增强主导性、控制力，影响和带动其他媒体的议程设置。媒体传播议题的选择，不仅需要考虑受众想了解什么，还需要考虑受众应该了解什么。主流媒体可以通过主动设置更能体现性别平等意识及其未来发展趋势的议题，影响和带动其他媒体的议程设置，以便于引导社会公众更加关注党和政府促进妇女发展和男女平等的政治主张和执政理念，也便于党和政府及时了解广大妇女的生存发展状况，这对于在公众中培育男女平等的价值观极其重要。麻省理工学院教授乔姆斯基在一篇题为《主流媒体何以成为主流》的文章中指出，主流媒体又称"议程设定媒体"。这类媒体设置着新闻框架，所有二、三流的媒体每天都在这个框架内筛选新闻。① 主流媒体通过提高议题设置能力，增强对社会话语权的主导、控制和影响力，能使其他媒体更容易认同其在性别价值观上的判断，也更有可能促使其他媒体选择与主流媒体相似的观察问题的视角，根据主流媒体已有的议题进行议题的再设置，从而对媒体新秩序的建立带来很多积极影响，在全社会形成男女平等价值观的舆论传播合力。

三、结论与讨论

2015 年是我国提出男女平等基本国策 20 周年，也是第四次世界妇女大会召开 20 周年。回望《北京行动纲领》中提出的 12 大重点关切领域之一"妇女与媒体"部分，其中涉及的对媒体传播存在问题的剖析、所要达到的战略目标以及为实现目标所应采取的具体行动，比如，鼓励媒体将妇女描绘为具有创造性的人、极其重要的行动者、发展进程的促进者和受益者，而不要将妇女描绘为低人一等的人和利用妇女作为性玩物和商品；鼓励设立媒体监测小组，监督媒体并与媒体协商以确保适当反映妇女的需要和关切问题；鼓励为媒体专业人员提供提高性别问题敏感性的培训；鼓励妇女参与制定专业方针和行为守则或其他适当的自律机制，促进媒体均衡描绘非陈规定型的妇女形象；审查现行媒体政策，将性别分析应用到媒体节目制作过程等。② 这些提议对于主流媒体如何加强自身建设、提高贯彻男女平等基本国策和传播男女平等价值观的能力，具有较强的指导意义。

作为公共部门和社会公器，主流媒体是社会主流价值的捍卫者，也是民主公平正义和文明进步理念的传播者，承担着极为重要的社会责任。在媒体市场化程度不断加深、娱乐化趋势明显强劲的发展态势下，主流媒体在传播男女平等价值观方面所肩负的引导、监督和示范的职责越来越艰巨。作为党、政府和人民的喉舌，主流媒体在传播实践中应该明确自身职责，坚持男女平等的价值标准，提高有利于传播先进性别文化的议题设置能力，改进对

① 景刚：《论主流媒体在议程设置过程中的功能表达》，《新闻界》2004 年第 3 期。

② 《1995 年联合国第四次世界妇女大会行动纲领》，见 http://www.wsic.ac.cn/internationalwomenmovementliterature/66149.htm。

女性形象的宣传报道的关注点，自觉摒弃男女两性在家庭和社会中的陈规角色定型，切实加强多样化正面女性形象的宣传，引导社会公众对女性的价值作出正确判断，在传播男女平等价值观方面发挥示范带动作用。对于有损女性形象和女性人格、价值、尊严的宣传报道，主流媒体应自觉予以抵制，并提高舆论监督能力，及时帮助公众全面、准确地认识女性形象和女性价值并尽快地消除其负面影响，将社会舆论引向有利于男女两性平等和谐发展的方向，为培育和践行社会主义核心价值观营造良好的性别环境。

中国电视新闻节目中男女
平等价值观监测报告
——以江苏卫视《江苏新时空》为例

张敬婕　高音子*

一、监测背景

当今社会，男女平等观念仍然面临诸多挑战，而大众传媒应当担负更多传播责任。当前针对大众传媒中女性形象和性别观念的监测已积累一定的研究成果。但是监测所选取的媒介文本大多是报纸、杂志、网络新闻等以文字为载体的报道，由于电视新闻具有瞬时性，在数据抓取上有一定操作难度，因此，长期以来针对电视新闻栏目中女性形象与男女平等价值观的监测几乎是空白。

根据 CSM 媒介研究提供数据显示（数据范围为 2012 年 1 月 1 日—12月 31 日，全国 154 个城市组），2012 年全国共播出新闻节目约 47.8 万小时，较 2011 年的约 43.2 万小时提升了 10.8%。收视方面，2012 年观众每天收看新闻节目的时长约为 22 分钟，从新闻节目的收播比重看，其播出比重与收视比重呈现逐年上升的态势。① 可以说，电视新闻节目在人们生活中有重要地位。从性别的角度来看，电视新闻既反映了所处时代的性别文化特征，同

---

* 张敬婕，女，传播学博士，中国传媒大学媒介与女性研究中心副研究员。高音子，女，中国传媒大学传播学硕士研究生。

① 包凌君、郑维东：《中国电视新闻节目的收视竞争与创新发展》，《电视研究》2013 年第6 期。

时又参与对性别文化的再建构，观众通过观看电视新闻节目获取信息，与此同时，电视新闻节目中潜藏的性别观念也悄无声息地影响着观众的认知、态度和行为。因此，在女性主义媒介研究中，电视新闻是不能被抛开的重要研究场域。

本次监测试图对当前中国电视新闻栏目中性别平等观念的传播进行客观、系统的分析，主要探讨的问题有：电视新闻中女性形象的呈现频率和方式具有哪些特点？新闻节目对女性题材的甄选、报道角度是否存在性别刻板印象和性别歧视？经济发展水平不同的地区，新闻节目中性别观念有何差异？电视新闻在性别平等观念的传播上若有不足应该如何改善？

本次监测以江苏卫视《江苏新时空》为例，该栏目是江苏省最权威的时政新闻发布平台，自 2002 年 7 月 22 日开播至今已有 19 年。创办仅一年后就获得"首届中国电视十佳新闻栏目"殊荣，并获中国广电新闻奖二等奖、江苏新闻一等奖等多个奖项。因此，《江苏新时空》在东部经济较发达地区的新闻节目中具有一定的代表性。

二、监测发现

在监测方法上，为了保证数据采集的客观性，本检测采用分层随机抽样法，抽取了 2013 年《江苏新时空》的 14 期节目。节目播出时间分别为 2 月 8 日（周五）、3 月 14 日（周四）、3 月 20 日（周三）、6 月 3 日（周一）、6 月 20 日（周四）、8 月 6 日（周二）、8 月 12 日（周一）、8 月 18 日（周日）、8 月 20 日（周二）、8 月 24 日（周六）、8 月 28 日（周三）、12 月 8 日（周日）、12 月 20 日（周五）、12 月 28 日（周六），共采集到 132 条新闻，其中消息 115 条，简讯 17 条。

两位编码员在观看节目后，针对量表中的分析单元分别进行编码，最后，经过对数据的整理、统计与分析，监测结果呈现如下。

（一）**基本情况**

在监测的数据中，"时政"新闻最多（37 条），其次为"经济"与"社会"（分别为 23 条、22 条），再次为"人物"（10 条）、"体育"（9 条）、"教育"

（8条）、"科技"（7条）、"文化娱乐"（6条）、"医药卫生"（4条）、"法制"（2条）。值得注意的是"军事类"新闻无涉及。

由此看来，《江苏新时空》报道最多、最为关心的新闻类型为时政类、经济类，其次为社会类议题，这与其节目的定位与播出时间（在《新闻联播》之前，播出模式、所涉及的新闻类型均相似）有着紧密的关系。

（二）报道中女性形象的特征

1. 女性出现频率

报道中出现的男性为144次，女性为61次，难以判断的情况为1次，未涉及性别分类的情况为29次。这样的统计结果在一定程度上反映出男女两种性别在新闻报道中的话语权失衡，男性比女性获得了更多的媒介聚焦。

2. 报道中女性的年龄分布

报道中的女性出现最多的是中年形象（107次），其次是青年形象（73次），少年形象和老年形象都比较少（分别为13次和10次），未涉及和难以判断的状况分别为29次和2次。这一数据表明，中青年女性仍为传媒主要的受众群体，这两类女性也具有较高的经济消费能力。相对而言，少年和老年女性群体是媒介关注与媒介消费的弱势群体。

3. 报道中女性职业分布（与男性做对比）

报道中，女性从事"党政机关单位领导干部"的比例最多（66次），其次是"企业事业单位/公司一般职员"（18次）。其他职业身份按照出现多寡依次为"专业技术人员"（14次）、"党政机关单位一般职员"（13次）、"企业事业单位/公司管理者"（12次）、"学生"（11次）、"农林牧渔劳动者"（10次）、"商业服务业职工"（8次）、"个体户/自由职业者"（5次）。值得注意的是，"制造生产型企业工人""农村外出务工人员"和"退休"均为0次。

从此数据可以看出，随着女性领导力越来越受到社会的认可，女性以党政机关领导干部的职业身份出现在传媒中也成为一种主流。从媒介资源利用的角度来看，高层女性已经获得了一定的媒介话语权。但是，普通的生产型女工、农村外出务工的女性以及退休女性的媒介呈现仍然不足，这三类女性群体对媒介资源的利用存在着较为严重的弱势情况。

4. 消息（意见）来源者的性别、职业分布

本次监测的数据中，未涉及信息来源者性别的新闻有 66 条，涉及的有 144 条，其中信源为男性的新闻有 109 条，信源为女性的新闻有 35 条。男性人数几乎为女性人数的三倍之多。很显然，在新闻报道中，更倾向于引用男性的话语来作为信息或者意见引用，这在一定程度上反映出男性话语更加有"说服力""权威性""可靠性"，更加让人"信服"的媒介认同。

从信源者的身份来看，"普通民众、民意调查接受者"人数最多（55 次），体现出新闻报道行业实施"走转改"之后注重基层意见的变化。"专家"是信息和意见的第二大来源（42 次），再次是"党政机关领导干部"（33 次）、"发言人"（16 次）。

值得注意的是，"发言人"的性别分布为女性 3 次，男性 13 次；专家的性别分布为女性 6 次，男性 36 次；"党政机关领导干部"的性别分布为女性 1 次，男性 32 次；仅"普通民众、民意调查接受者"的性别分布为女性为 24 次，男性为 31 次。从这四组数据中可以清晰地得出，男性作为新闻中信息和意见来源者，不仅仅有数量上的优势（男性的 109 次比较女性的 35 次），更有"质量"（社会身份）上的优势——他们所扮演的角色相对于普通民众、民意调查接受者等的人群更加有权威性、可靠性，有更高的话语权与社会地位，相应地，女性的权威性、可靠性以及话语权、社会地位，相对男性而言要低一些。

5. 报道中女性出现场所

报道中涉及女性活动场所的新闻有 78 条，涉及男性活动场所的新闻有 112 条。在涉及女性活动场所的 78 条新闻中，女性处于"工作场景"的有 35 条，处于"社会公共场所"的有 24 条，"家庭"和"商业休闲场所"的分别为 8 条，"学校、运动场"的为 3 条。

在涉及男性活动场所的 112 条新闻中，男性处于"工作场景"的有 71 条，处于"社会公共场所"的有 28 条，处于"商业休闲场所"的为 5 条，"家庭"和"学校、运动场"的分别为 4 条。

由此可知，新闻报道中出现的男性更多被塑造为出现在公共领域中、处于工作状态的个体，并且男性的这一形象远远多于其处于商业休闲场所、

家庭和学校等场所的形象。而女性相对而言处于工作场景、社会公共场所的比例差不多，家庭和商业休闲场所的比例也相同，意味着女性一方面从事着公共领域的生产活动；另一方面在家庭和消费场景中担当着比较重要的角色。这组数据再次验证了男性在工作和家庭领域是隔离状态的，而女性却需要在工作和家庭领域承担双重责任的状况。

（三）新闻报道中的性别平等意识

一是新闻报道中对传统刻板印象的突破。在监测数据中，总共122条新闻，仅有6条新闻涉及挑战刻板印象。在性别关注以及挑战性别刻板印象方面，媒体的自觉意识显然不够。

二是新闻报道中女性话题的分布。在监测数据中，未涉及女性话题的新闻126条，涉及女性话题的新闻仅有4条。这样的统计结果也充分说明了媒体对女性话题的呈现严重不足。

三是新闻报道中的刻板印象。在监测数据中，未涉及刻板印象的新闻有128条，呈现为性别平等的新闻有1条，呈现为性别刻板印象的新闻有3条。这组数据表明，媒体在报道的文本中，正力求做到客观、公正和性别平等。

三、研究结论

（一）电视新闻在男女平等价值观传播上的可取之处

经过对数据的统计、整理与分析后发现，所抽取的14期节目中，并未出现对女性的直接歧视性内容。此处直接歧视[1]（也称"形式上的歧视"或"有目的的歧视"）是指在相同条件下，一个人或一个群体所受到的待遇明显低于另一个人或群体所受到的待遇。对妇女的直接歧视主要指基于性别的区别对待，也即明显歧视或忽略女性的行为。并且，节目在挑战传统性别刻板印象上有一定突破。例如，2013年2月8日第6条新闻，报道了春节之际

---

[1]　刘伯红：《社会性别主流化的概念和特点》，《中华女子学院山东分院学报》2009年第6期，第4页。

一名超市女性工作人员坚守在工作岗位上辛勤劳作的事迹，展现了女性兢兢业业的工作态度和美德；同时在这一期的第 7 条，报道了一名女公交车司机拾金不昧的事迹。在这两条新闻中，女性在工作上的个人价值和风采被挖掘出来，被赋予了主体性，成为"帮助别人的人"，而非"被别人帮助的弱者"。

2013 年 3 月 14 日的第 3 条，是一则与两会相关的时政新闻。这则新闻以江苏代表向全国人大提交的关注大气污染防治的议案为主题，牵头的是一位名为杜国玲的女代表。本则新闻对杜国玲进行了专访，凸显了政界女性在公共空间中的聪明、坚韧与果断，打破了以往时政报道中，女性或充当背景或被呈现为"花瓶"的刻板印象。

2013 年 6 月 20 日第 3 条新闻是一则教育新闻，报道南京金陵中学的学生观看神舟 10 号航天员面向全国青少年开展的太空授课。记者在采访学生们的观后感时，共访问了 3 名学生，其中 2 名是女生。在学校中常常潜藏着这样的刻板印象，认为女孩只擅长"死记硬背"，在空间思维、逻辑思维和计算能力上不如男生，因此女孩是学不好数理化的。在本则新闻中，被采访的女孩们思路清晰地介绍了课堂内容和自己所掌握的物理知识，表现得落落大方，打破了"女孩学不好数理化""女孩不爱自然科学"的性别偏见。

2013 年 8 月 6 日第 5 条新闻是关于南京亚青会的火炬传递活动。通常在这一类新闻中，男性往往是体育健身、户外活动的代言者，他们在新闻报道中往往展现出"支配性的男性气质"，例如阳刚、勇猛、健壮等。而在这则新闻中，记者采访了一名女性运动员吴静珏，打破了霸权的男性气质对体育新闻符号的垄断，女性不再是体育赛事中充当背景的"足球宝贝""拉拉队员"，成为能为自己争取荣誉、刚柔并济的独立个体。

2013 年 12 月 28 日的一则简讯报道了《一代伟大的女性——吴贻芳》，电视片在南京举行首映。简讯中介绍了中国第一位女子大学校长、第一个在联合国宪章上签字的女代表吴贻芳女士在 93 年生命中的事迹与贡献。尽管简讯仅有 1 分钟，但对杰出女性人物的有意识的关注仍然值得褒扬。

（二）电视新闻在男女平等价值观传播上的不足之处

除了以上列举出的几条新闻外，在其余一些报道中，也能见到女性被呈现为发言人、专家等。在《江苏新时空》中，女性在时政类新闻中有了自己的话语空间和发声机会，不再仅仅被呈现为画面中的背景或男性身边的配角。尽管如此，在监测中仍能发现明显的不足之处。

1. 总体来看，电视新闻仍然少见女性身影

《江苏新时空》的新闻仍然延续陈旧的报道模式，时政类新闻报道主题多为领导人（男性）的出行、参观、慰问、会议等，而女性在其中要么不出现，即使出现，也是充当新闻背景或者辅助性角色。从数据统计中便可以看出，男性出现的比例、作为信源的比例远远高于女性。

据《中国电视新闻节目市场报告 2007—2008》提供的数据显示，男性、中老年群体、中高教育程度群体、干部/管理人员群体和中等收入群体新闻节目人均收视时间相对较高，是新闻节目观众的主体。[①] 这种受众分布特征既是电视新闻节目中女性处于边缘地位的原因，同时也是结果。《江苏新时空》在节目观众定位上偏向于受教育程度较高的中年男性，在新闻内容和报道模式的选择上会主动迎合男性观众的口味。

2. "常态化描述"中潜藏着间接歧视

间接歧视（也称"实质性歧视"）是指没有歧视意图但是有歧视"效果"的行动或忽略，即指某项规定、标准或做法看似中立，没有区别对待任何人或群体，但实际上却导致某人或某一群体不成比例的不利影响。间接歧视表明[②]，对所有人使用同样的条件、待遇和要求，由于有关人员的生活环境和个人特点，可以在事实上导致非常不平等的结果。间接歧视强调歧视的结果和实质性。

监测发现，电视新闻报道没有对女性的直接歧视与侮辱，但几乎没有有意识地关注与性别相关的法律政策和改善的措施、国际或国内的赋权女性的先进经验、女性权益的正面信息、女性面临的困难、性别暴力等议题。在监测的 14 期节目中，没有任何一条是与以上几个议题相关的报道。在有女

① 侯明廷：《中国电视新闻节目市场报告 2007—2008》，《大市场（广告导报）》2007 年第8 期。
② 刘伯红：《社会性别主流化的概念和特点》，《中华女子学院山东分院学报》2009 年第 6 期，第 4 页。

性人物出现的新闻节目中，仅有1%涉及性别平等议题，2%与性别刻板印象相关，其余97%都未体现明显的社会性别意识。尽管这是一种看似客观中立、不偏不倚的"常态化描述"，没有有意地忽略女性，但是，当前中国的性别文化仍未完全走出"男尊女卑""男强女弱""男主外、女主内"等传统性别秩序，针对妇女的刻板印象、人格歧视和性别暴力仍然屡见不鲜。对这样的性别文化保持客观中立、不偏不倚，就恰恰在结果上造成了间接歧视。

3.女性被淹没在经济发展、国家建设等宏大叙事中

前文列举了《江苏新时空》在男女平等价值观传播上的对传统刻板印象和性别偏见有所突破的几条新闻，例如对女运动员、女人大代表和女性道德模范的报道等，使女性的主体性得到彰显，不再是男性的附庸。但同时必须要关注的是，尽管在这些报道中，女性暂时逃离了"男强女弱""男尊女卑"的性别秩序和"男要有阳刚之气、女要有阴柔之美"的性别气质的规训，开始在公共领域有了自己的话语权和表达空间，然而，她们却仍然被牢牢地捆绑在经济建设、国家发展等宏大叙事上。例如，女人大代表为了国家的环境治理而四处奔走献计献策，女运动员为了国家的荣誉挥汗赛场不屈不挠。而女性自身的经历、情感，她们所面临的困难、个人的奋斗挣扎、内心的幸福与痛苦，并没有被挖掘。

四、建　议

第一，增强媒介及媒介工作者的性别意识。由于体制上的特殊性，中国电视新闻在报道题材、内容与方式上，往往受到政府的引导与管控。《江苏新时空》这样的省级最权威的时政新闻栏目更是党政部门的喉舌。所以，要想改善节目在男女平等价值观传播上的不足之处，需要党政部门对其进行积极的引导，推动社会性别主流化。例如，针对媒体中的采编人员开展性别平等观的培训；在新闻报道相关奖项的设置中，增加"是否具有性别意识"这一考评维度，形成对记者、编辑的激励机制；为媒体与各高校性别研究机构、妇联组织的交流和沟通提供平台，构建学界和业界的桥梁。

第二，增强对女性议题的报道敏感与报道力度。例如，在栏目的安排上，可以有意识地选择与女性相关的话题，报道内容适当向女性侧重。例如，在两会期间，可以多报道女性人大代表以及有关女性权益的提案，在毕业季关注女大学生就业状况以及招工单位是否存在性别歧视，在高考期间关心女中学生的临考心态，在春运期间关注女农民工或者女性留守老人等。并且，可以增加国际视角，报道国际上女性自我赋权的经验和事迹，介绍国外女性组织的活动。

第三，在具体的新闻采编操作中，打破性别的刻板印象。例如，将女性有关的新闻放入节目摘要，在选择拍摄镜头时，尽量避免对女家长、女服务员、家庭主妇的过度聚焦，可以适当凸显男性在家庭、服务业中的角色和职务（男幼儿园教师、男性乘务员等），这样既能使新闻耳目一新，同时又打破了性别刻板印象。此外，在选择拍摄场地时，增加女性在工作场合的出现机会，减少对其家庭关系的描述；在选择消息（意见）来源时可以适当增加女发言人、女性专家的比例。

构建中国特色性别传播
研究的方向与路径

刘利群

习总书记在哲学社会科学工作座谈会上发表重要讲话以来，学界对构建和创新传播研究的学术体系和话语体系，进行了深入的探讨，产生了很多富有启发的观点，然而如何构建中国特色性别传播研究，使其成为传播学科建设中的重要学术增长点，还需要深入探讨。中国特色性别传播研究是性别研究和传播研究的结合，也是广泛吸收了政治学、经济学、社会学、文学、文化研究等多门学科营养的交叉领域。无论是性别研究还是传播学研究，其理论方法和研究范式基本源于西方世界，也受到近代西方学术界各类研究思潮的影响。但是，中国性别传播研究的兴起有着具体的历史背景和社会语境。因此，这一研究领域在发展之初就与中国现实有紧密的结合。

一、性别传播研究在中国的发展体现了"中国特色"

20世纪七八十年代以来，性别传播研究作为一个研究领域进入中国的知识界，最早出现在女性文学、女性艺术的研究范畴之中。形成这一局面的重要契机可追溯到1995年世界妇女大会前后，中国学界引入了大批有关妇女研究的理论书籍，并且在中国高校内建立起一批以性别或者女性为研究对象的研究中心。当时从事有关性别研究的研究者大多来自文学和社会学领域，研究的主题涉及文艺作品如何呈现女性形象，如何体现女性的主体性等。因而中国最初的性别传播研究带有浓厚的文学和文艺学研究色彩。

1996 年，传播学被确认为与新闻学并列的二级学科，传播学的学科体系逐渐在中国高校建立起来。传播学将妇女群体作为传播主体与传播受众加以研究的过程中，传统的、无差别的科学研究惯例、规则与方法似乎不再有效，如何以社会性别视角进行传播学研究，并努力使性别研究的理论方法系统地纳入传播学的学术体系，成了一批兼具传播学研究和社会性别研究基础的学者们的努力方向。这个时期性别传播研究的主题大多基于传播学的研究范式，聚焦于女性传媒人研究、媒介中的女性呈现研究、女性受众研究等领域。从事性别传播研究的研究者团队中，传播学专业的学者逐渐占据主要位置。

二、性别传播研究对中国的学术发展和社会发展做出了贡献

从学科发展的角度讲，从 2006 年起，媒介与女性研究成为传播学专业下的一个硕士研究生培养研究方向。一些高校开设了从传播学角度进行性别研究的课程，也形成了一批关注这一研究领域的教师和研究队伍。她们自觉组成了中国性别传播研究的学术共同体，召开专门的学术会议，研讨中国语境下性别传播研究的理论与实践问题。越来越多的高校硕博士学位论文以性别与传播作为研究对象或研究主题。

从传媒实践的角度讲，特别是在传媒制播中加入了社会性别视角，产生了很多对妇女有积极影响的"性别议题"，比如男女平等享有教育权、经济权、政治权、发展权等各项权利／权力的议题；与妇女生活息息相关的生育问题、健康问题、反对暴力问题、提高妇女地位的机制问题等，这些性别议题将与妇女发展相关的重要问题设置为全社会共同讨论的社会议题，从而引起公众讨论，推动社会变革。近年来，中国的"男女同龄退休""反家暴立法"等，就是通过传播议程设置，为社会公众广为关注与讨论，最终形成社会议题，推动了政策法规的变革与完善。在传媒制播过程中，应妇女群体的媒介需求，产生了一批具有影响力的媒体女性节目、女性栏目；在影视剧及各类媒介内容制作中，越来越多的媒体人注意到引入性别视角的重要性；在影视制作领域，一些专题类的法制社会节目开始引入女性问题研究专家作

为性别顾问。

三、积极构建中国特色的性别传播研究

首先，中国性别传播研究需要继承历史遗产和民族遗产，打破以西方传播学研究范式为主体的研究体系，建构中国特色的性别传播研究体系。自20世纪七八十年代中国学术界引进传播学研究，尽管有研究者从文学和文艺学的角度，在中国的知识遗产和民族文化遗产中搜集和整理了有关性别传播研究的内容，但多见于单篇论文，而这些数量有限的研究囿于视野和知识壁垒，往往缺乏系统性和传承性。从研究范式来看，很多研究照搬西方的研究理论和研究思路，不接地气，缺乏切合中国社会现实实际的考察，缺乏对中国妇女历史发展特点的关照和把握，民族性和本土特色体现不足，与历史传统缺乏有效衔接。

中国性别传播研究的发展，必须重视对历史遗产和民族遗产的开发，坚持以马克思主义为指导，从中国的历史文化和社会现实中汲取养分；从当下妇女发展的实际情况出发，适应新媒体时代的传播特点，应势而为，开拓创新。面向中国过去、现在和未来发展的全局，打破西方传播学研究的既定视野和既定范式，建构具有中国特色的性别传播研究体系。

其次，中国性别传播研究需要关照中国发展的时代特性，重点解决中国女性的发展问题，提升中国女性议题的媒体表达。男女平等是中国的基本国策，但是几千年的封建思想并未完全消除，很多对女性发展不利的意识观念和社会话语依然通过各种形式在传播和复现。特别是在"互联网＋"的时代，对女性的污名化和物化现象既普遍又隐蔽。中国妇女的发展问题既与社会政治经济生活裹挟在一起，也与中国妇女自身的性别观念和主体意识息息相关。"面对社会思想观念和价值取向日趋活跃、主流和非主流同时并存、社会思潮纷纭激荡的新形势"[1]，如何实现男女的机会平等、过程平等和结果

---

[1] 习近平：《在哲学社会科学工作座谈会上的讲话》，2016年5月17日，见人民网 http：// politics.people.com.cn/n1/2016/0518/c1024-28361421.html。

平等，亟须性别传播研究在理论和实践中发挥重要的作用。

性别议题是关乎妇女发展的社会舆论焦点，是讲好中国妇女故事的重要内容，也一直是国际国内舆论的重要关注点。在媒体高度发展的时代，性别研究不是学术研究的自说自话，还需要通过媒体传播影响社会中的广泛人群。性别传播研究要重点把握新媒体时代信息传播的特点和规律。利用媒体传播的特点，通过舆论引导主动影响媒体的议程设置，推进性别议题更多地进入社会主流舆论，获得大众的关注和认可，形成有利于妇女发展的社会舆论，构建更多符合妇女发展需求的性别话语，例如，建议媒体将关于"剩女"的话语表达，改为"盛女""胜女"等更积极的话语表达。减少对"女汉子""绿茶婊"等带有负面意义的性别话语传播。引导媒体更多地关注女性、报道女性，多样化、多元化地呈现女性的社会角色和社会价值。

最后，中国性别传播研究需要继续加强系统性和专业性建设。从学科发展的历史经验看，专门学科的建设需要在学科制度和学科建制两个层面着力。学科制度主要指学科内容体系的建立，如专门的研究对象、完整的理论体系、公认的术语和方法论等，实现学科的学理合法性。学科建制则是学科发展的组织机制层面，如学科点、组织机构、行政编制等，建立起该学科的社会合法性和行政合法性。[1] 目前的性别传播研究需要继续加强学科建设。从学科制度看，性别传播理论和方法研究有一定的发展，相关课程也不断出现，但是系统性还不足，需要进一步确立和完善。从学科建制看，已经有高校传播学专业设立了"媒介与女性"方向的硕士点，但是还没进入本科教育体系，也没有设立专门的博士点。研究的组织机构还很缺乏。研究队伍中除了只有少数专职从事性别传播研究和社会实践的人员外，性别传播研究在中国学术界还处于边缘和弱势地位，学术成果和学术资源分配上不受重视，势必会导致具有价值的研究意向和研究者的流失。因此，加强中国性别传播研究的系统性和专业性，必须加强顶层设计，加强学术共同体、研究课题、学术成果和学位教育多位一体的协同推进发展。

性别传播研究是中国特色妇女研究的重要组成部分，新媒体快速发展

---

① 王珺：《学科制度视角下的"妇女学"》，《妇女研究论丛》2005（S1）。

的社会环境为这一研究提供了学术创新、服务大众的机遇，也对下一步研究发展提出了重要挑战。性别传播研究具有很强的实践价值，研究要关照现实，回应时代需求，结合国情，结合中国社会中舆论传播的具体环境，解决中国妇女问题，服务于中国妇女的发展，创新时代话语，讲好中国妇女故事，为中国妇女发声，推进性别议题的媒体表达，提升国际话语权。

社会性别主流化的推进与媒介责任

刘利群

中国妇女十一大报告将社会性别主流化放在重要位置，作出了一系列重要部署，反映出社会性别主流化的精神已成为妇联组织和全社会的共识，也反映出妇联组织开展工作思路的重要创新。

一、妇联组织工作思路的重要创新

一是认真落实党的十八大精神的新方向。党的"十八大"报告明确提出"坚持男女平等基本国策，保障妇女儿童合法权益"，第一次将坚持男女平等国策写入执政党的纲领性文件。中国妇女十一大报告再次强调社会性别主流化，将社会性别观点包含在社会决策和发展的全过程中、包含在党发挥领导核心作用的主流中，深入推动提高妇女地位国家机制建设，显示了妇联组织作为党领导下的人民团体、作为党和政府联系妇女群众的桥梁和纽带，对党的十八大精神的坚决贯彻、深入落实。

二是深入贯彻男女平等基本国策的新思路。妇女十一大报告强调社会性别主流化，使性别意识和议题成为社会发展的目标、策略和行动，发展性别平等和可持续发展的理论、战略和机制，深入推动从法律上的男女平等向事实上的男女平等发展，是在新的阶段贯彻落实男女平等基本国策的有效机制和新思路。

三是充分发挥妇女在建设中国特色社会主义中半边天作用的新路径。在建设中国特色社会主义的进程中，女性走入了社会中各行各业，为经济社会发展发挥了重要作用。妇女十一大报告坚持社会性别主流化，注重尊重妇女主体地位，坚持妇女是参与发展的主体，强调不论男女，在不受各种成见、传统角色分工和歧视的限制下，自由发展能力，将极大地激活女性的创造力，是充分发挥妇女在建设中国特色社会主义中半边天作用的新路径。

四是在国际舞台上增强中国影响力和话语权的新举措。妇女地位代表着一个国家的文明程度。社会性别主流化是多年来国际社会就促进性别平等达成的共识。中国妇女十一大报告再次重申社会性别主流化，努力提高与中国的世界经济地位相称的妇女发展、性别平等水平，有力促进中国与国际社会进行有效对话和沟通，增进国际社会对中国发展和妇女进步的了解，因而是提升中国国际影响力和话语权的重要的新举措。

总之，中国妇女十一大对社会性别主流化的再次强调，是对党的十八大精神和男女平等基本国策的深入贯彻，是在新阶段推进妇女事业和妇女工作创新发展的重要战略，对未来发展具有重要的指导作用。

二、社会性别主流化的工作重点与媒介责任

中国妇女十一大报告对社会性别主流化作出了一系列重要部署，明确提出相应举措，要求突出抓好几方面重点工作，推进实效。

社会性别主流化致力于促进实质平等并通过责任方法和行动方法实现平等。将两性平等观念社会化、全面化，贯彻到社会的各个方面、各个层次，最终达到性别平等、维护公正，推动两性和谐发展。这就突出要求媒介在当今信息化时代要充分发挥作用，担当重要使命。媒介要积极创新，承担好宣传责任、抵制责任和配合责任。

重点推进社会性别纳入教育培训。教育培训是传递社会性别规范的基本手段。将社会性别纳入教育培训，是改变男尊女卑、性别歧视，促进男女和谐发展的必要条件。中国妇女十一大报告提出，"持续推动男女平等基本国策宣传教育进党校、行政院校和各级干部培训内容，增强领导干部性别平等意识和对公共政策的性别分析能力"。要积极探索性别平等教育内容和形式，让受教育者在潜移默化中树立先进性别价值观，发挥出社会性别教育在

促进男女两性成长、成才上的重要作用。

媒介作为现代社会中人们日益重要的信息、知识与观念来源，也是教育培训的重要手段。传媒工作者要审视刻板的、传统的性别规范，传递反映性别平等的新型观念，拓宽男性、女性在性别社会化过程中的视野与思路，引导他们树立良好的女性观、性别观。

重点推进社会性别纳入法律政策顶层设计与实施。法律政策在社会建构中发挥着制度性、结构性的重大作用，因而也是社会性别主流化的杠杆。要真正消除男女间的不平等，实现对女性权利的平等保护，在公共政策包括法律的设计与实施中应当具有社会性别视角。中国妇女十一大报告指出："推动建立法规政策性别平等评估机制，在法律政策顶层设计和实施的全过程充分体现性别平等。"强调要从社会性别平等这一系统工程的全局出发，对社会性别纳入法律政策的各个要素、各个层面统筹考虑，进一步推动性别平等制度建设。

媒介作为法律政策议题的讨论平台与沟通桥梁，要深入了解和理解妇女发展实际，学习、掌握有关女性/性别公共政策，积极进行议程设置，坚持立场，取好角度，把握尺度，发挥良好作用。媒体作为社会大众表达观点的渠道，对有关性别议题上的多元声音，要兼收并蓄，平衡呈现。同时，又要以性别平等的立场评价各种观点，答疑释惑，积极增进社会共识，推动社会性别纳入法律政策的设计和实施。

重点推进社会性别纳入先进性别文化建设。文化集中表达和传递关于男女两性的价值与观念，固化和延续社会性别规范，影响着人们的思想、价值取向和行为方式，以及人们对女性价值的认识和对女性能力的评价，从而深刻影响着男女平等和妇女发展的进程。中国妇女十一大报告指出，"推动建设以男女平等为核心的先进性别文化"。要将先进性别文化的理念和内容融入社会公德、职业道德、家庭美德及个人品德建设的各项工作之中，必须扭转和消除性别偏见，使男女平等成为人们普遍遵循和认同的主流价值观，从而推动社会主义文化不断增加积极健康、平等和谐的因素，不断丰富和发展。

媒介要积极创造表现性别平等和谐的各种文化形式，传播体现性别平等和谐的语言和知识，倡导性别平等理念，倡扬男女平等的社会风尚。报纸、杂志、广播、电视等传统媒体和互联网等新媒体要重视传播性别平等理念，提倡男女两性的人格和尊严受到同等对待，提倡男女两性在社会和家庭生活中平等相待。媒介还要监督和抵制歧视妇女的各种文化现象，对贬损妇女形象、侵害妇女人权、人格和尊严的言行不能视而不见，要发挥大众传媒在先进性别文化普及中的重要作用。

重点推进社会性别纳入理论与实践研究。社会性别问题实质上是社会问题，涉及政治、经济、文化、社会的方方面面，要积极运用多学科和跨学科的理论和方法进行深入分析和研究，努力进行理论创新，积极回应现实问题。要通过重点课题研究、教材建设、课程开发和人才培养，进一步加强妇女/性别研究有关学科建设，建构体现性别平等精神的知识体系，培养具有性别平等意识的专业人才，推动社会性别主流化。

媒介要搭建好平台，积极促进社会性别主流化相关理论的研究，加速将研究本身和科研成果转化为需要，同时，各媒体、各新闻从业人员也要让实践充分发挥作用。

可见与不可见

——社会性别视角下的中国媒介与女性

刘利群

我们生活在一个环境和拟态环境共同呈现的时代，一个媒体建构与真实现实相互作用的时代。在这个时代中，海量的复杂信息正在深刻影响着我们的认知和行为，同时也颠覆着新闻教育强调的所谓"眼见为实"。尽管传媒建构的"真实"都是来源于社会现实，但我们常常发现，这种经过传媒建构的拟态现实似乎比现实更加逼真，更令人相信。

传播学教材里有个经典的例子，一个小朋友问他的父亲，如果一棵树倒了，媒体没有报道出来，这棵树算不算真的倒了？这个看似童言无忌的稚嫩语言反映出深刻的传媒逻辑：在一个媒介化的时代背景下，可见还是不可见，并非仅仅取决于个体的物理形态，而取决于被媒介呈现的虚拟镜像形态。

中国媒介与女性研究发轫于1995年北京世界妇女大会，这一研究不仅是女性学研究的重要分支，也是传播学研究的重要流派；不仅是中国学术研究的重要领域，也是世界范围的重要研究议题。媒介与女性研究经过多年的发展，已经取得了很多重要的研究成果，但另一方面，这一研究依然在传播研究中属于比较边缘的学科，聚焦于这一领域的学者还比较少，而且，对于中国媒介与女性的发展现状还是缺乏系统的梳理和深入的思考。

在本文中，我们希望对当代中国媒介与女性关系进行深入观察，透过一些可见的议题和现象，以及不可见的社会深层机制与缘由，对当代纷繁复杂的中国媒介与女性景观进行一次学术层面的系统梳理。努力去发现和阐释当代中国媒介与女性发展中的事件与事实，行为和理论，勾勒出当代中国媒介与女性状态的真实全貌。

整体来看，当前中国的媒介与女性的发展具有以下一些特点。

一、可见的呈现：媒介成为性别议题呈现的主要场域

在中国人的观念当中，性别关系是标准的私事，只是闺阁相谈的话题，连街头巷尾的议论都很少，更不用说开展公开讨论。然而，随着社会的发展、观念的转变和媒介作用的加强，性别议题不仅在媒介中得到同步映现，而且还成为引起社会热议、公断甚至影响法律政策的策源地。相比较于其他交流渠道的壅塞和缓慢，媒介具有快捷性、广泛性、复合性等多重属性，能在最短的时间内将信息传送到舆论场的中心，并在最大范围内影响到受众。

首先，媒介积极关注两性热点话题。

近年来，性别议题在媒介中日益凸显，各类相关话题的数量日益攀升，这折射出来的不仅是社会转型时期两性关系的变化，还有中国传统文化观念的变化。

比如，媒介热议"剩女"话题。"剩女"是指在年龄已过婚期而未嫁的女性。教育部 2007 年 8 月公布的《中国语言生活状况报告（2006）》[1] 中，剩女被列为 171 个汉语新词之一。中国传统文化一直将家庭设定为女性终生的归宿地和价值实现之所。"剩女"群体对中国传统的性别关系和婚恋文化形成了强烈的冲击，也让媒介更关注这一现象。

目前，多家电视台连续推出多个相亲交友节目，邀请全国单身女性直接上台征婚，收视率颇佳。此外，以"剩女"为题材的电视剧也不断播出，也收到了较好的反响。通过将个人感情公开化的方式，媒介成功将公众目光聚焦于"剩女"群体，并引发了社会对于剩女现象的热烈讨论。

其次，媒介引导公共舆论，推动公共政策。

媒介成为性别议题集中呈现的场域，还体现为通过媒介传播，构建话

---

[1]　国家语言资源监测与研究中心编：《中国语言生活状况报告 2006》，商务印书馆 2007 年版。

语体系，引导公共舆论，从而推动政策的改善，促进社会问题的解决。

如近年来媒体普遍比较关注的"男女同龄退休"问题。20世纪50年代，中国政府规定男干部的退休年龄为60岁，女干部为55岁。80年代后，该政策越来越遭到质疑。2003年中国妇女"九大"召开期间，有代表直接提出"男女公务员同龄退休"的建议，经媒体发布后，引起了广泛的社会关注。①

从2003—2012年，近十年间，媒体为公众意见的发表搭建了平台，围绕"男女同龄退休"展开的争论，持续时间之长、跨度之大、涉及人群之广，都是非常罕见的。如凤凰卫视曾邀请专家座谈，深入探讨该话题；大型门户网站新浪网曾发起相关调研，吸引了7万余名网友参与并发表意见。这些公共讨论形成了强大的社会舆论，直接推动了政策的改善。目前，上海等七八个省市已率先实施处级女干部60周岁退休的政策。②

可见，媒介的持续聚焦，打破了现实社会的封闭和凝滞，以营造拟态环境的方式，构建虚拟空间和场域，让性别议题得以凸显在公众面前。并通过议程设置，不断吸引公众的注意力，激发公众的代入感，发挥舆论导向的效能，引发全社会共同关注、思考、改善性别问题。

二、可见的推动：媒介成为为女性赋权的利器

女性赋权概念是在总结当代世界妇女运动特别是总结妇女与发展的理论和实践问题的过程中取得的重要成果。③ 其含义是，女性要想从社会的发展中受益，就要在就业、教育和其他发展机会方面与男子平等，不能一味依靠社会来保护，更重要的是赋权于女性，使女性掌握主动权，成为发展的主体。

在女性赋权的课题中，媒介功能独特，而又责任重大。赋权的本质特

---

① 刘军、蒋永萍、张李玺、冯媛、丁娟、荣维毅：《关于"男女公务员同龄退休问题"的讨论》，《妇女研究论丛》2003年第6期。

② 陆建民：《处级女干部60周岁退休：从提案到政策》，《中华女子学院学报》2012年第2期。

③ 谭琳、陈为民：《女性与家庭》，天津人民出版社2001年版。

点就是赋予社会成员管理自我、社区及相关事务的权力，并在管理和解决问题中与他人分享知识和技能。在赋权的视野中，传播必不可少。① 传播是人们彼此间的对话、理解、认识共同问题的有用渠道，是解放精神和心理枷锁的工具。通过启蒙，传播发挥其真正的功能，即沟通、在社区组织和成员之间建立共识，推动具有更全面含义的发展的实现。

20 世纪 90 年代以来，联合国及相关的国际发展机构基于国际妇女运动实践经验，提出赋权妇女是实现妇女发展和性别平等的重要途径。1994 年，联合国在开罗召开的国际人口与发展大会上通过的《行动纲领》中，专门将"男女平等、公平和赋权妇女"作为一章，指出"赋权妇女，让她们自主，提高她们的政治、社会、经济地位，改进她们的健康状况，本身就是一个十分重要的目标，对实现可持续发展至关重要"②。在中国，媒介对女性赋权的作用也日益显著：

首先，媒介为女性提供信息资源。

赋权意味着增加对资源和决策的控制力和支配力。而信息则是人们进行判断、思考、行动的基础。媒介是信息的载体，并具有实时性和广泛覆盖性，因此成为赋权的有力工具。2010 年，中国有广播电台 227 个、电视台 247 个、广播电视台 2120 个、教育电视台 44 个。年末广播综合人口覆盖率为 96.78%；电视综合人口覆盖率为 97.62%。2011 年全国共出版期刊 9849 种，出版报纸 1928 种。③ 多种媒介形态交织成一个巨大的信息网，为更多的女性提供了丰富的信息资源，推动她们的发展。

其次，媒介为女性提供表达空间。

在历史长河中女性长期是沉默者，媒介的兴起为女性带来更多表达机会与更广的表达空间。近年来，中国妇女组织积极争取大众媒介的支持与合作，传达弱势群体的声音，表达女性的诉求与观点。

---

① 王锡苓等：《发展传播学研究的"赋权"理论探析》，见 http://roll.sohu.com/20120405/n339822968.shtml。

② 转引自谭琳、周垚《治理出生性别比偏高：公共政策的赋权性分析——中国和韩国国家层面公共政策的比较》，《妇女研究论丛》2008 年第 5 期，第 6 页。

③ 数据来源：国家广播电影电视总局网站公布的统计报告。

近年来，中国妇女组织积极争取大众媒介的支持与合作，传达弱势群体的声音，表达女性的诉求与观点。如北京的民间妇女组织经常联系的媒介有：《中国妇女报》、《农家女百事通》、中央电视台《半边天》栏目、北京电视台及《北京日报》等其他诸多报纸的"女性""婚姻家庭"版面或栏目以及《中国青年报》《北京青年报》《北京晚报》《北京青年报》《北京信报》《京华时报》《人民日报（海外版）》等。① 越来越多的女性进入大众媒介，也有力地推动着女性表达。女性在媒介空间中的发声，唤醒了人们对性别问题的注意，逐渐改变了社会的性别成见，促进了女性赋权。

最后，媒介为女性提供参与渠道。

女性赋权是一个参与的过程，强调在参与中赋权。而媒介具有开放性、互动性，为女性提供了参与的重要渠道和平台。如十多年来中国大众媒介成为"家暴"公共讨论的重要平台，家庭暴力得以由一个隐蔽的、私人领域的问题变成一个公共问题。这也是一个女性参与的过程。家暴案件中的女性当事人、性别学者专家、妇女团体、女性传媒工作者以及众多普通女性长期不懈的参与，汇聚起了声音和力量，在社会中形成越来越多的共识，推动着公共政策的优化。《反家庭暴力法》已纳入全国人大 2011 年首批立法立项论证试点项目②，代表着中国女性赋权的一项重要进展。中国女性运用媒介进行公共参与的意识在不断增强，深刻推动着女性赋权。

总之，媒介是呼唤正义和公平的利器，是为女性赋权的公器。中国媒介的大力实践，有力地提升了女性在社会发展中的"可见度"。

三、不可见的制造：消费文化与传统性别文化结盟

性别议题在媒体中的高频度出现，并非只是源于媒体的责任意识，也是媒体自身生存发展的客观需要。近年来，中国经济的发展使得消费文化逐渐成为影响巨大的社会浪潮。消费的目的不仅是为了满足实际需要，同时也

---

① 　卜卫：《媒介、性别与传播行动主义》，《妇女研究论丛》2009 年增刊。
② 　《〈反家庭暴力法〉下月开始进行立法立项论证》，《新京报》2011 年 9 月 23 日。

在不断制造、刺激大众的物质欲望。其背后是商家的赤裸裸的利益追求。消费文化巧妙地利用中国传统文化中的某些因子，特别是传统性别文化要素。大众传媒既是性别议题呈现的场所，也是消费文化和传统性别文化合谋的场所，还是二者合谋的推手。主要体现在以下三个方面：

首先，制造具有消费示范性的女性形象。

对女性美的强调是传统性别文化的一个重要内容，虽然对"美丽"的界定各不相同，但"女为悦己者容"，女性的美丽的最终目的是为取悦男性。消费文化下，女性的身体、外貌被赋予了新的含义，成为商业化的资源和消费欲望的载体。

消费文化与大众媒介合谋，塑造了大量时尚的女性媒介形象。她们共同的特征是：美丽性感，她们似乎不受传统性别文化的束缚，但她们无一不体现传统文化所界定的女性气质，即便是"女强人"类型，仍然是妆容精致，名牌傍身。这些女性形象更多地具有消费品的意义。女性被进一步物化和商品化，强化女性作为"第二性"的地位。

其次，制造促进消费需求的性别议题。

媒体和传统性别文化、消费文化合谋制造一些吸引眼球的性别议题，制造消费焦虑，促进消费需求。

同样以"剩女"为例，从经济学的角度来看，中国媒体制造"剩女"而非女农民工，是因为"剩女"是"三高"群体（高学历、高收入、高智商），也是具有购买力的群体。传统文化对婚姻的重视，被消费文化所利用。媒体在关注"剩女"婚恋的同时，也将她们塑造成了一支消费主力军。举凡地产、IT、奢侈消费，全都主打剩女市场。在大众传媒的推动下，奇特的"剩女经济"现象得以出现。

最后，传播适应消费文化的性别话语。

新中国成立后，曾经出现过"男女都一样""妇女能顶半边天"之类的性别话语。这些性别话语体现了政府对于男女平等的倡导。改革开放后，中国出现了一些新的性别话语，如全国妇联倡导女性要"自尊、自信、自立、自强"，积极提升女性独立和自身素质。

在消费文化的刺激下，社会制造了"干得好不如嫁得好"的性别话语，并通过各种媒介样态如婚姻家庭剧、征婚节目等得到了广泛的传播。在这一话语中，女性的素质被分割为两个方面：一是基于个体主义原则的现代竞争能力，即所谓的"干得好"；另一个是基于两性关系中女性作为附属角色的定位。即所谓"嫁得好"①。

传统文化中"男主外女主内、夫唱妇随"的关系模式，两性关系上主张男尊女卑、男主女从的等级模式，形成了男性承担养家责任、女性相夫教子的社会习俗。女性个人的能力不被重视，反而以女性婚姻的对象衡量女人个人价值。

四、不可见的缘由：理论研究与媒介现实错位

中国媒介与女性发展呈现出来的众多复杂特征和现实问题，其实也和这项研究的理论基础和研究状态有密切关联。

首先，舶来理论与中国本土国情的磨合。

中国媒介与女性研究的理论基础主要是来自西方学界的社会性别理论和传播学理论，这两种理论作为舶来品，与中国的社会现实并不是天然的契合。中国几千年的历史有自身的性别文化和价值观，中国女性的发展历程也和西方女权运动历次思潮的发展并不一致。

例如，近代中国是由男性精英发起"妇女解放运动"，它是整个中华民族国家革命的一部分，而不是一场自觉的女性运动，因此女性研究也和民族国家革命的政治话语密切关联。

新中国成立以后，中国政府将"男女平等"作为国家的基本国策之一，在国家化的性别叙事中，"男女平等"是一种以男性为标准的"平等"，典型的女性形象是"铁姑娘"这样的抹去了性别特征的劳动妇女的形象。80年代之后，两性差别的研究成为热点，与此相应，"女性气质"的媒体塑造引起了社会的广泛关注与讨论，并一直持续至今。

改革开放以来，中国社会的价值观剧烈嬗变，一些倡导女性回归传统

① 吴小英：《市场化背景下性别话语的转型》，《中国社会科学》2009年第2期。

角色的思潮逐渐占据了社会话语的一席之地。这些社会发展的现实都有着独特的中国国情特色，并不是西方舶来的理论可以直接关照和解释的。

社会性别理论和传播学理论的传入为中国的研究提供了很好的理论范式，也逐渐成为中国学者们进行研究和社会干预的有效分析工具。但是，一方面，因为西方的诸多理论引进中国的历史尚短，也不够体系化，因此国内学者在消化、发展与创新上力有不逮；另一方面，因为中国政治经济文化和西方存在很多相异之处，如何将理论贴近实践，如何开拓本土的创新观点，以及将来我们如何能够创造出自己的性别传播理论，都是我们需要面对的问题。

其次，同质化研究滞后于复杂现实。

就中国目前媒介与女性研究的现状来看，学者的研究同质化严重，创新点不多。很多研究还局限于媒介呈现中的性别歧视，对于媒介发展和女性现状缺乏深入细致的分析。相当一部分研究没有关照到媒介与女性发展的现实需求，无法为解决现实问题提供理论支持。

从媒介与女性研究的内容来看，有研究者对1994年到2010年，在中国最权威的学术期刊数据库"CNKI期刊网"上发表的有关媒介与女性的研究文章进行调研，相关论文共有1400余篇，其中，探讨"媒介呈现的女性形象与性别观念"的研究占有较高的比例。相较而言，针对"媒介与性别研究的理论方法"以及"女性媒介"和"女性受众"的研究，研究数量均不足总量的两成。①

可以看出，中国媒介与女性研究中出现最频繁的议题乃是对媒介所呈现的女性形象的探讨，其次是对媒介所呈现出的性别观念进行阐释。从研究对象来看，中国媒介与女性研究最感兴趣的话题是影视和广告中的女性形象。研究同质化使得中国媒介与女性研究暴露出很多视野局限，也使得理论探索与媒介现实不断出现错位。

纵观中国媒介与女性的发展，既有热议的性别议题，积极的媒介公器，

---

① 徐艳蕊：《媒介性别论：面向本土的媒介性别研究的基本框架和发展脉络》，《中国传媒报告》(China Media Report) 2011年第1期。

这些触目可及、随处可见的媒介现象。另外，在热闹的媒介表象之外，还有一些深层的媒介机制、社会文化等看不见的线索在左右一切。其实，媒体对女性发展的作用，既有正向推动，也有负向阻碍。在可见与不可见之间，媒介与女性的发展交织出一幅复杂生动的图景。

我们相信，随着更多的研究者和行动者的推动，不可见的媒介机制将更多地加以调整和改变，在可见的场域中，媒介将发挥越来越多的"正能量"，推动女性地位的提升和社会的进步。

性别传播研究的本体之辨

张敬婕*

性别传播研究（Gender Communication Studies）是以女权主义认识论为主体研究框架的一个跨学科研究范畴。自 20 世纪 70 年代发展至今，该研究已经成为一种运用社会性别理论对传播学研究进行"理论增值"的研究范式的代表。值得关注的是，当今学界对性别传播研究的本体及研究范式还存在着含混与歧义。例如，国内学者撰写的一篇性别传播研究文章，在中文摘要里使用了"性别传播研究"这个术语，在正文中使用的却是"性别与传播研究"（Gender and Communication Studies）；在英文摘要中使用的则是"女权主义媒介研究"（Feminist Media Studies）。① 在一篇文章中出现了三个学术概念相互指代的状况。如何来解释这一现象？这一现象是否意味着三个学术概念之间并没有本质的差别？本研究试图回应这些问题。

在国外传播学或社会学的研究文献中，亦鲜见论及 Gender Communication Studies 与 Feminist Media Studies 以及 Gender and Communication Studies 这三个学术概念之间异同比较的文章。对那些没有社会性别学术背景的研究者来说，这三个学术概念也许只是称谓上的差别，它们具体指代的研究内容与研究范式应该是相同的或相似的。即使那些具有社会性别研究背景的学者，对"社会性别"这个学术概念并不陌生，但是对这个概念在交叉学科中发挥的认识论作用并不敏感，因此也会存在着将三个学术概念混用的情况。

* 作者简介：张敬婕，女，传播学博士，中国传媒大学媒介与女性研究中心副研究员。主要研究方向：性别与传播研究、国际传播研究。

① 陈阳：《性别与传播》，《国际新闻界》2001 年第 1 期，第 60 页。

毕竟，大部分传播学研究的学者们无意于运用女权主义学术立场及其认识论结构，来对传统的传播学认知体系展开一场颠覆性的革命。很大程度上，许多学者对"女权主义认识论和方法论"是否具有"科学性"甚至还抱有怀疑的态度。

在这样的背景下，对性别传播研究的本体进行辨析，实质上是厘清三个学术概念所代表的不同的研究范式及其所基于的认识论。唯有明确性别传播研究的基本内涵和研究范式，才能够凸显"社会性别"概念对性别传播研究这一交叉研究所作出的理论推进。历史地看，"性别传播研究"的本体在知识论的不断发展与更新中，逐渐衍生出两种不同的研究立场与研究范式。

一、从"性别传播研究"到"性别与传播研究"："性别化"的传播研究

社会性别理论视角在介入其他学科和整个知识系统时，为了描述和说明某个事物的社会性别状况，衍生出了"性别化"（Gendered）这个操作框架。在具体的研究过程中，"性别化"被作为一个动词来使用，用来说明某事物如何呈现、如何实践社会性别。

当社会性别视角以及女权主义理论刚开始被引入传播学研究时，前者还没有真正地融会贯通到传播学的研究体系之中，因此只是形成了一股对传播学进行"性别化"研究的潮流。这类研究在研究范畴的命名上，通常采用的是"性别传播研究"这一术语，实际上指的是"性别化的传播研究"。它并没有运用女权主义理论来阐释传播学研究中的性别议题，而是通过分析男女两性在传播语言、传播关系、传播内容、传播方式等方面存在的不平等现象，全面地梳理传统的传播学研究中普遍存在的性别差异与性别歧视，强化了在传播学研究中加入社会性别视角的重要性。

从20世纪70年代至21世纪初，这样一种以"性别传播研究"命名的研究，实际上遵循的是以传统的传播学研究体系为主、以社会性别为一种辅助性研究视角的研究范式。这一种研究范式的特点是，对传播学不同研究对象的男女差异状况进行描述，对不同性别的受众如何在传播过程中产生各种

差异进行研究。这类研究在针对传播语言、传播组织与媒体、媒介内容等议题而展开的"性别化"研究中取得了显著的进展。例如，美国传播学者小约翰（Little John, S.W.）在其编著的《人类传播理论》（*Theories of Human Communication*）一书中，思考了传播学研究与社会性别研究的关系、二者如何相互融合、融合之后将产生怎样的思想成果等一系列的问题。尽管小约翰没有提出更多系统性的新观点，不过，他赞同社会性别研究的本质是"探寻社会中性别意义的研究"，其研究目的在于"揭示这个性别化分割的世界的力量与局限性"[①]。在该书中收录了"无声群体理论"和"男权的全域"，展现了性别化的传播研究在语言学方面的新发现。"无声群体理论"和"男权的全域"都旨在揭示传播关系中，男女两性在语言表达方式和话语权力上存在着等级差异的事实，并且提出这种人为的、压迫性的差异是由父权制所决定的观点。

美国学者朱丽亚·T. 伍德（Julia T. Wood）是北卡罗来纳大学教堂山分校人类学以及传播研究的教授，致力于人际关系、媒介模仿与暴力、女权主义理论以及性别、传播与文化的交叉研究。在其《性别化的人生》（*Gendered Lives*）中，伍德用两个章节专门论述了"性别化的组织传播"和"性别化的媒体"。在"性别化的组织传播"中[②]，伍德提出媒体的职业生活中贯彻的是男权标准，因此会导致人们在认知上存在普遍的偏差，包括想当然地认为主管都是男性；男性与女性的传播风格有着根本的差异，并且不会发生改变；[③] 男性与女性合作上存在障碍等[④]。在"性别化的媒体"中，伍德首先指出了媒介形象的塑造有两个要点：第一，当今的媒体为我们同时提供

---

① [美] 小约翰编著：《传播理论》，陈德民等译，中国社会科学出版 1999 年版，第 424—425 页。

② [美] 朱丽亚·T. 伍德著：《性别化的人生》（第六版），余俊、尚文鹏译，暨南大学出版社 2005 年版，第 166 页。

③ 一般而言，女性主张通过交流去创建和维持人际关系并对他人作出反应，而男性强调通过交流去表达独立和地位。但实际上，男女的传播习惯和传播方式都是后天习得的，也是可以改变的。

④ [美] 朱丽亚·T. 伍德著：《性别化的人生》（第六版），余俊、尚文鹏译，暨南大学出版社 2005 年版，第 171—173 页。

了传统和非传统的性别描写；第二，在"新"的女性和男性形象下面隐藏着许多"旧"的性别观念。① 然后归纳了媒体会通过以下三种方式隐蔽地影响受众对自己作为男性或女性的理解：第一，媒体无限延长对非现实的"理想男女"的表现；第二，媒体使人尤其是女性的身体病理化，迫使人们把正常的身体素质和功能视为不正常，并不断地寻求医治办法；第三，媒体产品中存在着大量将对女性施暴视为正常的内容，使得男性渐渐相信他们被赋予了虐待女性或强迫女性从事性活动的权力，并使得女性认为这些侵害可以被接受。② 总之，伍德的研究强化了在传播组织结构研究和媒介研究中加入社会性别的评价指标和研究视角的价值。

在 20 世纪 80 年代，这一类研究的热点转向媒体与女性生活的建构关系研究，如《女性版面编辑：性别是否造成差异?》③《女性与大众传媒》④《家庭主妇与大众传媒》⑤ 等。20 世纪 90 年代起，伴随着女权主义认识论和方法论在学术界引起的热烈讨论与广大反响，对传播现象进行"性别化"研究的这一类研究范式，被明确为"性别与传播研究"——将社会性别的视角引入传播学"5W"之中，对传播者、受众、媒介、传播内容、传播效果展开"性别化"的研究，描绘并阐释这些研究范畴内存在的性别差异及其原因。

总体来看，采用这一研究范式的"性别传播研究"，其研究宗旨始终都是发现差异并分析原因，最多涉及对传播学中所缺失的性别视角和性别敏感的批判，但归根结底，这种研究范式立足于对传播学研究进行社会性别视角下的"改良"式批判，并不是用女权主义理论或社会性别的研究框架来"改

---

① ［美］朱丽亚·T. 伍德著：《性别化的人生》（第六版），余俊、尚文鹏译，暨南大学出版社 2005 年版，第 185 页。

② ［美］朱丽亚·T. 伍德著：《性别化的人生》（第六版），余俊、尚文鹏译，暨南大学出版社 2005 年版，第 202 页。

③ Merrit, S. And Gross, H., Women's Page/Life Style Editors: Does Sex Make a Difference?, *Journalism Quarterly*, 1978, 55 (3), pp.508-514.

④ Butler, M.and Paisley, W., *Women and Mass Media*: *Resourcebook for Resarch and Action*, New York: Hasting Hours, 1980; Gallagher, M..*Unequal Opportunities*: *The Case of Women and the Media*, Paris: Unesco, 1980.

⑤ Hobson, D., Housewives and the Mass Media. in S.Hall. D.Hobson, A.Lowe and P.Willis (eds). *Culture*, *Media*, *Language*, London: Hutchinson, 1980.

革"传播学研究。

此外，这种研究范式有着无法回避的缺陷，并未深究以下这些问题：男性和女性在传播中的差异是"根本性的"还是"建构性的"？这些差异只是因为男女在社交中使用不同的沟通策略吗？哪一种风格或策略在我们的文化背景下更有效？发现并阐释传播中存在着性别差异能引发什么有意义的改变？若要改变女性在传播中遭遇的不平等状况，应该向男性的标准去"看齐"吗？再者，在传播研究中，造成差异的不仅仅在于性别，还与其他很多复杂的因素（如阶层、受教育程度、人际网络、社会资源占有情况等）有着密切的关系，单一分析男性与女性在传播中的差异，从方法论的角度来说存在着明显的盲点。显然，这一类"性别与传播研究"无法解决传播中性别不平等的实质问题。

二、从"女权主义媒介研究"到"性别传播研究"：新的研究框架与立场

当"性别传播研究"中对传播学进行"性别化"分析的研究范式逐渐固定为"性别与传播研究"之时，另外一种"性别传播研究"的本体及研究范式也同步发展起来，这就是从社会性别研究框架与批判立场出发，重新审视传播学研究传统中存在的性别盲点和性别偏见的"女权主义媒介研究"。

（一）女权主义学术与传播学批判学派的结合

受女权主义运动以及女权主义学术的影响，如何在媒介呈现中更好地贯彻性别平等理念，成为20世纪中后期女权主义学术介入传播学研究的核心议题。这类研究不满足于只分析媒介呈现了什么样的社会性别现实以及为何存在着这样的媒介产品，而是意欲探索媒介怎样呈现甚至是如何制造、复现了不平等的社会性别现实的深层原因。这类研究的目的不再满足于在现有媒介生态的基础上提供"改善性"的建议，而是试图超越现有媒介生态，并对整个传播机制提出"改革性"的批判与建议。为了实现这一目标，传播学批判学派与女权主义学术相互对话与结合，推动了"女权主义媒介研究"的产生与发展。

从传播学研究史来看，由威尔伯·施拉姆（Wilbur Suchramm）所确立和发展起来的主流传播学研究，是一种不触动现行传播体制的实用主义的研究，这种被称为"传统学派"或"行政学派"的研究，是注重研究传播内容、传播效果的"体制内"的研究。而由法兰克福学派、文化研究和政治经济学派等推动的传播学流派，被称为"批判学派"，这一学派往往将传播置于社会政治经济的背景之下，注重研究传播与社会、传播与多元文化的互动及制约的规律，对传播体制提出更为宏观的批判。与传统学派相比，批判学派遵循的是一种"体制外"的研究范式。1941年，为了回应马克斯·霍克海默（M.Max horkheimer）的《传统的和批判的理论》（此文奠定了法兰克福学派的主旨、方向以及学术名称的基础），保罗·拉扎斯菲尔德（Paul Lazarsfeld）写下了《评行政的和批判的传播研究》一文，提议在"美国传播研究"名下，不仅应该包括他自己的"行政的传播研究"，而且应该有批判的理论。[①] 实际上，从20世纪30年代开始，美国批判学派就与经验主义纠缠在一起，施拉姆在60年代评价说，美国批判学派"人数虽少""却很有权威"[②]。

除自由主义女权主义流派比较倾向于进行"体制内改良研究"之外，其他流派的女权主义学术基本上认同"体制外改革性研究"，因此与传播学批判学派的研究立场与研究路径不谋而合。批判性的女权主义学术与传播学的批判学派相互结合，形成了批判性的性别传播研究范式，这类研究范式最初主要是在媒介研究领域展开性别批判研究，因此也称为"女权主义媒介研究"。这类研究注重在社会性别的视角之下，阐释媒介与整体社会结构之间的关系以及女权主义意识形态效果的运作机制与规律。研究的对象不限于男女两性，而延伸到对不同权力阶层之间社会关系的结构与属性的深入批判。

（二）女权主义媒介研究注重定性研究方法的使用

与传播学传统学派相对，在研究方法的使用上，定量研究一直占有主导地位。女权主义研究者们注意到，定量研究方法自身存在很大的性别盲

---

① ［美］E.M. 罗杰斯著：《传播学史》，殷晓蓉译，上海译文出版社2002年版，第297页。

② ［美］威尔伯·施拉姆等著：《传播学概论》，新华出版社1984年版，第195页。

点。例如，应用最为广泛的内容分析法，往往忽视对媒介文本的深层意义进行阐释，而满足于在统计中得出一个平面式的结论，从而可能会使这个结论在媒介商业的操作中被加以利用和篡改。例如，"权利""选择""自由"等这些女权主义所倡导的概念往往会被运用在一些广告中，这些概念原本的含义会隐蔽地被置换为鼓励女性保持消费的习惯，如此一来，原本具有政治意义的概念在广告中就被篡改和利用了。如果只运用内容分析法，则无法阐述这一置换是如何发生的。① 因此，女权主义媒介研究注重发现定性研究的价值与适用性。尽管与定量研究一样，定性研究属于实证研究的范畴，都是用来收集和加工整理事实的方法。但是，定性研究的目的是了解人们在何种情境下建构了何种事实，也就是说，与单纯的量化事实相比，定性研究更注重对事实背后深层含义的描述与阐释。

此外，与定量研究相比，定性的研究观点更强调"当事人的视角"。所谓当事人的视角，包含三层含义：第一，定性研究提出的问题不仅对研究者也必须对被研究者有实际的意义，或为他／她们关心的问题，即强调研究者要理解"当事人"的"文化本位"意义；第二，研究者要进入并长期在研究现场中体验生活，试图从被研究者的视角出发，来理解他们行为的意义和他们对事物的看法；第三，研究所建构的概念框架并非如定量研究一样，是事先所确定的，而是作为一种研究指导，真正的概念框架要在与研究对象访谈、参与性观察或实物分析中产生。研究者本身也被纳入研究过程，与被研究者形成一种互动关系。但在定量研究中，研究者通常是研究现场的局外人，与研究对象保持一定距离，以求达到"客观"或价值中立② 定性研究"重视当事人视角"的这种特性，与女权主义"打破性别隔离""建立女性成为主体的机制""重构中心与边缘的价值观"的立场不谋而合。

除了调查法和内容分析法这样的定量研究方法之外，像符号分析、文本分析、话语分析等定性研究方法也被广泛地应用于媒介呈现、媒介意识形态编码与受众解码关系的研究之中。

---

① 潘知常、林玮主编：《传媒批判理论》，新华出版社 2002 年版。
② 卜卫：《方法论的选择：定性还是定量》，《国际新闻界》1997 年第 5 期。

在这样的背景下，"女权主义媒介研究"代表了"性别传播研究"新的研究范式："女权主义媒介批评鲜明地表现出它对大众传媒中展现出的性别成规惯例的批判态度。"① 它强调以女权主义认识论和研究框架为主，重新阐释传播学的不同研究层面，从而形成了女权主义的媒介研究、女权主义的传播者研究、女权主义的受众研究、女权主义的媒介内容研究、女权主义的传播效果研究等不同的研究范畴。

（三）女权主义媒介研究注重女性主体经验立场与结构性批判

女权主义媒介研究呈现出媒介的功能不仅仅在于反映现实。如果用后结构主义女权主义的框架来分析，媒介实际上也参与了对现实的建构。媒介的"议程设置"中不可避免地会涉及性别因素以及对性别的呈现，因而，媒介呈现的性别形象、性别角色、性别关系，与其说是"真实的事实"，不如说是媒介主动参与"制造的性别"。塞雷萨·德·劳雷提斯（Theresa de Lauretis）指出，电影、电视和杂志这样的媒介，从本质上来说都是"性别制造的工具"（当然媒介也同时是制造民族、阶级和其他不同身份要素的工具），在这个意义上，媒介对性别的呈现，就是对性别的建构。②

因此，女权主义媒介研究的问题意识和研究目标，不仅在于研究媒介呈现了什么样的社会性别现实，更在于探讨如何改变媒介呈现中的性别不平等的策略。因而，对媒介呈现的女权主义研究，更倾向于对"媒介制造"背后的主导意识形态展开批判，对媒介维护、复制、强化压迫性的意识形态的媒介制播机制展开批判。

与那些止步于"发现与描述式"的"媒介中的性别歧视研究"（Sexism in the Media）不同，盖伊·塔奇曼（Gaye Tuchman）等人编著的《壁炉与家庭：大众媒体中的女性形象》（*Hearth and home：Images of Women in the Mass Media*）③ 对于性别传播研究具有里程碑式的意义。因为在整个 20 世纪

① 潘知常、林玮主编：《传媒批判理论》，新华出版社 2002 年版，第 257 页。
② Theresa de Lauretis, *Technologies of Gender：Essays on Theory，Film，and Fiction*, Bloomington：Indiana University Press，1987.
③ Gaye Tuchman, Arlene Kaplan, James Walker Benet. *Hearth and Home：Image of Women in the Mass Media*, Oxford University Press，1978.

70 年代，占统治及主流地位的性别传播研究范式一直是有限度地将社会性别视角引入传播学和媒介研究的"性别化的传播研究"，也就是后来为传播学研究与实践所广泛接受的"性别与传播研究"。从这本编著开始，出现了从女权主义研究立场出发，深入阐释与批判媒介呈现性别形象的研究。性别传播研究的重点，不再仅仅着眼于媒介呈现中存在的性别问题，而更在于挑战并揭露隐蔽在媒介呈现背后的、建构性的意识形态与媒介机制。

1989 年，出现了运用女权主义立场理论全面检讨社会性别研究如何挑战传统传播学的研究价值观的研究，即帕梅拉·格里顿（Pamela J. Creedon）编著的《传播中的女性——挑战性别价值观》（*Women in Mass Communication：Challenging Gender Values*）。该书的理论意义在于：一方面明确了除"性别化的传播研究"模式之外，需要发展新的研究模式以扩展性别与传播的交叉研究的深度；另一方面论证了以女权主义的价值观与方法论为基础的"社会性别"是分析传统传播学中的性别议题的一个有效的分析范畴。该书在 1993 年第二版中，增加了从女权主义研究框架出发重新认识大众传播教育中的性别偏差与歧视的内容。该书提出，应该彻底质疑现有的、男权意识形态下所谓的"价值中立""公／私二分""主／客观二分""男／女二分"的新闻实践与价值评判标准，改用女权主义观点重新建构新闻实践与价值评判的指标，这样才有可能真正改变女性在传播中所面对的各种显性和隐形的性别歧视与压迫。①

20 世纪六七十年代，美国传播学的受众研究中逐渐出现了一种变化，即从以传播者的意图为中心，转向以受众如何利用媒介信息、如何从中获得满足为中心，并根据后者来确定大众媒介的效果。这样一种研究方法和立场被归纳为"使用和满足"理论，它在美国经验主义传播学的受众研究中占有重要的地位，同时也是后来崛起的批判学派的关注对象，它本身不仅富有理论意义，而且蕴含着形成有关现代社会的某种理论的方向。②

---

① Pamela J. Creedon, *Women in Mass Communication：Challenging Gender Values*, published by Sage（1993）.

② 殷晓蓉：《美国传播学受众研究的一个重要转折：关于"使用与满足说"的深层探讨》，《中州学刊》1999 年第 5 期。

在传播学的受众研究中，对女性受众的研究长期以来并未受到额外的关注。根据对传播学五大核心期刊——《传播学学刊》（*Journal of Communication*）、《新闻与大众传播季刊》（*Journalism and Mass Communication Quarterly*）、《广播电视与电子媒介学刊》（*Journal of Broadcast and Electronic media*）、《舆论季刊》（*Public Opinion Quarterly*）、《欧洲传播学学刊》（*European Journal of Communication*）的定量统计发现，直到 20 世纪 90 年代，以女性受众为考察对象的研究仅占 4.5%。[①]

1944 年，赫佐格对广播听众进行调查，探讨电台白天的连续节目为什么会吸引那么多的女性听众。赫佐格对 100 名女性听众做了长期采访，对 2500 名女性听众做了短期采访。研究结果发现，女性之所以喜欢这些连续剧，或是因为将其当作发泄情感的办法，或是因为将其当作满足个人"痴心妄想"的机会，或是因为想从中获得处世的指导。从 20 世纪四五十年代开始，对于女性收视习惯与偏好的研究大多倾向于得出这样的结论：由于大部分女性没有走入公共领域，所以在家庭这个私领域中，她们的生活重点是家务劳动和维护家人之间的关系。因而，女性收看电视的时间是断断续续的、喜欢收看的媒介内容是"没什么价值的浪漫小说或肥皂剧"[②]。

从"建立女性成为主体的机制"这一社会性别议题出发，女权主义媒介研究提出了"媒介快感"（Media Pleasure）/"受众快感"（Audience Pleasure）的概念，用以说明女性收看电视节目并不完全是"为了打发时间"或者"麻醉神经以逃避现实"，相反，女性的收视活动为她们提供了很多欢乐和满足的"快感"。[③]"媒介快感"/"受众快感"完全是从女性受众的主体角度提出的，因为以往那些认为女性收看电视节目是无关紧要的活动的观点，以及认为女性收看的浪漫小说或者肥皂剧都是不切实际的媒介内容的态度，反映的是男权至上的、贬低女性对事物的价值进行判断的能力以及无视

---

① 殷晓蓉：《美国传播学受众研究的一个重要转折：关于"使用与满足说"的深层探讨》，《中州学刊》1999 年第 5 期。

② 刘利群、张敬婕：《中美女性电视节目比较研究》，中国传媒大学出版社 2014 年版。

③ 刘利群、张敬婕：《中美女性电视节目比较研究》，中国传媒大学出版社 2014 年版，第 100—104 页。

女性主体性的观念与文化。因此，如果不改变评价男女收视差异的指标，如果不能够从女权主义立场来分析男女受众收视的差异，即使掌握了媒介收视的性别化的具体差异，在赋予不同的收视习惯以价值的时候，也可能得出偏差性的、歧视性的结论。

塔妮亚·莫德尔斯基（Tania Modleski）在《复仇之爱》（*Loving with a Vengeance：Mass-Produced Fantasies for Women*）中，对浪漫小说和肥皂剧进行了大量女权主义式的研究，其中很多经验不是来自普遍受众的体验，而是基于她个人的经验。这本著作在女权主义媒介研究中占有重要的地位，因为它开启了女权主义媒介研究新的方法论——这种研究与一般的"性别化的媒介研究"不同，它更注重挖掘个体差异以及个体的主观经验，不会先入为主地将这种个体性的、主观性的经验理解视为"无价值"的或者"低价值"的内容。①

此外，20世纪六七十年代兴起于英国的文化研究也开始影响到美国学术界对包括浪漫小说和肥皂剧在内的"大众文化"的理解。文化研究学派的观点与女权主义立场结合起来，为分析、评判女性受众的主体体验及相应的媒介产品的价值提供了理论依据。

总之，一些女权主义研究者为了强调与"性别与传播研究"的方法论与研究范式之不同，提出"性别传播研究"来反对将"社会性别"作为"传播学"修饰词的研究立场，来命名那些将"社会性别"作为跨学科研究中认识论和方法论的核心的研究成果。因此，在2000年以后，一批延续了"女权主义媒介研究"立场与研究模式的成果，以"性别传播研究"或"女权主义传播研究"为名陆续出版，如《性别传播理论与分析：从沉默到表现》②《女权主义传播理论》③等。

① Tania Modleski，*Loving with a Vengeance？Mass-produced Fantasies for Women*，New York，Routledge，1990.

② Charlotte Krolokke，Anne Scott Sorensen. *Gender Communication Theories and Analyses：From Silence to Performance*，Sage Publications，Inc，2005.

③ Lana F. Rakow，Laura A. Waekwitz. *Feminist Communication Theory：Selections in Contest*，Sage，2004.

三、结　论

　　"性别传播研究"在美国学术界具有"双重本体"。最初，那些对传播学进行的性别差异研究被称为"性别传播研究"。从研究范式上看，这一类研究一般运用定量研究方法，本质上进行的是"性别化的传播研究"。20世纪80年代以后，这一类"性别传播研究"实质上已经明确为"性别与传播研究"，即在不改变既有的传播学研究立场与框架的前提下，将社会性别的批判视角有限度地引入传播学不同层面的研究范畴之中。

　　自20世纪中后期开始，逐渐发展出了"女权主义媒介研究"的研究立场与研究范式，它强调运用定性研究方法和社会性别理论框架来重新审视媒介研究，即摆脱原有的传播学研究的规范模式，运用女权主义认识论和方法论，对传播学展开一种革命性的价值重建。逐渐地，这种研究范式从针对媒介研究扩展为针对更为广义的传播学研究，并被命名为"女权主义传播研究"或者"性别传播研究"。

　　因此，"性别传播研究"与"性别与传播研究""女权主义媒介研究"之间，虽然都属于性别与传播的交叉研究范畴，但是"性别传播研究"与"女权主义媒介研究"都是以女权主义认识论和方法论为基础的批判性研究，它们与"性别与传播研究"所坚持的以传统的传播学研究规范为主、以社会性别为一种辅助性的研究视角的研究立场截然不同。

制作出性别敏感的新闻是否可能?*

——基于对北京市 10 家媒体机构 40 位媒体从业者的深访

张敬婕**

一、研究背景

所谓"议题"(Issue),最初指带来公共政策改变的一个术语。议题的变化就是围绕事实、价值观、政策和企业现有行为展开,即企业的某种行为遭到非议、进而产生争论和冲突,最后导致公共政策的拟定或修正,以规范企业的行为。主要类型有普遍性议题、倡议性议题、局部性议题、专业性议题等。构成"议题"的两个核心要素:其一是将某些问题设定为公共讨论的问题;其二是通过引起公共讨论,达到"改变"的目的。①

"社会性别议题"(Gender Issues)这个概念的产生,源于在新闻传播的语境中,研究者们将"社会性别"(Gender)作为一个单独的报道类别来加以研究和倡导的需要,这个概念是女权主义媒介研究所重点推动的一个成果,它不仅包含对女性的报道,更包含对涉及性别公正、性别平等的所有事件的特别关注。

---

* 本文是国家社科基金重大项目子课题"大众传媒与男女平等价值观的传播研究"(HW13026B)的阶段成果。

** 作者简介:张敬婕,女,传播学博士,中国传媒大学国家传播创新研究中心副研究员、硕士生导师,主要研究领域为性别传播、跨文化传播、国际传播。

① 张敬婕:《性别观念与媒介素养》,中国广播电视出版社 2012 年版,第 102 页。

从新闻制作实践的角度来看，如何将社会性别视角纳入媒介议程，一直是一个理论性与实践性兼具的重要议题。在媒介生产的过程中，受到传统性别观念以及缺乏性别敏感的新闻制作程式的影响，社会性别议题要么被淹没在其他社会议题之下，要么呈现出歧视性的性别偏向。

如何打破与女性 / 社会性别相关的新闻分属于"软"新闻的认知误区？如何将社会性别视角纳入新闻制作的过程之中？这些问题似乎是世界性的难题。

全球媒体监测项目（Global Media Monitoring Project，GMMP）的撰写者玛格丽特·加拉格尔（Margaret Gallagher）指出，"制作出具有性别敏感的新闻并非不可能。这只意味着对手边的话题进行更有创造性的思考，这些话题关注谁，报道范围应该包括谁，以何种方式和何种目的来进行报道"①。

玛格丽特所说的"具有性别敏感的新闻"实际上就是"社会性别议题"。在她看来，社会性别议题的制作需要媒体从业者发挥个人的创造力，对报道对象和报道范围进行性别审视，要从思想观念和实际操作技巧方面加强性别反思。

玛格丽特提出的这些方法是否有效？这些方法在中国的媒体实践中是如何操作的？中国媒体从业者是否在进行性别议题的制播？在制作具有性别敏感的新闻时进行了哪些创造性的思考和探索性的发现？制作出具有性别敏感的新闻需要哪些必要的条件？对这些问题的探究正是本文展开深访所基于的问题意识。

二、研究的开展

利用在相关媒体进行授课的机会，再加上不同单位媒体朋友的推荐联系，本人在 11 个月的时间内（2013 年 4 月至 2014 年 3 月），以滚雪球的方

---

① 见国际新闻工作者联合会、联合国教科文组织传播与信息部主编，联合国教科文组织"媒介与女性"教席编译《将天平摆正——新闻业中的性别平等》，第 11 页。未公开出版。

式，通过电话、邮件、面对面等方式，对北京市 10 家新闻机构① 的总共 40 位媒体从业者进行了深访。为了使深访能够真实有效，本研究承诺不公开具体访谈者的个人信息，所有被访者及其谈话内容均做了标签式的访谈记录。

总体来看，受访者中男性有 12 人，女性有 28 人；所有受访者的年龄构成在 25—45 岁之间；已获得本科学历的有 8 人，已获得研究生资格或学历的有 32 人。所有受访者中，接受过性别培训或与性别相关的专业课程的受访者有 16 人。

访谈的问题聚焦于以下四个方面：

第一，受访者是否认同在媒介制作中加入社会性别视角是必要的？

第二，受访者是否具有编辑或制作与社会性别相关的媒介内容的经历与经验？

第三，受访者在制作和传播与女性相关的媒介内容时，是否有意识地使用了社会性别视角？

第四，受访者如何理解"性别新闻"？

三、研究发现

围绕四个深访的问题，本研究发现，八成受访者认为在媒介制作中加入社会性别视角是必要的。同时，分别有四成的受访者具有编辑或制作与性别相关的媒介内容的经历与经验，或者在制播与女性相关的内容时，有意识地使用了社会性别视角。受访者对"性别新闻"的理解存在着较大的差异。另外，是否参加过性别培训，鲜明地影响了受访者对性别术语的掌握，也一定程度上影响了受访者的性别意识。

（一）八成受访者认同在媒介制作中加入社会性别视角是必要的

尽管受访者中接受过性别培训或相关专业课程的受访者仅有四成，但是表示认同有必要在媒介制作中加入社会性别视角的受访者占八成。

---

① 10 家媒体机构包括人民日报、光明日报、新京报、中国青年报、北京晚报、凤凰网（北京）、网易（北京）、中央电视台、中国国际广播电台、北京电视台。

一位受访者说："现在很多媒介议题都离不开性别。不仅仅是以女性为主角的新闻需要性别视角，更多的社会议题和媒介议题也需要性别视角。比如近年来受到广泛关注的嫖宿幼女案、李阳家暴案等。特别是进行深度报道的时候，不仅需要约一两篇专门研究性别问题的专家的文章，而且对于编辑这类新闻的记者和编辑来说具有性别视角，对所做的选题才能有所把握。可以说，具有性别视角就如同具有阶层视角、权力视角一样，是当前做好一名具有新闻敏锐度的编辑和记者的基本需要。"

大部分认同者只是简单回答"同意"或者"应该啊"，但是谈不出更多的内容。

不认同在媒介制作中加入性别视角的受访者占两成。这些受访者对于性别议题的重要性存在着一定程度的忽视与轻视，仍然以"硬"新闻和"软"新闻来区分新闻的重要程度，并将性别新闻等同于"属于女性的新闻"。

一位男性受访者说："我所在的部门现在日常上班的人有37位，其中20位女性员工。在我们的这个集体里，老大是女性，老二和老三是男性。好像跟外边的社会反着的。我们在利益分配中，是按件取酬，没有因为男女划分而存在收入的性别差距。在媒体，由于一些天生原因，女性的地位应该比男性强一些，所以，在我们这里男性的地位还是偏低一些。我2008年入职，一直在新闻组工作。我制作过一个类似街头夜话的节目，就是将一些有意思的社会新闻编辑整理，加上评论。我选择题材的标准不在于它对性别平等起到什么意义，而在于它的话题性。比如'剩女'、租女友回家过年、女研究生被拐卖、李阳家暴等。首先受众会因为猎奇而去关注这些新闻，其次我们在评论中会从比较多的层次和角度提供不同的观点，让受众自己去选择认同。在观点的表达上，我们一般是提供比较宽的空间，呈现出比较多的声音，这样才不会招人反感，才能实现'媒体是一个意见的辩论场'的功能。当然，由于这些热点话题涉及性别问题，所以如果我们不提供性别学者的声音，那么也会招来女权分子的抗议。说到底，性别新闻属于软新闻领域，如果它的话题性增加了它的重要性的话，那么我会重视对它的报道。"

一位受访者说："为什么要突出社会性别视角呢？女性在新闻领域已经

占据了大半江山。从数量上并不少啊！"

还有一位受访者说："报什么、怎么报都是领导的安排，新闻有没有社会性别视角不取决于我们啊。"

从不认同者的部分言论中可以看出，新闻编辑自身性别意识的强弱以及新闻主管的性别意识的强弱，直接影响到新闻制作中是否能够纳入社会性别视角。

（二）四成受访者具有编辑或制作与社会性别相关的媒介内容的经历与经验

尽管认同"在媒介中加入社会性别视角是重要的"的受访者有八成，但是只有四成受访者具有编辑或制作与社会性别相关的媒介内容的经历与经验，六成受访者没有相关经历或经验，其原因在于：第一，"受到节目时间和类型的限制，性别不是挑选所制作内容和相关选题的首要条件，挑选的标准主要是看能否反映出国内文化和社会情况"（20%）；第二，"所制作的节目是向外国介绍中国，因此主要是呈现积极向上的正面新闻，而与女性相关的新闻大多是犯罪类的，因此比较少涉及"（20%）；第三，"我报道的新闻内容大多是经济新闻，和性别的交集比较少"（10%）；第四，"我对与女性相关的新闻报道不感兴趣，一般是交给同事做。我会选择其他的选题"（10%）。

几位受访者均表示，他们对李阳家暴案的报道，没有刻意强调社会性别视角，而是聚焦在名人丑闻、经济纠纷、中美文化差异等视角上，对Kim被家暴以及微博爆料等情节只做了描述性的报道，没有深入挖掘家庭暴力这个议题。其中一位受访者说："我看到有些女权的媒体做的报道，一边倒地支持Kim，虽然家暴是李阳道德的问题，但是从新闻专业主义的角度来看，媒体不能不客观公正。"从这几位受访者的观点可以看出，社会性别视角在媒介内容的制作过程中有可能被解读为一种偏帮女性的、有偏见的视角。这个问题值得研究者认真思考。

16个受访者表示"具有编辑或制作与社会性别相关的媒介内容的经历与经验"，在讲述中可以看出这些媒体从业者所展现出性别新闻的一些制作技巧。归纳起来主要有以下几点。

首先，强化性别敏感的问题意识，善用专家及媒体资源。谈到阿富汗妇女因"通奸"遭塔利班枪决的报道，一位男性受访者说："有些问题我们在报道的时候容易忽视性别立场，而将之作为一个国家或民族特有的习俗来处理。比如阿富汗是一个穆斯林国家，这个国家的女性无论是着装还是行为举止都有很多要求，妇女被视为丈夫的私人财产，这在我们看来是性别歧视，但是对人家来说是文化传统和宗教传统。因此，在报道这类事件时，我们报道的立场是谴责还是猎奇所谓的异域文化，差别就很大了。我个人认为这是个文化差异问题。这种文化传统中将歧视妇女作为一种正常现象。在报道时，你是报道文化差异还是性别歧视呢？从安全的角度来说，答案肯定是性别歧视。"

一位受访者说："在报道李天一案时，我们媒体报道了女性律师的观点，她提出本案适用于加重刑法及其依据。我注意到其他媒体大多报道了男性律师的专家意见，而他们一般对本案提出了适用于减轻刑法及其依据。"

一位女性受访者说："媒体是弱势群体最佳的发声渠道，因此我们不会将宝贵的版面用来报道干露露这类人和事，以此来表明我们对这种以女性的身体作为噱头来赚取眼球效应的抵制。当然，在以裸女为乐的社会风气下，媒体坚守不报道、少报道这类事件和人物不太容易，但它表现出我们媒体的格调。"

一位担任网站编辑的女性受访者说："这几年女性另类媒体发展的势头挺好，做了很多专题报道，很有深度，社会影响也比较大。比如女性参政的专题、性骚扰的专题、两会期间的性别提案的报道、女大学生就业遭遇的歧视等，这些媒体的编辑一般对媒体和女性的发展有一定的研究，所以将这些做得比较深。我们就充分利用这些报道，做二次报道或者借鉴相关选题，再做出新的角度。也起到了很好的效果。"

其次，注重对社会议题进行性别化的议程设置。几位受访者都谈到，其实想要做性别的选题，最好不要刻意强调敏感话题，而是从女性新闻人物的体验出发，深入挖掘敏感事件中的性别议题。

一位在纸媒工作的女性受访者说："女性犯罪的新闻我们在处理的时候比较注意避开对女性当事人的过度描写。现在有些媒体的报道都是'知音体'，追求故事性，弱化了新闻本身的价值。另外，有些社会新闻会涉及一些敏感的性别问题，比如拐卖女性、性侵女童等，我们在报道的时候也会比较注重分寸。因为这些议题本身都是敏感的热点议题，人们的关注度已经很高了，人们更想读到的是我们媒体的立场。如何呈现我们媒体的立场呢？主要是通过议程设置。比如性侵女童的报道，我们不仅报道这一个事件，还要找出以往类似的事件，不能让公众将性侵女童仅仅作为一个个案来认知，要认识它的危害性，必须从提升全民关爱女童的意识入手。在报道施暴的男性时，一般的惯例是想挖出一些性格缺陷或者所谓的背后的故事，但近年来的案例都说明犯罪的都是普通人，他们有性格上的问题，也有观念意识和行为约束上的问题。所以有时候我们还会报道一些周边人士对施暴男性说好话的内容，来让公众认识到施暴者没有戴着'我是禽兽'的面具。"

对社会议题进行性别化的议程设置，还表现在注重报道角度和报道技巧的配合。比如运用平实的笔触呈现具体情境；坚持均衡报道原则，不片面归因；不只反映当事人的立场，还将个案与普遍社会困境、文化传统的因素、制度因素等结合在一起；注重平衡多方权力与利益关系。

一位网站编辑表示："我个人很喜欢编辑与性别相关的新闻，因为这类新闻既有故事性、可读性，又能凸显当前人们的观念与道德，具有很深的社会意义。不过，在编辑的过程中也需要把握一些基本的原则，比如对官员嫖宿幼女案的报道，作为一位女性，我是深恶痛绝的，恨不得骂脏话，但是作为一个编辑我还是需要保持理性，不只是反映出这些官员个人的道德沦丧，更重要的是要强调这些事件的发生归根结底在于这些官员对女童人权的侵犯，在于他们性别观念的陈腐落后，将女童当作商品予以消费。如果不能将事件与社会因素、观念因素与制度因素结合起来，那么我们的新闻报道就会流于感性，或者沦为'黄色新闻'，其社会影响就会大打折扣。"

（三）四成受访者在制作和传播与女性相关的媒介内容时，有意识地使用了社会性别视角

四成受访者具有编辑或制作与社会性别相关的媒介内容的经历与经验，并且这些受访者也表示他／她们在制作和传播与女性相关的媒介内容时，有意识地使用了社会性别视角。

　　一位受访者是闽南语主持人，她和其他两个女记者一起策划和制作了一档"透视两岸婚姻"的节目。"我们策划的主题可以说和性别有很大关系，同时这个主题也有很大的社会意义。两岸婚姻不仅关乎个体家庭，也成为两岸交流中一个重要组成部分，被形容为'三通'之外的'第四通'。围绕着这一主题，我们大量收集素材、精心策划，派出各路记者分赴福建、北京、辽宁等地，就两岸婚恋话题采访歌手、词曲作家、企业高管、白领、退休员工、学生等不同群体的代表人士，客观呈现近年来两岸婚姻的新亮点与微妙变化。但是我整理采访资料时，明显感到有所缺失：一方面，是缺当事人的访问，尤其是处在两岸婚姻中女性一方的更多信息；另外一方面，就现有的采访资料来看，也没有关注到性别的比例，并且以男性受访者居多。当然，如果拿着这些采访回来的资料制作节目，在音乐、故事和主持技巧下，这个节目也会制作得很好，但是这个主题里深入的东西就没有被挖掘出来。在我的坚持和努力下，最终做了两个方面的调整：第一，追访了一两个在两岸婚姻中的女性，主要让她们谈一谈日常生活的细节和感受；我们发现女性的表达欲望比男性强，她们很愿意分享她们在两岸婚姻中的点滴故事与心路历程，也愿意通过我们去了解目前台湾和大陆对于两岸婚姻的相关政策与法律条款，从而了解与掌握本身所处的环境与所具备的权利与义务。第二，对现有的采访素材按照性别观念的倾向进行分组，将男性视角和女性视角等量齐观，做出节目的层次，展现出两岸婚姻中不同的性别观念。我们将两岸婚姻的剖析设置在这么一条主线之下，即探究性别制度下的社会文化，通过展现当事人在复杂人际关系中如何自处，来呈现两性生存状况与质量。通过这个节目的制作，我们三个女记者用女性的视角去观察和分析了两岸婚姻中女性的特点及两性在两岸婚姻发展中的变化。"

　　一位受访者说："我们对于信源比较重视，不仅仅是核准它的真实性，也重视不同性别作为信源的重要性。比如我们约专家的稿子，不光是男专家，也特别重视约一些女专家的稿子。女专家的稿子对于事件的分析往往更加细腻，视角也很独特。"

（四）受访者对"性别新闻"的理解存在着不同的认识

　　本研究所采访的40位媒体从业者对于"性别新闻"的理解存在着较大

的歧义，主要有以下两种情况。

首先，认为"性别新闻"就是"与女新闻当事人相关的软新闻"。

一位受访者说："性别新闻，顾名思义就是性别加上新闻。也就是说一般的新闻如果强调女性当事人，那么就是性别新闻。比如对彭丽媛同志随同习主席出访的报道，我认为就是性别新闻，因为它报道的是彭丽媛所进行的文化活动、她的着装，以及她与访问的对象国互送的什么礼物等，这些都不是硬新闻，应该属于性别新闻。"

另一位受访者说："我认为性别新闻就是和女性相关的新闻。比如李阳家暴案，虽然很多媒体报道的重点是李阳，一位男性社会名人，但是这个事件与他的妻子脱不了关系，而且很多女权学者和团体站出来支持 Kim，利用媒体发出了很多声音，因此即使在一些报道中 Kim 不是主角，但是这样的新闻也属于性别新闻。"

另一位男性受访者说："李阳家暴案最初是在网络上被报道出来的，后来引起了那么大的关注度和热议，我认为和李阳的名人效应脱不了关系。试想，如果这件事是发生在一个普通人的身上，媒体对它的投入可能就没有这么多。我身边有的人尽管也认为李阳家暴不对，但是对 Kim 咄咄逼人的样子很看不惯。她好像打破了我们对于受虐女性的认知，她不仅不软弱，而且很会利用媒体。我同意媒体是为弱势者发声的最佳工具，但 Kim 在这件事被曝光之后的一系列举动让我不太想要做深入报道，就简单链接和转载了一下其他信源的消息。后来，随着事件的发展，进入了司法程序，两人离婚和财产分配成为新的关注焦点，于是我们也派了记者开始跟进。对于李阳家暴案，我主要是把它作为一个社会新闻和文化新闻来报道，更重要的是呈现中美两国对于家暴的区别认识，以及一个美国女人如何想在中国打赢家暴官司。"

其次，认为"性别新闻"是"有性别视角的新闻"。

一位受访者说："我的老师曾讲过，如果没有性别视角的干预，仅仅在新闻中出现了女性当事人，从严格意义来说也不算是真正的性别新闻。如果套用 for women, of women, on women 的模式，那么我认为性别新闻是关于女性且为了女性、以女性为报道重点的新闻。要做到这一点，没有性别视角是不可能的。"

另一位受访者说："我认为性别新闻不一定要与女性相关，但一定要与性别视角相关。因为有些新闻好像并没有强调女性当事人，比如同性恋、艾滋病日的宣传、白丝带活动（尤其是男性作为受虐者）等主题，但是这些事件的报道与社会性别有着密切的关系，它们需要呈现人们的性别观念，需要展现人与人的社会关系与性别关系。因此，我认为有性别视角介入的新闻都属于性别新闻，无论这则新闻是否专门报道了女性。"

四、结论及进一步讨论

本人深入访谈了 10 家新闻机构的 40 位媒体从业者，虽然受到访谈对象在性别观念和媒介制作行为中呈现出的随机性与巧合性的影响，但是本研究还是在一定程度上反映出当前媒介从业者对于性别新闻的制作和传播所具有的一些典型特征，以及存在的一些问题与挑战：

首先，一部分媒介从业者自身缺乏性别敏感，对性别新闻的报道主要依赖其话题性。

受到传统"硬"新闻和"软"新闻分类的刻板印象的影响，一部分媒介从业者习惯于将与女性或社会性别相关的新闻归入"软"新闻的范畴，从而在报道中倾向于将之娱乐化，强调其话题性。

其次，一部分媒介从业者对于社会性别相关知识储备不足，对于性别新闻的价值认识不够。

尽管认同在媒介中加入社会性别视角是重要的受访者有八成，但是只有四成受访者具有编辑或制作与社会性别相关的媒介内容的经历与经验。这一方面说明了一部分媒体从业者缺乏运用社会性别视角进行媒介制作的相关知识与技能，无法从更多样化的层次对性别新闻展开深入报道；另一方面也说明了一部分媒体从业者尽管在观念上认同性别新闻的重要性，但是在实际操作的层面依然将之视作"软"新闻，忽视了其社会影响与新闻价值。

值得关注的是，一些受访者认为社会性别视角也是一种偏见视角，过度强调了女性。并且认为加强社会性别视角反而是对新闻专业主义的违背。

这种声音值得研究者和新闻实践者高度关注和继续反思。

再次，玛格丽特所提出的制作出性别敏感的新闻的那些方法在中国的媒体实践中是有效的，且是具有创造性的探索。

玛格丽特所提出的制作出性别敏感的新闻的方法是"对手边的话题进行更有创造性的思考，这些话题关注谁，报道范围应该包括谁，以何种方式和何种目的来进行报道"①，中国的媒体从业者对于这些方法有着本土化的实践探索。表现在善用媒体资源强化社会性别的问题意识，以及对社会议题进行性别化的议程设置，注重报道角度与报道技巧的配合等。

最后，受访者对"性别新闻"的内涵存在着认知分歧，传统性别观念对部分媒体从业者的影响是根深蒂固的，并影响着其对性别新闻的制作理念和传播实践。

一部分受访者将"性别新闻"视为"与女新闻当事人相关的软新闻"，从而降低了对性别新闻的重视程度，也弱化了对性别新闻的议程设置的技巧投入。从受访者如何认识"性别新闻"这个问题，暴露出受访者意识深处将性别议题置于怎样的地位上。从与受访者的交谈中可以感受到，受过性别专业培训的受访者明显表现出一定的"专业性"，会使用一些性别研究特有的术语。而没有受过培训的或者传统性别观念比较根深蒂固的受访者，在言谈话语间暴露出对女性形象、女性地位有很多刻板印象。

通过深访可知，近六成的受访者没有接受过相关的培训与课程学习，在性别知识方面存在着短板。这些受访者中有些有着朴素的性别意识，虽然不会使用性别研究的术语，但是认同性别议题报道的重要性。与此同时，也有一些受访者在对性别议题的重要度的认识方面存在着怀疑甚至是否定的态度。从另一个角度来看，尽管有些受访者参与了性别相关的课程或者培训，但是其传统性别观念依然根深蒂固。

另外，媒体对与性别相关的新闻制作大部分仍然依靠"硬"新闻与"软"新闻的类别化的区分以及对应的程式化的制作，这在很大程度上限制

① 见国际新闻工作者联合会、联合国教科文组织传播与信息部主编，联合国教科文组织"媒介与女性"教席编译：《将天平摆正——新闻业中的性别平等》，第11页。未公开出版。

了媒体从业者对于性别新闻的深入挖掘。而且一些受访者将制作性别议题的责任归为新闻主管或媒介政策，弱化了编辑者个人在其中的作用。

　　其实，要制作出性别敏感的新闻并非不可能，关键在于媒介从业者个人要提升性别观念与媒介素养，打破性别新闻固有的制作陈规；媒介机构要重视、鼓励和推动性别新闻的制作与传播，打破将性别等同于女性或将性别新闻视为软新闻的刻板印象；媒介所传递的意识形态与媒介文化应杜绝将性别新闻视为娱乐新闻或者带来"眼球经济"的内容，从而传递积极和正面的性别观念与文化内涵。

第四编

男女平等价值观在法律政策领域的呈现

男女平等立法实践的价值观基础研究*

——以中央苏区颁布的维护农村妇女土地权益的法律法规为例

马　焱**

马克思主义理论认为，妇女解放是无产阶级解放及全人类解放的重要组成部分，中国共产党建立初期，接受了马克思主义理论指导的中国共产党人从价值理念上高度认同推动妇女解放和男女平等是党的奋斗目标之一，并将这一认识转化为具体的立法实践。中央苏区时期，中国共产党依托红色政权的力量，以立法形式对包括保护农村妇女土地权益在内的社会权利予以保障，比如苏区宪法大纲、土地法等规定不分男女均有分配土地的权利、给妇女单独颁发土地证等。从这一时期制定和出台的与土地相关的法律法规，人们能够清晰地看到中国共产党旗帜鲜明地坚持男女平等的政治主张和价值立场。剖析中央苏区制定和出台的相关法律法规背后的价值理念，对于目前思考如何从法律源头上更有效地维护农村妇女土地权益乃至各方面权益都具有重要启示。

一、研究背景及研究意义

2016 年是中国共产党成立 95 周年。在 95 年的奋斗历程中，中国共产

* 国家社会科学基金重大项目"男女平等价值观研究与相关理论探讨"（项目编号：12 & ZD035）的阶段成果。

** 马焱，全国妇联妇女研究所理论室主任，研究员，法学博士。研究方向为：妇女理论、人口老龄化与妇女发展、妇女组织。

党遵循马克思主义妇女观的指导，认识到妇女同男性一样是创造历史的主人，是推动人类文明和社会进步的动力，并将这一价值理念贯穿于领导和推进妇女解放、男女平等的立法实践，从法律源头上促进妇女事业发展，积累了宝贵经验。中央苏区时期是中国共产党奋斗历程中一段非常重要的历史时期，不仅是党探索中国特色革命道路的源头，也是探索中国特色妇女解放道路的重要阶段。大革命失败后，1929 年至 1934 年间，中国共产党以瑞金为中心建立了中央革命根据地（又称"中央苏区"），1931 年 11 月又在此成立了中华苏维埃共和国临时中央政府。中央苏区时期，中国共产党第一次成为局部地区的执政党，第一次创建了国家政权形态，从一定意义上可以说是中国共产党早期实行"局部执政"包括探索促进妇女解放和男女平等的首次预演。很多方面的做法都具有开创性和奠基性，为后来乃至今天推进包括妇女事业在内中国特色社会主义事业发展留下了极其宝贵的历史经验。

中央苏区时期，中国共产党人在探索中国特色革命道路时，促进妇女解放一直在其执政视野之内，并且深刻认识到"没有妇女的酵素就不可能有伟大的社会变革"①。因此，中国共产党在领导根据地人民进行土地革命时，非常重视发挥农村妇女作为社会的一分子在争取土地革命斗争胜利中的作用，同时高度重视妇女的特殊利益需求，相继颁布实施了一系列保护农村妇女土地权益的法律法规条例，充分体现了马克思主义政党对待男女平等和妇女问题的原则立场和价值观念。

是否持有男女平等的价值观念，具体来说是指人们对男女两性的人格与尊严以及在家庭和社会领域中的能力与价值、角色与分工、权利与责任进行评判时是否持有平等的态度和看法。深入总结探讨这一时期中国共产党推进男女平等立法实践背后的价值观基础，对于完善当前保障妇女合法权益、促进妇女全面发展的法律体系建设具有十分重要的借鉴意义。

为此，本文着重探讨的是，中央苏区制定有关维护农村妇女土地权益的法律法规背后所体现出的价值理念，即当时的决策者如何看待农村妇女的

---

① 马克思：《致路德维希·库格曼》，中华人民共和国全国妇女联合会编《马克思恩格斯列宁斯大林论妇女》，人民出版社 1978 年版，第 59 页。

个体价值，对农村妇女与家庭、社会、国家、民族之间的关系等所持有的价值标准和价值取向。

二、相关土地法律法规背后隐含的价值理念分析

土地是包括广大农村妇女在内的农民赖以生存和发展的重要生产资料和生活保障。

（一）保障农村妇女土地权益的法律规定

中华苏维埃政权在建立初期制定的《中华苏维埃共和国宪法大纲》（1931 年）和《中华苏维埃共和国土地法》（1931 年），把男女平等享有土地权写入法律。《宪法大纲》规定："在苏维埃政权领域内的工人，农民，红军士兵及一切劳苦民众和他们的家属，不分男女种族宗教，在苏维埃法律前一律平等，皆为苏维埃共和国的公民"①。《中华苏维埃共和国土地法》规定："雇农、苦力、劳动贫民，均不分男女，同样有分配土地的权限"②。婚姻状态与妇女能否平等享有土地权益密切相关。为保障离婚妇女的土地权益，1931 年中央苏区的《中华苏维埃共和国婚姻条例》第五章"离婚后男女财产的处理"第十七条规定："男女各得田地、财产债务各自处理，在结婚满一年，男女共同经营所增加的财产，男女平分。"③ 针对在实践中出现的禁止离婚妇女带走土地现象，临时中央政府专门发表文告，予以严厉批评。1933 年 5 月，中央苏维埃政府通过的对农民发放土地证的决议中明确要求，各户土地证上都要写上妇女的名字，以保证她们拥有独立的土地所有权。④《中华苏维埃共和国婚姻法》（1934 年）第四章第十四条又强调规定："离婚女子如果移居到别村，得依照新居乡村的土地分配应分得土地，如果新居乡

---

① 顾秀莲主编：《20 世纪中国妇女运动史》（上卷），中国妇女出版社 2008 年版，第 321 页。
② 顾秀莲主编：《20 世纪中国妇女运动史》（上卷），中国妇女出版社 2008 年版，第 322 页。
③ 中华全国妇女联合会妇女运动历史研究室编：《中国妇女运动历史资料（1927—1937）》，中国妇女出版社 1991 年版，第 153 页。
④ 顾秀莲主编：《20 世纪中国妇女运动史》（上卷），中国妇女出版社 2008 年版，第 321—322 页。

村已无土地可分，则女子仍须有原有的土地，其处置办法或出租或出卖或与别人交换，由女子自己决定。"第十五条规定："离婚后女子如未再行结婚，并缺乏劳动力，或没有固定职业，因而不能维持生活者，男子须帮助女子耕种土地，或维持其生活。但如男子自己缺乏劳动力，或没有固定职业，不能维持生活者，不在此例。"① 为保证已婚妇女和寡妇的土地权益，一些根据地在土地确权和发放土地证时还作出了较为具体的规定，比如单独给妇女颁发土地证以保障其土地权益。中国共产党在苏区开展的按人口平均分配土地的"耕者有其田"的重大社会变革，使劳动妇女获得了与本阶级男子拥有平等土地权的制度性保障。

（二）支撑相关法律法规条例出台的价值理念

中央苏区时期一系列保护农村妇女土地权益的法律法规之所以能够出台，与当时中国共产党人所秉持的男女平等价值观密不可分。正是基于对劳动妇女个体、劳动妇女与男性、劳动妇女与家庭及劳动妇女与社会、国家、民族之间关系的清醒认识和准确判断，早期中国共产党人才自觉地将这种男女平等的价值理念贯穿于研究、制定、出台和实施相关法律法规条例的全过程，从而在制度层面为农村妇女获得平等的土地权提供了切实保障。需要指出的是，这一时期中国共产党人在探索中国特色革命道路包括中国妇女解放道路的过程中，毛泽东同志作为中国共产党早期重要领导人在创建党的理论和实践开拓方面起到了决定性作用。因此，这一时期作为将马克思主义中国化的代表人物毛泽东对妇女问题的认识、思考和判断，对于颁布实施相关法律法规至关重要，很大程度上影响并引导了当时决策层关于妇女问题的认识走向。

1. 正确认识劳动妇女的个体价值

苏区时期颁布具有性别平等意识的土地法规政策，首先基于对劳动妇女个体价值的正确认识。早期中国共产党人普遍接受马克思主义妇女解放理论，认为男女两性同是创造历史的主人，都有独立、平等的人格、价值和尊严，都是推动人类文明进步的动力。妇女不仅是决定自身命运的主体力量，也是决定革命胜败的重要力量。中国共产党成立之初，或在一些报刊上开辟

---

① 顾秀莲主编：《20 世纪中国妇女运动史》（上卷），中国妇女出版社 2008 年版，第 325 页。

妇女专栏，或创办妇女刊物，宣传妇女解放思想，反对封建纲常礼教对妇女身心的束缚以及封建制度对妇女权利的剥夺，揭露、批判妇女受摧残、受歧视的社会现象，提出妇女作为人应该同男性一样参与社会运动，享有同等的生存权、劳动权以及不受歧视、不被虐待、不被奴役的权利。例如，在其主导创办的妇女刊物《妇女声》上就提出，女子是人类社会的一分子，也应该尽到相应的义务、享受相应的权利。另外，还在其主导的《民国日报》副刊《妇女评论》《妇女周报》《妇女日报》《向导》《女星》等妇女报刊，宣传提出打破传统礼教、争取男女平等、社交公开、婚姻自由等主张，对宣传社会主义妇女解放理论开辟了舆论空间。①

　　毛泽东同志作为中国共产党的先行者、领导者和决策者在多次深入农村做调查研究时，十分关注了解农村妇女的生存状态，对如何认识这一群体、如何解放这一群体做了大量论述。《湖南农民运动考察报告》（1927年）、《长冈乡调查》（1933年）是毛泽东深入当时中国社会底层考察农村妇女生存状况的重要代表性著作。他在《湖南农民运动考察报告》中科学分析到，在两千多年的宗法社会，妇女从生到死，没有独立人格，受"四大绳索"（又称"四权"即政权、族权、神权、夫权）压迫，受封建礼教束缚和形体的摧残，毫无家庭地位和社会权利，并指出经济斗争（土地革命）是推翻封建政权、族权、夫权的基础。基于对劳动妇女状况的分析，毛泽东指出，妇女的力量是伟大的，任何轻视妇女力量和作用的思想都是错误的。在《长冈乡调查》中，他再次强调了妇女在革命斗争中的力量："妇女在革命战争中的力量，在苏区是明显地表现出来了。"对于妇女在经济战线、文化战线、军事动员、组织发展方面发挥的重要作用和做出的成绩贡献给予了高度肯定。②"全国妇女起来之日，就是中国革命胜利之时"就是这一时期毛泽东同志对妇女推动社会变革的伟大作用作出高度评价的著名论断。③这一时

---

① 顾秀莲主编：《20世纪中国妇女运动史》（上卷），中国妇女出版社2008年版，第199—200页。

② 《毛泽东农村调查文集》，人民出版社1978年版，第4页。

③ 毛泽东在延安中国女子大学开学典礼上的讲话，1939年7月20日，原载《新中华报》1939年7月25日。

期中国共产党的其他先行者和领导人如陈独秀、李大钊、李达、刘少奇、向警予、邓颖超、蔡畅等人都发表过关于妇女解放的文章，对启发广大妇女追求自身解放的觉醒，引导当时社会正确认识妇女的价值、权利，以及妇女解放对于国家独立、民族解放和阶级解放的重大意义，都起到了重要的启蒙作用。

正是在把妇女看作与男子一样具有独立人格、价值、尊严以及妇女在革命斗争中具有不可低估的重要作用的理性认识指导下，才形成了党在开展土地革命运动中对女性的劳动能力、家庭经济贡献以及应该享有的相关权利的正确认识和判断，为从立法层面保护农村妇女土地权利奠定了坚实的价值观基础。

2. 深刻认识劳动妇女解放与夫权／父权以及家庭之间关系

千百年来，妇女在封建宗法制度和父权、夫权统治下，封闭束缚在家庭内部从事无酬劳家务劳动，没有自己的土地，同时被排斥于社会生产劳动之外。这种状况的延续会导致农村妇女对夫权／父权的经济依赖日益加深，不可能获得家庭内部的平等地位。苏区时期的立法决策者清晰地认识到劳动妇女解放与夫权／父权及家庭之间的关系，对这种关系的准确认识和判断可以从两个层面去理解。

一方面，充分认识到妇女的家庭地位与经济之间的关系。对农村妇女而言，长期禁闭在封闭狭小的家庭内部劳动，不融入广阔的社会生活，就不可能有经济上的独立，没有经济独立，其他一切方面诸如政治、文化、社会等平等地位都是空话。参加社会生产劳动是妇女解放的一个先决条件，这是马克思妇女解放理论的一个重要观点。早期中国共产党人认识到，广大农村妇女要摆脱对夫权／父权的经济依赖，必须要有独立的土地，参加生产劳动。因此，在革命重心转移到农村之后，在制定一系列与土地相关的法律法规时皆遵循男女平等的原则，为女性拥有与男性一样的独立社会身份奠定了经济基础。毛泽东同志始终重视农村妇女参加劳动对改善其家庭地位和社会地位的重要性，带头研究、亲自审定许多保障妇女经济权益的法规条例和妇女工作的方针政策，为广大农村妇女改变悲惨命运发挥了重要作用。①

另一方面，中国共产党人深刻认识到阶级压迫与性别压迫既有共性又有差异。广大妇女除了与男性共同受到"政权、族权、神权"压迫之外，还受到封建宗法制度保护的父权/夫权的特殊压迫。毛泽东同志深化了恩格斯关于妇女受阶级压迫与家庭内部性别压迫之间关系②的认识，结合中国具体实际，创造性地提出了妇女在社会、家庭领域深受压迫的著名"四权"理论。③正是充分认识到妇女有不同于男性受压迫的特殊性以及利益需求的特殊性，中国共产党在号召广大农村妇女积极投身推翻地主阶级统治的土地革命斗争中，制定与土地相关的法律法规时并不是简单地规定男女等同，而是充分考虑到受中国传统文化和婚嫁习俗的影响，农村妇女的土地权益在土改中很有可能会因婚姻变动而受损，因而采取了向农村妇女倾斜的保护性原

---

① 毛泽东在《湖南农民运动考察报告》中指出："父权这个东西，自来在贫农中就比较地弱一点，因为在经济上贫农妇女不能不较富有阶级的女子多参加劳动，所以她们取得对于家事的发言权以至决定权的是比较多些。至近年，农村经济益发破产，男子控制女子的基本条件，业已破坏了……妇女抬头的机会已到，夫权便一天一天地动摇起来。"引自毛泽东《湖南农民运动考察报告》，《毛泽东选集》第一卷，第 32 页。毛泽东在他亲自审定的《中共中央关于各抗日根据地目前妇女工作方针的决定》指出："提高妇女的政治地位、文化水平、改善生活，以到达解放的道路，亦须从经济丰裕与经济独立入手。多生产、多积蓄，妇女及其家庭的生活都过得好，这不仅对根据地的经济建设起重大的作用，而且依此物质条件，她们也就能逐渐挣脱封建的压迫了，这就是在整个群众工作中广大农村妇女的特殊利益的中心所在，也是各抗日根据地妇女工作的新方向。"引自中华人民共和国全国妇女联合会妇女运动历史研究室编《中国妇女运动历史资料（1937—1945）》，中国妇女出版社 1991 年版，第 648 页。

② 恩格斯指出："在历史上出现的最初的阶级对立，是同个体婚制下的夫妻间的对抗的发展同时发生的，而最初的阶级压迫是同男性对女性的奴役同时发生的。"引自《马克思恩格斯列宁斯大林论妇女》，人民出版社 1978 年版，第 119 页。

③ 毛泽东在《湖南农民运动考察报告》中指出："中国的男子，普通要受三种有系统的权力的支配，即（一）由一国、一省、一县以至一乡的国家系统（政权）；（二）由宗祠、支祠以至家长的家族系统（族权）；（三）由阎罗天子、城隍庙王以至土地菩萨的阴间系统以及由玉皇上帝以至各种神怪的神仙系统——总称之为鬼神系统（神权）。至于女子，除受上述三种权力的支配以外，还受男子的支配（夫权）。"引自《毛泽东同志关于妇女解放问题的论述》，中华全国妇女联合会编《毛泽东周恩来刘少奇朱德论妇女解放》，人民出版社 1988 年版，第 27 页。

则。苏维埃红色政权为保护农村妇女的土地权益和独立生存能力，除了在宪法大纲、土地法等与土地相关的法律法规中出台向农村妇女倾斜的特殊规定（如给妇女单独颁发土地证等），还注重与其他法律法规的配套，如在婚姻法中就对未婚女青年、已婚妇女、离婚妇女、寡妇的土地权益做出许多不同于男性的特殊规定。《中华苏维埃共和国婚姻条例》（1931 年）对为什么给予妇女特殊保护说明了理由："女子刚从封建压迫下解放出来，她们的身体许多受了很大的损害（如缠足）尚未恢复，她们的经济尚未完全独立，所以关于离婚问题，应偏向于保护女子"[①]。中国共产党人在处理"土地农有"的问题上果断采取了向农村妇女倾斜的"差别对待"原则，较好地保护了农村妇女的土地权益。从这些史料可以清晰地看到，中国共产党对广大妇女在历史上长期处于经济不独立、政治无权利、人身不自由、婚姻不自主、身心受摧残的无权地位有着清醒的认识和准确判断，在此基础上，深刻认识到土地政策制定中如果忽视历史上形成的社会结构中的男性特权，女性在政治、经济、文化、体能等方面的劣势，以及中国传统的从夫居的婚姻制度，在家庭中的无权地位而采取无差别的"同一原则"，就无法保障农村妇女在事实上与男性有同样的机会平等获得土地权利。

3. 准确判断劳动妇女与社会、国家、民族之间关系

妇女需要革命、革命需要妇女，是新民主主义革命时期中国共产党对妇女解放与国家独立、民族解放之间关系的准确判断。中国妇女解放运动与西方国家妇女解放运动最大的不同，是中国妇女的解放与国家解放、阶级解放、民族的独立深度融合，实现男女平等、促进妇女解放是马克思主义政党的价值追求和政治主张。毛泽东对妇女解放与民族解放、阶级解放、社会解放之间的辩证关系作了大量论述，反复强调劳动妇女的解放与民族、阶级、社会解放运动的一致性和不可分离性。[②] 早期中国共产党人对妇女与社会、

---

① 《中华苏维埃共和国婚姻条例》，《中国妇女运动历史资料（1927—1937）》，第 151 页。

② 1932 年，毛泽东曾指出，"劳动妇女的解放，与整个阶级的胜利是分不开的。只有阶级的胜利，妇女才能得到真正的解放"，引自 1932 年 6 月苏维埃中央政府发布《关于保护妇女权利与建立妇女生活改善委员会的组织和工作》的训令，《红色中华》第 26 期。这一时期，毛泽东还指出："妇女解放运动是社会解放运动的一个组成部分。离开了社会解放

与国家、与民族辩证关系的认识水平，对从法律层面促进妇女解放具有决定性意义，直接决定了各项法律法规体现性别平等意识的程度。以毛泽东为代表的中国共产党领导人深刻认识到，妇女受压迫问题不仅仅是妇女个人的问题，而是一个重要的社会问题。妇女受压迫是多维的、交叉的，既有父权／夫权的压迫，也有政权、神权、族权的压迫。在中国处于半殖民地半封建社会里，妇女解放运动只有首先融入推翻政权、族权、神权统治的反帝反封建的民族民主革命中才有出路。广大妇女尤其是农村妇女由于社会历史原因在社会资源占有方面长期处于弱势无权地位，脱离外部干预单纯依靠妇女自身力量不可能改变妇女的命运，国家在保障妇女权益方面应当承担起相应义务。要有意识地关心妇女生活，并运用强有力的国家政权力量，通过制定相关法律政策来关注和保障妇女的特殊利益，妇女的革命积极性才能被激发，寻求自身解放的主体性才能被调动。正是在这一系列理论认识的指导下，中央苏区工农民主政权在制定地区性的施政纲领中把满足农村妇女获得土地的要求作为保护妇女特殊利益的重要方面，颁布出台了一系列向农村妇女倾斜的体现"差异性平等原则"的土地法律法规。

三、思考与启示

实践是不断向前发展的，解决前进中的问题需要以发展了的理论为指导。中国共产党在领导广大妇女翻身求解放的历史进程中，创造了很多宝贵经验，既有理论上的创新，又有实践中的突破，比如上述苏区时期制定的体现性别平等的土地法律法规。新时期，需要总结这些历史经验，深刻领会马克思主义政党对于妇女解放和男女平等问题的原则、立场和政治主张，并结合新的形势，创新理论和实践经验，妥善处理好妇女发展过程中面临的一些难点问题。

运动，妇女解放是得不到的；同时，没有妇女运动，社会解放也是不可能的。因此，要真正求得社会解放，就必须发动广大的妇女群众来参加。要真正求得妇女自身的解放，妇女们就一定要参加社会解放的斗争。"引自《毛泽东文集》第 2 卷，人民出版社 1993 年版，第 169 页。

（一）早期中国共产党人秉持的男女平等价值观念，是一系列体现性别平等的法律法规得以出台的基础

回顾历史，中国共产党人在带领中国人民进行土地改革的革命斗争中从立法层面高度重视农村妇女的土地权益保护问题，彰显了马克思主义政党对男女平等价值观的坚定信仰和政治主张。从八十年前苏区制定的相关法律法规可以清晰地看到，中国共产党除了有坚定的阶级立场之外，还有鲜明的性别立场。早期中国共产党人深刻认识到当时备受"四权"压迫和欺凌的农村妇女这个弱势群体有不同于男性群体的特殊情况和特殊利益需求，在历次土改中一直旗帜鲜明地坚持男女平等的价值原则，并颁布实施了向农村妇女倾斜的差别性对待政策，创造性地找到了切实保障农村妇女获得土地权益的解决方案，继承和发展了马克思主义妇女解放理论，有力推动了中国妇女运动的健康快速发展。近年来，联合国倡导的向女性倾斜、加速实现事实上男女平等的暂行特别措施，以及将性别平等意识纳入决策主流的倡导，与多年前中国共产党的探索高度一致。事实证明，那种认为马克思主义妇女理论只有阶级立场、没有性别立场和性别意识的认识是不符合历史事实的。

（二）当前农地承包经营权确权登记和颁证工作的决策理念，应当由关注"抽象的人"向关注"具体的、独立的、有性别的人"转变

新形势下，随着农村土地经营权与承包权逐步分离，农村妇女土地权益受损问题变得更为复杂。经济发达地区和欠发达地区有不同的表现形式，前者主要表现为土地及其衍生利益的分配，如土地征收补偿费、土地入股分红权以及集体福利分配问题；后者则主要表现为土地承包经营权和宅基地分配等问题。以农户为土地承包经营单位且 30 年不变的制度设计，一方面与传统"从夫居"婚姻居住模式下女性的流动性和当前就业流动的客观现实存在矛盾；另一方面使得家庭成员个体的土地权利隐没于家庭之中。由于男女两性在家庭中权利的不平等，女农民与男农民相比呈现出模糊性、依附性、有限性和不稳定性等特点，权利更加残缺并常受侵蚀。[①] 据第二期中国妇女社会地位调查显示，在整个失地妇女群体中，因婚姻变动因素而失地的占

---

① 支晓娟、吕萍：《我国农村妇女土地权利的制度考察》，《兰州学刊》2010 年第 6 期。

27.7%，同一因素男性仅为 3.7%。① 这种情况并非发生在局部地区，无论在京津沪还是在东、中、西部，妇女土地权益受损程度都高于男性，京津沪地区女性无地比例比男性高出 15.1 个百分点，东、中、西部女性无地比例分别比男性高出 8%、8% 和 17.5%。② 近年来，农村土地承包经营权的物权化过程，体现了立法决策者由关注"土地"资源的利用向关注"人"的权利的立法理念的转变。然而，从当前正在开展的农村土地经营权确权登记和土地确权颁证工作看，政策制定者对于我国存在上千年的男婚女嫁的婚嫁习俗现实社会性别结构所造成的男女两性之间实际存在的权利不平等还缺乏深入考虑，还没有充分关注到政策实施对于具体的、不同性别的人将会产生不同的影响，以至于法律规定的妇女享有平等的土地权益难以真正落实。多数地方仅将男性户主作为承包方代表进行登记。③ 由于没有登记名字，农村妇女难以实际拥有对承包地平等的知情权和决策权，在婚姻关系发生变化时主张权利缺少证据，在获得土地征用补偿分配时缺乏依据。当前，农村妇女约占农业劳动力的 70%，广大农村妇女已经成为农业生产、粮食保障和农村发展的主力军，她们积极参与发展现代农业、乡村旅游业、特色手工业和庭院经济等，为改善家庭和农村的贫困面貌、增加家庭整体福祉，为国家和社会的繁荣与进步做出了巨大贡献。目前农村妇女的土地权益保障状况与其发挥的作用和贡献是不对等的。

　　八十多年前中央苏区在制定与土地相关的法律法规时，对广大劳动妇女个体价值、对妇女与男性、妇女与家庭以及妇女与社会、国家、民族之间关系的清醒认识和准确判断，对现实生活中生存着的农村妇女的真实境况进行的深入考察，以及就此而颁布实施的差别性对待政策，都对新一轮农村土地承包经营权确权登记和土地确权颁证工作中如何保障农村妇女的土地权益具有重要指导意义。习近平总书记在 2015 年联合国妇女峰会上强调：要推动妇女和经济社会同步发展，考虑现实社会中的性别差异和妇女的特殊需

---

① 全国妇联、国家统计局，第三期妇女社会地位调查，2011 年发布。

② 蒋永萍：《农村妇女失地与土地收益问题依然突出》，见 http://www.wsic.ac.cn/hotcommentary/79766.htm.Friday，March 09，2012。

③ 李雪慧主编：《2011 年中国法治蓝皮书》，中国检察出版社 2012 年版。

求，这样才能确保妇女平等参与、平等分享发展成果，要把保障妇女权益系统纳入法律法规，上升为国家意志。[①] 中国作为同意签署联合国 2015 年后发展议程成果文件的社会主义大国，应该在这方面作出积极探索和表率。

为避免农村妇女因婚姻变动而遭遇土地权益受损，避免相关法律法规沦为某单一性别人群的保护，建议决策者在制定土地相关的法律法规时，在立法价值理念上坚持中国共产党一贯遵循的男女平等的价值目标和政治主张，由关注"抽象的人"向关注"具体的、独立的、有性别的人"转变，充分考虑具体的、不同性别的人在具体生存情境中所具有的个体性和特殊性因素，充分考虑中国传统性别文化和婚嫁习俗可能对妇女土地权益带来的负面影响，尊重妇女作为一个有独立人格、价值和尊严的人所应该享有的平等权利，旗帜鲜明地推行"差异性平等原则"，使男女平等基本国策在这一领域得到具体的贯彻落实。

---

① 习近平：《促进妇女全面发展　共建共享美好世界——在全球妇女峰会上的讲话》(2015年 9 月 27 日，纽约)，《人民日报》2015 年 9 月 28 日第 3 版。

证上有名，名下有权

——男女平等价值观在土地承包经营权确权登记颁证中的体现*

马　焱　郭　晔**

一、引　言

土地是包括广大农村妇女在内的农民赖以生存和发展的重要生产资料和生活保障。1978 年以来，家庭联产承包责任制的实行，极大地激发了包括农村妇女在内的广大农民的积极性和农村生产力的发展，农民自发的改革突破了农业用地集体所有的体制限制，创造性地通过与村集体签订家庭承包和其他形式的承包合同（15 年期），实现了农民对林地、耕地、草地的使用权和收益权。

为使法律赋予农户的土地承包经营权获得程序确认并具有法律凭证，完善登记资料是一个重要环节。从 2003 年起，农业部开始推进土地承包经营权确权颁证登记试点工作，明确权利的主体和客体，并予以公示；2008 年之后的中央 1 号文件，开始从战略层面重视土地承包经营权确权登记颁证工作；2011 年农业部、财政部、国土资源部、中农办、国务院法制办、国家档案局联合下发《关于开展农村土地承包经营权登记试点工作的意见》；

* 本研究得到国家社科基金重大项目"男女平等价值观研究与相关理论探讨"（项目编号：12&ZD035）的支持。

** 作者简介：马焱，全国妇联妇女研究所理论室主任、研究员，法学博士。郭晔，女，山西太原人，全国妇联权益部信访处处长，国家公职律师，国家二级心理咨询师。

2015 年农业部等六部门又联合下发《关于认真做好农村土地承包经营权确权登记颁证工作的意见》，为指导地方试点工作，农业部还出台了操作技术手册。截至 2015 年 2 月，全国开展土地承包经营权确权登记的县有 1988 个，涉及 1.3 万个乡镇和 19.5 万个村，3.3 亿亩承包耕地。2015 年和 2016 年两年又新增 19 个全省推进确权登记工作的试点省。

　　土地承包经营权确权登记颁证并不是一个为保障妇女土地权益而推进的工作，但是妇女作为家庭承包共有人的权利能否体现在登记簿和法律权证上，直接关系农村妇女的生存与发展，也是检验中国共产党一贯倡导的男女平等价值观在这一工作领域是否真正得以落实的重要方面。历史上，在党领导下的土地革命和土改运动中，为解决类似问题积累了许多宝贵经验。比如，在中央苏区时期，1933 年 5 月中央苏维埃政府就曾通过决议对土地进行登记发证时要写上妇女的名字。① 在新中国成立初期的土改运动中，根据土地改革法的规定和男女平等原则，规定"妇女在出嫁或改嫁时有处理自己土地的权利，在发土地证时要写明男女家长与男几口女几口以表示郑重，如有妇女因特殊情况愿意单独立约者应该发给单独土地证"②。

　　当前，农村妇女约占农业劳动力的 70%，广大农村妇女已经成为农业生产、粮食保障和农村发展的主力军，她们积极参与发展现代农业、乡村旅游业、特色手工业和庭院经济等，为改善家庭和农村的贫困面貌、增加家庭整体福祉，为国家和社会的繁荣与进步做出了巨大贡献。根据权利与义务对等原则，农村妇女的土地权益在土地承包经营权确权登记颁证工作中，理应得到关注。从男女平等价值观的视角对此问题进行审视，总结实践经验，分析现实挑战，提出思考与建议，对于从法律政策源头保障农村妇女的土地权益具有重要意义。

---

① 顾秀莲主编：《20 世纪中国妇女运动史》（上卷），中国妇女出版社 2008 年版，第 321—322 页。

② 曹冠群：《怎样发动农民家庭中的妇女参加土地改革》，《新中国妇女》1950 年第 9 期。

二、对土地承包经营权确权登记颁证工作的分析

（一）妇女名字写进土地权证的相关规定

自 2003 年国家开始推进土地承包经营权确权颁证登记试点工作以后，2015 年农业部公告第 2330 号下发了《农村土地承包经营权登记簿证样式》，新启用的土地承包经营权证（样式）与 2003 年对比，将"承包经营权共有人情况"一栏改名为"承包方家庭成员情况"。土地承包经营权证样本中出现"承包经营权共有人"或"承包方家庭成员"登记栏使妇女土地承包权益得到体现有了形式上的可能。

部分试点地区将完善"承包经营权共有人"的登记作为健全土地承包权登记制度的内容之一，在明确共有人登记标准时，对出嫁、离婚、丧偶妇女在哪里享有土地承包经营权进行了规定，使得农村妇女的名字能够体现在土地承包经营权证上获得了制度性保障。如山东枣庄、安徽凤阳等地，主要是县级政府或农业部门出台了统一的、细化的共有人登记标准，考虑妇女因婚嫁变动产生的特殊情况，使村集体在确权登记中有较统一和明确的遵循，避免通过村民会议中简单的少数服从多数侵犯妇女土地承包权，同时加强对政策落实的督查工作和矛盾纠纷化解工作，防止出现确权不到户、妇女两头空的情况。

比如，安徽省凤阳县在《凤阳县农村土地承包经营权确权登记颁证工作政策解答》（以下简称"政策解答"）中，要求土地承包经营权登记时收集外嫁女资料。包括原家庭承包户主提供出嫁女是在嫁出或嫁入地登记的书面说明，书面说明中应有出嫁女同意的签字；明确共有人的确认，以第二轮土地承包时的家庭成员为基础，参照家庭现有人口，由承包方书面申请确权登记共有人，发包方审核确认。第二轮土地承包期内的新增家庭成员，一并作为共有人进行登记。这些规定在实践中取得了很好的效果，解决了长期以来困扰当地政府和农村妇女因土地权益问题引发的纠纷，为全国其他地区顺利推进此项工作积累了宝贵经验。

为此，2014 年农业部与全国妇联以会谈纪要的形式共同推广试点地区

保障农村妇女土地承包权益的有益经验，提出"在土地承包经营权确权登记簿和权证上写上妇女名字""鼓励各级土地承包经营权确权登记颁证试点工作领导小组吸收同级妇联组织参加"等工作要求。截至 2015 年底，江西、江苏、四川、浙江等 26 个省区市纷纷通过省政府文件，或妇联与农业部门联合发文，或召开专题会议等形式，要求在土地承包经营权确权登记颁证中同步推进保障农村妇女土地权益的工作，在登记簿和权证上体现妇女的名字，以实现农村妇女"证上有名、名下有权"。

（二）"证上有名、名下有权"对男女平等价值观的体现

男女平等价值观是一种具有平等理念的性别观，是指人们对男女两性的人格与尊严，以及两性在家庭和社会领域中的能力与价值、角色与分工、权利与责任进行认知和评判时持有平等的态度和看法。农村妇女"证上有名、名下有权"的政策性规定，体现了对男女平等价值观的遵循，不仅是对农村妇女主体性身份的确认，也考虑到了这一规定对改善家庭中两性关系、农村妇女家庭地位和社会参与的正向影响。

1. 农村妇女的主体性和平等劳动权利得到认可和尊重。在土地权证上登记妇女名字，有两重含义。

一方面，反映出对农村妇女作为一个独立的社会劳动者个体人格、价值、尊严以及权利的尊重。农村妇女可以不依附男性配偶而获得平等的土地权利，这一举措将有助于增强妇女的主体意识，提升妇女的自我认同感和对土地等家庭共有财产的权利意识。在试点地区，由于宣传并探索将夫妻双方的姓名都体现在"承包方代表"栏中，激发了妇女的平等意识和参与意识。在辽宁清原县的试点村，有三名未在婆家实际分得土地，但与家人共同耕种原有承包地的妇女主动提出申请，将自己的名字登记在承包方代表栏，体现了妇女对家庭财产权利意识的提升。全国妇联对试点地区 800 名农村妇女的自然信息、土地承包信息、承包管理信息等 18 项内容研究表明：妇女的名字体现在土地承包经营权证书上很有必要，对妇女维权意愿影响最大。

另一方面，为农村妇女获得平等土地收益（如农业生产收入和相关补贴、流转收益、征用补偿等）提供重要证据。在家庭和睦的情况下，家庭成员共享土地承包经营权及其收益不成问题，但是当家庭出现感情矛盾、利益之争，出现暴力、遗弃等严重侵权行为，当发生土地流转、征用时，权证就是对家庭中弱势一方进行法律救济的最有力的证明。现实中，妇女更多的在土地上劳动付出，但往往一旦遭遇婚姻解体就可能被扫地出门。由于害怕这种结果，很多遭受家庭暴力的妇女不敢离婚、不能离婚。现实中由于很多地方证簿登记信息不健全，承包合同只有一名代表人，妇女维权缺乏依据。将妇女的名字写入权证，能够为解决这一问题提供关键证据。

2. 经济赋权的制度性确认有益于提高妇女在家庭的地位。在土地权证上登记妇女名字，代表着国家对农村妇女平等享有家庭共同耕种经营的土地权利予以制度性的认可，任何个人和组织不得任意剥夺妇女的这一权利。这一举措体现了党和政府对农村妇女经济赋权的高度重视，对于提高妇女家庭地位、改善家庭关系具有重大意义。

一方面，有助于提高家庭成员对妇女土地权益受国家法律保护的认识，也将减少家庭成员内部因土地权利不明晰所产生的矛盾纠纷。名字登记在娘家，意味着女性虽因婚姻离开娘家家庭，但其与娘家家庭成员共同享有的承包经营权非经法定程序不能被任意剥夺；因结婚进入新的家庭的妇女，名字登记在婆家，意味着享有的家庭承包经营权经法定程序得以确认。

另一方面，有助于增强农村妇女的经济独立性、自主性、妇女家庭地位的动态转变，以及家庭中两性关系的平等和谐。妇女因权证上有名，可以代表家庭通过抵押土地承包经营权获得贷款，为农村妇女自主发展家庭经济提供金融支持和便利，可以增加妇女在家庭承包土地中获得更多可支配的收入，增加农村妇女的经济赋权，减少其对丈夫或家庭的经济依赖，改善经济和人身附属状况，提高丈夫或家庭成员对农村妇女独立人格和价值的认可度，从而提高其家庭地位。

许多研究证明，失去或没有土地权会大大削弱妇女对丈夫的议价能力、加深对其依附程度，农村妇女因婚嫁失地在经济资源受剥夺的同时，也削弱了保障自身安全的能力，其遭受家庭暴力尤其是被丈夫殴打的风险大大增加。对美国、南亚社会的研究发现，妻子对于资源的掌控状况，与家暴发生频率有着显著负相关关系。① 印度的试点项目表明，妇女如拥有土地，其遭受家庭暴力的可能性降低八分之一。② 来自中国数据的实证分析发现，拥有承包地可以显著降低农村妇女遭受来自丈夫家庭暴力的风险，而因婚嫁失地的妇女与有地妇女相比，遭受来自丈夫家庭暴力的风险要显著高出 26.5%。③

3. 登记妇女名字有益于增强农村社会对其权利和价值的认同度，同时使国家法律赋予妇女的土地权益显性化，将增强国家法律对农村社会的影响力和权威性。

一方面，有助于提高农村妇女基层民主参与的水平。登记妇女的名字，可以增进村民认识妇女的土地权利是法律赋予的、合同确立的、权证体现的，并非妇女与村民争利；同时也会增进农村妇女对自身权益的认识，从而有助于促进农村妇女更多参与村集体有关土地及收益的分配讨论中。试点地区的实践经验表明，获得登记的妇女在村组决策中的地位和话语权有所提升，更乐于参与新农村建设和社会治理，体现出主人翁的姿态和积极性。

另一方面，有助于激发农村妇女在国家农业产业化发展、农村产权制度改革和农民增收致富中的积极性、主动性和创造性。当前推进农村产权制度改革，其目的在于最大限度解放农业生产力，提高土地利用效率，提高农民生活水平，实现农村全面小康，这一系统工程离不开占实际农业劳动力 70% 的农村妇女的积极参与和贡献。土地确权登记颁证工作对妇女权益的保障，有助于农村妇女全力投入农村改革实践，成为促进农村经济社会发展的重要参与者、建设者和受益者。

（三）"证上有名、名下有权"面临的现实困境

"证上有名、名下有权"这一体现男女平等价值观的政策性规定，在实践层面的整体推进困难重重，面临诸多挑战。

1. 法律规制的权利概念尚未获得农村社会的充分认同。"嫁出去的女儿

---

① T. Lane. In Bangladesh, Women's Risk of Domestic Violence Is Linked to Their Status, International Family Planning Perspectives, 2003, (29): 147.

② 资料来源：LANDESA 美国农村发展研究所。

③ 宋月萍、谭琳、陶椰：《婚嫁失地会加剧农村妇女遭受家庭暴力的风险吗？——对中国农村地区的考察》，《妇女研究论丛》2014 年第 1 期。

泼出去的水"等陈腐观念目前在部分农村地区还有相当市场，致使法律规定与权利的实际行使存有偏差。如婚姻法明确规定，登记结婚后，根据男女双方约定，女方可以成为男方家庭的成员，男方可以成为女方家庭的成员。但很多农村地区要求妇女结婚后在一定时间内必须将户口迁出；有的妇女结婚后即使长期在娘家生产生活，户口也被强行迁出；有的与非农业户籍人口结婚，户口无法迁出的，则强迫妇女签订"落户不享受待遇"等不平等协议。再如，我国法律规定家庭承包的主体是农户，承包期30年不变，30年内家庭成员无论增减都平等享有承包权益，也就是说分配土地时家庭人口只是分配的依据，嫁入妇女与新生儿在成为家庭成员时当然拥有家庭承包土地的耕种、收益分配等权利。但多数农村地区认识不到户内的每个人与家庭共有权相对应。因此，许多妇女在夫家劳苦耕作几十年，到头来"地无一垄、房无一间、钱无一分"。

2. "从夫居"婚俗容易使妇女陷入人地分离的境地。中国传统的婚姻"从夫居"习俗，使得绝大部分农村妇女在其一生中至少有一次迁移住所，这是与一生都能固守在原生家庭的男性的重大区别。农村普遍存在的父系家族传统，如今仍倾向于排斥结婚出嫁的女儿在原生家庭中继续享有土地资源的使用权、收益权以及登记土地权证的权利；而因结婚进入丈夫家庭的妇女虽然在婚姻稳定时与其他家庭成员共同拥有土地承包经营权，但很少被视为家庭成员代表，而且一旦遇到家庭变故，往往被扫地出门，不能继续享有自己耕种的土地收益，因此夫家家庭也倾向于排斥妇女的土地权证姓名登记权。一些试点地区的调查显示，由于各地开展登记试点工作的启动时间不统一，有的地方政府为怕麻烦，任由登记标准"一村一策、一组一策"，使得部分妇女因为婚嫁迁移的时间差，导致在娘家和婆家都难以获得登记而陷入两头落空的境地。

3. 对村民自治制度的权力边界存在认识误区。部分农村地区对村民自治制度存在认识误区，认为实行村民自治就意味着村民的一切事务都由村民（村委会）说了算，没有正确认识到村民自治的权力边界。《村民委员会自治法》第八条规定："村民委员会依照法律规定，管理本村属于本村农民集体所有的土地和其他财产。"第九条规定："村民委员会应当宣传宪法、法律、法规和国家的政策……促进男女平等。"第十条规定："村民委员会及其成员应当遵守宪法、法律、法规和国家的政策。"第二十七条规定："村民自治章程、村规民约以及村民会议或者村民代表会议的决定不得与宪法、法律、法规和国家的政策相抵触，不得有侵犯村民的人身权利、民主权利和合法财产权利的内容。"① 这些法律规定说明，村民自治是有前提条件的，不是无权力边界的，应该在国家宪法和法律规定的框架下运作，所作决议不能违背男女平等的宪法原则。

然而，目前部分农村地区一直沿用存在性别歧视的村规民约，以集体决议为由排斥农村妇女在土地承包经营权确权登记中的权证署名权。现实中，农村妇女通常难以成为家庭承包土地的承包方代表，她们的土地权益能否得到有效保障往往取决于她们作为集体经济组织成员的身份能否得到村集体的承认。由于我国集体经济组织形式多样，历史沿革复杂，当前的政策倾向于由集体经济组织通过自治方式自主确认成员身份，由此便出现了集体多数人侵犯少数妇女土地权益的问题。比如，在经济发达地区，土地承包经营权确权与土地及其衍生利益的分配（如土地征收补偿费、土地入股分红权以及集体福利分配）密切相关，受到经济利益刺激，部分地区开展集体经济股份制改革时，在改革方案中对户口在本村的出嫁妇女及其子女、离婚丧偶妇女作出歧视性规定，甚至剥夺其村民待遇。男女平等的宪法原则在歧视性村规民约面前显得束手无策。

4. 缺乏层层传导应对歧视性村规民约的法律与行政相结合的途径。村集体以多数人决议为由滥用权力剥夺或侵害少数农村妇女的土地权利，看似只是村规民约或村集体当权者的性别平等意识淡薄的问题，实际上如何使相关法律规定通过具体的、层层的政策传导约束歧视性的村规民约和村民委员会成员行为，尤为重要。目前，《村民委员会组织法》第三十六条规定："村民委员会或者村民委员会成员作出的决定侵害村民合法权益的，受侵害的村民可以申请人民法院予以撤销，责任人依法承担法律责任。村民委员会不依

---

① 《中华人民共和国村民委员会组织法》（1998 年 11 月 4 日第九届全国人民代表大会常务委员会第五次会议通过，2010 年 10 月 28 日第十一届全国人民代表大会常务委员会第十七次会议修订），中国法制出版社 2019 年版。

照法律、法规的规定履行法定义务的，由乡、民族乡、镇的人民政府责令改正。"但在实践中，法院对于通过村民自治决议侵犯妇女土地承包权益的案件难以受理；有的虽然受理了，但是判决难以执行。同时，由于土地承包经营纠纷仲裁机制尚不健全，有的基层政府不作为，使一些地方村民甚至以为妇女土地权益不受法律保护。

此外，全国妇联于 2012 年 11 月至 2013 年 7 月在农业部最早 8 个试点之一的辽宁清原县调查走访发现，村级组织对国家和上级政府的干预有强烈期待。该村支部书记明确表示：如果国家要求登记妇女的姓名，而非让妇女申请登记姓名，有助于减少夫妻矛盾。当前，上级政府对在村里开展此项工作时应遵守男女平等的宪法原则和相关法律规定没有具体要求，法律法规的落实缺少具体政策的衔接以及相关行政手段的配合。

三、启示与建议

妇女土地权益能否得到保障是男女平等基本国策在农村能否得以落实的重要指标之一，是我国妇女人权保障体系不可回避的问题。从男女平等价值观的视角分析完善土地承包经营权确权登记颁证工作，有以下几点启示与建议：

（一）必须坚持男女平等的政治主张和价值立场。回顾历史，中国共产党人在带领中国人民进行土地革命斗争和土改运动中，从立法层面高度重视农村妇女的土地权益保护问题，颁布实施了向农村妇女倾斜的差别性对待政策，创造性地找到了切实保障农村妇女获得土地权益的解决方案（如土地证上写上妇女的名字等），可以看出中国共产党不仅有坚定的阶级立场，还有鲜明的性别立场，彰显了马克思主义政党对男女平等价值观的坚定信仰和政治主张。

近年来，联合国提出的为加速实现男女两性事实上的平等而采取向女性倾斜的暂行特别措施，以及将性别平等意识纳入决策主流的倡导，与 80 多年前中国共产党的探索高度一致。这些植根于中国国情创造和积累的宝贵历史经验，为当前土地制度改革贯彻男女平等价值观提供了重要参考依据。

当前，保障妇女土地权益也是国际社会促进可持续发展的重要关切领域。联合国 2015 年后可持续发展议程"目标 5：实现性别平等，增强所有妇女和女孩的权能"，倡导各国法律进行改革，让妇女享有获取经济资源的平等权利，并能拥有和控制土地和其他形式财产。① 目前，世界各国都在不断尝试通过法律政策等途径改变包括妇女在内的弱势群体的境遇，中国作为同意签署该议程成果文件的社会主义大国，应该坚持中国共产党一贯遵循的男女平等的价值立场，在完善土地承包经营权登记制度时确保妇女权益不受侵害。

（二）现行法律政策应根据形势变化及时调整完善。经过 40 多年的改革开放，我国农村家庭户的状况已经发生巨大变化，传统的男耕女织、子承父业的家庭模式在分化瓦解；家庭成员因婚姻、上学、就业等极易发生变化，离异家庭、再婚家庭、空巢家庭等不同类型家庭人口组成复杂。由于多种原因，女儿承担养老责任的家庭越来越多，但在家庭中的权利和地位仍受不平等的传统性别观念所制约。另一个不容忽视的社会现实是，随着农村体制改革的不断深化，土地流转、规模经营等必将极大提升农业生产力和土地价值，利益分配矛盾必将进一步凸显；同时，随着人口流动和思想观念的开放，农村家庭离婚率在上升，离婚中作为家庭财产之一的土地承包经营权分割的纠纷也将逐步增多，由于家庭成员权利不明晰产生的矛盾纠纷也越来越严重地影响到农村社会的和谐与稳定。社会形势的快速发展变化，亟须法律政策予以规范和调整。

立法决策者在制定或修改与土地相关的法律政策时，应当正视现实变化的复杂性，不能简单笼统地将农户家庭视为一个稳定的利益共同体，而应关注具体的、不同性别的人在具体生存情境中所具有的个体性和特殊性因素，充分考虑中国传统性别文化和婚嫁习俗可能对妇女土地权益带来的负面影响，尊重妇女作为一个有独立人格、价值和尊严的人所应该享有的平等权利，旗帜鲜明地推行"差异性平等原则"。

---

① 《改变我们的世界：2030 年可持续发展议程》，2015 年后发展议程的联合国首脑会议成果文件，2015 年 9 月 25—27 日联合国首脑会议审议通过。

在修订或修改《民法典》《农村土地承包法》《土地管理法》以及集体产权制度改革等法律条文时，应明确集体经济组织成员资格界定的原则底线，以及进入退出的程序、登记标准以及救济程序；区分土地对农民具有的社会保障与财产收益分配等不同功能，明确家庭成员对家庭共有财产权利享有及利益分配规则。比如，按照物权法共同共有的有关规则对家庭成员的共有权利进行法律确认、变更和救济，明确土地承包合同签订之日或者土地承包经营权成立之日起，家庭所有成员即共同享有土地承包权利并有权获得登记，能够平等享有土地经营权流转等决策权，由于法律事由离开承包关系能够获得补偿和变更登记，从而保障包括妇女在内的全体家庭成员对家庭土地承包经营权的共有权利得以实现。用物权法的共有规则调整家庭承包关系中每一位家庭成员的利益，有利于促进整个农村家庭的财产关系朝向法治化的轨道引导，妇女不需要被额外强调即可以在法律中获得保障依据，也有利于实现社会整体的公平正义。

另外，农村土地承包法等相关法律法规在修订过程中，应把近几年在20多个试点地区探索的实现农村妇女"证上有名、名下有权"的成功实践写进相关法律文件，扎实推进土地承包经营权确权登记颁证工作对男女平等价值观的彰显，实现国家保障妇女土地权益的主张和承诺。①

（三）加强人大监督和上下级政府间的层级领导，实现法律、政策、行政手段的有效衔接。党的十八届四中全会《决定》指出，要"完善政府内部层级监督""坚持系统治理、综合治理""发挥政策和法律的各自优势，促进党的政策和国家法律互联互动"。鉴于男女平等的宪法原则和相关保障妇女土地权益的法律规定没能在村级实践中得以有效贯彻落实的现状，建议加强人大监督和完善政府层级管理职能，把宪法和法律规定的原则和内容转化为具体的行政措施，一级抓一级，层层抓落实，保证男女平等的国家法律政策和上级的意图快速向下贯彻，确保男女平等的国家意志得以贯彻。目前，在全社会的法治精神和法治信仰还没有达到相应高度，尤其是传统的歧视妇女

---

① 《中国妇女发展纲要》（2011—2020年）将"确保农村妇女平等获得和拥有土地承包经营权"作为主要目标之一，主要策略措施中包括"落实和完善保障农村妇女土地权益的相关政策"。

的性别观念在多数农村地区还普遍存在且短时期内还很难根本扭转的情形下，使用政府内部层层抓落实的行政手段还是非常必要的。

《地方人民代表大会和地方各级人民政府组织法》明确规定了地方各级人民代表大会的职权，包括"保障宪法和法律赋予妇女的男女平等、同工同酬和婚姻自由等各项权利"，同时，规定了上级行政机关对下级行政机关有领导和监督职能。第五十九条规定了县级以上地方各级人民政府行使的职权：执行上级国家行政机关的决定和命令，规定行政措施，发布决定和命令；领导下级人民政府的工作；改变或者撤销下级人民政府的不适当的决定、命令；保障宪法和法律赋予妇女的男女平等、同工同酬和婚姻自由等各项权利。第六十一条对乡 / 镇人民政府行使的职权进行了明确规定：执行上级国家行政机关的决定和命令，发布决定和命令；保障宪法和法律赋予妇女的男女平等、同工同酬和婚姻自由等各项权利；办理上级人民政府交办的其他事项。① 可见，保障宪法和法律赋予妇女的男女平等等各项权利，是各级人民代表大会和政府义不容辞的责任，各级人民代表大会和上级政府有责任要求下级政府推动落实包括保障妇女土地权益在内的相关事宜。县级以上政府对乡 / 镇政府、乡 / 镇政府对村委会组织应该层层提出符合男女平等价值观原则的具体工作目标、行政措施和要求。同时，上级政府应深入基层一线了解实际，在坚守男女平等法律底线的基础上适当考虑地方具体情况，及时总结推广实践经验，因地制宜地作出既符合法律规定又兼顾地方实际的解决问题的方案。

鉴于试点地区已经出现的因各地登记标准不一、启动时间点不一而造成的妇女陷入两头落空的现象，上级政府可以细化家庭承包共有人登记的相关制度。比如，县级政府就可以在本行政区域内明确统一的登记时点，考虑妇女因婚嫁变动产生的特殊情况，出台一个统一的、细化的共有人登记标准，使不同村集体在确权登记中有比较统一和明确的遵循，防止出现确权不到户、妇女两头空的情况。同时，避免通过村民会议中简单的少数服从多数

---

① 《中华人民共和国地方各级人民代表大会和地方各级人民政府组织法》，见 http：//www.liuxiaoer.com/fa/6583_5.html。

侵犯妇女土地承包权的情形，明确少数弱势群体权益只公示不表决的原则。此外，还应就共有人登记的实际情况加大对基层的调研和督查力度，对于因地区间登记时点和标准不统一造成妇女未能获得登记的，明确补救措施；明确集体经济组织成员身份确认的原则、程序，完善农村妇女土地承包经营权侵权救济途径。对于不给予村民待遇但经过调查确实属于失去土地相关权益则陷入生活困境的弱势妇女群体，提供集体和政府兜底救助措施。

总之，建议以土地承包确权登记为契机，加大统筹解决农村妇女土地权益问题的力度，明确权利归属，化解矛盾纠纷，确保男女平等的基本国策和价值理念能够在这一领域得到贯彻落实。

婚姻家庭法定位及其伦理内涵

薛宁兰*

新中国成立以来，民法典编纂跌宕起伏。① 与之不同的是，婚姻家庭法在新中国成立头三十年间，以独立法律部门形式存在，与婚姻家庭法学一同成为法律领域和法学领域的"幸运异数"。②20 世纪 80 年代初，国家实行改革开放政策，推行市场经济，中国社会开始从"传统"向"现代"转型。1986 年，调整民事关系的基本法《民法通则》颁行，从立法体例上宣告了婚姻家庭法的民法归属。自此，婚姻家庭法独立抑或回归，即婚姻家庭法的定位，成为中国学术界长期讨论的议题。

一、婚姻家庭法定位的已有研究

本文所谓"婚姻家庭法的定位"，是指它在一国法律体系中所处的位置，即它是独立的法律部门，还是某一部门法（民法）的组成部分。21 世纪以来，学术界从对修改现行《婚姻法》的世纪之交大讨论，到婚姻法司法

---

* 作者简介：薛宁兰，女，中国社会科学院法学研究所研究员、博士生导师，中国法学会婚姻家庭法学研究会副会长。主要研究方向：婚姻家庭法、社会保护法。

① 关于中国民法典编撰的曲折历史，参见梁慧星《关于中国民法典编纂问题》，见 http：// www.iolaw.org.cn/showArticle.aspx？ id=4200，访问时间：2015 年 3 月 4 日。

② 在《现代汉语词典》中，"异数"一词是指"特殊的情况；例外的情形。"新中国成立以来，与民法及其他部门法的社会待遇相比、与民法学以及其他部门法学的历史境遇相比，婚姻家庭法与婚姻家庭法学都得到了另眼对待，在制度上长期存续，在理论上延续发展。参见陈甦主编《当代中国法学研究》，中国社会科学出版社 2009 年版，第 56 页。

解释（三）公布后，对婚姻家庭法立法价值取向的关注，十余年间，婚姻家庭法的定位始终是紧随国家民事立法建设步伐的学术焦点。学者在此议题上的观点可概括为"回归民法说"与"独立法律部门说"两类。

（一）回归民法说

回归民法说是当前法学界的主流观点。学者们多以马克思的市民社会理论和大陆法系公法私法划分传统为立论根据。其论据主要有三个。

1. 亲属关系是市民社会关系中不可或缺的部分。马克思的市民社会理论认为，随着社会利益分化为私人利益和公共利益两大相对立的体系，整个社会就分裂为市民社会和政治国家两个领域。[①] 社会生活也被划分为民事生活领域和政治生活领域。其中，民事生活领域涵盖了全部经济生活和家庭生活，在马克思著作中称"市民社会"。马克思认为，由于个人在物质交往中必须形成一定的组织和制度，因而市民社会"始终标志着直接从生产和交往中发展起来的社会组织"，包含财产、家庭、劳动方式等要素。它们都在市民法（民法）的调整范围之内。[②] 因此，市民社会中的平等主体关系涵涉三大领域：一是物质资料的生产、交换、分配和消费领域；二是人类自身的生产和再生产领域；三是劳动关系领域。在西方国家它们是统一的，都属于民法的范畴。我国制定民法典时，应将亲属关系即婚姻关系、家庭关系作为民法的组成部分。[③] 中国推行改革开放政策几十年间，市场经济不断繁荣，家庭经济职能日益增强，"那种认为家庭生活与经济生活无关的理论逐渐被抛弃。作为现代社会民事生活和经济生活基本单位的家庭，理应成为民法的规范领域。……一个体系完整、逻辑严密的民法典，必然要对婚姻家庭关系予以规制"[④]。

---

① 梁慧星：《民法总论》第三版，法律出版社 2007 年版，第 31 页。

② 徐国栋：《市民社会与市民法——民法的调整对象研究》，《法学研究》1994 年第 4 期，第 7 页。

③ 江平：《民事立法中的几个热点问题》，《江西财经大学学报》2000 年第 1 期，第 54 页。

④ 薛宁兰：《中国婚姻法的走向——立法模式与结构》，转引自夏吟兰、蒋月、薛宁兰《21 世纪婚姻家庭关系新规制——新婚姻法解说与研究》，中国检察出版社 2001 年版，第 197 页。

2. 婚姻家庭法与民法有着本质的联系。《民法通则》第二条对民法调整的社会关系范围的界定——"平等主体之间的财产关系和人身关系"，确立了婚姻家庭法与民法调整对象具有一致性，即两者"调整的对象是私人之间所发生的以主体私人利益或独立自我利益为内容的'私的关系'"①。"民法是调整民事生活关系的基本法，无论是否因市场经济引起，民事生活关系（包括家庭关系）都属于民法的调整对象。"② 有学者认为，虽然亲属身份关系以及调整这类关系的婚姻家庭法具有强烈的伦理性。但是，"婚姻关系当事人所负担的道德义务和社会责任的特点不改变其私法属性"③，并且"私法自治原则并不与家庭稳固相冲突，恰恰相反，私法自治原则自其产生之日起就与婚姻家庭关系有着血肉的联系。家庭领域的私法自治原则是民法自治原则的天然的、历史的重要组成部分"④。也有学者指出，将婚姻家庭法作为民法的组成部分，并不必然导致婚姻家庭关系的商品化。⑤ 因为，"民法调整的并不都是商品关系；容易使婚姻家庭关系金钱化的因素不在于把婚姻家庭法列入民法体系内，而在于社会的政治、经济、道德等因素"⑥。

3. 婚姻家庭法在民法体系中具有相对独立性。有学者指出，亲属立法的历史发展经历了从重视亲属身份法到重视亲属财产法的过程。即便亲属法调整亲属财产关系时需借助财产法的调整方法，也不能因此改变亲属法的性质。伦理性是婚姻家庭法的基本特性。⑦ 亲属关系"不同于以物质利益交换

① 夏吟兰：《论婚姻家庭法在民法典体系中的相对独立性》，《法学论坛》2014年第4期，第7页。
② 雷春红：《婚姻家庭法的定位："独立"抑或"回归"——与巫若枝博士商榷》，《学术论坛》2010年第5期，第143页。
③ 刘凯湘：《界定婚姻家庭关系的实质是修改和理解婚姻法的前提》，见 http://www.fatianxia.com/civillaw，访问时间：2010年1月10日。
④ 李洪祥：《我国亲属法应当回归未来民法典》，《吉林大学社会科学学报》2011年第2期，第143—144页。
⑤ 余延满：《亲属法原论》，法律出版社2007年版，第27页。
⑥ 雷春红：《婚姻家庭法的定位："独立"抑或"回归"——与巫若枝博士商榷》，《学术论坛》2010年第5期，第143页。
⑦ 余能斌、夏利芬：《试论亲属法的基本属性——兼谈亲属法应否从民法典中独立》，《湖北社会科学》2007年第9期，第138—139页。

为目的的经济关系，具有深刻的精神内涵和人本主义的伦理色彩，而这种伦理性决定了婚姻家庭关系具有相对稳定性。……是一种长期的或永久的伦理结合，而不是基于利益的短暂的结合"。这些决定着"婚姻家庭法中强制性规范较多……国家为保护家庭中弱者的利益，实现实质正义，公权力的干预范围较广且深"①。

（二）独立法律部门说

一些学者坚持认为，我国婚姻法应继续保持独立地位，作为民法之外的独立法律部门存在于现行法律体系之中。综其论据，主要有四个。

1. 不认同"回归民法"的提法。我国古代法律诸法合体、以礼为核心，并不存在"婚姻家庭法"隶属于"民法"的情况，历史上，也没有产生过婚姻法从民法中分离的情形。既然不存在"分离"，婚姻法向民法的"回归"便无从谈起。相反，我国封建制时期的法律中很多民法的内容包含在"婚姻家庭法"中。② 从新中国立法史看，第一部《婚姻法》早于《民法通则》颁布，并且它是新中国成立后颁行的第一部法律，可见婚姻法并不是民法的组成部分，因而也不存在婚姻法从民法中分离的情形。

2. 婚姻家庭法与民法的调整对象不同。民法调整的社会关系是平等主体之间的财产关系和人身关系。民法调整对象的核心与本质是商品关系。而婚姻法的调整对象是亲属关系，它不具备商品的特点，本质上是伦理关系。两者相比较而言，亲属关系中最重要的不是财产而是伦理亲情。婚姻家庭是人与人全面合作的伦理实体，并不随着市场经济的建立而发生本质改变。不一定要将婚姻家庭法划归公法或私法，其特殊的伦理性可以作为独立的法律部门，不仅包含实体法的规定，还可以将有关婚姻法的程序法也包含在内，并且以身份关系为中心构建独立于其他法律的立体式家庭法典，家事实体法和家事程序法为内容的婚姻家庭法作为一个独立的法律领域呈现完整的内部

---

① 夏吟兰：《论婚姻家庭法在民法典体系中的相对独立性》，《法学论坛》2014年第4期，第8—12页。

② 吴洪、王冰、刘利华、张宁：《婚姻法与民法关系的梳理——婚姻法问题师生访谈录》（一），转引自夏吟兰、龙翼飞主编《家事法研究》，中国社会科学文献出版社2011年版，第81页。

结构。①

3. 婚姻家庭法与民法的调整手段有别。家庭关系的常态依靠伦理道德与内部规范调整，婚姻法只能按照伦理的规则来调整财产关系，而民法是按照按劳分配、按资分配、等价有偿的对价原则进行的。从法律规范的强制特点看，婚姻法中大量的是强制性规范。婚姻家庭关系确立或破裂时往往需要国家权力的介入，以规制婚姻家庭关系并维护弱者权益；而民法中的规范大多属于任意性规范②，这些都体现了婚姻家庭关系的特殊性。

4. 婚姻家庭法回归民法后产生了不利影响。婚姻法回归民法的实质目的，即以私法理论推进婚姻自由。从实践后果看，业已成为离婚、结婚等家事领域自由泛滥的制度原因，误导了立法、司法实践与社会舆论，尤其与婚姻家庭法保护家庭稳定的制度功能相悖。貌似平等的权利制度，实则加剧了当事人地位的不平等，与婚姻家庭法保护家庭弱者利益的宗旨相悖。

（三）小结及观点延展

在两派观点的交锋中，回归民法说的论据更为充分，更具有说服力；其不仅具有深厚的法哲学、伦理学基础，而且一定程度上回应了独立法律部门说对于婚姻家庭法回归民法的担忧。例如，有论者在探讨亲属法对婚姻家庭伦理的同构化与谦抑化（压缩与限定）时，指出"亲属关系的伦理本质并不会因（亲属法。——作者注）'回归民法'转变成平等主体之间的契约关系，而民法也不会因其私法属性而不具有伦理性"③。这不仅回应了独立论者的"忧虑"，更是向学界发出警示：强调婚姻家庭法的伦理性时，不能忽视民法自身也具有伦理性。其实，不只是民法部门，其他法律部门也体现着一定的伦理要求。在当代法治国家，法治所体现的价值与社会主流伦理道德规范有着高度的同质性，因为，法本身蕴含着内在的正义性，"没有伦理道德

---

① 吴洪、王冰、刘利华、张宁：《婚姻法与民法关系的梳理——婚姻法问题师生访谈录（一）》，转引自夏吟兰、龙翼飞主编《家事法研究》，中国社会科学文献出版社2011年版，第81页。

② 巫若枝：《三十年来中国婚姻法"回归民法"的反思——兼论保持与发展婚姻法独立部门法传统》，《法制与社会发展》2009年第4期，第67—68页。

③ 曹贤信：《亲属法的伦理性及其限度研究》，群众出版社2012年版，第217—218页。

基础的法律，是无法获得人们的尊重和自觉遵守的"①。此为法律与伦理道德关系的法理学命题，在此不做详论。

回归论说与独立法律部门说的分歧在于：亲属关系的人伦色彩是足以使婚姻家庭法独立于民法之外，还是能使其在民法的共性之下保持个性。笔者认为，除对婚姻家庭法与财产法的伦理性作出"强"与"弱"的程度区分外②，还应在全面理解亲属关系本质的基础上，从历史与现实相结合的角度作出判断。

1. 两大法系立法体例比较

将作为"人法"的婚姻家庭法纳入"民法"是大陆法系各国民事立法传统。这无论是人法前置的法国法、瑞士法、意大利法、荷兰法，还是将物法前置的德国法、日本法，均是如此。③ 即便英美法系国家的婚姻家庭法由一系列单行法规组成，如结婚法、家庭法、离婚法等，但法学理论认为这些法律与财产法、契约法等一起是民法的组成部分。④ 其理论根据在于，亲属法规定夫妻、亲子及其他亲属之间的身份关系，规定一般私人之间的身份事项，为私法，其调整对象与调整方法与民法相同。其实，与其说婚姻家庭法与民法（财产法）的调整对象与调整方法相同，倒不如说婚姻家庭法在调整对象和方法上与民法（财产法）具有一致性，商品关系和亲属关系虽是两类社会关系，适用的基本原则有别，但它们共同构成市民社会的基础，一并是民法的调整对象。虽然身份法和财产法是民法体系的两大领域，存在一定区别，但其"区别并没有想象那么大"。在亲属法中，同样存在着"经济人假说"，这在当今市场经济条件下尤为突出，夫妻等亲属之间"经常地进行着

① 赵万一：《民法的伦理分析》，法律出版社 2003 年版，第 51 页。

② 有学者指出，调整财产关系的法和调整身份关系的法一样，都具有伦理性，但是，财产法只具有"弱度"的伦理性，身份法具有更加鲜明的伦理性。参见余能斌、夏利芬《试论亲属法的基本属性——兼谈亲属法应否从民法典中独立》，《湖北社会科学》2007 年第 9 期，第 139 页。

③ 谢鸿飞：《论人法与物法的两种编排体例》，转引自徐国栋主编《中国民法典起草思路论战》，中国政法大学出版社 2001 年版，第 278—279 页。

④ 杨大文主编：《亲属法》第四版，法律出版社 2004 年版，第 12 页；李秀清：《新中国婚姻法的成长与苏联模式的影响》，《法律科学》2002 年第 4 期，第 77 页。

利害的计算"①。

2. 近现代中国立法体例之变迁

诸法合体、以刑为主是中国封建制法的基本特征。这一立法体例于 20 世纪初叶，被清朝末年法律改革打破。1911 年《大清民律草案》（"民律第一次草案"）、1925—1926 年北洋政府《民律第二次草案》，以及南京国民政府 1930 年 "中华民国民法" 均沿用德国民法典五编制体例，将亲属法列为第四编。这标志着包含婚姻家庭规范在内的中国封建社会立法体例从体系到内容发生了剧烈变革，形成了亲属关系主要由民法典亲属编调整的当代法制格局。②

新中国成立之初，废除旧的法统，在重建法律体系时没有采取清末或民国时期立法模式，而是改用苏联立法模式，将婚姻家庭法作为独立法律部门。此为婚姻家庭法长期不属于民法组成部分的外在原因，其内在原因则是，新中国成立头 30 年间高度的计划经济体制致使民法部门发展迟缓，相应地，调整亲属关系的 "人法"——婚姻家庭法的地位和作用在法律体系中得以彰显。可见，计划经济体制下我国婚姻家庭法异军突起，以独立法律部门存在，有其历史的必然性。

鉴于中国确曾出现过婚姻家庭法与民法 "分离" 的情形，20 世纪 80 年代以来，重提民法典制定，学界再谈婚姻家庭法向民法 "回归"，并非无从谈起，而是确有所指。它是指自中国清末法律改革以来，婚姻家庭法与民法的 "悲欢离合"。可见，不可简单否定 "婚姻法向民法回归" 的提法，而应明确这一提法特指的历史阶段。

在我国当下法律体系中，婚姻家庭法已无可争辩地回到民法 "大家庭" 的怀抱，并且学界对于婚姻家庭法作为民法有机组成部分的论证已经相对成熟。尽管如此，回归论者的观点还有待深化。笔者认为，在已有论证基础上，需进一步探讨两个问题：（1）婚姻家庭法调整对象的特性是否足以使其独立于民法之外，抑或使之在民法的共性之下保持个性？（2）婚姻家庭法伦

---

① 徐国栋主编：《中国民法典起草思路论战》，中国政法大学出版社 2001 年版，第 95—96 页。

② 李秀清：《新中国婚姻法的成长与苏联模式的影响》，《法律科学》2002 年第 4 期，第 78 页。

理在内涵上与财产法伦理有哪些区别?

二、亲属关系特质再认识

亲属关系是自然人基于婚姻、血缘和法律拟制而形成的社会关系,是人们之间的血缘辈分关系。它是婚姻家庭法的调整对象,其特质塑造着婚姻家庭法的特性。社会学研究认为,家庭是初级的社会群体[①],是人类本性的培养场所、主要的认同来源和安全来源。存在于其中的亲属关系是一种个人的、情感的、相对稳定的关系。它以"大量的自由交往和全部人格的互动为特征",因而是一种亲密的情感关系。现代社会普遍存在的职场关系、市场交易关系等,则是缺乏感情深度的关系,参与者为实现特定目标将自己人格的某一些方面投入其中,因此,这种关系不具有持久性和稳定性,其变更与解体较亲属关系更为频繁。亲属关系则不同,它是持续的和稳定的,当这一关系破损如夫妻离婚或亲属一方死亡,每一主体都会罹受重大痛苦。[②] 因此亲属关系是人类社会最基本的社会关系,是一切社会关系赖以形成的基础。可见,将亲属关系纳入民法的调整范畴,是因为它和经济关系(财产关系)一样,是每日每时发生在私人(亲属关系的主体在民法上是自然人)之间的基本民事生活关系。并且,当代亲属关系的性质已发生根本性改变,从过去尊卑有序的身份支配与服从关系,演变为平等的、注重家庭弱势成员利益保护的互助型的共同生活关系。正是基于亲属关系所具有的构成社会细胞的基础性地位,及其主体之间的独立性和平等性,将之归为民法的调整范围便具有了正当性。

然而,亲属关系在民法体系中又是相对独立的一类民事关系,具有不同于民法财产法所调整的其他财产关系(物权关系、债权关系)的特性:

1. 亲属关系由婚姻、血缘和法律拟制连接而成,是本质的结合关系。

---

① 初级群体是一种规模较小又非专业化的群体,其成员在交往时既直率又亲密。参见 [美] 戴维·博普诺著《社会学》第十一版,李强等译,中国人民大学出版社 2007 年版,第116 页。

② 李秀清:《新中国婚姻法的成长与苏联模式的影响》,《法律科学》2002 年第 4 期。

日本学者将人类社会的各种结合关系分为"本质的社会结合"与"目的的社会结合"。所谓"本质的社会关系"，是指作为社会有机体的个人，其本质上必须相互结合，并且每个人以自己的整个人格与其他个人进行全面的结合；"目的的社会关系"，则人为形成的，成员各自怀有特殊目的，因某一动机而结合，在利益上彼此是对立的，所以是"意欲的"或"目的性的"结合。①民事财产关系多是目的的社会关系，亲属关系是一种自然的、不可避免的本质的结合，它以人类社会客观存在的人伦秩序为基础，是以具有共同伦理目的为本质的结合关系。并且，作为社会细胞组织的家庭，一方面与某一民族世代延续的婚姻家庭习俗密切相关；另一方面又与国家、民族等较大秩序与利益相关。

2. 亲属关系是具有浓厚伦理性的身份关系。虽然，亲属关系在民法中表现为人身关系和财产关系，但其本质是一种具有浓厚伦理性的身份关系，即便是亲属间的财产关系，也不能简单等同于经济关系。它是具有人身附随性的财产关系，以身份关系的存在为提前，当亲属的身份关系终止，亲属的财产关系便随之解体。亲属财产关系的性质和社会功能与其他民事财产关系相比也有很大不同。亲属财产关系的目标在于实现亲属共同生活需要和家庭经济职能，它与亲属人身关系一样，不仅以强烈的伦理性为特征，而且有着共同的伦理价值追求。其他民事财产关系如物权关系、债权关系，是民事主体为满足商品交换需求缔结的，以实现特定经济利益为目的的缺乏感情深度的关系。恰如我国台湾地区学者所言，"该结合关系，不但是为作为的，而且其构成员皆怀有特殊目的，又纵因偶然动机而结合者，亦仅为意欲的结合关系而已"②。总之，其他民事财产关系的主体之间并不如亲属关系的主体用整个人格进行全面的结合，而只是为实现特定经济利益的一部分人格的结合。民事主体在经济交往中的利益是对立的，并且其关系存续也不如亲属关系绵长恒久，而是短暂的、快捷的；其他民事财产关系虽然也具有一定的伦

---

①　陈棋焱、黄宗乐、郭振恭：《民法亲属新论》（修订五版），三民书局 2006 年版，第 2—3 页。

②　陈棋焱、黄宗乐、郭振恭：《民法亲属新论》（修订五版），三民书局 2006 年版，第 2—3 页。

理性，但在强度与内涵上均有别于亲属财产关系。

笔者认为，强调亲属关系不同于其他民事财产关系的上述诸多特性，并不是否认婚姻家庭法与民法的同质性（两者均为构成市民社会基础的私法），而在于厘清民法体系中的婚姻家庭法与财产法不同之所在；认识到婚姻家庭法因其调整对象、立法目标、价值取向的特殊性而成为民法体系中相对独立的部分。① 它是民法的特别法，需要一些特殊的、不同于民法财产法的调整方法和规则。

三、婚姻家庭法伦理之内涵

亲属关系的上述特性使之成为法律和道德共同规范的对象，调整这一人伦关系的婚姻家庭法也因此具有鲜明的伦理性。已有研究揭示了婚姻家庭法伦理不同于民法财产法伦理的产生途径，即前者由自然选择规律进化而成，基于亲情、爱情等关系自然而然地产生，并先于法律和道德存在；后者则不是源自财产关系内部，而是通过法律规定强加于这些关系的主体。笔者认为，除此之外，婚姻家庭法伦理在内涵上也有别于民法财产法伦理。

（一）婚姻家庭伦理

所谓"伦理"，是处理人与人关系应遵循的原则。"伦"字的本意是"关系"或"条理"；伦理学就是研究人伦之理、做人之理，即人与人关系的学问。② 在我国古代，伦理与亲属关系有着非常密切的联系。古人所言"五伦"就是人与人的五种主要关系，孟子有云："父子有亲，君臣有义，夫妇有别，长幼有序，朋友有信。"③ 从中可见，我国传统社会伦理规范主要调整父子、君臣、夫妇、长幼、朋友五种关系，它们都是相当熟悉和亲密的关系，并且主要是以婚姻家庭为基础的亲属关系。在亲属关系中，主体之间固定的称谓，

---

① 杨大文：《婚姻家庭立法的思考》，《中国妇女报》2010 年 4 月 30 日。

② 有学者指出，"道德"一词更多地用于人，更含主观、主体、个人、个体意味；"伦理"一词更具客观、客体、社会、团体的意味。参见何怀宏《伦理学是什么》，北京大学出版社 2001 年版，第 11 页。

③ 《孟子·滕文公上》。

如夫妻、父母子女、兄弟姐妹等代表着人们在婚姻或血缘方面的身份联系，也体现着人类的血缘辈分这一人伦秩序的基本要求。社会关于亲属之间应遵循的伦理道德准则（婚姻家庭伦理），皆以此为基础。恩格斯曾指出"父母、子女、兄弟、姊妹等称谓，并不是简单的荣誉称号，而是一种负有完全确定的、异常郑重的相互义务的称呼，这些义务的总和便构成这些民族的社会制度的实质部分"①。这在我国传统的小农经济社会中尤其如此，其时的家庭伦理与社会伦理融为一体，家族制度甚至直接构成国家的社会制度。②

婚姻家庭伦理是一个民族在自己的历史进程中形成的，为人们普遍遵守的有关夫妻、父母子女等亲属关系的价值、观念及行为准则。其内涵以人性为基础，与本民族文化传统密切相连，具有民族性、地域性和时代性。③在不同民族、不同国家，以及同一国家的不同历史时期，其婚姻家庭伦理规范有不同的内涵。

以我国婚姻家庭伦理的嬗变为例，我国古代婚姻家庭伦理以儒家伦理观为思想基础，奴隶制时代的宗法观念认为，婚姻是人伦之始，西周时便有"同姓不婚"的禁例（禁止同一宗族内部的男女通婚）；父系家长之下子女的行为准则以"孝悌"为最高原则。④到我国封建制时代，有关婚姻家庭的宗法伦理观念更加完备，以"亲亲""尊尊""长长""男女有别"为主要内容的"三纲"、男尊女卑、"三从四德"，是指引人们日常婚姻家庭观念与行为的核心原则。这些决定了由封建礼教和法律共同塑造的中国古代婚姻家庭制度的基本特征：（1）男尊女卑，实行一夫多妻（妾）制；（2）男女婚姻包办强迫、不自由；（3）家长专制，漠视子女利益。新中国成立后，中央政府颁布的第一部法律——《婚姻法》（1950年）彻底废除以包办强迫、男尊女卑、

---

① ［德］恩格斯：《家庭、私有制和国家的起源》，《马克思恩格斯选集》第4卷，人民出版社1976年版，第24—25页。

② 冯友兰：《中国哲学简史》，北京大学出版社1995年版，第24页。

③ 有学者从时代性、传承性、变异性、地域性、民族性、共通性这六个方面概括了婚姻伦理的特性。参见卜歆雅《中国婚姻伦理嬗变研究》，中国社会科学出版社2008年版，第3—11页。

④ "孝"指子女善事父母，即事亲之孝。"悌"指弟弟要敬爱顺从兄长。参见陶毅、明欣《中国婚姻家庭制度史》，东方出版社1994年版，第142—143页。

漠视子女利益为特征的封建主义婚姻制度，确立了男女婚姻自由、一夫一妻、男女权利平等、保护妇女和子女合法权益的新民主主义婚姻制度①，从而为建立新型的婚姻家庭关系提供了法律保障。新型的社会主义婚姻家庭伦理以婚姻自由、一夫一妻为根本特征，以男女平等、相互尊重、尊老爱幼、相互帮助为核心，用民主平等的婚姻家庭关系取代了等级依附的传统婚姻家庭关系。

20 世纪 80 年代以来，改革开放和市场经济的发展标志着我国社会结构真正从"传统"向"现代"转型——从封闭的、家国一体的宗法社会转向开放的、多元社会组织和社会利益群体共存的公民社会。② 现代化浪潮在推动中国社会体制与结构转型的同时，社会伦理与家庭伦理也经历着再造和重新定位的"洗礼"。当前，我国家庭关系趋向于规模小型化、结构核心化，兄弟姐妹关系日趋弱化，夫妻、亲子关系居主要地位。③ 市场经济体制下的现代家庭伦理以"尊重家庭成员人格与个性，强调权利和义务的双向性，注重感情性和自律性；具备一定的宽容性"为基本特质。④ 家庭伦理不仅以性伦理为基础，还与家庭功能紧密相关，其内涵包括为实现家庭的生育功能，将夫妻性关系与家庭利益相结合，禁止乱伦，对人类自身生产进行规范；为实现家庭同居、教育、扶养等共同生活职能，要求家庭成员之间相互尊重、相亲相爱、敬老爱幼、无私奉献。⑤

法经济学研究发现，利他主义普遍地存在于家庭生活中，这是"因为家庭组织很小，有许多相互影响的因素"，并且"婚姻市场存在着把利他主义'分配'给其受益者的倾向"。"利他主义家庭的孩子也可能取得更大的

---

① 陈绍禹：《关于中华人民共和国婚姻法起草经过和起草理由的报告》，转引自刘素萍主编《婚姻法学参考资料》，中国人民大学出版社 1989 年版，第 48—55 页。

② 李桂梅：《中国传统家庭伦理的现代转向及其启示》，《哲学研究》2011 年第 4 期，第 115 页。

③ 吴帆：《第二次人口转变背景下的中国家庭变迁及政策思考》，《广东社会科学》2012 年第 2 期，第 24 页。

④ 李桂梅：《现代中国的社会伦理与家庭伦理》，《湖南师范大学社会科学学报》2004 年第 2 期，第 53—54 页。

⑤ 曹贤信：《亲属法的伦理性及其限度研究》，群众出版社 2012 年版，第 44—48 页。

'成功'，这将会把利他主义家庭的影响扩展到其他家庭成员中去"，对子女的利他主义多是从上一代人传承给下一代人，并且世代相传。① 然而，从伦理学角度观之，家庭成员之间普遍存在的利他主义现象，正是这类人伦关系的本质要求与特性体现。它是婚姻家庭伦理强加给家庭成员间道德义务的体现，这些又通过立法转化成为夫妻、父母子女等亲属间的法定义务。

（二）婚姻家庭法伦理

基于亲属关系的特质，调整这一人伦关系的婚姻家庭法与婚姻家庭伦理在基本原则和规范层面存在着"相互包容、相互渗透的关系"，其内容也具有很大程度的一致性。因之，可以认为"亲属法本身就是婚姻家庭伦理的最低限度"②。美国法哲学家博登海默将道德价值的等级体系区分为两类：一是体现社会有序化要求的伦理道德。它是维系社会正常运转所必需的"最低限度的道德"，如避免暴力伤害、忠实履行协议、调整家庭关系等；二是有助于提高生活质量，增进人与人之间密切关系的伦理原则，如慷慨、仁慈、博爱、无私等价值。只有那些"社会交往的基本而必要的道德正义原则，在一切社会中都被赋予了具有强大力量的强制性质。这些道德原则的约束力的增强，是通过将它们转化为法律规则而实现的"③。婚姻家庭伦理规范在我国当代伦理道德价值体系中居于基础性位置，是体现社会有序化（亲属关系有序化）要求的"最低限度的道德"，因此，有必要通过立法赋予其具有普遍适用的国家强制力。从社会控制的角度看，法律和伦理道德是两种社会控制力量，两者既相互区别又密不可分。"法律规范大都起源于伦理道德规范，它们原是伦理道德规范中最重要、最基本的内容。惟其最重要、最基本，国家才将其上升为法律规范，借助国家强制力予以保障。"④

婚姻家庭法的规则要么是伦理道德规范的转化，要么体现着社会主流

① ［美］加里·斯坦利·贝克尔著：《家庭论》，王献生、王宇译，商务印书馆 2005 年版，第 357—359 页。

② 曹贤信：《亲属法的伦理性及其限度研究》，群众出版社 2012 年版，第 203、204 页。

③ ［美］E.博登海默著：《法理学——法哲学及其方法》，邓正来、姬敬武译，华夏出版社 1987 年版，第 361 页。

④ 赵万一：《民法的伦理分析》，法律出版社 2003 年版，第 50 页。

伦理道德规范的基本要求，婚姻家庭法因此无可争辩地具有了强烈的伦理性。我国现行婚姻法确立的婚姻自由、一夫一妻、男女平等、保护妇女儿童老人合法权益等原则，构成当代婚姻家庭制度基本价值观的内涵，也体现着社会主流的婚姻家庭伦理道德观的基本要求。2001 年修订后的现行《婚姻法》在总则一章增加规定："夫妻应当互相忠实、互相尊重；家庭成员间应当敬老爱幼，互相帮助，维护平等、和睦、文明的婚姻家庭关系。"（第四条）这一条款是婚姻家庭立法对于我国主流婚姻家庭伦理道德观的肯定，是法律价值引导功能的体现。它虽不具可诉性[①]，却是我国婚姻家庭法伦理价值取向的宣示，它对于民众如何处理婚姻家庭问题具有引导作用。

四、婚姻家庭法伦理与财产法伦理之区别

（一）财产法伦理

市场经济冲击着我国传统的家庭式的社会组织结构。随着法人等市场主体的形成及其横向联系的普遍化，与市场经济相适应的新的社会伦理规范应运而生。这种新的社会伦理具有广泛性、理性化、平等性、公益性四方面特征，它是在传统的属于私德范畴的"五伦"基础上出现的"第六伦"，属于公德范畴。[②] 有学者通过对民法伦理性的研究指出，伦理性是民法的基本特征。"一个国家的民法及至整个法律制度的合法性，取决于该国家的社会认同和遵守的一致性——不违反社会的公理。……任何民法制度的设计，都必须符合基本的社会理念，这些理念包括正义、公平和公正，必须符合人的基本权利的要求。"[③] 笔者认为，民法的伦理性集中体现于基本原则中。以诚实信用、公序良俗两个"克服法律局限性工具"[④] 为例，它们均是对自由

---

① 2001 年最高人民法院适用婚姻法司法解释（一）第 4 条指出："当事人仅以婚姻法第四条为依据提起诉讼的，人民法院不予受理；已经受理的，裁定驳回起诉。"

② 李桂梅：《现代中国的社会伦理与家庭伦理》，《湖南师范大学社会科学学报》2004 年第 2 期，第 52 页。

③ 赵万一：《民法的伦理分析》，法律出版社 2003 年版，第 15—16 页。

④ 徐国栋：《民法基本原则解释——成文法局限性之克服》，中国政法大学出版社 1992 年版，第 12 页。

的限制，其内容抽象概括，边界不甚清晰，适用范围广泛，为民法的一般条款。①

1. 诚实信用原则

诚实信用原则被誉为当代大陆法系各国民法的"帝王规则（条款）"。它将一切市场参与者做诚实商人和诚实劳动者的道德标准，上升为民法的立法指导思想和价值追求，是市场经济活动中道德准则的法律化。民法确立这一原则的目的在于平衡当事人之间、当事人与社会之间的利益关系，使市场参与者在追求自己利益时，不损害他人利益和社会公益。"惟在市场经济条件下，方才发生交易双方利益冲突及双方与社会一般公共利益冲突的问题；诚实信用原则，旨在谋求利益之公平，而所谓公平亦即市场交易中的道德。"② 为此，我国民法通则、合同法、担保法均设专条，要求当事人行使权利，履行义务应当遵循诚实信用原则。③

2. 公序良俗原则

在现代市场经济社会中，立法时不可能预见一切损害国家利益、社会公益和道德秩序的行为，并作出详尽的禁止性规定，为此，大陆法系各国在民法总则中设公序良俗原则。这一原则要求民事法律行为的内容及目的均不得违反社会的公共秩序与善良风俗，否则，该行为将受到法律的否定性评价。我国台湾地区学者通说认为，公共秩序，是指社会存在和发展所必需的一般秩序；善良风俗，则是指社会存在和发展所必需的一般道德。④ 可见，公序良俗原则有维护国家社会一般利益及一般道德观念的重要功能。我国大陆地区学者主张应分别将违反公共秩序和违反善良风俗的行为类型化，其中，危害亲属关系的行为，如约定断绝亲子关系的协议、代孕协议等均属于违反善良风俗的行为。⑤ 也有学者认为，类型化方法存有迟延性、滞后性、

---

① 于飞：《公序良俗原则研究——以基本原则的具体化为中心》，北京大学出版社 2006 年版，第 85—86 页。
② 梁慧星：《中国民法典草案建议稿附理由（总则编）》，法律出版社 2004 年版，第 11 页。
③ 具体内容可见《民法通则》第 4 条、《合同法》第 6 条、《担保法》第 3 条。
④ 史尚宽：《民法总论》，中国政法大学出版社 2000 年版，第 334—335 页。
⑤ 梁慧星主编：《民商法论丛》第一卷，法律出版社 1994 年版，第 57 页。

不周延性的缺陷，建议增加价值补充方法，弥补这一不足。① 在德国，法院曾认为有过错的丈夫与提起离婚之诉的妻子约定承担"今后不单独进行业务旅行或娱乐旅行的义务"的协议，违反善良风俗。因为，"对丈夫的行动自由做出这样的限制，违背了婚姻的道德本质"②。可见，公序良俗原则中的善良风俗包括婚姻家庭生活中的伦理道德准则，然其内涵又不限于此。学界通说认为，善良风俗还包含社会生活中的其他道德风尚。从违反这一原则要求的行为类型看，主要如有违人伦和正义的行为、有伤社会风化的行为，以及违背职业道德的行为等。

（二）婚姻家庭法伦理与财产法伦理之区别

家庭与市场是两个不同领域，遵循着不同的伦理准则与道德规则。如果说，调整经济关系的财产法为保障市场经济的健康发展，必须以平等自愿、诚实信用、公平竞争为其道德信条的话，那么，在婚姻家庭领域，法律所遵循和倡导的伦理准则应以亲属间互敬互爱、相互扶助、无私奉献为原则。唯其如此，方可使家庭在现代市场经济环境下不致被"经济理性"全面入侵，从而失去其"人文关怀"的特质；婚姻家庭法只有遵循符合人类婚姻家庭本质要求的伦理准则，才会有利于民生，才能为实现当代家庭具有的心理慰藉、精神安抚、救助保障等社会功能提供制度性支撑，从而使家庭成为塑造儿童健康人格、保障老人安享晚年的夫妻恩爱、长慈幼孝的爱的港湾。如此，婚姻家庭法的本位（或"价值取向"）与民法的本位既有相同之处，又有所区别。具体而言，婚姻家庭法应在坚持民法权利本位和社会本位相结合的基础上③，增加家庭本位，从维护特定亲属结成的社会生活单位——婚姻家庭的稳定与和谐出发，确定亲属间的权利义务。此乃"亲属法在价值取

---

① 于飞：《公序良俗原则研究——以基本原则的具体化为中心》，北京大学出版社 2006 年版，第 159—170 页。

② 另外，德国法院又支持丈夫承诺如果自己提出离婚申请，就向妻子一次性支付一笔补偿费的约定，为有效。参见 [德] 迪特尔·梅迪库斯著《德国民法总论》，邵建东译，法律出版社 2000 年版，第 515 页。

③ 回顾民法发展史，民法基本观念的演变经历了义务本位、权利本位、社会本位三个时期。社会本位仍以保护个人权利为基本出发点，但对个人权利的行使又有多种限制，是对权利本位的矫正。参见梁慧星《民法总论》第三版，法律出版社 2007 年版，第 41—45 页。

向上与民法典实现融通的交汇点",从而实现亲属所保障的个人价值(利益)与家庭价值(利益)的平衡。①

总之,婚姻家庭法伦理源自人类为维系自身繁衍和家庭和谐有序的内在需求,并在当代蕴含着尊重生命、禁止乱伦、平等与尊严、敬老爱幼、适度的个人自由等内涵。② 这些既丰富着民法公序良俗原则的内涵,又与民法财产法崇尚的体现交易伦理要求的上述原则有别,婚姻家庭法借此在民法体系中获得了相对的独立性,应定位为民法的特别法。并且,国内外民法学说与判例将有害于亲属关系的行为纳入善良风俗内涵之中,亦是婚姻家庭法作为民法有机组成的论据之一,此应列入回归论者证成婚姻家庭法归属民法部门的论据清单。

五、结　语

显然,婚姻家庭法调整对象的上述特性并不导致其独立于民法之外,相反,亲属关系的伦理特性使婚姻家庭法在民法体系中获得了相对独立性。基于已有研究,从亲属关系特质出发,揭示婚姻家庭法伦理内涵及其与财产法伦理之区别,是对回归民法后的婚姻家庭法如何保有特性并获得相对独立性的学术关怀,更是从构建具有"改革性和进步性"③ 的中国民法典角度,防止在市场经济大潮裹挟下,亲属关系由温情脉脉的"人伦"关系全面走向冰冷的"物化"关系的学术警觉。因为,如果不从理论上阐释婚姻家庭法属性,廓清它与民法财产法之关系,将难以在已经启动的民法典总则立法中关照到亲属关系的特殊性与重要性,从而建立有别于民法财产法规则的调整亲属关系的特殊规则。毕竟我们有过将婚姻家庭法作为独立法律部门的历史,毕竟处在社会转型期的中国婚姻家庭正经历着从观念到行为方式的巨大转变。当下较之以往任何时候都显现出在理论上为婚姻家庭法找到准确定位的

---

① 曹贤信:《亲属法在民法典定位中的价值取向难题之破解与对策》,《华中科技大学学报》(社会科学版) 2014 年第 4 期,第 36 页。

② 蒋月:《婚姻家庭法前沿导论》,科学出版社 2007 年版,第 18—20 页。

③ 王利明:《民法典的时代特征和编纂步骤》,《清华法学》2014 年第 6 期。

必要性与紧迫性!

婚姻家庭是个人成长、民族进步、社会和谐、国家发展的重要基点。如何从构建民法总则开始，给予亲属关系的法律调整以足够重视，或者具有婚姻家庭视角①，是学界和立法机关需要斟酌和开始行动的必要方面。为此，可从民法调整对象、基本原则、民事主体制度、法律行为制度、代理制度等方面入手，研讨和构建符合婚姻家庭法伦理特质的"家庭友好型"的民法规则体系。

---

① 此所谓"婚姻家庭视角"，是指法律和政策制定过程中应将婚姻家庭作为制度设计的基本单位和关注点，重视其内容及实施能够促进或有利于家庭功能发挥，实现法律促进家庭和睦与社会发展的价值目标。

男女平等：生育保险法规政策的核心价值与追求目标*

黄桂霞**

    法律作为社会规范，在一定程度上是制度化了的社会伦理与道德，在法律规范的制定过程中，立法者面对不同价值、不同利益选择的矛盾和冲突要在同一规范内部、不同规范之间进行利益权衡和价值选择。① 这种权衡与选择反映了立法者的价值取向，体现了立法者的价值观。价值观是人们看待和处理个人、他人、家庭及社会的各类事务时表现出的认知、判断和看法，是人们向往、追求、拥护、反对、舍弃什么的观念、思想、态度的总和，是人们在知识的基础上进行价值判断与价值选择的内心定位、定向系统。② 可以说，价值观是法规政策的灵魂与核心，其价值取向在一定程度上决定着法规政策的实施效果甚至成败，而决策者的价值观直接影响着法规政策的立法理念和具体内容。

一、生育保险法规政策的理论基础与价值取向

    生育保险不仅是满足劳动者个人特殊时期生存发展的需求，而且是对

---

  * 国家社科基金重大项目"男女平等价值观研究与相关理论探讨"（项目批准号 12&ZD035）的阶段性成果。

** 作者简介：黄桂霞，女，博士，全国妇联妇女研究所副研究员，研究方向：妇女就业与保障、性别平等。

① 李傲：《性别平等的法律保障》，中国社会科学出版社 2009 年版。

② 李德顺：《什么是价值观》，《学习时报》2001 年 6 月 11 日。

人类自身再生产活动的社会保障；是对另一种社会必要劳动价值的肯定与补偿，而不是对劳动能力丧失导致的收入补偿。① 男女平等作为我国的一项基本国策，是妇女/性别立法与政策的理论基础与指导思想，成为生育保险法规政策的核心价值观，不仅是由生育保险的功能与本质决定的，也是由世界各国生育保障的历史与现实以及我国生育保险法规政策的历史发展与现实决定的。

（一）"两种生产"理论是生育保险法规政策的理论基础和制定依据

恩格斯在《家庭、私有制和国家的起源》中提到历史中的决定性因素，归根结底是直接生活的生产和再生产。生产本身包括物质资料生产和人类自身生产。这两种生产"是同一人类历史活动的两个不可分割的方面，它们作为人类历史存在和发展的基础，共同在人类历史的发展进程中发挥着作用"②，"充足的物质资料为安全的人口再生产提供基本保障，而人口也为物质生产提供生产的基础——劳动力"③。所以，它们必须相互适应、相互协调，人类社会才能健康发展。

妇女既作为重要的人力资源参加物质资料的生产，又作为主要责任者进行人类自身的生产。作为人类自身生产的方式，生育是个体创造价值的生产过程，是一种社会活动，具有物质资料生产所不能替代的社会价值，可以说是社会生产的必要前提，是社会发展的根本。妇女作为生育主体为社会发展与劳动力市场健康发展作出贡献，社会需要为其提供基本的保障和一定的补偿，一方面体现了女性生育的社会价值；另一方面也为女性重返劳动力市场进行物质生产提供基本的保障。生育保险制度作为对人类自身生产的一种保障形式，充分认识到女性在物质生产和人口再生产中的作用，通过生育医疗费和生育津贴/产假工资的方式对女性人口再生产进行基本的经济保障，通过合理的产假来保障女性安全、健康地度过生育期，为其投入正常劳动和劳动力的再生产提供支持。生育保险缴费的无性别差异与保险基金的社会统筹，进一步保障了女性平等的劳动就业权。因此，对女性生育价值的社

① 蒋永萍：《社会性别视角下的生育保险制度改革与完善》，《妇女研究论丛》2013 年第 1 期。

② 隽鸿飞：《马克思的两种生产理论及其当代意义》，《哲学研究》2004 年第 8 期。

③ 贾秀总、倪颖：《"两种生产"理论与马克思主义妇女观》，《理论学刊》2000 年第 5 期。

会认同、男女共担生育责任成为生育保险法规政策中男女平等价值观的根本体现。

（二）男女平等是生育保险法规政策的出发点，也是其最终目标

理念是政策制定的核心与指导思想，生育保险法规政策的立法理念直接影响甚至决定着生育保障制度政策的具体内容和水平。实践中，生育行为主要由女性来完成，用人单位从经济效益考虑，在招聘和晋升时会出现性别歧视。我国生育保险制度建立的根本宗旨就是均衡企业费用，保障女性生育和平等劳动权，促进男女平等。男女平等的生育保险立法理念不仅体现了社会对生育社会价值的认同，对妇女生育权和平等就业权的维护，也充分体现了对妇女在人口再生产中特殊贡献的承认与补偿，使全社会认识到生育不是一个家庭的私事，而是事关人类社会发展的大事。

我国的生育保险法规政策，主要是保护在劳动力市场上暂时处于弱势的生育女性，从保护员工健康和减轻生活困难，到经济补偿和医疗保健，再到使公民共享发展成果，保障其获得物质帮助的权利，再到"促进公平就业"，保障其劳动就业权，实现了从基本人身安全的保障到发展权的保障。改革开放前，我国没有专门的关于生育保险的法规政策，相关内容分散在劳动保险、女职工劳动保护以及女工生育待遇等相关通知中，对于生育保险的规定也是基于保护劳动力的角度，定位于保护女职工的健康，减少女职工因生理特点造成的特殊困难。[①]1988年女职工劳动保护规定增加了工作家庭的平衡；1994年企业职工生育保险试行办法，提出生育保险是为了维护企业女职工的合法权益，保障她们在生育期间得到必要的经济补偿和医疗保健；2012年生育保险办法（征求意见稿），增加了"促进公平就业"，保障女性就业权，促进男女平等。计划经济时期国家为鼓励妇女参加社会生产，给予生育女性全面的保障，也体现了国家的福利责任；新时期的生育保障，更多地蕴含着公民权理念，生育保险作为社会再分配和化解生育风险的一种形式，主要目的是保障妇女生育权益、促进男女平等就业。

---

① 1951年中华人民共和国劳动保险条例的总则是"为了保护雇佣劳动者的健康，减轻其生活中的特殊困难"。

（三）生育保险法规政策中如何体现男女平等价值观

生育保险法规政策是否体现男女平等价值观主要体现在三个方面：第一，如何看待女性生育的社会价值，妇女不仅作为主要的人力资源参加物质生产，还承担了主要的人口再生产责任，需要社会给予基本的保障；第二，如何看待男性在生育中的责任，正确对待男女两性的生理差别和社会差异，倡导男女共同平衡工作和家庭关系／共担家庭责任；第三，如何看待国家、企业在生育中的责任，妇女是社会发展的力量，要正确认识人口再生产与社会发展、国家富强和中华民族伟大复兴的关系。具体可以用这四个维度来衡量：第一，制度政策的制定／修订是否贯彻了男女平等理念；第二，是否充分保障了妇女的生育权益与平等就业权；第三，是否充分体现了男性生育权与生育责任分担；第四，是否充分体现了国家、企业对生育责任的分担。

生育保险制度的构建理念受社会文化、公共政策导向等价值观的影响，国际上对生育保险的基本共识是：国家通过强制立法的形式建立和发展社会保险制度，对生育行为承担者的价值进行认可，彰显社会性别公正，提高妇女在劳动力市场的竞争力。[1] 生育保险待遇的内容和水平主要受经济社会发展条件、对生育价值的认同以及对女性就业的态度等因素影响。而对女性就业的态度以及对生育的重视程度对生育保险待遇的影响比经济社会发展水平的影响更大。从实践中也可以看出，对生育价值的认同以及决策者的性别平等的意识，对保障妇女劳动就业权和生育权益、促进男女平等的影响更大。我国的社会保险制度因与就业密切关联，生育保险定位于职业女性，从这个角度来说，生育保险也是国家鼓励妇女从事社会化生产的一种动员方式，但在一定程度上会影响男女就业及职业发展的差异，生育保障的制度政策考虑到女性就业／职业发展与生育的冲突，通过为生育妇女及家庭提供托幼服务等经济支持和照顾支持，消除或减少就业和职业发展的性别差距。

---

[1] 刘咏芳：《生育保险制度构建理念之基本取向探索》，《东岳论丛》2012 年第 3 期。

二、我国生育保险法规政策中男女平等价值观的体现情况

我国的生育保险制度，始于 20 世纪 50 年代的劳动保险条例、女职工劳动保护条例等，从 1994 年的《企业职工生育保险试行办法》，到 2010 年的《中华人民共和国社会保险法》，到 2012 年的《生育保险办法（征求意见稿）》，经历了从国家统筹到企业自负再到社会统筹的过程，以人为本的理念越来越深入，保险基金社会统筹、男女共担责任，体现了生育的社会价值，发挥了均衡企业费用、削弱性别歧视的作用，在一定程度上缩小了性别差距。但同时，我国的生育保险法规政策依然存在着诸多背离男女平等价值观的内容，比如男性的生育责任和权益都没有得到充分体现；决策者性别意识的缺乏直接影响男性生育权利的享受；现有法规政策将更多的责任推给了企业，政府缺位导致弱势女性生育保障缺乏等。

（一）生育保险待遇是对女性生育社会价值的认同与补偿

我国的生育保险法规政策从定位对女性生育行为的一种特殊照顾，到保障女性平等劳动权利的促进公平就业，是一个赋权的积极措施，体现了女性作为劳动力的基本权利，而不仅仅是获得生育照顾与补偿的受益者。

《中华人民共和国社会保险法》规定，职工所在用人单位依法为其缴纳生育保险费的，职工和未就业配偶按照国家规定可以享受生育保险待遇。生育医疗费按照实际支出情况，由单位 / 生育保险基金支付。生育津贴按照用人单位上年度职工月平均工资的标准发放，处于生育期的女性较年轻，工资水平一般会低于"本企业上年度职工月平均工资"，生育津贴计发标准也是向企业工资较低的弱势群体——青年女工的倾斜，更好地保障了年轻女性的生育权益。地方上的生育保险政策，更多地体现了能保尽保、待遇水平尽量高的理念。一方面各地探索生育保障惠及更多职业女性。2006 年成都市规定将非城镇户籍从业人员纳入综合社会保险①；2007 年广州、厦门将非木市

---

① 综合社会保险包括工伤补偿或意外伤害补偿、住院医疗费报销、老年补贴、医疗个人账户和女职工生育补贴五项待遇。

城镇户籍从业人员纳入企业职工生育保险；2008 年宁夏回族自治区把参保范围扩展到有劳动关系的劳动者，个体工商户等灵活就业人员也纳入生育保险；2011 年北京市生育保险覆盖所有用人单位和与之形成劳动关系的职工。另一方面逐步提高待遇水平。广州市非本市城镇户籍职工 2007 年只享受医疗费用待遇，2011 年增加了生育津贴——标准就高补低①，男职工看护假、一次性分娩营养费等。成都市生育保险规定，单位先按生育保险待遇标准支付女工，持续缴费 12 个月后生育基金再支付单位。生育保险不支付的，从基本医保里面支付②，没有参保记录的生育女性都归为未就业，享受相应未就业配偶待遇。

　　同时，我们也看到，现有生育保险待遇水平低，未能充分体现生育的社会价值。女性作为劳动力的直接提供者和培育者，为种族延续和国家发展、劳动力市场健康运行做出了巨大贡献，制度层面要给予她们再生产行为足够的支持。但由于我国生育保险待遇水平较低，只能保障女职工恢复劳动能力前（生育期间）的短期的劳动权益，未能充分考虑到生育尤其养育给女性就业带来的长期影响。2015 年为给企业减负，国务院下发降低生育保险费率的通知，降低 0.1% 的费率对企业来说没有太大意义，但社保基金的收入会出现明显减少，在全面二孩政策的大背景下，生育保险基金的支出会出现一定幅度的增加，地方生育保险迫于基金压力，有缩小保障范围、降低待遇的趋势；很多地方本来要上调生育医疗费，或是扩大保障的范围，都因为政策限制或者资金困难没法再调，女性生育待遇可能会出现不升反降的现象。

（二）男女共担责任，促进劳动力市场男女平等与家庭和谐

　　生育保险促进就业的理念以及均衡企业费用的生育保险基金社会统筹方式，有助于保障女性生育权益，减轻劳动就业市场的性别歧视。用人单位按照本单位职工（不分男女）工资总额的一定比例缴纳生育保险费，男女共担保险缴费责任，以男职工名义缴纳的生育保险费用为女职工充分享受生育

---

① 生育津贴高于个人收入的，按津贴标准发放，津贴低于个人收入的，按个人收入标准由企业补足发放。

② 如果人社部没有明确规定计划生育的前置条件，就由生育保险支付，否则由基本医疗保险支付。

保险待遇提供了较好的资金保障；另外，也在一定程度上分担了女性员工较多企业的生育保险负担，使得用人单位在招聘录用时不会因为招用女工而额外多支出生育费用，为女性就业和职业发展提供了较好的环境。2010年社会保险法将有生育保险的男职工未就业配偶纳入生育保险，未就业女性的生育权益通过配偶得到保障，是男性承担生育责任的一种形式。丈夫带薪陪护假是男性在配偶生育期间为了照顾母婴而享受的单位或雇主给予的带薪陪护假期，也在一定程度上体现了男性对生育责任的分担。生育医疗费用由生育保险基金支付，减轻了家庭的经济负担；而生育津贴的经济保障，不仅保障了女性产假期间的收入，还可以较好地保障女性家庭地位、促进夫妻家庭关系和谐。

男性责任体现不足，不利于男女平等实现。男女平等基本国策经过多年的宣传，尤其生育社会价值的逐步确立，决策者的妇女权益保护意识日益增强，但男女平等意识尚显不足。一方面，生育保险法规政策没有充分体现男性的生育责任与权利，全国层面的生育保险相关法规政策基本是基于对女性生育权益的维护，产假/育儿假集中于女性，将生育责任更多地推给了女性。男性带薪陪护假缺乏明确统一的规定，加重企业对女性的歧视，未能很好地保障女性的就业权利，不利于男女平等的实现，也不利于女性生育期间的身心健康。地方上有男性带薪陪护假的探索，基本由各省市区的人口与计划生育条例规定，时间在7天到30天不等，但在实践中单位并不鼓励男性的休假，主要体现为男性假期可以转让给女性，如果男性不休假单位给予奖励，这都导致男性带薪陪护假名存实亡。另一方面，对女性生育权益的过度保护在一定程度上侵犯了她们的劳动权益，比如有决策者认为劳动法保障小孩到一周岁，产假也该休一年，而且每天一个小时哺乳时间很不科学（少一个人工作链条就断了），还不如直接休一年。

（三）国家分担责任，促进妇女平等享有生育保障

改革开放前，企业基本属国有，劳动保险费用都是列支，属于国家承担责任。改革开放后，国家制定公平的生育保障制度，女性按照国家规定可以享受生育保险待遇。机关事业单位不缴纳保险费，女职工的生育医疗费用由所在单位负担，生育期间按照职工个人基本工资按月领取，机关和部分事

业单位由财政拨款，所以相当于国家承担责任。国家财政分担了城乡居民的生育保障①，城镇非就业妇女和城镇居民可以在医疗保险中报销部分住院分娩费用和产前检查费②；农村居民分娩费用报销由新农合支付，尚没有全国统一的政策，各地政策出台时间不同，但基本近几年都开始执行。国家财政还设立专项基金，建立了涵盖全国 31 个省区市的农村妇女分娩补助项目③，项目覆盖范围内的所有农村户籍孕产妇住院分娩时都可以得到财政补助。

政府责任不足，弱势女性生育权益无法得到有效保障。目前，由企业单方缴纳费用的生育保险依然体现为职业福利，而政府在职工生育保险领域是缺席的，非正规就业的女性因无资格缴纳保费而不能享受生育保险待遇，进一步影响到女性的就业权和男女平等的实现。单位负责、政府缺位的生育保险制度，也使得生育保险的推进和监管力度远低于其他险种。大部分地区的国家机关、人民团体、事业单位等，依然在执行 1988 年 9 月原劳动部颁发的《劳动部关于女职工生育待遇若干问题的通知》④，女职工生育保险待遇由职工所在单位负责，增加了企业的负担，同时，也为企业招聘员工时的性别歧视埋下了伏笔。而未缴纳生育保险的用人单位的女职工、党政机关和事业单位的不在编女职工以及广大女农民工，则无权享受相应的女职工生育待遇。对于没有生育保险的女工，以及广大农村妇女，她们更需要保障，这些人有可能会因为生育风险和负担尤其是养育负担而生活困难，成为低保群体。

（四）企业分担责任，体现生育的社会价值

生育保险由企业按照国家规定以职工工资总额为基数按比例缴纳生育

---

① 城乡居民医疗保险都有政府财政补贴。
② 人社厅〔2009〕97 号：各地要将城镇居民基本医疗保险参保人员住院分娩发生的符合规定的医疗费用纳入城镇居民基本医疗保险基金支付范围。开展门诊统筹的地区，可将参保居民符合规定的产前检查费用纳入基金支付范围。
③ 2009 年卫生部、财政部印发了《关于进一步加强农村孕产妇住院分娩工作的指导意见》（卫妇社发〔2009〕12 号），2010 年卫生部办公厅颁布了《2010 年农村因产妇住院分娩补助项目管理方案》。
④ 职工生育后，由所在单位负担职工的生育产假工资、报销生育医疗费，生育保险的管理由职工所在单位负责。

保险费，个人不缴费，是市场对生育社会价值的认同，体现了用人单位的社会责任。女职工的生育医疗费用和生育津贴、男职工未就业配偶的生育医疗费用由生育保险基金支付，从保险缴费和生育费用的支付来看，录用男女对用人单位来说并没有差异。因单位原因职工不能享受生育保险待遇的，由单位支付，对职工造成损害的，单位应承担赔偿责任，用人单位直接承担了生育的经济成本。生育保险办法取消户籍限制，可以为更多的劳动女性提供生育保障，满足外来务工女性平等的生育保险诉求。一段时期内用人单位建立托儿所、幼儿园等设施，分担了部分照料责任，为女性平衡工作家庭提供了较好的环境。①

企业责任逐渐减轻，不利于男女平等。我们不能忽视的是，2012 年女职工劳动保护特别规定② 不再有单位建立托儿所、幼儿园等方便照料婴儿方面的相关规定，职业女性的家庭照料失去公共支持。2012 年生育保险办法，取消了单位不缴费的赔偿责任，对女职工的保护减弱，有可能会加重招聘录用中的性别歧视。

（五）决策者的性别平等意识有助于生育保险法规政策男女平等的体现

决策者的性别平等意识不仅对法规政策的基本理念起着关键性作用，他们对生育的重视程度以及相关专业知识背景等，也在很大程度上影响着法规政策的具体内容。深度访谈发现，接受过相关性别平等培训、有性别平等意识的决策者，更加认同生育的社会价值。法规政策的级别越低，决策者的关键人物作用越明显，比如广州市生育保险对难产进行了细类划分并给予不同的假期，就是因为政策制定决策者有医学背景；级别越高，相关部门的制约性越明显，从实践来看，关键部门的意见，比如涉及相关经费的时候，财政部门的意见，作用大于法规政策起草 / 制定部门决策者的意见。制定过程

---

① 见"1988 年女职工劳动保护规定"：女职工比较多的单位应当按照国家有关规定，以自办或者联办的形式，逐步建立（女职工卫生室、孕妇休息室、哺乳室）托儿所、幼儿园等设施，并妥善解决女职工在生理卫生、哺乳、照料婴儿方面的困难。

② 见"2012 年女职工劳动保护特别规定"：女职工比较多的用人单位应当根据女职工的需要，建立女职工卫生室、孕妇休息室、哺乳室等设施，妥善解决女职工在生理卫生、哺乳方面的困难。

以及出台前充分征求意见，尤其征求性别平等专家学者的意见，对生育保险法规政策体现男女平等价值观也至关重要。法规政策级别越高，意见征求领域越广泛、越充分。

三、完善生育保险法规政策，促进男女平等

我国现有生育保险法规政策从立项／制定到具体文本都在一定程度上体现了男女平等价值观，但依然存在一系列的问题，需要不断完善制度政策。

（一）确立生育的社会价值，加大女性人力资本投资

研究表明，怀孕和生产对女性就业的影响很小，生育保险发挥了重要的作用。从生育是人类自身生产的唯一方式来看，生育保障应该是国家给予生育女性的一种保障，由财政补贴扶持生育保障政策，保证所有生育女性都能得到基本的保障，而不应采用由用人单位决定生育女性能否享受待遇的保险的形式。而且现有生育保险待遇水平较低，只能保障女职工恢复劳动能力前（产假）的短期的劳动权益，未充分考虑到生育尤其养育给女性就业带来的长期影响。需要大力宣传人口再生产在社会经济发展尤其是企业发展中的重要作用，制定相应支持政策，积极引导用人单位以人为本制定人力资源管理政策，国家、企业、家庭及女性个人都应加大对生育女性的人力资本投资，维护与激励女性人力资源的发展潜力，充分体现生育的社会价值。

（二）男性分担责任，推行父母育儿假，建立工作家庭平衡机制

生育保险待遇的享受对象主要是女性，会加深用人单位和社会对"生育是女性责任"的刻板印象，加重企业对女性的歧视，不能很好地保障女性就业权；同时，生育保险未充分体现男性的生育责任与权利，会降低男性对生育保险的关注与认同。要制定相应政策，推动男女共同分担婴幼儿照顾和教育培养责任。一方面明确规定统一的男性带薪陪护假，男女享有育儿假。让男性更多承担养育责任，不仅可以减轻职业女性的母性角色负担，保障女性的就业权和劳动参与率，也较好地保障男性在生育中的权利。另一方面制定工作家庭平衡政策。政府应该在协调工作和家庭矛盾的基本公共服务中发挥主导作用，特别是政策和财政的支持，比如逐步推动托幼园所的公共服务

供给，为有家庭责任的男女化解工作与子女抚育的冲突提供支持，把有养育责任的父母从生育与职业发展的两难困境中解脱出来，使他们能不受歧视地行使其就业和家庭权利。用人单位也要考虑到员工的需求，其中包括对家庭的责任和担当，为他们提供灵活的工作方式和工作时间。

（三）完善生育保障制度，增强政府责任，提高生育的社会价值

人口是一个民族、国家实力与竞争力的力量源泉，生育为未来经济社会发展注入人力资源和人力资本动力，生育不仅是个人选择，更是对社会应尽的责任，养育孩子是"一件极其重要又极根本的社会事业"①，既然是社会事业，就需要政府承担主要责任。罗素将国家在生育中的责任概括为两种形式：一种是建立足够的幼儿园和托儿所，为已婚已育妇女提供托幼服务，使他们能够继续从事结婚前的所做的工作；另一种是国家为愿意照看自己孩子的妇女发工资，而且规定当孩子长到一定年龄时妇女可以重操旧业。这后一种主张的是家庭津贴。② 需要国家承担主要责任，扩大生育保障范围，让所有生育女性都得到保障。要"承认和尊重无薪酬的护理照料和家务，通过提供公共服务、基础设施和社会保护政策，促进分担住户和家庭的家务和责任"③。尤其是生育期间未就业的女性，这些人有可能会因为生育风险和负担尤其是养育负担而无力抚养孩子，政府需要为她们提供基本的保障。

（四）推动生育保险法规政策中男女平等价值观的贯彻落实

良法是善治的前提。为了从法律政策制定的源头上贯彻男女平等价值观，需要保证生育保险法规政策从立项、制定到修订、执行都能很好地贯彻男女平等价值观。男女平等基本国策经过多年的宣传，决策者的妇女权益保护意识日益增强，但男女平等意识尚显不足。一方面，要对生育保险的法规政策进行性别平等的法律政策评估，有效地保障男女平等原则在立法决策中的贯彻落实。评估内容包括妇女／性别平等机构是否参与了法律政策的制

① 参见费孝通《生育制度》，生活·读书·新知三联书店 2014 年版。
② 参见罗素著《婚姻革命》，靳建国译，东方出版社 1988 年版。
③ 2015 年联合国会议通过"改变我们的世界：2030 年可持续发展议程"，见外交部网站：http://www.fmprc.gov.cn/web/ziliao_674904/zt_674979/dnzt_674981/xzxzt/xpjdmgjxgsfw_684149/zl/t1331382.shtml。

定，立法理念是否充分体现了男女平等的价值观，具体内容是否存在性别歧视内容，是否对男女两性的不同需求给予公平待遇，包括平等和倾斜性的措施，以消除因为生理原因造成的对妇女的歧视或者不利发展因素，实施结果是否会造成社会性别不平等，并对完善法规政策促进性别平等提出修订建议。另一方面，对生育保险法规政策制定的参与者、决策者、执行者进行性别平等的培训，保证在出台法律、制定政策、编制规划、部署工作时充分考虑两性的现实差异和妇女的特殊利益，推动保障妇女权益的法律政策体系不断完善，切实维护妇女合法权益，促进妇女全面发展。

女性生育权与劳动就业权的
保障：一致与分歧

黄桂霞

一、问题提出

　　劳动权① 是一项基本人权，是劳动者实现生存权和发展权的必要前提，是保障女性经济独立、获取社会地位和家庭地位的重要手段和指标。劳动权能否实现不仅影响劳动者的利益，还会影响劳动力市场的健康发展。生育权是女性的基本权利，是人口再生产的必要前提。生育包括女性的怀孕分娩，也包括阶段性的抚育，因此，女性生育权益的保障不仅是女性自主权、健康权的体现，而且影响到国家的人口结构、人口质量以及劳动力市场的健康发展。劳动就业和生育是女性参与物质生产资料和人类自身生产（以下简称"两种生产"）的两种主要形式，生育权和劳动就业权保障则是女性平等参与"两种生产"的根本条件，是社会发展的必要基础。近年来，我国出现生育率持续低迷、女性就业率难以升高的"双困"局面，其根本原因是女性难以很好地处理生育和劳动就业的矛盾，生育的社会价值没有得到适当的尊重与保障。女性的工作—家庭冲突成为中国低生育率的关键因素②，也是女性就

---

① 本文的劳动权使用的是其狭义概念，"就是指工作权，即公民享有的使自己劳动与生产资料结合实现职业劳动的权利。"参见沈同仙《劳动权探析》，《法学》1997 年第 8 期，第 32 页。

② 计迎春、郑真真：《社会性别和发展视角下的中国低生育率》，《中国社会科学》2018 年第 8 期。

业率下降的重要原因。而完善的生育保障制度不仅可以较好地保障女性的生育权益和劳动就业权，更好地发挥女性人力资本作用，而且可以在一定程度上提高生育率和人口素质。因此，梳理我国的生育保障制度政策，总结历史经验，针对存在的问题提出相应的对策建议，可以更好地保障女性的生育权和劳动就业权，解决女性生育权和劳动就业权的冲突，也可以为推动我国从人口红利大国向人力资源强国的转变、助力国家生育政策的实施提供更多的理论和实践支持。

国内外对于妇女生育权和劳动就业权的研究很多，各国政府也为保障女性生育权和劳动就业权提供了制度保障和政策支持。国家对妇女生育权和劳动权的保障，主要是为了保障女性在物质生产和人口再生产领域中更好地发挥作用，在一定程度上反映了国家对女性生育权和劳动权的定位和制度政策的支持力度。发达国家主要通过制定严格的产假雇用保护制度①、可供选择的带薪产假（陪产假）制度②、女职工灵活工作时间制度③ 以及综合采用补贴④ 等手段减轻女性工作生活的负担、保障女性的劳动就业权。

欧美国家实践证明，公共托幼服务是妇女平等参与劳动力市场的先决条件，对母亲就业有积极影响。亲职假对母亲就业倾向的影响比较复杂，雇用资格受保护且时间较短的产假有利于母亲就业，假期较短、工资替代水平较高且父母双方可以灵活使用的父母假有利于母亲顺利地重返劳动力市场；

---

① 禁止辞退产假中的女职工（除极特殊情况），并以法律规定的形式保证其产假后顺利返回原工作（或相似工作）岗位，比如澳大利亚的《公平就业法案》（2009 年版）。

② 奥地利为雇员提供了 5 种可供选择的方式来享受带薪产假（陪产假）。具体包括母亲 30 个月 + 父亲 6 个月；母亲 20 个月 + 父亲 4 个月；母亲 15 个月 + 父亲 3 个月；母亲 12 个月 + 父亲 2 个月（获同一比率补贴），母亲 12 个月 + 父亲 2 个月（获得与收入相关补贴）5 类。此外，雇员还可享受相应带薪休假补贴。韩国在劳动法平等就业部分（第 19 条第四款）规定，产假可以分一次或者多次使用。

③ 包括削减工时、灵活工时以及兼职工作计划等。例如，在瑞典，生育女性可以以削减 3/4、1/2、1/4 或 1/8 正常工作时间的形式休产假（分别享受 3/4、1/2、1/4 或 1/8 的产假补贴），也可以以削减最多 1/4 正常工作时间的形式，休产假直到孩子满 8 岁。参见《SFS 2006：442》第四到第八部分内容。

④ 包括雇主补贴、公共育儿补贴、家庭育儿成本补贴等，比如法国对有 3 岁以下孩子的家庭增加育儿补贴，增加了女性 1% 的劳动参与率。

而时间较长、工资替代率较低且不鼓励父亲使用的父母假，则对母亲就业有负面影响。向 2 岁或 3 岁以下幼儿父母提供幼儿照顾而发放的专项补助——照顾津贴提高了家庭照顾的社会价值，但对母亲就业产生了负面影响。产假是对妇女劳动力市场参与的支持，与工资水平相当的补贴可以更大可能地促进有酬工作的性别平等。儿童照顾、帮助妇女"协调工作和家庭生活"成为政府提高妇女劳动力市场参与、促进性别平等的目标。[1] 阿德里安·卡尔维奇（Kalwij，A.）对 16 个西欧国家个体层面的数据进行比较研究发现，家庭补贴、亲职假、育儿津贴等政策能够帮助妇女平衡家庭与就业、降低抚育孩子的成本，对提高生育率产生积极影响。[2] 儿童照顾不仅对女性劳动参与率产生负面影响，而且会对其后续的职业生涯发展产生消极影响，如就业困难、晋升机会减少、工资收入下降、工作经验损失等。[3] 因此，为家庭提供照顾支持、为母亲提供弹性工作岗位、设置父亲亲职假等措施，可以提高女性劳动参与率。[4]

　　国内相关研究更多的是从女性解放、保护妇女特殊权益的角度来展开，注重讨论儿童照顾或者抚育对女性劳动就业的影响，从儿童保障的角度讨论女性劳动与生育权的保障。中国为保障女性生育权和劳动就业权制定了生育保险制度、女职工劳动保护制度等。1986 年以后的妇女劳动保护制度主要以保护母性技能为中心。[5] 有专家通过分析我国生育保险制度对女性就业的影响认为，生育保险制度的改革发展方向是建立社会统筹的生育保险，改变用人单位负担的传统单位模式，以减轻用人单位负担，降低女性就业门槛，促进女性就业[6]，保障妇女就业权。以女职工劳动保护为宗旨的禁忌劳动制

---

① 张亮：《欧美儿童照顾社会政策的发展及借鉴》，《当代青年研究》2014 年第 5 期。

② Kalwij，A.（2010）. The Impact of Family Policy Expenditure on Fertility in Western Europe. Demography，47（2）.

③ 霍利婷：《国家干预儿童照顾：理论基础、国际经验与中国现实》，《社会政策研究》2018 年第 2 期。

④ Kornstad，T.，Thoresen，T.O.（2010）Effects of Family Policy Reforms in Norway. Fiscal Studies，27（3）.

⑤ 王向贤：《中国妇女劳动保护制度的百年演变》，《中华女子学院学报》2018 年第 1 期。

⑥ 覃成菊、张一名：《我国生育保险制度的演变与政府责任》，《中国软科学》2011 年第 8 期。

度维护了女职工的生育、健康和就业权益。① 法定产假、哺乳假等假期为女性生育尤其是抚育幼儿提供时间保障，维护了母亲和儿童的健康权益。劳动力市场竞争激烈，女性就业处于弱势地位，很难拥有自主选择权，制度性的解雇保护保障了女性生育期内的就业权②，为女性重返工作岗位提供了支持。社会统筹的生育保险有利于减轻就业性别歧视，体现生育的社会价值；产假、育儿假可以化解女性怀孕、产假期间的风险，较好地保障女性的就业权。③ 也有专家通过中国生育政策的变化讨论对女性就业的影响，普遍认为公共服务需求得不到满足会加剧女性平衡工作与家庭的矛盾，加重就业歧视，从而进一步制约女性生育二孩的意愿。④ 宋健通过对第三期中国妇女社会地位调查数据的分析发现，生育二孩、家有婴幼儿、因生育中断职业的经历均会对妇女目前的就业状态产生消极影响。⑤

生育权和劳动就业权不仅是维护妇女权益、解放妇女的前提条件，是国家发挥妇女在人口生产和物质生产两种生产中的作用、促进社会发展的基础。本文以中国共产党的生育保障制度为例，讨论女性生育权和劳动权的本质及二者之间的关系。

二、中国共产党的生育保障制度对女性
生育和劳动就业权益的保障

中国共产党对女性生育权和劳动就业权的保障，其思想源于马克思主义的"两种生产理论"，所制定的制度政策与当时社会发展的阶段、所处的历史环境分不开，也与女性在革命与社会建设中所发挥的作用及国家的人口政策密不可分。针对女性生理特点以及女性承担的生育责任，中国共产党自

---

① 党日红：《〈女职工劳动保护特别规定〉实施问题研究》，《中国妇运》2013 年第 5 期。
② 唐芳：《我国女职工劳动保护立法反思及其完善》，《中华女子学院学报》2016 年第 5 期。
③ 马莉、郑真真：《韩国妇女的生育后再就业及其对中国的启示》，《劳动经济研究》2015 年第 2 期；黄桂霞、姜大伟、刘中华：《挑战与应对："全面二孩"政策下的妇女就业权保障》，《中国劳动关系学院学报》2017 年第 5 期。
④ 王林清：《"全面二孩"给女性就业带来新挑战》，《工人日报》2016 年 9 月 17 日。
⑤ 宋健、周宇香：《中国已婚妇女生育状况对就业的影响》，《妇女研究论丛》2015 年第 4 期。

成立起就制定了保障女性生育权益和劳动就业权的制度政策，为生育责任者提供收入补偿、医疗服务和休假以及劳动保护等。产前产后的休假保障了生育女性身体健康和劳动力的恢复，医药费的报销减轻了生育家庭负担、保障了母婴安全，照发工资或者生育津贴等收入补偿为母婴生活提供了基本的保障；劳动保护减少或解决了女职工在劳动和工作中因生理特点造成的特殊困难，保障了母婴健康，维护了女职工的合法权益。生育保障不仅能够满足女性个人特殊时期生存发展的需求，较好地保障妇女生育期间的生活水平，保障孩子良好的成长环境，保障和提高人口素质，而且能够对社会必要劳动——人类自身再生产活动给予一定的支持与价值承认，保障女性享有与男性同等的劳动就业权利。

（一）保障女性劳动就业权益是生育保障的出发点

参加社会生产、获得经济独立是妇女求得解放的前提和基本条件，保障妇女劳动就业权益成为中国共产党动员广大妇女参加革命、让妇女成为革命和社会建设力量的重要途径，中国共产党为保障妇女劳动权益提供了丰富的理论支持和实践经验。

一是保障生育女性的劳动就业权。新民主主义革命时期，中国共产党在其所在的敌后根据地，立法保障女性的劳动权益，禁止婚育歧视，给予解雇保护："生产前5个月内及生产后9个月内不许开除女工，若不得她的同意，并不得令其出外办事或迁移到别处去。"① 实行特殊劳动保护，保障女性就业环境的安全，包括禁止女性从事高危、高污染、高辐射、高强度的工作，孕期禁止加班加点、禁止出差、减少工作时间或者工作量、调换工作岗位、给予一定的工间休息等。

二是保障女性恢复劳动力。产假是为了保障女性的健康以及婴儿照料，更是为了保障女性恢复劳动力。对于正常生产的女工，生育前后都有一定时间的假期。新民主主义革命时期就规定基本的产假时间为56天（8周），且根据生育女性的不同劳动强度给予不同时长的休假时间，充分体现产假对

---

① 《中华苏维埃共和国劳动法（1931年12月20日）》，转引自中华全国妇女联合会妇女运动历史研究室编《中国妇女运动历史资料（1927—1937）》，中国妇女出版社1991年版，第156页。

妇女体力恢复的作用。"所有用体力的劳动女工，产前产后休息八星期，工资照发。使用脑力的机关女职员（如女办事员与女书记）产前产后休息六星期，工资照发。"① 对于未足月生产的女工给予流产产假，主要是为了保障女性健康和恢复劳动力。女工怀孕流产的，一般给予 15 天或者 30 天的流产产假。对生育女性产假期间予以经济支持，保障她们的基本生活，1931年劳动法明确规定了产假及流产产假期间工资照发。1941 年陕甘宁边区规定，"生育妇女生产前后休息期间内，酌发大米、白面等营养品；如无大米、白面等，在生产前休息期间，增发休养费。小产妇发休养费，并给休养一个月"②。太行区 1948 年规定，为太行区工作的妇女干部产前产后提供假期、粮食待遇。③

三是建立育儿设施，提供育儿服务，为家庭提供育儿补助和保姆雇用费用，保障妇女安心生产。新民主主义革命时期明确规定，"在工厂内设立哺乳室及托儿所，由工厂负责请人看护"，并由社会保险基金支付"婴儿的补助金——如工人生了小孩，得领取补助金来买小孩十个月所必需的物品和牛奶"④。太行区在 1948 年的规定中也增加了雇用人的费用支付项目，为太行区工作的妇女干部产前产后提供假期、粮食待遇，并且提供麻纸 50 张、棉花 1 斤、小米 70 斤，作为生产及雇用人的花费；男干部之妻生产时则一律给小米 50 斤，作为雇人之用。⑤ 给予婴幼儿看护补贴，比如给予小孩带

① 《中华苏维埃共和国劳动法（1931 年 12 月 20 日）》，转引自中华全国妇女联合会妇女运动历史研究室编《中国妇女运动历史资料（1927—1937）》，中国妇女出版社 1991 年版，第 155—156 页。

② 《陕甘宁边区政府关于保育儿童的规定（1941 年）》，转引自《陕甘宁边区妇女运动文献资料选编（1937—1949）》，陕西省妇女联合会编印，1982 年。

③ 《太行区婴儿保育、产妇保健暂行办法草案（1948 年 7 月 1 日）》，转引自中华全国妇女联合会、妇女运动历史研究室编《中国妇女运动历史资料（1937—1945）》，中国妇女出版社 1991 年版，第 256—257 页。

④ 《中华苏维埃共和国劳动法（1931 年 12 月 20 日）》，转引自中华全国妇女联合会妇女运动历史研究室编《中国妇女运动历史资料（1927—1937）》，中国妇女出版社 1991 年版，第 156 页。

⑤ 《太行区婴儿保育、产妇保健暂行办法草案（1948 年 7 月 1 日）》，转引自中华全国妇女联合会、妇女运动历史研究室编《中国妇女运动历史资料（1937—1945）》，中国妇女出版社 1991 年版，第 256—257 页。

乳费，支付雇用人的费用等。"生育妇女可以领取分娩津贴及小孩津贴，女工所带小孩每月发给带乳费。"① 公共托幼服务则为女性参与革命生产解除了后顾之忧，托幼园所以集体的教育培植社会的新细胞，在民族解放与社会发展中更好地促进了妇女解放。战时儿童保育会自 1938 年成立，迅速发展，以公育代替了私育，减轻了妇女抚育孩子的负担。"各机关、团体学校有婴儿五人以上者应设立托儿所，五人以下者，可合数单位共设托儿所，不足五人又无单位合设者，得另设窑洞，安置保姆婴儿。"② 这为婴儿享受更好的看护提供了基本条件，为女性参与生产提供了良好的环境与支持，是对生育权的进一步保障，这在当时世界范围内都是高水平的保障。

（二）以生育支持和劳动就业权为主的生育保障是妇女解放和男女平等的基础

生育保障的发展不仅与妇女解放和社会发展有关，而且与国家人口政策、社会对女性劳动力的需求密不可分。中华人民共和国成立初期，国家建设和社会主义事业发展都需要大量的劳动力，妇女解放和社会主义建设需求一致，需要广大妇女积极参与公领域的生产劳动，而历经长年战火的新中国又亟须提高人口出生率。这一阶段的生育保险虽未单独立法，但是在劳动保险条例和中央机关的相关政策中进行了规定，不仅保障覆盖面有所扩大，而且保障力度有所增强；不仅注重女性的健康，加大了对婴幼儿健康的保障，而且为更好地保障女性参加公共生产劳动、为女性协调生产与生育提供了充分的支持。

一是为妇婴提供基本免费的健康保障。妇女身体健康不仅是积极参加社会生产的前提，也是进行人口再生产的基础，产前检查、住院分娩以及并发症的治疗等成为生育保障的重要内容。中华人民共和国成立后，对生育的检查费及接生费有了明确规定："参加生育保险的女工人与女职员怀孕，在该企业医疗所、医院或特约医院检查或分娩时，其检查费与接生费由企业行政方面或资方负担；女性临时工、季节工及试用工怀孕检查费、接生费与一

---

① 耿化敏：《中国共产党妇女工作史》，社会科学文献出版社 2016 年版。

② 《陕甘宁边区政府关于保育儿童的规定（1941 年）》，转引自《陕甘宁边区妇女运动文献资料选编（1937—1949）》，陕西省妇女联合会编印，1982 年。

般女工人、女职员相同。机关事业单位女工作人员门诊、住院所需的诊疗费、手术费、住院费，门诊或住院中的药费，由公费医疗支出。"① 无论是资方负担还是公费医疗，个人都不用支付任何生育费用，为母婴享受更好的保健提供了制度支持。1953 年劳动保护条例修订时，为难产的妇女增加 15 天假期，目的是增强对女性健康权的保障。农村建立了县乡村三级的医疗保健网，保障妇幼健康。"新中国成立两年来，全国各地改造旧产婆约 10 万人，建立了接生站和妇幼保健站 1 万余处。"②

二是保障婴幼儿健康成长。生育不仅是创造新生命，而且要将新生命培育成为健康的劳动力，才算完成人自身的生产。身体健康的女性要在安全的环境下，才能更大概率地孕育健康的婴儿，所以婴幼儿的健康不仅与女性的健康密不可分，而且与女性的劳动就业条件密切相关，对婴幼儿的健康保护也主要通过保障职工尤其女工的健康和安全来实现。无论是劳动保险条例，还是生育保险制度，或者是女职工劳动保护，都对孕产妇和哺乳女性给予了较多的照顾和支持，将保障儿童作为单位的基本义务和责任。中华人民共和国成立之初，就规定由单位逐步根据需要与可能设置托儿所、哺乳室、妇女卫生室等妇幼保护设备。1955 年女工保护条例明确规定："各单位在进行基本建设时，必须包括足够本单位女工需要的妇幼保护设备，如托儿所、哺乳室、妇女卫生室以及厕所等。"③ 产假时间从新民主主义革命时期的 56天（产前 14 天，产后 42 天），不断延长至 98 天，产假期间工资照发，保障收入不降低。产假及产假期间的收入是对女性恢复劳动力的保障，也包含了对婴幼儿抚育的时间和经济支持。

三是为女性参与社会生产提供托幼支持，保障女性劳动就业权，提高劳动生产率。中华人民共和国成立之初，社会主义建设需要大量女性劳动力进入公共劳动领域，但如果孩子安置不当，女工的生产情绪和积极性就难以得到有效保障。为保障她们安心从事革命、生产，党和政府专门发布了一系

---

① 《中华人民共和国劳动保险条例》（1951 年 2 月 23 日政务院第 73 次政务会议通过），见 https://wenku.baidu.com/view/55f6d57a168884868762d6f6.html，2019 年 2 月 11 日访问。

② 耿化敏：《中国共产党妇女工作史》，社会科学文献出版社 2016 年版，第 118 页。

③ 《中华人民共和国女工保护条例（草案）》，北京市档案馆档案编号：110-001-00612。

列的法令、政策，帮助女性解除婴幼儿照料和喂养后顾之忧，解决职工子女入托问题，为女性平衡工作与家庭照顾提供了较好的支持。1953 年，劳动保险条例实施细则规定："实行劳动保险的企业的女工人女职员，有四周岁以内的子女 20 人以上，工会基层委员会与企业行政方面或资方协商单独或联合其他企业设立托儿所（如尚未具备设立托儿所条件，而有哺乳婴儿 5 个以上须设立哺乳室）。其房屋设备、工作人员的工资及一切经常费用，完全由企业行政方面或资方负担。"① 企业、机关、事业单位积极响应，为了方便职工接送子女，除了在职工居住集中的地点和办公地点开办比较正规的托儿所、幼儿园外，还在工地开办了临时托儿所，极大地方便了职工，减少了职工送托子女的劳顿和时间。这类托儿所、幼儿园的费用直接由职工所在企业支付；少数单位不方便建托幼园所的单位，其职工可以将子女送往个体托儿所或幼儿园，管理费则由职工所在工作单位报销，相当于是婴幼儿免费公育。"1950—1956 年，全国幼儿园（所）由 1799 所发展到 18534 所，入园（所）幼儿数由 14 万人发展到 108.1 万人。"② 这些在很大程度上为女性生育及劳动就业提供了基本的保障。当时的劳动女性大多归属国有单位或集体/公社，所以当时的生育保障基本覆盖了所有就业的女工人、女职员以及机关女工作人员。

（三）保障女性健康权和就业权是市场经济背景下生育保险的主要目标

从立法宗旨来看，中国共产党以劳动保护为主的生育保障主要是对劳动力的保障，是对女性平等劳动权益的保障，保障妇女能安全、健康地参加社会生产，生育后能恢复劳动力，并充分发挥妇女的积极性，提高劳动生产率。改革开放以来，随着市场经济的不断发展，男女平等、妇女解放进入新阶段，妇女在全面建设小康社会进程中的作用越来越大，高级管理、科研人才涌现，女性更加追求个体成长和自我实现，社会制度政策适应妇女发展的需求，注重保障她们的健康权和个体的自我实现。劳动就业方面，因国企改革带来的职工下岗再就业问题，"妇女回家"的论调一再泛起，很多支持妇

---

① 《中华人民共和国劳动保险条例》实施细则修正草案，劳动部 1953 年 1 月 26 日公布试行，见 https://wenku.baidu.com/view/ba15a465ddccda38376baf39.html，2019 年 2 月 14 日访问。

② 耿化敏：《中国共产党妇女工作史》，社会科学文献出版社 2016 年版，第 119 页。

女平衡职业和家庭的政策措施开始隐退，公共托幼服务逐渐由市场替代，生育保障等相关政策更加注重保障妇女平等的就业机会。

一是保障女性平等的劳动就业权利。改革开放后，女性受教育程度大幅提高，人力资本含量越来越高，在社会发展的各个领域、各个行业开始崭露头角，与男性共同站在社会发展的前列，创造男女平等、公平的就业机会和环境，对于社会发展和男女平等都显得更为重要。1988 年《女职工劳动保护规定》明确其目的是"以利于社会主义现代化建设"，这个定位在一定程度上凸显了对女性劳动权的维护，"凡适合妇女从事劳动的单位，不得拒绝招收女职工。""不得在女职工怀孕期、产期、哺乳期降低其基本工资，或者解除劳动合同。"[①] 1994 年颁布的《企业职工生育保险试行办法》仅面向城镇职工，侧重的是对女性劳动权益的保障。2012 年颁布的《生育保险办法（征求意见稿）》增加了"促进公平就业"的内容，强调对女性平等劳动就业权的保障。

二是为保障女性身体健康提供安全的劳动环境和较长的产假。通过特殊劳动保护对怀孕或哺乳期女工给予减轻劳动或缩短工时、禁止加班等方面的照顾与支持，保障女性的生育权和健康权。女职工劳动保护等法规政策都对怀孕女工调换或减轻工作有相应的规定。当然，调换工作有一定的条件，包括体力对原来工作不胜任、医务机构证明工作有碍胎儿健康等。"怀孕七个月以上（含七个月）的女职工，一般不得安排其从事夜班劳动；在劳动时间内应当安排一定的休息时间。"[②] 禁止怀孕或者哺乳期女工加班加点等。2012 年《女职工劳动保护特别规定》明确规定"用人单位应当遵守女职工禁忌从事的劳动范围"[③]，并将女职工禁忌从事的劳动范围作为附录附在特别规定之后。改革开放后，产假时间延长，以更好地保障女性身体健康和劳动

---

① 《女职工劳动保护规定》（国务院 1988 年 7 月 21 日颁布），见 http://www.law-lib.com/law/law_view.asp? id=5157##1，2019 年 2 月 12 日访问。

② 《女职工劳动保护特别规定》，载《中华人民共和国劳动和社会保障法律法规全书》，中国法制出版社 2017 年版，第 333 页。

③ 《女职工劳动保护特别规定》，载《中华人民共和国劳动和社会保障法律法规全书》，中国法制出版社 2017 年版，第 333 页。

力的恢复，同时产假期间工资照发或者收入不降低，以保障其基本生活。

（四）生育权和劳动权共保障：新时期全面统筹的生育保障的探索

莉丝·沃格尔（Lise Vogel）认为，物质生产和人类自身生产同样重要，女性生育权益和劳动就业权都需要全面保障。生育保障是救助生命、保障健康，为人口再生产提供支持，所以，对于生育的主体女性来说，无论她们是否就业，是否参加公领域的物质生产劳动，都应该得到基本的保障。全民生育保障不仅可以更好地保障女性的生育权，保障母婴健康，而且是保障妇女劳动就业权、促进男女平等、妇女全面发展的重要影响因素。

面对中国老龄化程度的加剧以及低生育率和女性低劳动就业率并存的局面，21 世纪以来，国家调整了生育政策，在提高生育率的基础上，加大了生育保障的力度。《中华人民共和国社会保险法》将生育保险单列一章，城镇职工的生育保险有了法律依据，国家财政设立专项基金，建立了涵盖全国 31 个省区市的农村妇女分娩补助项目[①]，项目覆盖范围内的所有农村户籍孕产妇住院分娩时都可以得到财政补助。城镇居民的医疗费用自 2009 年起从居民医疗保险基金中支付，"各地要将城镇居民基本医疗保险参保人员住院分娩发生的符合规定的医疗费用纳入城镇居民基本医疗保险基金支付范围。开展门诊统筹的地区，可将参保居民符合规定的产前检查费用纳入基金支付范围"[②]。农村居民分娩费用报销由新农合支付。2016 年起城乡居民医疗保险合并，生育医疗费用统一从医疗保险中支付。生育保障实现制度全覆盖。受全面二孩政策实施以及生育保险费率降低的影响，2016 年全国生育保险基金出现收不抵支的情形。2017 年开始实施生育保险并入职工基本医疗保险试点，2019 年在全国全面推行，所有参加城镇职工基本医疗保险的职工同步参加生育保险，大大提高了生育保险的覆盖面；合并实施后"生育

---

① 2009 年卫生部、财政部印发了关于进一步加强农村孕产妇住院分娩工作的指导意见》（卫妇社发〔2009〕12 号），2010 年卫生部办公厅颁布了《2010 年农村因产妇住院分娩补助项目管理方案》。

② 人力资源和社会保障部办公厅关于妥善解决城镇居民生育医疗费用的通知，人社厅〔2009〕97 号 [A]《中华人民共和国劳动和社会保障法规全书》，法律出版社 2013 年版，第 536 页。

保险待遇包括《中华人民共和国社会保险法》规定的生育医疗费用和生育津贴，所需资金从职工基本医疗保险基金中支付"①，解决了生育保险基金收不抵支的问题，保障了女性的生育待遇，增强了对女性生育权益的保障，但大部分试点延长了生育奖励假，在一定程度上加重了女性的就业歧视；住院分娩等医疗费用按病种由医疗保险基金支付，相当于将生育作为一种疾病进行诊治，是对生育社会价值的否定，不利于女性权益的保障。而城乡居民生育保障因额度、报销比例较低，且没有生育津贴，没有充分发挥保障女性生育权益的作用。为此，有学者提出单独设置覆盖全面的生育津贴制度，由政府和用人单位共同承担筹资责任②；或者对于农村女性设计"非缴费"的生育津贴制度，由中央财政和地方财政全部或者部分补贴她们孕产期的生育医疗费用③；或者将生育保障作为津贴或者普惠性的福利制度，不需要缴费，只要有生育行为就可以享受，这种基于公民身份而非经济基础的生育福利制度，可以消除现有的生育保险制度所带来的生育不平等现象。④ 这几种思路都是拟让政府分担更多的生育责任，让所有生育女性都能享受基本的保障，才能在保障女性生育权的基础上，更好地保障女性的劳动就业权。

三、分析与讨论

从中国共产党生育保障制度政策对妇女生育权和劳动就业权的保障可以发现，生育保障的覆盖面与社会发展尤其经济发展密不可分，对生育尤其养育支持体系的建立与社会发展对女性劳动力的需求和重视协同发展，而生育保障的力度则离不开国家人口政策的建立与转变。从妇女全面发展的角度看，生育和劳动如鸟之两翼、车之两轮，二者要协调平衡才能平稳前进，但女性生育与劳动就业、职业发展的时间精力冲突，使得生育权和劳动就业权

① 《国务院办公厅关于印发生育保险和职工基本医疗保险合并实施试点方案的通知》，国办发〔2017〕6 号，见 http://www.gov.cn/zhengce/content/2017-02/04/content_5164990.htm。
② 王璐莎：《生育津贴制度研究》，浙江大学 2013 年硕士学位论文。
③ 唐钧：《生育保障是全民族的大事》，《中国社会保障》2010 年第 8 期。
④ 杨立雄：《可将生育保险变为生育福利》，《中国社会保障》2013 年第 10 期。

保障存在诸多矛盾。

（一）中国共产党生育保障制度的思想基础与发展经验

"根据历史唯物主义的观点，历史中的决定因素，归根结底是直接生活的生产和再生产。但是生产本身又有两种：一方面是生活资料即食物、衣服、住房以及为此所必需的工具的生产，另一方面是人类自身的生产，即种的繁衍。"① 物质资料生产和人类自身生产是社会发展的两个必要条件，是社会生产过程中不可分割的两个方面，二者相互依赖、相互制约、互相作用。物质资料生产是人类社会存在和发展的前提和基础，生育是社会为满足自身世代延续的需要以及社会生产对主体的需要而进行的活动，是社会生产的主体和动力。在不同历史时期，因为生产力的发展水平不同，"两种生产"在社会生产中所处的地位和作用有所差异，"一定历史时代和一定地区内的人们生活于其下的社会制度，受着两种生产的制约：一方面受劳动的发展阶段的制约；另一方面受家庭的发展阶段的制约"②。在人类历史发展的早期阶段，由于劳动极不发达，生活资料和生产资料的数量较少，社会制度在较大程度上受人自身的生产的制约。随着生产力的发展，劳动生产率的提高，劳动产品数量的增加，人类社会发展在较大程度上受物质生产的制约，但是人口生产一直是社会发展的制约因素。"在生产者自由平等的联合体的基础上按新方式来组织生产的社会"③ 中，也就是在生产资料公有制的社会制度下，家庭不再受所有制支配，社会重新受"两种生产"制约，人类自身的生产也更多地表现为人口质量对社会发展的促进与推动。

中国共产党生育保障制度政策的发展不仅与两种生产在社会发展阶段中的作用有关，而且根据不同时期女性在人口生产和物质生产领域的作用和需求的不同，对女性生育权益和劳动就业权的保障各有侧重，生育保障的覆盖面、保障内容和待遇水平也存在一定的差异。新民主主义革命时期侧重于

---

① 中共中央编译局：《马克思恩格斯文集》第 4 卷，人民出版社 2009 年版，第 15 页。

② ［德］恩格斯：《家庭、私有制和国家的起源》，载《马克思恩格斯文集》第 4 卷，人民出版社 2009 年版，第 16 页。

③ ［德］恩格斯：《家庭、私有制和国家的起源》，载《马克思恩格斯文集》第 4 卷，人民出版社 2009 年版，第 193 页。

妇女解放与男女平等，强调妇女的解放是要实现经济独立和人身自由，所以当时的生育保障主要集中于妇女劳动保护、产妇保健等相关政策中，更加注重保障女性的劳动就业权。中华人民共和国成立初期，生产力水平比较低，社会主义建设迫切需要大量的劳动力全面参与，一方面需要妇女积极广泛参与社会建设；另一方面需要更多新生人口进行劳动力补充，所以当时生育保障不仅对妇女生育给予了极大的重视和较好的补偿与照顾，而且为女性劳动就业、平衡工作—家庭解除劳动的后顾之忧提供了很好的支持。改革开放以来，也是我国开始严格执行计划生育、控制人口时期，国家更加侧重于物质生产，企业专注于经济效益，人口生产责任更多地由家庭承担，生育保险制度在保障女性健康的基础上，侧重于均衡企业负担和对女性劳动权益的维护。新时期，随着女性人力资本含量的增加，女性劳动就业率却呈下降趋势，面对长期人口低出生率以及人口老龄化的现状，要更好地发挥女性在人口生产与物质生产中的作用，使得女性既作为重要的人力资源进入物质生产领域，使中国顺利实现人口红利大国向人力资本红利的转变，又作为人口生产的责任承担者，积极响应国家人口生育政策的转变，生育和劳动权益共促成为生育保障的关键。

（二）女性生育权与劳动就业权保障的互促

无论是对妇女健康权还是对发展权的保障，都体现了国家和社会对妇女生育权益的保护与重视以及对妇女平等就业权的维护。对于女性群体来说，保障适度的生育权和劳动就业权是相辅相成的。

一是劳动就业权对生育权的保障促进。从中国共产党的社会保障制度和政策发展来看，劳动就业参加公领域物质生产是获得社会保障的前提。21世纪以来，我国开始推动实施全民医疗保障、养老保障，居民生育也可以在城乡居民医疗保险中报销部分费用，但是参加公领域物质生产的劳动者，不仅可以得到养老、医疗、工伤、失业、生育等全面的保障，而且保障的待遇水平也相对较高，生育权也能得到更好的保障，可以说，劳动就业权是最大的保障。公领域较高的社会地位意味着拥有较大的话语权，能为平衡工作—家庭、抚育婴幼儿争取更好的支持。谢丽尔·桑德伯格（Sheryl Sandberg）认为："一旦女性坐上领导岗位，我们就可以拆除女性晋升的外部壁垒。我们可以昂首阔步地走进老板办公室，理直气壮地提出我们的要求……或者，更好的是，我们自己成为老板，确保所有女性的要求都能得到满足。"① 美国国务院政策规划司负责人安妮 – 玛丽·斯劳特（Anne-Marie Slaughter）研究发现"你越早成为'老板'，你就越容易兼顾事业与家庭"②。也就是说，有了较高的社会地位，就有了在工作场所议价的资本，也就有了更好的社会支持系统。

从生育保障的定位来看，无论生育保险还是劳动保护条例，其定位都是保护女职工的健康，减少女职工因生理特点造成的特殊困难③，提高劳动生产率。女性怀孕后身体机能会出现一定变化，所以保障女性怀孕期间有一定的休息时间，怀孕后禁止加班加点，减轻工作量或者减少工作时间以及调换工作岗位，给予生育女性一定的休假时间，都是为了更好地保障怀孕、生育女工的身体健康，以恢复身体健康和劳动能力。产假期间工资照发，或者保障女性产假期间收入不低于产前收入，是对女性因生育暂时中断劳动期间给予的经济保障，体现了对于女性健康的保护。

二是生育保障对劳动就业权的促进。高质量的生育保障也能更好地促进女性劳动就业。为生育女性提供生育津贴和产假，都是为了保障女性劳动能力的恢复，保障女性生育后返回原工作岗位；为怀孕哺乳女性提供灵活的工作时间和工作方式，为生育期女性延长项目申请和结项时间④，都是正视并承认生养和抚育责任对女性劳动就业和职业发展产生的不利影响，减轻生育女性的负担，一定程度上阻断劣势积累，削弱劳动力市场的性别歧视，帮助她们将生育和劳动就业及职业发展相结合，更好地保障女性的劳动就业和职业发展权。儿童尤其婴幼儿照顾是一项非常性别化的活动，主要由女性承

---

① ［美］安妮 – 玛丽·斯劳特著：《我们为什么不能拥有一切》，何兰兰译，文化发展出版社2016 年版，第 13 页。

② ［美］安妮 – 玛丽·斯劳特著：《我们为什么不能拥有一切》，何兰兰译，文化发展出版社2016 年版，第 15 页。

③ 1951 年中华人民共和国劳动保险条例的总则是"为了保护雇佣劳动者的健康，减轻其生活中的特殊困难"。

④ 国家自然科学基金 2010 年推出"放宽已生育的女性科研人员申请青年科学基金项目的年龄""允许女性因生育、哺乳等原因，延长其承担项目的结题时间"的政策措施。

担，因此国家对儿童照顾的保障（如公共托幼服务与婴幼儿补贴）可以促进母亲就业，也在一定程度上作为保障妇女权益、促进妇女劳动参与和男女平等的措施。

从生育保障相关政策可以发现，对女性劳动就业权的保障主要体现在以下四个方面：（1）雇用保护。包括劳动合同或者服务协议中不得规定限制女职工结婚、生育的内容，禁止因怀孕生育等开除女性或解除劳动合同，促进女性平等就业等。（2）保障劳动能力的恢复。产假期间工资照发，为女性恢复劳动能力提供基本的物质条件。（3）保障女性职业发展权。主要是产后恢复原工作岗位，1955 年女工保护条例明确规定女工产假"假期期满后，应恢复其原工作"[①]。（4）解除女性参与社会劳动的后顾之忧。为家庭提供婴幼儿补贴、雇用保姆费用等经济支持，由用人单位以自办或者联办的方式建设托幼园所等。

（三）女性生育权与劳动就业权保障分歧的表现及原因

生育权保障更多的是基于私领域人口再生产的支持，劳动就业权更侧重于公领域物质生产方面的平等保障。由于我国的社会保障尚未正式进入从事人口再生产的主要领域——家庭，生育在很大程度上依然被认为是家庭的私事，公私领域的冲突、劳动的性别分工成为女性生育权益与劳动就业权之间保障理念差异的根源，也导致了女性生育权和劳动就业权存在明显的冲突与分歧。我国的城镇职工生育保险主要是对在业妇女生育权益的维护，对妇女平等就业权的维护，是对妇女参加公领域物质生产的一种保障和补偿，主要是均衡用人单位之间的负担，不是对生育本身价值的认同与保障，所以对于从事农业劳动尤其是主要进行家务劳动的女性在人口再生产中特殊贡献给予的承认与补偿非常有限。城镇职工生育保险与基本医疗保险合并实施，与城乡居民医疗保险报销生育医疗费用基本是一个思路，虽然出发点不同，但目的都是借用医疗保险的经费解决生育待遇问题，在一定程度上反映了对生育的定位，是对女性个体、身体健康的保障。所以，对女性生育社会价值的不认同，是生育权与劳动就业权保障存在分歧的根本原因，在实践中表现为

---

① 参见《中华人民共和国女工保护条例（草案）》，北京市档案馆档案编号：110-001-00612。

不同的方式。

一是女性短期生育权益和长期劳动权益的冲突。生育是女性人生中一个阶段性事件，倘若生育权益保障过多，可能会危及女性长期的就业权；而过多地注重保障女性劳动力市场的平等权益，可能会影响女性短期的生育权益。从产假来看，时间太短，影响女性的健康，不能很好地恢复劳动力；时间太长，企业用工成本过高，不利于女性就业和职业发展。从人力资本的利用来说，女性人力资本是个长期积累和使用的过程，生育可能会影响短期内女性人力资本的使用，但优质、高含量的人力资本长期所创造的价值完全可以抵消短期的影响。

二是女性群体与个体权益的冲突。对女性群体的劳动保护，可能伤及女性个体的劳动就业权，比如女职工劳动禁忌的规定，初衷是为了保障女性的身体健康等权益，但对于少部分女性来说，失去了部分就业机会，劳动就业权被侵害。例如，女职工禁忌从事的劳动范围包括"矿山井下作业"。矿山井下作业属于高危、重体力劳动，但是在目前高科技技术发展下，部分女性有能力从事矿山井下作业，也没有生育需求，这项劳动禁忌的规定就是对她们劳动就业权的损害。因此，对女性个体来说，生育权益是短期的、暂时的，而就业权是长期的保障；对女性群体来说，生育和就业都是长期的权益。

三是资本增长的长期和短期效益的矛盾。沃格尔认为，从统治阶级的观点看，占有剩余劳动的近期需要与整个阶级占有剩余劳动的长期需要之间存在着潜在的矛盾。① 从资本的角度来看，妇女长期劳动就业创造的短期社会价值与短期内生育创造的长期社会价值之间存在着矛盾，劳动就业直接参加物质生产，创造剩余价值，而生育却要暂时中断劳动，帕迪·奎克（Paddy Quick）认为，生育降低了从属阶级女性作为直接生产者和必要劳动参与者的作用。怀孕和哺乳至少需要几个月的时间，多少降低了女性的劳动能力。即使女性仍然能够参与剩余生产，生育在某种程度上也妨碍了对其剩

① ［美］莉丝·沃格尔著：《马克思主义与女性受压迫：趋向统一的理论》，虞晖译，高等教育出版社 2009 年版，第 145 页。

余劳动的立即占用。而且，通常其劳动是维持劳动力所必需的，所以怀孕和哺乳也可能降低了女性维持劳动力的能力。[①] 但生育又是劳动力代际更替必不可少的，给资本创造了长期投入的前提条件。

（四）女性生育权与发展权保障的平衡

近年来，国家不断调整生育政策，从人口发展角度来看，主要是为了提高人口出生率，调整我国的人口结构，减缓人口老龄化与少子化；从社会发展的角度来看，主要是为了维护、促进劳动力市场的良性发展。要推动男女平等、促进妇女全面发展，需要在保护女性生育权和劳动就业权间取得相对平衡，基本原则是对生育的社会价值给予足够的认同，将物质生产与人口生产并重，男女共担责任。

一是承认生育的社会价值。从生育和劳动力的代际更替来说，分娩更多属于物质性生产过程，而儿童养育则更多地集中于人力资本的投资，为物质生产奠定基础。所以，生育保障制度政策不仅要考虑生育对女性身体健康和就业的影响，而且要考虑生育以及抚育对未来劳动力市场人力资本的影响以及对社会、国家、民族发展的作用。按照马克思的说法，劳动力商品的价值代表了生产劳动力所必需的社会必要劳动。这从另一个角度说明抚育劳动的社会价值是可以计量的，倘若没有给予相应的报酬，至少应该给予一定的认同和补偿，包括给予所有女性基本的生育保障，给予全职在家庭内承担抚育责任的个体以全面的社会保障；或者给予儿童补贴，由政府购买一定的家庭服务，分担家庭的生育责任。

二是完善生育保障制度，更好地保障女性生育权。城镇职工的生育保险通过对保障劳动就业权间接地保障女性的生育权。从女性的生育权和劳动就业权来看，生育保障应该分两方面：一方面提供免费的生育医疗保障以及一次性生育补助费，目的是保障女性的生育权及其短期的基本生活，所有生育女性都平等享受；另一方面为生育暂时中断劳动的妇女恢复劳动力提供生活保障，也就是现在的产假期间的生育津贴，目的是保障女性的劳动就

---

① ［美］莉丝·沃格尔著：《马克思主义与女性受压迫：趋向统一的理论》，虞晖译，高等教育出版社 2009 年版，第 144—145 页。

业权。基本产假 56 天（产前 14 天、产后 42 天）的生育津贴由生育保险基金来支付，生育延长假和奖励假应该由失业保险或者财政支付；对于没有生育保险的城乡居民，应该给予一次性生育补助费，保障 56 天内的基本生活维持。

三是减少劳动力市场的性别歧视，呼吁男性共担生育责任。增加用人单位成本是大部分企业不愿招用女性的主要原因。一方面，可以通过税收优惠、雇用补贴以及合理的贷款优惠等手段，减轻用人单位雇用女性的负担。或者采用女性补贴的形式，给予女性个税优惠，优惠额度具体到女性个体身上，女性税后所得不变，但由于女性税率较低，企业雇用女性的成本也随之降低，以提高女性的竞争力。另一方面，实现灵活生育休假，增加男性养育责任。将男性陪护假改为育儿假并加以延长，或在保障产妇充分休息的前提下，由生育夫妻在产假和陪护假的总量中自由选择休假时长，明确规定男性休假时长且不可转让。缩小男女因产假给用人单位带来的成本差异，在一定程度上减少就业歧视。

四是重视与发挥女性人力资本，实施工作—家庭平衡策略。中华人民共和国成立以来，女性受教育程度逐渐提高，与男性一样成为为社会发展的生力军。但实践中，因各种原因女性人力资本的利用率相对较低，成为未被充分开发、利用的重要人力资源。需要制定公共育儿政策与家庭友好政策，在保障女性劳动就业权的同时，更好地贯彻落实全面二孩政策。一方面需要提供公共托幼服务，分担家庭的照顾负担，解除女性的后顾之忧；另一方面推动灵活的工作时间和办公方式，给需要照顾家庭的职工尤其是女职工平衡工作—家庭提供支持。

政府、雇主和家庭共担生育责任的探讨*

黄桂霞**

人口是"全部社会生产行为的基础和主体",只有实现人口的可持续发展才能有经济、社会、民族、国家的可持续发展。生育包括生殖和抚育两个阶段,生殖是新生命的孕育,抚育是生活的供养和社会性的教育。[①] 生殖主要由女性完成,外界应为其顺利完成孕育提供保障。国际劳工组织在2000年《保护生育公约》(183号公约)中指出,考虑到女工的处境和现实需要,提供妊娠保护是政府和社会的共同责任,要保障所有就业妇女,包括从事非典型形式隶属工作的妇女,享有不少于14周的产假及产假期间能以适当的健康条件和适宜的生活标准供养自己及孩子的现金津贴。世界上大部分国家都建立了生育保险制度,提供一定的生育保障。国外的生育保险待遇通常包括产假、生育补助金(产假工资)、生育津贴、医疗保健和儿童津贴五项内容。有些国家,比如英国、法国、瑞典、西班牙、波兰等,还提供监护者/抚养照料儿童或未成年人津贴、儿童保育津贴、公立托育服务、儿童税收减免等待遇,这些待遇主要由政府和市场来提供。[②] 目前,我国包括产假、生育津贴(产假工资)、医疗保健在内的生育保险待遇主要由生育保险基金或用人单位提供,政府为城乡居民生育提供部分补助,养育责任基本由家庭承

---

* [基金项目] 国家社科基金重大项目"男女平等价值观研究与相关理论探讨"(12 & ZD035)的阶段性成果。

** 作者简介:黄桂霞,女,博士,全国妇联妇女研究所副研究员,研究方向:妇女就业与保障、性别平等。

① 参见费孝通《生育制度》,生活·读书·新知三联书店2014年版。

② 唐灿、张建:《家庭问题与政府责任》,社会科学文献出版社2013年版,第28—58页。

担。而女性养育角色的定位其实是文化赋予的，女性承担主要养育责任是历史与习俗的传承。

一、生育的价值与责任

"历史中的决定性因素，归根结底是直接生活的生产和再生产。但是，生产本身又有两种：一方面是生活资料即食物、衣服、住房以及为此所必需的工具的生产；另一方面是人类自身的生产，即种的繁衍。"[1] 人口再生产是社会生产的必要前提，是社会发展的根本。

（一）生育的价值与意义

马克思主义人口理论的一个基本观点是，人口再生产不仅是社会生产的重要内容，还与物质再生产共同决定着历史的发展。

生育不仅具有物质资料生产所不能替代的社会价值，还是物质资料再生产得以不断进行的条件。一方面，生育作为社会生产的重要方式，为社会经济发展做出巨大贡献。人口是一个民族和国家实力与竞争力的源泉，生育为未来经济社会发展注入人力资源和人力资本动力。在经济贸易全球化、物质资源相互流动、知识技术与制度与时俱进的今天，教育、人口素质和人均人力资本差异在不断缩小，人口实力（包括数量、质量和结构）成为决定一个民族与国家竞争力和未来发展的重要因素。因此，生育后代不仅是个人选择，更是对社会尽责任，费孝通把养育孩子看作"一件极其重要又极根本的社会事业"[2]，既然是社会事业，就需要政府承担一定责任。另一方面，人口再生产作为新的劳动力来源，为市场提供必需的劳动力。"每日都在重新生产自己生命的人们开始生产另外一些人，即增值。"[3] 人们通过生育创造新生命，为物质再生产提供劳动力资源。如果没有人口再生产，物质资料再生产会因缺少劳动力而日渐枯竭。

---

[1]　中华人民共和国全国妇女联合会：《马克思恩格斯列宁斯大林论妇女》，人民出版社 1978 年版，第 90 页。

[2]　参见费孝通《生育制度》，生活·读书·新知三联书店 2014 年版。

[3]　《马克思恩格斯选集》第 1 卷，人民出版社 1972 年版，第 33 页。

（二）生育的影响因素

生育行为虽然由妇女及其家庭完成，但是否生育、何时生育以及生育多少受社会经济发展、生育观念、法律法规、生育成本等多种因素的影响。

第一，生育观念和生育政策直接影响生育数量。生育观是人们对生育问题的看法和主张，主要包括生育子女的社会价值和家庭价值。生育政策指由国家制定或在国家指导下制定的规范育龄夫妇生育行为（包括生育数量和质量）的准则。生育观念随着经济社会的发展以及人们对生育价值的认识而发生转变，比如中国由传统的"多子多福"到"少生优生"生育观念的转变。政府可以引导人们的生育观念，还可以用法规政策调整甚至干预生育行为，在一定阶段、一定范围内生育政策可能是生育行为的决定性因素，比如中国的"独生子女"政策。

第二，生育成本是家庭生育选择的主要因素。根据哈威·莱宾斯坦的边际效用分析，边际孩子的生育与否取决于生育费用和成本或负效用的均衡关系，这里的效用主要指的是生育的家庭效用，包括给父母情感带来的享乐效用、增加家庭经济收入的经济效用以及养老效用等。加里·贝克尔认为妇女生育率降低的主要原因是父母增加了自身的人力资本投资或孩子的人力资本投资，因此会为了提高孩子的质量而减少孩子的数量。在实践中，家庭的生育选择在一定程度上是由生育的成本—效用来决定的，从我国"单独二孩"政策遇冷可见一斑，其主要原因是近年来生育成本尤其是养育成本快速提高，生育的养老、情感效用等家庭效用大幅降低。

第三，女性的社会经济地位及受教育程度制约着生育行为的完成。研究证明，家庭中生育孩子的数量与妻子的工资或妻子时间价值的其他衡量之间有很强的负相关关系。[①] 女性尤其是年轻高知女性，随着受教育水平和社会经济地位提高，自身社会价值的被认同感越来越强，投入物质再生产之中的精力和时间增加，对生育持越来越消极的态度，通过生育确立社会地位尤其家庭地位的年代一去不复返。

---

① 参见加里·S.贝克尔著《家庭经济分析》，彭松建译，华夏出版社 1987 年版。

（三）生育的成本与责任

生育责任包括保障生殖抚育全过程顺利进行的所有责任。女性为怀孕生产承担身体健康甚至生命风险，政府要建立健全生育保险并承担政策制定、监督管理以及公共服务提供等责任，企业要为女职工提供保护性调岗以及方便照顾婴幼儿的灵活工作方式和时间。

生育成本的承担是生育责任分担的一种。生育成本可以分为经济成本、机会成本和心理成本。生育的经济成本可分为两部分，怀孕生产费用包括女性产假和丈夫带薪陪护假的时间成本，女性因生育中断职业或者暂时退出劳动力市场而丧失的收入；婴幼儿的照顾费用包括照料孩子生活的托幼费用或保姆费用，母亲因照顾孩子而减少工作时间或从事较低收入工作导致的收入减少。生育的机会成本，一方面是企业认为生育会减少女性对工作的精力投入，从而减少对她们的人力资本投资，导致女性提高收入的机会减少；另一方面生育尤其是养育子女占用了女性较多的时间和精力，导致学习和参与社会活动的时间缩短、培训／晋升机会减少、职业发展机会和空间缩小等问题。生育的心理成本主要是指女性因生育而导致工作与家庭冲突，生育文化对女性的人生观和价值观的影响，以及生育对夫妻关系产生影响从而给女性生活理念和精神带来的冲击等。在人口再生产中，女性承担了部分的经济成本和全部的机会成本，政府对生育经济成本的分担、企业对女性人力资本的投资在一定程度上可以降低家庭尤其是女性的生育成本。

二、生育责任的分担

女性怀孕、生育和哺乳不仅关乎个人和家庭，也关乎人类的可持续发展，因此，女性为怀孕、生育和哺乳而遭遇的健康风险和经济风险也需要政府和社会共同分担。①

---

① 潘锦棠：《女性就业保护政策亟待完善》，《中华女子学院学报》2014 年第 2 期，第 52—57 页。

（一）政府在生育中的责任

生育保障的特性决定了政府是建立和实施生育保障制度的主体，世界上大部分国家都有生育支持的公共政策，很多国家都出台了保障妇女生育权益的制度。易想和等提出政府作为人类整体利益的"守望者"，应肩负起重大的生育伦理责任，履行适度生育、优生优育、生育补偿、生育技术等方面的伦理责任。[①] 覃成菊等认为政府在生育保险中的责任包括设计和规范责任、财政责任、监管责任、实施责任等。[②]

1.制度设计和监管责任

政府首先要根据国家人口发展来制定生育政策，控制或鼓励生育，我国从执行多年的"独生子女"政策到"全面两孩"政策的实施就是根据我国人口数量、结构进行的调整。无论是控制还是鼓励生育，政府都要制定相应的制度政策对生育行为给予保障。"良法是善治之前提"，政府首先要建立完善的全国生育保障制度，以规范地方的生育保险法规，保障所有妇女生育时能获得基本的医疗服务和经济支持；对企业责任进行限定，对不承担责任的企业采取制裁措施；对生育保障基金的征收与管理进行监管，对生育保障待遇支付给出标准，各地可以根据情况自行调整。

2.财政责任

孩子是属于国家的利益，而不是父母的，他们的费用理应由国家支付，而不应让这沉重的担子落在父母身上。[③] 因此，政府的财政责任包括三方面：一是当生育保险基金不足时，财政给予补助，保证有生育保险的职工能及时享受待遇；二是财政拨款，为所有无法享受生育保险的生育女性提供基本的保障；三是为没有能力照顾婴幼儿的家庭提供支持，包括托幼公共服务以及家庭照顾／支持。罗素将国家在生育中的责任概括为两种形式：一种是建立足够的幼儿园和托儿所，为已婚已育妇女提供托幼服务，使他们能够继续从

[①] 易想和、邓志强：《政府生育伦理责任的内涵及实现》，《湖南行政学院学报》2010 年第 5 期，第 20—22 页。

[②] 覃成菊、张一名：《我国生育保险制度的演变与政府责任》，《中国软科学》2011 年第 8 期，第 14—20 页。

[③] 参见罗素著《婚姻革命》，靳建国译，东方出版社 1988 年版。

事婚前所做的工作；另一种是国家为愿意照看自己孩子的妇女发工资，也就是家庭津贴，而且规定当孩子长到一定年龄时妇女可以重操旧业。①

3. 补偿责任

生育也是一种社会责任，养育孩子的父母是为社会做贡献，"生儿育女的妇女对国家做出的贡献绝不小于用自己的生命抗击侵略成性的敌人来保卫家园的男子"②。可以说，没有妇女的生育就没有民族的繁衍，就没有人类历史的正常延续。因此政府在承担生育保障责任的同时，还应当给予养育孩子的父母一定的补偿，尤其是投入大量精力的母亲。斯大林从国家发展的角度指出："女工和农妇是我们青年——我们国家的未来——的母亲和教养者。"③

（二）雇主在生育中的责任

经济学经典理论认为，更多地生产一种产品的方式是更多地投入，市场的发展需要不断地投入物质资料和人力资源，劳动力是市场健康发展的基础，雇主有责任为劳动力的增加提供基本的保障，给予一定的支持。

1. 经济保障

人们花在自身或子女身上的费用，不只是满足眼前的一时需要，而是为了获得知识、技能和健康等人力资本所做的一种投资。④雇主作为劳动力的直接购买使用者，不仅要为购买劳动力支付一定的经济成本，还要为劳动力的再生产提供经济保障，比如通过为劳动者缴纳生育保险费的方式保障女性生育时能享受生育保险待遇，生育保险提供的医疗服务可以保障女性身体健康，产假期间的生育津贴可以保障母婴健康、促进女性恢复劳动力，解除家庭生育的后顾之忧。

2. 时间保障

在市场经济快速发展的全球化时代，女性生育的经济成本尤其机会成本大幅提高，如果女性拒绝生育，劳动力就无从提供，市场也就成了无源之水、无本之木；如果女性生育后体力得不到很好的恢复，其劳动力再生产效

---

① 参见罗素著《婚姻革命》，靳建国译，东方出版社1988年版。
② 倍倍尔：《妇女与社会主义》，中央编译出版社1995年版，第299页。
③ 《斯大林全集》第5卷，人民出版社1957年版，第284—286页。
④ 参见加里·S.贝克尔著《家庭经济分析》，彭松建译，华夏出版社1987年版。

用会大打折扣。雇主为有需要的怀孕女性调岗，免除怀孕女工的夜班和加班，减少工作量或工作时间，为怀孕女性提供产检和产假等时间保障，为男性提供一定的陪产假，不仅可以保障母婴健康，还可以保障女性劳动能力的再生产，即其体力和智力的恢复和发展。

3. 为有养育责任的员工提供支持

已婚夫妻不仅自己通过雇主的雇用进入劳动力市场，承担着自身劳动能力的生产、更新与发展，还承担着劳动力再生产的主要责任。如果女性生育后不能重返劳动力市场，或因养育责任导致培训进修机会减少，人力资本存量降低，低就业率造成人力资本浪费，都会影响劳动力市场的健康发展，进而影响企业劳动力需求的满足。雇主有责任为有婴幼儿照顾需求的员工提供一定的支持，比如灵活的办公方式等，以便他们能较好地平衡工作和家庭，更好地为市场培养优质劳动力。

（三）家庭在生育中的责任

生育是个人生命延续和家庭生活的需要，是家庭情感满足的重要方式，也是家族繁衍后代的需求。婚姻的主要意义是在确立对孩子的抚育的责任。[①] 在中国，婚姻是生育合法性的载体，从生育角度来讲，婚姻在一定程度上与家庭重合，婴幼儿照顾和教育培养责任由夫妻共同承担。

1. 生殖责任

生育始于怀孕生产，对于正常的怀孕生产，家庭所承担的主要是分娩时的风险和部分生育费用的支出。现实生活中，由于社会压力以及环境污染等原因，某些已婚的成年人无法通过自然方式生育自己的子女，夫妻尤其女性为了怀孕四处求医，不孕不育的治疗和辅助生殖费用都属于自费项目，在这个过程中，家庭尤其女性承担了大量的经济成本、时间成本、健康成本，以及较大的社会压力与心理压力。

2. 抚养和安全责任

孩子的健康成长离不开家庭尤其是母亲的精心照料，特别是 3 岁以前的照顾，如果公共托幼园所缺乏，则基本由家庭承担。优生优育的理念使得

---

① 参见费孝通《生育制度》，生活·读书·新知三联书店 2014 年版。

子女抚养经济成本和精力投入越来越多，高科技给人们带来便捷和享受的同时，也给婴幼儿带来更多的危险，抚育的安全责任越来越重，而儿童被拐卖危险的存在，使得全方位的监管照顾责任变得空前重要。

3. 教育责任

家庭教育始于孩子出生之日，是孩子教育的起航点，好的家庭教育对孩子的成长甚至一生都会产生积极作用。父母作为孩子的首要养护人，是孩子的领路人，也是孩子的第一任老师，直接影响着孩子人生观、价值观的形成，对孩子性格、气质、道德观念和行为习惯的形成有着不可替代的作用。孩子 3 岁以前的教育基本由家庭完成，而主要责任又落到孩子的天然导师——母亲身上。

三、我国生育责任的分担

目前，我国政府在生育保障中的责任分担不足，家庭承担生育的主要责任，负担过重，有些家庭不愿甚至不敢生育，2014 年"单独两孩"政策全面实施后，2015 年全年出生人口反而比 2014 年减少 32 万就是个很好的例证。

（一）我国生育责任承担的变化

新中国成立初期以及计划经济时期，国家与单位一体，生育保险责任由政府承担，用人单位分担的责任也因企业所有权归国家而最后由政府兜底，生育责任以单位福利形式体现，不仅保障生育，子女的养育包括教育也包括在其中。家庭主要承担照顾责任，还可以领取一定的托幼补贴。随着我国计划经济向市场经济转型，生育保障逐步由企业列支（国营企业）改为社会统筹，企业缴纳保险费，生育保险提供生育医疗服务和生育津贴等待遇，个人不缴费。政府承担着机关和部分事业单位女职工的生育保障责任，支付医疗费用和产假期间的工资，分担了城乡居民的生育保障责任。①

---

① 城镇非就业妇女和城镇居民可以在医疗保险中报销部分住院分娩费用和产前检查费，而城乡居民医疗保险都由政府财政补贴。

从养育来看，计划经济时期，单位设有完善的托幼园所，可以提供较好的幼儿照料和学前教育，而且对本单位职工实行优惠，比雇用保姆便宜得多，在业妇女产后能尽快投入工作。市场经济改革逐渐深入后，托幼园所等原来由单位支持的照料服务逐步减少，更多的照顾来源于市场中的保姆。当保姆市场供不应求导致雇用费用上涨时，很多低工资的职业女性被迫中断职业回家照顾子女，承担起主要的养育责任。

（二）我国生育责任分担存在的问题

生育阶段的责任分担主要受国家保障制度和政策的影响，养育阶段的责任分担主要受雇主／劳动力市场和公共服务的影响。

1. 政府责任分担不足

我国现有的生育保障以生育保险为主，但生育保险立法滞后，政府对生育保险的推进和监管力度远低于其他险种。生育保险的承担主体是用人单位，由企业缴纳费用，这使得生育保险更多地体现为职业福利，不能很好地体现其社会性。另外，支持妇女就业以及平衡工作—家庭的制度政策不完善，妇女因为生育尤其是照料婴幼儿中断职业和退出劳动力市场的比例不断增加。

2. 用人单位缺乏平衡工作—家庭冲突的有效支持

统计歧视使用人单位误判生育对女性职业发展的影响，女性被当作潜在的怀孕者遭受就业歧视，在职女性的职业发展也面临种种障碍，对女性的培训等人力资本投资因此减少。女性在职业发展和养育责任冲突时无法获得雇主的支持，大量优质女性劳动力资源未被充分利用，尤其是大城市的职业女性，人力资本存量较高，在职业发展中也处于相对优势，却因生育导致工作与家庭冲突而退出劳动力市场。

3. 幼儿抚育过度市场化，公共资源严重短缺

目前，我国幼儿抚育呈现公共资源严重短缺、过度市场化的局面，而市场化的结果就是由家庭来承担抚育责任。在家庭中，照看孩子的繁重工作，主要由母亲承担。[①] 所以，公办幼儿园数量不足、入园难、入园贵、幼

---

① 参见罗素著《婚姻革命》，靳建国译，东方出版社 1988 年版。

儿园资源分布不均衡，特别是托儿所发展滞后，加大了家庭、特别是母亲的幼儿照料负担，在一定程度上加剧了女性在家庭与工作上的冲突。

4. 男性责任分担不足

一方面生育保险法规政策没有充分体现男性的生育责任与权利，全国层面的生育保险相关法规政策都是基于对女性生育权益的维护，男性带薪陪护假缺乏明确统一的规定。地方上有男性带薪陪护假的探索，由各省市区的人口与计划生育条例规定，各省条例对假期的规定长短不一。另一方面实践中单位不鼓励男性休假，主要体现为男性假期可以转让给女性，男性不休假单位给予奖励，这会使很多男性放弃带薪陪护假。

（三）政府、雇主和家庭共担生育责任的策略

21 世纪以来，国家对社会建设尤其是民生问题日益重视，《就业促进法》《社会保险法》尤其是《妇女权益保障法》的颁布和修订，以及男女平等的基本国策，为减轻女性责任、推动生育责任社会共担提供了制度环境。我国经济的快速发展为政府分担生育成本提供了更好的经济条件，近年来，财政对城乡居民生育保障的补助是个好的开端，是政府分担生育责任的积极实践；生育保险制度不断完善，为女职工生育提供了较好的保障；妇女的社会和家庭地位不断提高，男女享有家庭教育资源和财产资源越来越平等、普遍，男性分担养育责任的家庭和社会环境日益良好。但是，真正实现生育责任的社会共担，还需要从以下几个方面做出努力。

1. 建立全民生育保障制度，明确生育的社会价值

研究表明，生育保险降低了怀孕和生产对女性就业／职业发展的影响。生育保险通过为妇女提供医疗服务、产假、生育津贴等经济支持和照顾支持，使妇女安全、健康地度过生育期，为其投入日后的正常劳动和劳动力的再生产提供基本保障，既是对女性在人口再生产中所做社会贡献的补偿，体现了女性生育的社会价值，也是保障和提高人口素质的重要途径。但"保险"的定位使很多未就业女性不能享受生育保险待遇。其实，不管母亲是否就业，孩子成年后都会进入劳动力市场，生育行为与女性的职业、职位等都没有关系。所以，应建立全民生育保障制度，无论女性是否就业、从事何种职业，生育时都能得到基本的保障。

2. 政府增强责任，建立工作—家庭平衡机制

生育的社会价值决定了政府要在生育中承担起更多的责任。一是制定工作—家庭平衡政策，比如推动公共托幼园所的发展，提供优质易得的托幼服务，保障已生育女性的劳动参与，把职业妇女从生育与职业发展的两难困境中解脱出来。二是承担更多的经济成本，比如，以税收优惠的形式降低企业雇用女职工的"损失"，补贴子女抚养费；为没有生育保险的女性提供基本的保障待遇。三是加强职业指导和培训等，使因履行家庭责任而中断职业生涯的女性有能力重新就业。

3. 雇主为有家庭责任的员工提供支持

用人单位要以人为本地制定人力资源管理政策，为员工承担家庭责任提供支持，照顾他们在就业条件和社会保障方面的需要，无论男女，使他们能不受歧视地就业和承担家庭责任。同时，要为已生育的女性提供更多的培训机会，加大其人力资本投资，增强其职业发展能力，激发她们的人力资源发展潜力，以弥补职业中断造成的机会损失。

4. 男女共担养育责任

随着男女平等观念深入人心，男性角色在孩子成长中的重要作用被广泛认同，越来越多的爸爸参与到子女的抚养、教育中来，但责任分担依然明显不足。可以通过男性带薪陪护假让男性承担更多责任，减轻职业女性的养育压力，保障女性劳动参与率；另外，男女共享育儿假，男性分担更多养育、安全以及教育责任，不仅可以保障女性的就业权利，也赋予男性更多的家庭权利。

我国女职工劳动保护立法反思及其完善*

唐　芳**

一、我国女职工劳动保护立法缺陷之检讨

我国《女职工劳动保护特别规定》（以下简称《规定》）作为专门保护女职工的法规，正视、承认和尊重女性生理差异，针对女性群体的特殊生理机能给予女性特殊保护，解决女性就业中的生理困难，保护女职工的生育健康，促进女性就业。然而立法也存在一些问题，值得反思与完善。

（一）没有科学界定女性特殊生理差异导致保护失当

男女平等不仅是我国的一项基本国策，也是妇女／性别立法与政策的理论基础与指导思想。我国的女职工劳动保护立法是男女平等的体现，已经成为社会共识。根据男女平等理论，保护性法律是以实现男女实质平等为目标，是在机会和待遇均等原则基础上的一种例外，属于暂行措施。因此对女职工进行特殊劳动保护应建立在对女职工特有的生理机能保护基础上，如果特殊的劳动环境对男女都不利，应该加强职场环境的安全，致力于改善劳动条件，使男女两性均能获得劳动保护，免受职场有毒有害物质或因素的侵害，而不是单独对女职工做出工作保护，否则构成对男职工的歧视。我国目前立法对女职工特有的生理机能要求保护范围界定不清，一方面把不具有特

---

*　本文系国家社科基金重大项目"男女平等价值观研究与相关理论探索"（项目编号：12&ZD035）子课题"以男女平等价值观为基础的法律政策研究"的阶段性成果。

**　作者简介：唐芳，女，满族，中华女子学院法学院讲师，法学博士。主要研究方向为劳动与社会保障法。

殊生理需求的女性也纳入保护之中，导致对女性过度保护，同时具有家长式作风，忽视女性主体性；另一方面对女性基于特殊生理差异而要求的特殊保护水平过低，无法实现真正的男女平等。

1. 劳动保护过度

月经、怀孕、分娩哺乳应是女性独有的生理机能，为了母亲和胎儿健康，对月经、怀孕、分娩哺乳女性进行特殊保护是必要的。而且劳动力市场竞争激烈，女性就业处于弱势地位，很难拥有自主选择权，如果不禁止，反而成为雇主强迫女职工在上述特殊时期从事劳动的理由，因此规定对女职工特殊时期劳动保护，是符合男女平等的理念的。但是对未处于特殊时期的一般女职工特殊保护制度就值得反思，检讨上述特殊保护是否建立在女性特有的生理机能保护基础上。

（1）一般女职工的职业禁忌范围

尽管《女职工劳动保护特别规定》与《女职工劳动保护规定》相比，删除了部分职业禁忌范围，但现有规定的合理性仍然值得商榷。"矿山井下作业"劳动强度和工作环境并非所有女职工身体不能承受。虽然大部分女性身体机能不如男性强壮有力，但不排除个别女性也能从事"体力劳动强度非常大和负重过重的作业"。尽管立法初衷是出于对女职工的关爱，这种父权式的关爱反映了"立法者是从传统的不平等的社会性别规范的视角出发，把一些想当然的假设强加给所有的女性，这种假设推定所有的男性都适合从事所有的行业，所有的女性都不适合从事某些行业以及所有女性都必定生育"[①]。这样的规定与现实不符，对胜任者是一种性别歧视，也否认女性的主体性，剥夺了女性自主选择工作的权利。而且这样的规定很容易成为用人单位实施就业歧视的借口。如在邓亚娟诉北京市邮政速递物流有限公司和北京手挽手劳务派遣有限责任公司一案中，被告就是以快递员是法律法规禁止女性从事的负重体力劳动为由，拒绝录用邓亚娟从事快递员工作，即使邓亚娟已通过试用表明能够胜任此项工作。更为糟糕的是，当女职工被排除在危险工作后，雇主往往以为危险解除，不从工作场所根本上排除工作危险，以保

---

① 刘明辉：《论女职工特殊保护立法的新理念》，《中华女子学院学报》2011 年第 5 期。

护其他工人的健康，结果危险继续存在，造成男性劳工依然在危险环境中工作，假以时日，最后健康也受到损害。该保护没有解决真正工作危险的问题，反而处理次要的性别问题。1986年欧洲法院一项具有指标作用的判决，对该观点予以批判，该项判决表示，凡非关母性职能者，除非必要性，否则男女须一视同仁。国际劳工组织的立法修改也反映了这样的变化，比如，妇女夜间工作禁止已被修改。目前，许多国家对禁止女性从事矿山井下工作的规定也做出修改，赋予女性自主选择权。

（2）更年期劳动保护

目前，个别地方的女职工劳动保护立法赋予女职工更年期受到劳动保护权利，如《湖北省女职工劳动保护规定》第十八条规定："女职工因更年期综合征不能适应工作时，用人单位应根据其指定医疗机构的证明和当事人的实际情况，合理调整其工作岗位。"山西省和安徽省女职工劳动保护立法也有类似的规定。① 更年期是因生理退化而引起的一个人生不适期，直接影响人们的正常工作和生活，给予职工更年期保护是对职工的关爱，也是必要的。但更年期综合征并不是女性特有的生理特征，男性也会经历更年期②，男女更年期都会对心理健康产生一定的影响，因此仅仅给予女职工更年期的保护实质是对男职工的一种歧视。特别是这种保护的成本由用人单位承担时，必然会增加用人单位雇用女职工的人力成本，从而容易加重对女性的就业歧视。

2.部分劳动保护不足

（1）孕期和哺乳期职业禁忌规定保护的水平相对比较低

《规定》为了保护母婴健康，禁止孕期和哺乳期女职工从事危害其和胎儿健康的工作岗位。但目前禁忌岗位都是基于传统的工业危害因素，随着社

---

① 《山西省女职工劳动保护条例》第十九条规定，经二级以上医疗机构确诊为更年期综合征的女职工，经治疗效果仍不显著，本人提出不能适应原劳动岗位的，用人单位应当安排其他适合的劳动岗位。《安徽省女职工劳动保护特别规定》第十五条规定，女职工更年期综合征症状严重，不能适应原岗位工作，申请减轻工作量或者调整工作岗位的，用人单位根据医疗机构证明和实际情况给予适当安排。

② 参见常怡勇《男性也有更年期》，《医药经济报》2009年2月5日。

会发展，不断出现新的职业危害因素，如噪声、电子辐射等，这些都没有纳入新的职业禁忌范围。① 而且还应该认识到，有害物质对女职工的影响是不断发展变化的。法律禁止孕期女职工从事有毒物质浓度超过国家职业卫生标准的作业。但是如果有的岗位有毒物质浓度没有超过国家规定的职业卫生标准，孕期哺乳期的女职工又能否从事呢？从立法看是允许的，但是有毒物质影响子宫发育，引发早产、早期新生儿死亡、体重过轻或发育不良，而且身处于有毒物质的工作环境中不可避免会对孕妇和哺乳期女职工心理产生压力。因此孕期、哺乳期的女职工保护水平应该高于一般女职工，应该采用更加严格标准保护孕期和哺乳期妇女的健康。

（2）哺集乳空间保护不足

母乳哺育有利于儿童健康和母亲健康，哺集乳时间、弹性工作状况和舒适隐秘的哺集乳空间是女职工在上班之后能够持续哺乳的重要支持。《规定》要求女职工比较多的用人单位有义务建立女职工卫生室、孕妇休息室、哺乳室等设施。该规定义务主体是"女职工比较多的用人单位"，然而每个哺乳女职工都应该拥有哺集乳空间的权利，上述规定显然忽视和剥夺了"女职工比较少"的单位女职工也需要哺乳室这样的需求和权利。而且何为"女职工人数较多"？是按女职工与全体员工的比例还是按女职工人数规定并没具体说明，因此是否设立上述场所也变成单位的一种道德行为，法律语言的模糊性增加了上述立法实施的困难，实践中很少有用人单位依法建立哺乳室，由于办公室缺乏私密性，大部分女职工如果需要挤奶，厕所是无奈的选择。在厕所里挤奶，环境很恶劣，还有可能污染母乳，威胁婴儿健康。用人单位之所以不设置哺乳室，主要认为本单位育龄妇女人数不多，而且无法预知产后是否需要哺乳或者挤乳，担心使用率不高。更多是因为职场空间有限，特别是在大城市，无法规划出专用的哺集乳室。

（二）忽视女职工的多元化需求，无法实现结果平等

随着市场经济发展，女性群体出现了阶层分化，不同阶层女性的利益

---

① 彭文卓、陈晓燕：《女职工禁忌劳动范围该改改了》（工会界委员们的直接陈述），《工人日报》2016 年 3 月 7 日。

需求和平等诉求都有所差异。忽视女性劳动者主体的多元化和不同经济地位与需求，对女职工采取统一的保护模式，使得处于特殊群体特别是底层的女职工无法享有真正的劳动保护，也只能将平等停留在机会平等，无法实现结果的平等。

1. 对繁重体力女职工的劳动保护不到位。笔者在浙江、福建一些企业调研时发现，许多企业从事管理、办公室等文职工作的女职工在生育时都能够享有劳动保护，但是一线车间的女职工一旦怀孕就会主动离职，选择阶段性就业，导致无法享受生育保障。她们之所以辞职是因为她们认为工作场所环境比较差，即使有毒有害物质不超标也不利于胎儿健康，此外高强度工作也是怀孕女工难以承受的。由于技术所限，企业又常常无岗位可调，当地工会干部、女工也直言：“如果企业的作业场所十分安全，女工就不会为了优生优育而回家。”① 《规定》仅规定用人单位负有为不能适应原劳动强度的孕期女职工予以调岗的义务，却无休假权之保障。孕期女职工若无身体健康等因素也很难请假，无奈只好辞职。

2. 计件工资制女工的收入保障难以实现。尽管《规定》明确规定，女职工怀孕、生育、哺乳期间用人单位不得降低其工资，但其受益者主要是实行计时工资制的女职工。对于实行计件工资制的女职工，由于工资报酬与劳动成果密切相连，若因怀孕等生育原因降低劳动成果或者休假未上岗，实际上其劳动报酬明显降低或者根本没有劳动报酬。

3. 劳务派遣女工与正式职工劳动保护相比保护水平低。《规定》针对的是用人单位对女职工的劳动保护义务，劳务派遣女工是被劳务派遣单位派至用工单位的劳动者，其与实际的用工单位并无劳动关系，因此《规定》中相关劳动保护并不适用用工单位与被派遣的女工。实践中常常出现劳务派遣女工一旦怀孕就被用工单位以各种借口退回劳务派遣单位的现象，虽然劳务派遣单位依法不能解雇女职工，但是女职工的工资待遇明显降低。被派遣的女工是在用工单位提供的工作场所进行工作，如果不规定用工单位的义务，被派遣女工的劳动安全权则无法实现。

---

① 蒋月：《企业女职工特殊劳动保护实施效果研究》，《法治研究》2013年第12期，第61页。

（三）法律责任不完善导致权利实现难以保障

法律责任是义务人违反法律规定所应承担的义务不利的法律后果。法律责任对于用人单位履行法律义务起到震慑作用。尽管法律规定用人单位对女职工负有保护义务，但大量相应法律责任的缺失，导致保护沦为空话。我国立法明确规定，用人单位侵害女职工合法权益的，女职工可以向劳动行政部门依法投诉、举报、申诉。但只规定劳动行政部门对"用人单位要求怀孕7个月以上的女职工延长劳动时间或者安排夜班劳动""用人单位违反产假规定和哺乳时间的规定和职业禁忌的规定"有处罚权，对用人单位其他侵害女职工权益行为皆无处罚权。没有行政处罚，即使女职工投诉，行政部门也无法对用人单位做出有威慑力的处理。在劳动场所用人单位没有履行预防和制止对女职工的性骚扰义务，应该承担怎样的责任，法律也没有明确的规定。与我国对其他劳动者保护规定行政责任相比实在是很空泛。如用人单位未履行"书面告知女职工属于女职工禁忌从事的劳动范围的岗位"义务无须承担任何法律责任，但我国职业病防治法却很重视职业病危害的预先告知义务，对违反这种义务的行为给予较重的法律责任。用人单位在订立或者变更劳动合同时，如果没有告知劳动者职业病危害真实情况，卫生行政部门不仅责令限期改正，给予警告，还可以并处二万元以上五万元以下的罚款。《规定》中法律责任的缺失，绝非是立法者的疏忽，而是反映立法者对该行为违法性与可罚性的一种认识，可能并不是很重要，没有相应的法律责任，法律仅仅是一只"无牙的老虎"，仅仅起到倡导性作用，形同虚设。

（四）缺乏社会性别平等视角，忽视对男性生育劳动保护权的平等保障

《规定》仅仅认为，生育是女性的事情，忽视男性在生育中的价值和作用，造成男性生育劳动保护的缺失，构成对男职工的歧视。男性身体健康对婴儿的健康也具有重大影响。因为生育始于两性的结合，婴儿的健康不仅受母亲身体健康状况的影响，也受父亲身体健康状况的影响。对于男性来说，工作场所的一些危险可能影响其生育健康，威胁母婴安全。一些危险可能导致男性生殖器官癌变或损害男性生殖系统或其发育。如男职工工作时直接暴露于有害物质中，不仅破坏男性生殖系统，还可能影响其妻子或伴侣，特别是在孕期，也影响到子女。有报道显示，铅作业的男工的妻子的自然流

产率和围产儿死亡率明显高于对照组。① 因此，针对生育健康的劳动保护不应该仅限于女性，也应该包括育龄男性。当男性工作环境对男性生育健康产生损害时，男性有权要求雇主消除风险或者调整到安全岗位，在没有安全岗位时，应该允许其休假。2009 年，国际劳工大会将性别平等放在体面劳动核心位置的决议强调，"要更加重视男性和女性具体的职业安全与卫生需求，包括男女两性的生育健康，为此要促进适当的政策和实践"②。

《规定》另一性别盲点是缺乏父亲照顾子女的假期，把照顾子女的责任更多赋予女性。目前，男性所享有的生育护理假是计划生育一种奖励手段，而非普遍的权利。生育是由男女两性生殖细胞结合的结果，尽管在这过程中，怀孕与分娩是由女性独立完成，但是抚育子女却是男女双方共同的责任。那种仅凭对胎儿生理性抚育由女性（母亲）单独负担的生物事实，就将整个生育过程视为女性单方的贡献，不但忽视了男性（父亲）在下一代抚育过程中不可替代的作用和贡献，也难免成为"男主外，女主内"传统社会性别角色刻板印象的观念基础，不利于女性在求职、工作过程中全面发展。长期以来，女性在劳动就业中受到不公平待遇，很大程度上是由于社会观念对生育性质认识上的性别盲点，将抚育责任单方面推给女性的结果。为此，不仅要改变生育的"女性化"认识，还需将育儿责任男性化、社会化，由国家和父母共同承担抚育下一代的责任。③ 越来越多的年轻父亲能够接受"生育是男女两性共同责任"的理念，主动参与到生育事务之中，分担家庭责任。中共中央党校妇女研究中心开展的"关于男性带薪护理假公众需求的调查"（以下简称"调查报告"）结果显示，对"休产假也是男性权利"的说法，60.7% 的人非常同意，31.4% 的人基本同意，两项相加，92.1% 的人表示了肯定意见。④ 调查显示，多数男性是有照顾愿望和内心需求的，至少是理解

① 参见朱积川、白泉《环境、职业与生活方式对男性生殖健康的影响》，《中国男科学杂志》2003 年第 2 期，第 137—145 页。

② ILO. Equality at the Heart of Decent Work, Report IV (No. 13), International Labour Conference, 98th session, Geneva, 2009.

③ 薛宁兰：《社会性别与妇女权利》，社会科学文献出版社 2008 年版，第 18 页。

④ 中央党校妇女研究中心召开理论研讨会，建议设立男性生育护理假，见 http://www.ccps. gov.cn/ccps_news/zydxxw/201209/t20120911_24703.html。

和承认男性应该有护理责任的，可以说明当代人对于男性参与生育事务的态度和观念已经有了较积极的变化。尽管许多男职工有请假照料子女的愿望，但是由于缺乏相应的法律的支持，导致他们的愿望落空。[①] 因此立法应该赋予父亲享有父母假的权利。

（五）忽视女职工及其家庭子女照顾之需求

目前，影响女性平等就业很重要的问题是产假之后儿童照顾问题。根据全国妇联 2011 年举办的"第三期中国妇女社会地位调查报告"数据显示，目前 3 岁以下受访儿童由家庭承担照顾责任的占 99.9%，其中，妈妈作为孩子日间主要照料者的占 63.2%。目前我国农村，有 35.9% 的 3—10 岁的儿童从没上过幼儿园，而主要原因是"家庭周围没有幼儿园"。非常明显，事业与照顾子女的冲突对母亲就业率影响很大。18.9% 的职业母亲选择"有时"或"经常"为了家庭放弃个人发展机会，比男性高出 6.5%。[②]《规定》不仅没有针对职工产假之后照顾儿童提出相应的应对机制，反而取消女职工比较多的单位建立托儿所、幼儿园等设施的义务，虽然有利于减轻用人单位劳动保护成本，但其背后隐含的价值观理念是将托育服务推向家庭和市场，当家庭儿童照顾服务需求无法从市场提供的儿童照料服务和公共托育服务获得时，其必然要由家庭承担，此时传统"男外女内"的角色分工又将成为大多数家庭成员无奈而为的"理性"选择，儿童照顾的责任又重新回到家庭中的母亲身上，这样，非常不利于女职工平等就业。

二、制度完善建议

（一）基于男女平等原则科学界定女职工劳动保护的范围

女职工劳动保护追求的男女平等不是形式平等，而是实现实质平等。实质平等是尊重妇女在发展中的主体性，尊重妇女自主地选择，这实质是一

---

① 唐芳：《从奖励到权利——生育护理假的正当性论证》，《中华女子学院学报》2012 年第 1 期，第 29 页。

② 第三期中国妇女社会地位调查课题组：《第三期中国妇女社会地位调查主要数据报告》，《妇女研究论丛》2011 年第 6 期，第 13 页。

种赋权的理念。取消一般女职工劳动禁忌，女性有权自主选择工作的岗位，生育妇女根据自身情况自主选择是否要上夜班、何时需要休产假等，而不应该是一味予以禁止。在法国，雇主必须评估在工作场所可能会影响工人的安全或健康的任何风险，并确定应采取的措施。对于孕妇和哺乳期妇女，加强对职业健康医生的医疗监督。如果母亲怀孕或有新暴露的风险，她的雇主应将她暂时调岗，而调岗并不会导致雇员工资或者福利损失。因此，应该科学界定职业危害因素，提高孕期和哺乳期的保护水平。立法应该规定每一个用人单位都负有构建友善哺乳职场环境的义务。除了规定大企业要建立哺集乳室以外，对于中小企业无法设置专用的空间，可以设置弹性的使用空间，例如，充分利用小会议室、资料档案室或者保健中心等。用人单位如果有心营造友善的哺乳环境，只要经过细小的空间规划和调整就可以提供女职工一个比厕所更舒适而且更具有隐秘性的哺集乳空间。

（二）构建多元化的女职工劳动保护制度

细化立法，构建多元化的女职工劳动保护制度，使得不同阶层的女职工都能真实享受劳动保护，实现结果平等。首先，对于从事重体力女性劳动者，要让用人单位积极改善其工作环境，如果调岗确实有困难，可以给予休假，休假津贴可以由生育保险基金按照一定的比例支付。对于由于职业禁忌或者其他工作环境因素导致生育女性休假应该由生育保险基金支付津贴，而不应由雇主承担。其次，对于计件女工的劳动保护，可以借鉴德国立法。德国1997年联邦劳工法院有关产能标准的案例，该判决指出，虽然团体协约中约定，薪资计算应依据乐团工作者所提供之工作额度与任务作为计算基准，但于计算时，仍必须考量法律所规范之各种母性保护，因受到母性保护而无法提供劳务时，基于法定免除其工作，仍应视为已提供劳务。计件女工的劳动保护在孕产期因为怀孕分娩无法完成相应的工作量时，应该免除其工作量，按照怀孕前工资发放。最后，对于劳务派遣女工的保护，立法应当明确劳动用工单位与劳务派遣单位负有同等的对女职工劳动保护责任。建议立法参考我国《劳动合同法》第六十二条和《劳务派遣暂行规定》第十三条规定，明确规定用工单位应执行国家劳动标准，为女职工提供相应的劳动保护措施。女职工在孕期、产期和哺乳期，在派遣期限届满前，用工单位不得将被派遣劳动者退回劳务派遣单位；派遣期限届满者，应当延续至相应情形消失时方可退回。

（三）完善法律责任制度

建议明确规定劳动行政部门依法查处用人单位违反女职工劳动保护规定的行为行政职权，并明确规定全部违法行为应承担的法律责任，增加用人单位违法成本。进一步加强对企业实施违法行为的处罚力度，增加多种责任承担形式，如向社会公布违法雇主的名单，或者取消其政府采购的资格等。《日本雇佣机会平等法》规定，雇主因性别为由对女性进行歧视，或者因怀孕生育而对女性有不利的对待，以及雇主未尽到法律规定的防止性骚扰和母性健康管理上的积极义务时，厚生劳动大臣或经授权的劳动局长有权公布违法雇主的名称作为处罚。① 这样一方面增加用人单位违法成本，对其违法行为构成威慑；另一方面也彰显国家对女职工劳动保护的重视。

（四）赋予男性生育保护的权利

首先，应该赋予男性生育健康的保护。当工作环境对男性生育健康产生损害时，男性有权要求雇主采取措施来消除风险或者调整到安全岗位，在没有安全岗位可调换时，应该允许休假。其次，树立两性共同照顾的价值观。父亲生育护理假由奖励变权利，同时赋予男性享有休父母假的权利，规定父亲同母亲一样享有照顾年幼子女假期的权利。

（五）建立育儿支持用工体系

建立育儿公共支持体系对于实现妇女平等和发展至关重要，但同样离不开企业的大力支持。尽管立法取消了用人单位建立托幼设施的义务，但是应该鼓励企业积极承担社会责任，构建育儿支持用工体系，如赋予职工享有父母假、灵活工作时间的权利，形成友善的职场环境，从而促进员工工作和家庭平衡。

---

① 蔡定剑、张千帆：《海外反就业歧视制度与实践》，中国社会科学出版社 2007 年版，第375 页。

第五编

热 点 回 应

华夏学宫的女德教育矮化了
女性的生命意义

姜秀花

这几天，孙楠在徐州租房送女儿上学的事情上了热搜，本来一直想人家在哪儿租房、在哪儿上学，用得着吃瓜群众操心吗？今天仔细看了《中国妇女报》的报道，心里有点不淡定了。对于华夏学宫的教育培训资质等话题我无意多说，只想就该校的女德教育说几句。

"希望女学堂的开设让我们重新认识女性、理解女性、尊重女性、善待女性，让女性朋友在家庭、社会的和谐发展中发挥重要的作用。课程内容以讲授和女性生命相关的主题内容为主，如女德、教育、生命等主题课程。开展书法、绘画、音乐、舞蹈、礼仪、女红、茶道、美学等艺术类课程的修习。"

这么长的介绍，看起来一水儿华丽丽的美好字眼，这样的女德教育会有问题和偏颇吗？我看还真的有。

首先，该学堂女德教育与当前主流意识形态基本上处于隔离状态。其女德教育内容以传统"妇德、妇言、妇容、妇功"为基本遵循，主要目标局限于家庭角色及个人修为和形象，与社会主义核心价值观在国家、社会和公民三个层面所涵盖的价值目标、价值取向和价值准则没有形成共鸣，也无法体现男女平等宪法精神和男女平等基本国策要求，在培育和践行社会主义核心价值观、宣传男女平等价值观方面缺乏时代感、使命感、责任感，其存在的合理性将大打折扣。

其次，该学堂女德教育矮化了女性的生命意义。课程内容以所谓和女性生命相关的主题内容为主，如女德、教育、生命等，讲求艺术类课程的修习和养生。女性生命本是一个开放的全方位的体验，在漫长的生命历程里，女性既能体验生育之美也能体验发展之美；既能体验和谐之美也能体验创造之美；既能体验家庭之美也能体验社会之美；既能体验个体之美也能体验环境之美。女性在家庭和社会发展中的独特作用也在各种生命体验中得到最大限度的发挥。把只"汲取古人智慧"的内容非常局限化的女德教育作为女性生命教育的主题，实际上是对女性生命体验多样性和丰富性的无视和贬低。

最后，该学堂女德教育限定和窄化了女性特质。其女德教育缘起是"因为现在女孩子普遍不具有温柔贤淑的状态"，而"女生有天生的特质，最大的能量是温和与柔软，就是要回到女性天生的状态"。且不说那样界定女孩子德行得有多大打击面，我们要问的是，什么特质是女生天生的？什么特质应该是女生特有的？法国著名思想家、哲学家、作家、女权运动创始者西蒙娜·德·波伏娃有一句名言："女人不是天生的，而是变成的。"所有关于男女不同性别的角色、规范、价值、期待等都是后天在人的社会化过程中形成的，是社会对人的塑造和人的自我认知。把温柔贤淑刻板化为女性独有特质，反映了传统性别观念对女性的规范和限制。实际上近现代女性特质已经早已超越传统性别观念对女性的限定和想象。何况这种特质也不应仅限定于女性，男性有此特质又有何不妥？

破茧成蝶，有足够的能力抵御风雨见彩虹，这是当代社会主流意识形态和价值观念对女性的期盼和塑造。如果有人还想用传统的女德规范将女人关闭在狭窄的空间内，却惊奇于她的视野有限，折断了她的翅膀，却哀叹她不会飞翔，那就必将是历史的笑话。只要给女性开放未来，她们就绝对不会待在目前。

（原载《中国妇女报》2019 年 1 月 24 日）

男女彼此成就才是最好的安排

姜秀花

这两天，俞敏洪在 2018 年"学习力大会"上关于女性堕落致国家堕落的一段话和后来所做的进一步解释引爆舆论，成为热门的公共议题。讨论之热烈和反对者之众，一方面让我们深受鼓舞，表明男女平等、尊重女性的观念越来越深入人心，成为大多数人的价值追求；另一方面也让我们深感针对妇女的歧视和偏见依然存在，男女平等的完全实现仍然任重而道远。其实这场风波并非一个偶然事件，也不是俞敏洪一个人的孤掌独鸣，而是折射着人们对男女平等的复杂心态与认识。在当今社会，作为政治正确和近现代伦理精神的男女平等原则，恐怕没有人会明目张胆表示反对，我相信也不是俞敏洪的初衷。但为什么在观念表达和行为中会有那么多背道而驰的情况产生？我认为关键是男女平等的价值观念还没有内化为一种深入骨髓的道德素养和信念。

价值观是深藏于人们内心的准绳，对人生道路的选择具有重要的导向作用，也对人格层次具有重要塑造作用。男女平等价值观体现了人们对男女两性人格与尊严、价值与能力、权利与责任等问题的认识和态度。它公正评价妇女在创造人类文明、推动社会发展中的主体性和创造性，强调妇女与男子应该具有同等的人格与尊严、同等的权利与地位，提倡男女平等相处、相互尊重、共同进步、协调发展。倡扬男女平等价值观，是社会主义文明进步的重要标志。中国共产党从建立之日起，就把男女平等写到自己的旗帜上。中华人民共和国成立后，宪法把男女平等定为一项基本原则。1995 年，中国政府在北京世妇会向全世界宣告男女平等是我国经济社会发展的一项基本国策，是以国家意志推动男女平等的政治宣示。

但是，正如这场讨论所警示的，我们应该勇于正视两个方面的事实：一是虽然妇女运动实践取得了非凡成就，男女平等已经成为人类社会发展潮流和我们的国家意志，公民的男女平等素养也发生了极大改观，社会风尚也更加崇尚男女平等，但封建传统的关于男女价值、能力、关系和角色规范的观念以及歧视女性的行为，依然存在于一些人的观念和行为中，甚至存在于一些所谓社会精英的观念和行为中。二是尽管自尊、自信、自立、自强已经成为绝大多数女性的精神追求和生动实践，但少部分女性自暴自弃不思进取的情况也影响了女性整体的社会评价。正视这样的现实，才能有的放矢，尽显促进妇女发展的求真本色。

坚持男女平等基本国策，推进男女平等价值观落地生根，要依靠国家力量构建立体多元的两性权利保障体系，妇女十二大报告提出："必须在出台法律、制定政策、编制规划、部署工作时充分考虑两性的现实差异和妇女的特殊利益，在保障和改善民生中关注妇女需求，让尊重和关爱妇女成为国家意志、公民素养和社会风尚，筑牢促进男女平等和妇女全面发展的政治保障、制度根基、物质基础、精神支撑。"同时，更要依靠男女两性主体角色作用的发挥，共同消除男女之间的不平等，打破束缚两性自由与全面发展的观念鸿沟，构建平等和谐、良性互动、互利共赢的两性关系。只有男女两性携手同行，才能在中国人民追求美好生活的过程中，彼此成就人生出彩和梦想成真的机会。

习近平总书记在全球妇女峰会上指出："男女共有一个世界，消除对妇女的歧视和偏见，将使社会更加包容和更有活力。我们要努力消除一切形式针对妇女的暴力，包括家庭暴力。我们要以男女平等为核心，打破有碍妇女发展的落后观念和陈规旧俗。"让我们满怀热情、全力投入开创妇女发展和男女平等新事业的时代洪流中！

（原载《中国妇女报》2018 年 11 月 20 日）

"女德班"流延：特点、危害与应对

姜秀花　马冬玲*

　　近年来，一些机构和个人打着"国学"旗号，宣扬与新时代中国特色社会主义文化建设格格不入的封建男女价值观和针对女性的伦理道德规范，因其往往以培训班等形式出现，这类现象被网友和媒体统称为"女德班"。主流媒体、网友和研究者比较一致的看法是，这种套以"国学"外衣的"女德班"的根本特点是贬低女性价值、固化女性形象、提倡男尊女卑的性别关系等。从性质上来说，他们传播的所谓"女德"文化不是对中华优秀传统文化的继承，而是对中华传统婚姻家庭文化的不恭；① 不是对现代婚姻家庭伦理观念的彰显，而是对婚姻家庭现代化发展的反动②，违反了现代女性教育目标③；不是与当前主流意识形态的融合，而是对社会主义核心价值观和男女平等基本国策的抵制。④ 其本质是对传统文化的污辱，是"蒙昧主义的东西"与"神神道道的洗脑术"⑤，是"女性文化的倒退"⑥ "走的是一条反法

　*　作者简介：姜秀花，女，全国妇联妇女研究所副所长、研究员。研究方向：妇女发展与性别平等理论和政策、性别文化、中国妇女运动史、妇女健康等。马冬玲，女，全国妇联妇女研究所副研究员。研究方向：性别理论与劳动社会学等。本文的写作得到全国妇联副主席、书记处书记谭琳同志指导。

① 叶文振：《封建女德须批判　婚姻家庭公益教育应强化》，《中国妇女报》2018 年 1 月 8 日。
② 叶文振：《封建女德须批判　婚姻家庭公益教育应强化》，《中国妇女报》2018 年 1 月 8 日。
③ 朱品馨、罗雪松：《现代社会需要什么样的"女德"教育？——从丁璇的"女德讲座"事件谈起》，《课程教育研究》2019 年第 47 期。
④ 叶文振：《封建女德须批判　婚姻家庭公益教育应强化》，《中国妇女报》2018 年 1 月 8 日。
⑤ 贾梦雨：《现代女性角色，"女德"岂能涵盖》，《新华日报》2014 年 9 月 25 日第 14 版。
⑥ 潘允康：《荒谬的"女德"是女性文化的倒退》，《天津日报》2014 年 12 月 3 日第 13 版。

制、反文明的历史回头路"①。从社会后果来看，封建"女德"不仅因为矮化了女性的生命意义、限定和窄化了女性特质、固化了女性角色而危害女性个体生活，②还因为限制了社会活力包括传统文化的创新转化而危害整个社会生活。②从"女德"得以传播的原因来看，包括性别平等意识的缺失、女性问题"女性化"的错误归因、甄别传统文化良莠能力的贫乏、商业投机现象的存在和"共克时艰"的社会心理需求③等。在如何应对"女德班"产生的负面影响方面，有的从法律视角审视"女德班"的违法性及相应的法律责任追究④，有的从社会治理角度提出了"多头并进，抵制封建'女德'流延"的对策建议。⑤

尽管"女德班"在社会上造成很大负面影响，历遭广大群众的批判、主流媒体的炮轰和有关部门的查封⑥，但却依然顽固地时不时改头换面出现在不同地域的文化市场，仍有不同社会阶层、不同教育程度、不同年龄段的人对其进行吹捧，还有一些网友支持"女德班"，认为有道理、有帮助，这些认识的存在表明其盛行依然有一定的社会基础。以往媒体报道和相关研究为我们厘清"女德班"的基本情况和危害提供了一定的基础，但总的来说多偏向于价值评判和谴责，对于"女德班"的传播方式和机制、传播内容的分析不够充分，对其屡禁不止的深层原因及其对妇女、家庭和社会的影响缺乏系统分析。为此，本文基于梳理有关"女德班"的媒体报道等文本，对上述

---

① 丁建庭：《"女德班"不能让"伪学"当道》，《南方日报》2014 年 9 月 23 日第 F2 版。

② 姜秀花：《华夏学宫的女德教育矮化了女性的生命意义》，《中国妇女报·中国女网》特约评论员文章，2019 年 1 月 24 日；朱品馨、罗雪松：《现代社会需要什么样的"女德"教育？——从丁璇的"女德讲座"事件谈起》，《课程教育研究》2019 年第 47 期。

③ 姜秀花：《华夏学宫的女德教育矮化了女性的生命意义》，《中国妇女报·中国女网》特约评论员文章，2019 年 1 月 24 日；姜秀花：《多头并进　抵制封建"女德"流延》，《中国妇女报》2018 年 6 月 12 日第 B3 版；莫兰：《"女德"流延之路已越走越窄》，《中国妇女报》2019 年 4 月 23 日；陶凤：《谁给了女德市场》，《北京商报》2018 年 12 月 10 日。

④ 赵涵：《"伪国学"教育机构之违法性探究——以"女德班"事件为例》，《新西部》2019 年第 21 期。

⑤ 姜秀花：《多头并进　抵制封建"女德"流延》，《中国妇女报》2018 年 6 月 12 日第 B3 版。

⑥ 教育部 2018 年 4 月 2 日更是发布了《禁止妨碍义务教育实施的若干规定》，明确"不得以'国学'为名，传授'三从四德'"，妨碍义务教育阶段学习。

问题进行讨论，并为有效治理提出建议。

一、"女德班"的传播机制

（一）传播历程

"女德班"最早出现在哪一年已不可考，但通过一些典型案例可以勾勒出其大概的发展轨迹。

2013 年，媒体报道了重庆信息技术职业学院专门开设"女德班"的事情，学院自称在国内尚属首创，其教学目的是"结合女性在家庭、社会中的角色，在尊崇儒家文化对女性的评价、要求基础上，结合时代新特征、新要求，重点开展女教、母教，塑造时代新女性"[①]。此事在当时并未引起社会的广泛关注。

2014 年，东莞蒙正国学馆开办的"女德班"出现一些出格言论，《中国妇女报》《南方日报》等媒体进行了曝光，并将其评论为"一场封建糟粕沉渣泛起的闹剧"，将其传播的所谓国学定性为"伪学"。该馆后因"教学内容违背社会道德风尚以及超范围经营、无证办学等"被有关部门责令停办。但"女德班"就此作为一种社会现象进入公众视野，引起热议。据媒体报道，当时这类"女德班"已在全国遍地开花，从北京、山东、河北一直蔓延到陕西、广东和海南等地。

2017 年，丁某以河北省传统文化研究会常务副会长名义在九江学院开设讲座，其有关"女德"的言论在网上传开并引起公众质疑。同年，辽宁抚顺"女德班"教学视频被曝光以后，引发网友的强烈关注与批评，最终当地教育部门出面要求有关机构立即关停"女德班"，遣散学员。但仅仅时隔一年，在辽宁抚顺偃旗息鼓的"女德班"又出现在浙江温州。当时在温州市传统文化促进会举办的亲子夏令营班上，"女德"老师的部分言论同样掀起舆论波澜。

2019 年初，"歌手孙楠将孩子送入国学院"的新闻引发热议，带火了该

---

① 《女德班要展现女性的时代价值》，《重庆晨报》2013 年 9 月 29 日。

国学院"华夏学宫"，网友们顺藤摸瓜，赫然发现该学院的女性教育内容等存在问题。4月，又有多名华中师范大学历史文化学院学生向媒体反映，在该校当月18日举办的国学讲座上，受邀主讲人安某有关"女德"的言论引起不少学生的"激烈讨论"。

2020年7月25日，曾开办"女德班"的辽宁抚顺传统文化研究会于山东曲阜举办夏令营，有女学员在视频中忏悔："我天天带着一副贱相，真是伤风败俗，我不要脸，给父母丢脸，更给祖宗蒙羞。""什么样的人才会戴美瞳呢？就是那些不正经的女孩。"此事一经报道，立刻引发广泛关注。29日下午，曲阜市政府在"@曲阜发布"上发出情况通报，指出成立调查组后调查发现，该夏令营存在的问题是：教学视频内容低俗、违反科学，歪曲事实，对营员身心健康产生不良影响；所使用教材为自行编写，无出版社和书号，涉嫌使用非法出版物；防疫措施落实不到位。因此责令相关公司立即终止该夏令营活动，并退还相关费用。对为该企业提供场所的曲阜圣城文庠院文化传播有限公司，责令停业整改。

为什么"女德班"会演变成公共事件？从这些典型案例来看，"女德班"事件的曝出往往是一些觉得其价值观不妥的"学员"向媒体或有关部门反映的结果，部分媒体记者更是打入"女德班"内部"卧底"数天，对其形式、内容等进行了相当细致的一手报道与曝光，引起广大网友关注与热议。

（二）传播媒介与受众

"女德班"并非孤立事件，其能够禁而不止，与其存在自己的传播阵地即往往有可依托的机构与平台分不开。目前，"女德班"形式多样，传播平台多元，有传统私塾，也有公益学校，还有培训机构/班、分享会和讲座等形式，其运营资金多来自基金会、企业、高校等，个别甚至还有政府背景。

从"女德班"的师资或者说传播者来说，主要是一批文化水平、道德水准、国学功底良莠不齐的个人。他们中有的是有一定国学研究功底但缺乏性别平等意识的研究人员，如据网络信息显示，安某曾在高校任教15年，撰写、主编包括《论语解读》等在内的多部著作，据称其主编的《国学经典诵读》教材被纳入湖北省地方教材目录，他本人也被国内外多家知名高校的总裁班、中小学、社会机构聘为特聘教授、特约专家或学术顾问；有的是文化水平不高、对国学有兴趣而"自学成才"的非专业人士，如据媒体报道，丁某仅有初中文化。从"女德班"的传播平台来看，有的是个体创办的教育机构、培训机构、文化机构等实体，有的是以研究会、文化传播公益组织等名义挂靠在一些正规机构或部门下的虚体，有的是个人作为专家接受有关政府部门或高校等的邀请，以讲座形式出现在文化活动、学术活动中。不少接触过"女德班"的学员反映，这些老师总体来说素质较低，不仅价值观陈旧，内容陈腐，授课方式和教学理念往往也很落后，对国学的理解也是良莠不齐、鱼目混珠，但部分人有一定国学基础，又善于揣摩受众心理，煽动性、迷惑性较强。

"女德班"的受众层次多元，大多数是没有受过高等教育的妇女，不少人相信压缩自己、相夫教子是获得救赎、解决自己问题的唯一方式。还有一部分是家庭面临危机特别是丈夫婚内出轨，想通过"女德"保住自己家庭的中产阶层或富裕阶层女性，另有一些是被家长送去学习"国学"的孩子。

（三）主要内容

对"女德班"的抵制和批判从其兴起之日起就没有停止过，其之所以在社会上引起广泛反感，与其显而易见的价值偏颇甚至反主流价值观密不可分。从传播内容来看，"女德班"往往从《女诫》等封建女书中提取一些成分加以综合和演绎，以传统"妇德、妇言、妇容、妇功"为基本遵循，内容多局限于塑造女性家庭角色和个人修为与形象，表达方式常常夸张甚至"雷人"。

在所谓"妇德"方面，采取双重标准，单方面要求女性忠贞，并在家庭中完全顺从、弱势。如在性方面，对所谓"不贞节"的女性进行人身攻击和诅咒，声称"女孩最好的嫁妆是贞操""女生换男朋友会烂手烂脚，最后只能被锯掉"等，离婚、不育的女人有罪，"老公有外遇，女的要反省，不要怒恨。"强调在两性关系中维持男尊女卑的性别格局，如秉持"男为天，女为地，女子就该在最底层"的准则，遵守"打不还手，骂不还口，逆来顺受，绝不离婚"的"女德"四项基本原则；要遵循严格的传统性别气质："家里不能阴阳失调""男人的名字是责任，女人的名字是温柔"。

在所谓"妇言"方面，限制女性话语权，不允许随意表达自己的意见。

如提出，"男人谈大事，女人不在旁边插嘴，而是切水果伺候。等客人走了，说'小女子也有一些建议，仅供先生参考'"，认为"女人就要少说话，多干活，闭好自己的嘴"，提出"温柔的女人兴旺三代，爱抱怨的女人坏三代"等。

在所谓"妇容"方面，限制女性着装自由，提出苛刻要求。如"女性穿着暴露，是上克父母、中克丈夫、下克子孙的破败相""带'美瞳'的女生不正经""女生穿着暴露，等于被别人强奸"等。甚至有个别人主张恢复早就被彻底废止的缠足恶习，认为女子把足缠好，不到处乱跑，是女德的表现。

在所谓"妇功"方面，固化女性的家庭角色和责任，以传统性别分工的内容要求女性。如提出，"女人要会炒菜，有厨艺，会插花，缝衣服，写毛笔字。女的还特别要学音乐，学茶艺，这都能内化你安静的心灵。安静就是做女人的功。"要求女性固守家庭责任，认为女性不应该在社会上发挥独特作用，如"女子就不应该往上走，就应该在最底层"等言论。

（四）传播特点

从传播特点来看，"女德班"多以软硬兼施的方式为受众"洗脑"，主要具有以下特点：

一是往往披挂着"政治正确"的旗号。"女德班"一般打着传承传统文化的旗号，号称是为家庭、社会和女性好。例如，有的宣称要以女德教育为社会良药，"涵养女性品德，树立家规家风，纯化社会风气"，有的宣称要"将儒家思想的精华和现代女性的独立、智慧相互融合，教女生学会处理人际关系、解决家庭困惑、战胜职场性别差异"。"女德班"还往往将封建礼教的内核加上社会和谐与稳定、经济发展等社会大势的包装，将传统与现代、佛学与党性等加以糅合与混搭。

二是具有反智、反科学、反人权特征。如不少"女德班"的"老师"通过讲述荒诞故事、展示"摸手看病"等超能力招揽信众，用因果报应等控制学员，有的还用恐吓的方式威胁女性，称如果不恪守他们所称的"女德"就会倒大霉："为什么当代人有那么多的妇科疾病，那么多的子宫癌、乳腺癌？因为她们不会做女人，不懂女德。既然你阳刚、强势，那上天看到了以后，就要收回你的女性器官。""不学习传统文化得胃癌""如果要做女强人，就得切掉子宫、切除乳房，放弃所有女性特点"等。

三是部分"女德班"存在违背公序良俗甚至违法情况。他们不尊重学员人格与人身尊严，以霸道甚至暴力、侵犯人权的方式树立自身的绝对权威，号称是对学员的考验。如东莞蒙正国学馆要求学员磕头鞠躬，有人磕得头都晕了；2017 年辽宁抚顺的"女德班"视频中，出现学员擦洗便坑并称自己的心比它还脏、在公众面前磕头认错的行为。个别机构甚至存在对未成年人打骂乃至造成重伤的暴力行为，影响未成年人身心健康，例如媒体就报道过在河北保定某"女德国学班"上 9 岁女童遭到毒打、手指脚趾骨多处骨折的事件。为了达到"教化"的目的，教学视频中还使用大量血腥图像，画面让人十分"辣眼睛"，话语也让人恶心不适。①

二、"女德班"存在的社会基础

坚持男女平等基本国策，让尊重和关爱妇女儿童成为国家意志、公民素养和社会风尚，既是基本的法律要求，也是社会主义核心价值观的伦理准则。但一些"女德班"践踏了男女平等法律精神和基本国策，违背了社会主义核心价值观的价值准则，与女性追求全面自由发展和人格独立的时代潮流背道而驰。这些罔顾女性合法权益、否定女性人格尊严的封建伦理道德规范之所以沉渣泛起并受到一些人的追捧，除了资本市场趋利的天性使然外，在社会基础层面更值得我们深刻反思。

（一）部分人性别平等意识缺失

"平等"是社会主义核心价值观的重要内容。性别意识是人们认识性别关系、角色、规范的重要武器。只有具备了一定的性别意识，才能更清楚地认识到不平等的社会性别观念（或规范）将男女两性角色刻板化，将男女两性权力和关系刚性化，造成人们思考性别问题的二元对立模式。而构建社会

---

① 《辣眼睛！"女德班"教学现场视频曝光！官方回应了》，微信公众号"中国青年报"（ID：zqbeyol），2020 年 7 月 29 日。

性别平等的观念（或规范）就是要主张男女两性角色多样性，主张男女两性关系是弹性的和互动的，从而挑战长期以来被制度化了的男女之间不平等的权利关系，构建平等和谐、良性互动、互利共赢的两性关系。

在当今社会，随着国际妇女运动和中国妇女运动实践都取得了非凡成就，男女平等已经成为人类社会发展潮流和我们的国家意志，公民的男女平等素养也发生了极大改观，社会风尚也更加崇尚男女平等，作为政治正确和近现代伦理精神的男女平等原则，恐怕没有人会明目张胆表示反对。[1] 对于"女德班"讨论之热烈和反对者之众表明，男女平等、尊重女性的观念越来越深入人心，成为大多数人的价值追求。

但是，"女德班"的顽固存在与流延折射着人们对男女平等的复杂心态与认识，表明封建传统的男尊女卑、男主女从、男强女弱、男外女内等价值规范和判断在新旧、中西观念杂陈的社会转型期仍然有广泛的市场，男女平等的价值观念还没有普遍内化为一种深入骨髓的道德素养和信念，是"父权观念作祟"[2]。

（二）妇女的弱势地位以及家庭问题和妇女问题"妇女化"的倾向[3]

改革开放以来，随着社会的急剧变迁和社会利益格局的调整分化，受历史、文化、观念、自身等多种因素影响，两性在职业发展、社会参与和家庭建设等领域面临多重压力，两性在经济社会领域还并未实现真正的、全面的平等，男性还掌握着更多资源。同时，尽管"自尊、自信、自立、自强"已经成为绝大多数女性的精神追求和生动实践，但少部分女性自暴自弃、不思进取的情况也依然存在。尽管党政部门、妇联组织、妇女社会组织等采取各种方式、在改革创新中更切实地面向基层提供服务等，回应和满足家庭与妇女的诉求，但不可否认，现有的服务供给仍满足不了家庭与妇女的实际需要。

在这种情况下，一些男性自身遭受更大的外部压力，或是面对变化了

---

① 姜秀花：《男女彼此成就才是最好的安排》，《中国妇女报》2018 年 11 月 20 日第 4 版。

② 陈伟杰：《"女德"，别挑战性别平等理念》，《中国社会科学报》2014 年 10 月 20 日第 A04 版。

③ 姜秀花：《多头并进　抵制封建"女德"流延》，《中国妇女报》2018 年 6 月 12 日第 B3 版。

的两性关系期待不能与时俱进地加以了解与调适，将压力转向女性，使其成为替罪羊；一些心理脆弱又无法获得足够社会支持的女性苦恼人生，寻求有"文化积淀"者指点迷津，甚至期望借助"虚幻之力"来改变自己的状况。"女德班"的开办正好迎合了这些男性和女性的需求。

但是，很多"女德班"在课程设置中并不是赋权妇女，更好地实现与社会的融合、与家庭的共生，反而把社会结构性、制度性以及两性关系的问题都转化为妇女个人问题，基于最保守的性别观念，把糟粕当救赎，在"爱"和"科学"（生物决定论）的名义下通过召唤妇女个人强大的承受力或崇高的德行，去"完美"适应公私领域的冲突，实际上道德绑架了妇女。

（三）社会上对包括国学在内的传统文化理解存在偏颇

文化自信是一个国家、一个民族发展中更基本、更深沉、更持久的力量，是一个国家、一个民族的灵魂。中国传统文化博大精深，源自中华民族五千多年文明历史所孕育的中华优秀传统文化，是推进社会主义文化建设的重要思想资源。[1] 十九大报告提出要推动中华优秀传统文化创造性转化、创新性发展，要让中华文化展现出永久魅力和时代风采。但也必须承认，传统文化中精华与糟粕并存，对于什么是优秀的传统文化，还存在理解上的模糊。"女德班"的流延正表明社会上对传统文化及其继承创新的理解存在偏颇：

一是目前社会上有的人忽视了"优秀""创新""时代"等限定与方向，只看到对传统文化的"挖掘"和"继承"，误以为要对传统文化全盘接收。对待中国传统文化，要全面认识，取其精华、去其糟粕、古为今用、推陈出新，但这些"女德班"为了提升自己的号召力，往往只是披挂上"政治正确"的外衣。如大量引用中央关于传统文化和社会建设的相关精神，将宣扬女性必须以婚姻和家庭为终极目标、一切听从丈夫、逆来顺受的封建礼教与时代主题如社会的和谐与稳定、更好的经济发展等强行联系在一起。

二是有的人认为这些"女德班"传播的一套规范是对现实问题的认识与回应，在解决当下社会问题上仍有效力。例如，某时评专家就认为这些班

---

[1]　姜秀花：《批判创新是传统文化传承之动能》，《中国妇女报》2018 年 6 月 3 日第 1 版。

"不管是从开办的目的，还是传授的内容，都有着积极的价值和意义"。因为可以"得出对现代女性有指导意义的为人处世、谈婚论嫁之道，以解决其在职业、事业和婚姻家庭中出现的冲突和矛盾……放在现代社会也有很强的借鉴价值和指导意义"①。诚然，"女德班"针对的家庭问题和女性问题是现实存在的，其开出的药方对个别人在某些方面可能不无帮助，但根本来说，"'妇德'介入现代女性的生活是大谬"②，其宣扬的规范是适应于传统社会的生产力发展水平和生产关系的，而在当下的物质与人文环境中，人们的主体意识、关系模式等发生了巨大的变化，传统以"三纲"为主的"女德"已经无法有效地解决现实问题、激发女性主体性、有效调整人与人之间的关系。

三是有的人认为当下传统文化是多元文化之一端，即便不符合现代理念，也有存在的价值。这种认识忽略了不加扬弃就是泥沙俱下，没有对糟粕的识别就是对精华的遮蔽。如果不能正确把握学习的方向，没有正确的价值观引导，不仅学不到有益的知识、得不到认知的升级，还很容易被一些天花乱坠、脱离实际甚至荒唐可笑、极其错误的东西所迷惑、所俘虏，陷入盲目状态甚至误入歧途。因此，需要我们在辩论中不断以现代的先进的价值观加以扬弃，"先进价值观是传统文化传承之根本"③。

三、"女德班"的社会后果

尽管各种"女德班"均号称自己是为女性好，有利于家庭和谐，有利于社会稳定，实际上，其效果往往不尽如人意甚至适得其反。

（一）对女性个体的影响

"女德班"单单针对女性提出封建印记浓重的道德要求，显示其与当前主流意识形态基本上处于隔离状态，缺乏时代感、使命感、责任感，是解决妇女问题的"虎狼之药"。

---

① 《"女德班"在倡导"女德"还是在扼杀女性》，见 http://union.china.com.cn/txt/2014-09/23/content_7254665.htm，访问时间：2019 年 8 月 14 日。

② 张红萍：《女德班：有利还是有害》，《同舟共进》2016 年第 3 期。

③ 姜秀花：《先进价值观是传统文化传承之根本》，《中国妇女报》2018 年 5 月 20 日第 1 版。

首先，扼杀了女性的"自尊、自信、自立、自强"精神。"女德班"无视女性作为平等社会主体的独立性、自主性，宣扬女性必须以婚姻和家庭为终极目标，一切听从丈夫、依附丈夫、逆来顺受；限定和窄化女性特质，把温柔贤淑乃至顺从刻板化为女性独有特质。这样塑造出来的妇女是依附性的、从属性的客体与工具，而不是有"四自"精神的时代女性。

其次，扼杀了女性的奋斗精神。很多"女德班"无视妇女的能动性，在课程设置中不是鼓励妇女遵循内心，发挥自身能力与潜能，更积极、更有建设性地解决个人各方面的问题，而是要求女性不要"往上走"，不当"女强人"。这样不仅不利于解决问题，反而道德绑架了妇女，加重了妇女的思想包袱，限制了妇女的社会发展愿望和拼搏精神。

最后，扼杀了女性的创新精神。"女德班"无视妇女的社会价值与创造性，把封建文化糟粕当作成功经验或行为准则，将女性的生命价值限定在家庭事务中，要求遵循过时的生活方式与家庭关系，这种与时代脱节的要求无疑矮化了女性的生命意义，限定了女性智慧与潜力的发挥。

可以说，"女德班"试图用封建传统的性别规范固化女性角色、窄化女性生活与社会发展空间、贬低女性价值与作用，与女性追求全面自由发展、人格独立的时代潮流和新时代对女性建功立业的要求背道而驰。

（二）对家庭的影响

首先，"女德班"的盛行不利于建立健康的家庭关系。即便一些女性接受了"女德班"传播的内容，以压缩自我的方式换来家庭的短暂平和，但长此以往，仍可能造成个人心理问题。而且这种缺乏自我的个人形象、不平等不均衡的家庭关系，无法给新时代的子辈树立榜样，不利于她/他们未来建立平等、和睦、民主的家庭关系。

其次，"女德班"的盛行不利于孩子健康成长。当前有部分针对未成年人的机构与培训班擅自招收适龄儿童、少年，以"国学""女德"教育等名义开展全日制教育、培训。一些家长抱着让孩子学习国学、接触传统文化的良好愿望，将孩子送去学习。但是，这些机构与培训班往往缺乏办学资质，师资、教学方法与教学质量良莠不齐、鱼龙混杂，宣传的往往是封建糟粕思想。用这样的"教育"替代学校义务教育，会影响孩子人格健康发展，耽误孩子对正规、系统、科学的知识的吸收。

最后，对家庭资源造成损失。不少"女德班"收费昂贵，有的"女德班"还以公益为名行商业乃至诈骗之实，号称是在做公益，实际上是未注册的不正规机构，还往往与商业产品销售捆绑在一起，一边兜售"女德"，一边兜售假冒伪劣产品。例如，东莞蒙正国学馆"女德班"虽然号称免费，但有配套的"蒙正华服坊"和"国学机"（其实就是带有存储功能的播放器）销售，到处放置捐款箱，并引导学员花钱学习其他付费课程。近几年还存在打着"女德班"旗号传销诈骗的现象。一些盲目的"信众"将大量本应该投入家庭建设中的时间、精力、金钱浪费在这些"国学班""女德班"中，不利于家庭建设。

（三）对社会文化建设的影响

中华优秀传统文化需要创造性转化、创新性发展，但由于"女德"作为一个概念，"凝结的不仅是传统糟粕文化，更是浸染着妇女受压迫、受歧视的辛酸历史"①，"女德班"所传扬的中国封建传统"女德"是封建宗法制度的要求与产物，是服务于私有制和父权制，以麻痹、奴役妇女为宗旨的社会文化体系，也就无助于当下的社会文化建设，甚至会起反作用。

首先，"女德班"是对社会主义先进文化的背离。党领导的妇女解放与男女平等事业取得巨大成果，中华人民共和国成立后对中国传统封建"女德"从制度上进行了根本否定，在当下这一革命成果更是凝聚于社会主义核心价值观之中。而"女德班"传播的内容否定了党领导下的妇女运动成果，其用以规范女性的价值观更是与社会主义核心价值观在国家、社会和公民三个层面所涵盖的价值目标、价值取向和价值准则没有形成共鸣，也无法体现男女平等宪法精神和男女平等基本国策要求。

其次，"女德班"阻碍中华优秀传统文化的创造性转化和创新性发展。发展中国特色社会主义文化，需要结合新的实践和时代要求，推动中华优秀传统文化创造性转化、创新性发展。但"女德班"传播的内容主要服务于其

---

① 丁娟：《拒绝借"女德"之名宣扬封建主义糟粕》，《中国社会科学报》2014 年 10 月 31 日第 A07 版。

所兜售贩卖的"男尊女卑"的两性关系格局，这种充当封建观念卫道士的行为，与新时代传承和弘扬中华优秀传统文化的要求背道而驰。

最后，"女德班"增加了思想引领的困难。由于当前"女德班"往往标榜从女性自身利益和家庭和谐稳定出发，将封建糟粕披上"国学""传统文化"乃至社会建设的外衣，具有较强的迷惑性，加之传播者往往善于把握受众心理，增加了辨识困难，造成了大众的认知混淆。缺乏共识，也就难以引领。

四、抵制封建"女德"传播的对策建议

习近平主席 2015 年在全球妇女峰会上指出："我们要以男女平等为核心，打破有碍妇女发展的落后观念和陈规旧俗。"2018 年 11 月 2 日在同全国妇联新一届领导班子成员集体谈话时，习近平总书记强调："长期以来，男女平等、尊重妇女的观念越来越深入人心，同时针对妇女的歧视依然存在。解决这些问题，需要从国家层面治理，对严重侵犯妇女权益的犯罪行为要坚决依法打击，对错误言论要及时予以批驳。"党的十九届四中全会提出，要"坚持马克思主义在意识形态领域指导地位的根本制度"，要"旗帜鲜明反对和抵制各种错误观点"。党中央的要求和习总书记的重要指示为我们厘清和批驳近年来出现的"女德班"传播的陈腐落后性别观念和性别歧视"错误观点""错误言论"提供了基本遵循。抵制封建"女德"传播，是坚持以社会主义核心价值观引领文化建设制度的要求，是规范文化市场、推动落实意识形态工作责任制的要求，需要社会综合治理才能取得更长久的实际效果。

一是要以习近平新时代中国特色社会主义思想为指导，旗帜鲜明争取意识形态领导权和话语权，杜绝封建"女德"传播。建议中宣部、国家广播电视总局等相关宣传部门守正创新，强化各大媒体对社会主义先进文化和社会主义核心价值观的宣传力度，大力弘扬中华优秀传统文化，为社会各界对"女德班"的错误言论和误导行为积极发声提供更广阔的平台，对传播封建"女德"的媒体要建立追责机制。支持学界加强学术研讨，对伪国学、"地摊

国学"旗帜鲜明地予以痛击，为国学正本清源，推动中华优秀传统文化创造性转化、创新性发展。

二是要加强综合治理，及时发现问题，开展相应的清理整治行动。对社会上存在的"女德班"乱象，各相关部门要加强协调配合，共同治理。公安部门应进一步依法打击其中涉黑涉恶、侵犯妇女儿童权益的非法行为，保护公民合法权益；民政部门应进一步加强对培训机构与社会组织的管理，及时清理违规机构；教育部门应进一步强化义务教育宣传，对不具备办义务学历教育资质的教育培训机构要进行追查。

三是注重解决妇女现实困难，满足妇女美好生活需求，消除封建"女德"滋生机会。政府应进一步优化城乡文化资源配置，推出更多群众喜爱的文化精品。注重解决妇女最急最忧最盼的紧迫问题，切实做到知民情、解民忧、纾民怨、暖民心，用看得见的变化回应妇女群众的关切和期盼。如为具有奋斗精神和工作意愿的妇女提供就业创业服务，为在平衡工作家庭方面有困难的妇女提供社会化服务，为贫困、低收入妇女提供底线保障与安全感，为缺乏归属感的妇女提供参加社会活动的渠道，为遭受偏见与歧视的妇女提供心理疏导服务等，通过有效的支持和服务，增强妇女的获得感、幸福感、安全感，使以"解救"妇女于悲苦为旗号的"女德班"无隙可乘。

四是充分发挥妇女的主体性能动性，提高女性自我拒蚀能力。宣传部门、妇联组织和社会各界要把准妇女思想脉搏，用丰富的思想资源和鲜活的典型案例讲好思想政治引领故事，描绘时代精神图谱，提高妇女的思想认识和政治觉悟，启发妇女的独立思维，增强澄清模糊认识、抵制各种错误和腐朽思想影响的能力；积极宣传女性的社会和家庭贡献，引导、鼓励妇女把握时代机遇，创造出彩人生，做对社会有责任、对家庭有贡献的新时代女性。

追求妇女发展和男女平等的事业是伟大的。遏制歧视妇女的封建"女德"传播，让尊重妇女成为国家意志、社会道德、公民素养，需要人人参与，久久为功。

拒绝借"女德"之名宣扬封建主义糟粕

丁 娟*

中国传统文化源远流长，博大精深，但是也良莠不齐，精华与糟粕并存。透视历史我们可以发现，几乎每一次社会变革都伴有新旧价值观与伦理道德的论争，总有一些人打着弘扬国粹、民族文化甚至光复传统礼仪的旗号，企图怀抱糟粕，固守传统，阻碍社会与文化前进的步伐。当前，在全党全社会共同建构社会主义文化体系的新征程中，就有一些"女德班""女德课堂"沉渣泛起，企图浑水摸鱼，再次坑害妇女。

这些所谓的"女德课堂"，着实进行了精心的传统包装，如向举办者行叩拜大礼，还有那些身披传统文化和道德金纱的所谓"导师"，更是在课堂上冒历史潮流之大不韪，堂而皇之地号召和引诱学员接受封建主义压迫、歧视、奴化妇女的糟粕文化，宣扬传统贞操观、倡导妇女从一而终，甚至诱导女性面对家庭暴力等侵权行为要做到"打左脸，再伸上右脸""打不还手、骂不还口"，修炼到"誓死不离婚"的所谓"高层境界"等。

这类"女德班"的言行，很明显已经逾越了社会主义道德与法律的底线。男女平等、尊重妇女的人格尊严、推动妇女自由而全面发展，是社会主义"自由、平等、公正、法治"核心价值观的重要体现，更是国际社会特别是联合国保护妇女权利的重要内容。我国宪法明确规定，中华人民共和国妇女在政治的、经济的、文化的、社会的和家庭的生活等各方面享有同男子平等的权利。1980年，我国政府还签署了联合国《消除对妇女一切形式歧视

---

* 作者简介：丁娟，全国妇联妇女研究所研究员。研究领域：马克思主义妇女理论。

公约》，成为第一批签约国。我国《妇女权益保障法》也明文规定，男女平等是一项基本国策，要依法消除性别歧视。按照我国法律和国际文件的规定，宣传和传播性别歧视思想，无疑是一种践踏法律尊严的行为。

毋庸讳言，改革开放以来，随着社会发展步履加速和社会利益格局调整深化，一些人的社会地位急剧变化，而在这些变化中，受历史和文化等因素的影响，妇女更是首当其冲，面临社会转型和家庭重组等多重压力。那些唯利是图和利欲熏心的"女德班"创办者，正是利用了少数妇女企盼改善和提高社会地位，以及向往美好和谐生活的心理，而打着弘扬传统文化、医治生活创伤的旗号，行传播封建文化糟粕和赢利敛财之实。

我们也不否认，还有一些"女学堂"其主观动机是励志妇女，鼓励妇女自助成长，包括教育妇女树立自尊、自信、自立、自强的"四自"精神，平衡好事业与家庭的关系，处理好婆媳关系等，因而对推进妇女发展，帮助妇女处理好事业与家庭的关系，具有一定的积极作用，基本主题是可以肯定的。但是，对这样的"女学"和课堂如何进行命名和监督都值得进一步思考和规范。

姑且不论"女学"的目的和内容，仅就宣扬"女德"，包括以之冠名"女学"的问题，就应采取慎用的态度。这是因为"女德"作为一个概念，其凝结的不仅是传统糟粕文化，更是妇女受压迫、受歧视的辛酸历史。提起"女德"，人们首先想到的是在传统的私有制、等级制和男权制的基础上，被建构起来的"三从四德"以及男尊女卑、男强女弱的文化传统，包括男主外、女主内的社会分工机制。这个服务于私有制和男权制，以麻痹、奴役妇女为宗旨的社会文化体系，其历史作用以伴随工业化的来临而告终结，到了新中国更是从制度上进行了根本否定。

当前，中国人民正在党的领导下为实现中华民族伟大复兴的梦想而奋斗，民族振兴必然包括民族文化的复兴。虽然文化复兴的灵魂是创新，但继承民族文化的优秀传统，吸收民族文化的精华，也是推动文化创新发展的重要方面。这有两重含义：

一是要复兴中华民族传统文化的精华。传统文化中的精华和进步元素之所以具有跨时代的属性，是因为它们大浪淘沙、历经选择，具有了超越时空的品格，如勤劳、守时、尊老爱幼等。

二是要复兴中国共产党领导中国人民在民族民主革命进程中打造铸就的进步文化，如一切从人民的利益出发、爱国、敬业、男女平等、鼓励妇女参政等。

三是要复兴中西方文化长期交流碰撞中形成的、有利于民族创新发展的文化成分，如重视科学技术、发展公共事业、增强社会责任、关注弱势群体成长、妇女优先发展等。

总之，弘扬民族文化，推动文化创新发展，需要全社会共同努力。其中，动员法律、道德和社会的力量，共同抵制传统文化糟粕和毒素的传播，以匡扶正义，革除陋习，是一项刻不容缓的艰巨任务。

（原载《中国社会科学报》2014 年 10 月 31 日第 663 期）

男女平等宪法原则彰显国家意志

马　焱

2018 年 12 月 4 日，是我国第五个宪法日。

宪法是国家的根本大法，在国家整个法律体系中居于主导地位，具有最高的法律地位、法律权威、法律效力，是党的主张和人民意志相统一的最高体现。它不仅确立了我国的国体政体、根本制度、活动准则，也规定了公民的权利和义务。

党和国家反复强调，任何组织和个人都必须尊重宪法法律权威，都必须在宪法法律范围内活动，都必须依照宪法法律行使权力或权利、履行职责或义务，都不得有超越宪法法律的特权。换句话说，宪法不仅是国家治国安邦的总章程，也是公民立身行事的总依据。无论在国家制度层面，还是公民个人层面，其活动准则都应由宪法"说了算"。

我国是社会主义国家，宪法是体现社会主义属性的根本大法，男女平等宪法原则集中反映了党的政治主张。男女平等是社会主义制度的本质属性，是中国共产党一贯坚持的政治主张，也是党在不同历史时期追求民族独立和国家富强的纲领性目标之一。众所周知，中国共产党自成立之日起，便把追求妇女解放和男女平等写在了自己奋斗的旗帜上，在此后的革命、建设、改革进程中，始终践行着促进男女平等的立党初心和政治承诺。

新中国成立前夕，中国人民政治协商会议制定的具有临时宪法作用的《共同纲领》就确立了男女平等的原则，其总纲第六条明确规定："妇女在政治的、经济的、文化教育的、社会生活各个方面均享有同男子平等的权利。"1954 年，新中国颁布的第一部宪法又进一步明确规定："妇女在政治的、经济的、社会的和家庭生活各方面享有同男子平等的权利。婚姻家庭、母亲和儿童受国家保护。"自此，男女平等以最高的法律形式，纳入了国家的根本大法，男女平等作为一种主流意识形态在国家制度层面获得了合法性地位。后来，随着形势发展变化的需要，我国宪法于 1975 年、1978 年、1982 年分别通过三个版本，1988 年、1993 年、1999 年、2004 年、2018 年又进行了五次修订，而男女平等原则在历次宪法修订中都被完整地予以保留，充分显示了党和国家实现男女平等的政治意志和坚强决心。

男女平等的宪法原则，为制定体现性别平等的法律政策规划等提供了根本依据。

宪法作为"母法"，是产生所有法律、行政法规、地方性法规的根据。自男女平等宪法原则确立以来，我国在立法和司法实践中，注重通过法律手段保障女性同男性一样享有宪法规定的各项平等权利。比如，新中国成立后颁布的第一部国家大法《婚姻法》就确立了男女平等、一夫一妻、保护妇女等基本原则；以宪法为依据，制定了我国第一部综合性保障妇女权益、促进男女平等的基本法律《中华人民共和国妇女权益保障法》；制定出台了我国第一部防治家庭暴力的专门性、综合性法案《反家庭暴力法》；其他各项专门法比如《劳动法》《继承法》《母婴保健法》《农村土地承包法》《社会保障法》《人口与计划生育法》《娱乐场所管理规定》以及企业改革等有关法律法规的修改制定中，都遵循男女平等的宪法原则，并随着形势的发展变化对男女平等、保护妇女特殊权益作出相应调整，逐步形成了以《宪法》为依据，以《妇女权益保障法》为主体，包括其他法律法规在内的保障妇女权益、促进男女平等的法律体系。

为把男女平等的宪法原则进一步在法律政策层面得以贯彻落实，1995年我国正式提出把男女平等作为促进社会发展的一项基本国策，并将落实这一国策的要求写入了随后的国家发展计划（规划）、《中国妇女发展纲要》以及党的十八大、十九大报告等。截至 2020 年，全国 31 个省区市还建立了法规政策性别平等评估机制。

在刚刚闭幕不久的中国妇女十二大会议上，党中央致辞再次重申：要坚决贯彻男女平等基本国策，在出台法律、制定政策、编制规划、部署工作时充分考虑两性的现实差异和妇女的特殊利益，制定有利于消除妇女发展不平等不充分的发展战略，使男女平等真正体现到经济社会发展各领域、社会生活各方面。这一系列规定和要求，使抽象的男女平等宪法原则在立法、政策层面获得了具体化、可操作性的实现路径，确保了男女平等的宪法原则和基本国策的国家意志在具体法律政策制定中得以有效贯彻，同时也是国际社会倡导的社会性别主流化最符合中国语境的表述和实现途径。

在国家政权的强有力保障下，我国男女平等进程取得了举世瞩目的成就。但是，挑战依然严峻。前不久，习近平总书记在同全国妇联新一届领导班子成员集体谈话时指出："长期以来，男女平等、尊重妇女的观念越来越深入人心，同时针对妇女的歧视依然存在。解决这些问题，需要从国家层面治理，对严重侵犯妇女权益的犯罪行为要坚决依法打击，对错误言论要及时予以批驳。"要实现党中央致辞中要求的"让尊重和关爱妇女成为国家意志、公民素养和社会风尚"，还有很长的路要走。

一方面，需要继续在"硬环境"设计上下真功夫，使"国家意志"贯彻得更加彻底。在立法、执法、司法等环节切实贯彻落实男女平等的宪法原则，尤其应建立健全法规政策的性别平等评估、监督、纠偏、问责机制，以确保所有的法律法规、政策条例、乡规民约等都在国家宪法规定的框架下运作，而不能与男女平等的宪法原则相违背。比如，在一些农村地区对村民自治制度存在认识误区，认为实行村民自治就意味着村民的一切事务都由村民（村委会）说了算，有些地区便以集体决议为由排斥农村妇女的土地承包经营权。针对这一问题应该进行及时纠偏，完善纠偏机制，进一步明确纠偏程序，并完善逐级问责制度。在此过程中，首先，应充分发挥地方人民代表大会和上级政府在贯彻男女平等宪法原则方面的领导和监督职能，把宪法原则转化为具体的行政措施，以实现法律、政策、行政手段的有效衔接。其次，应加强层级管理，通过上级行政机关对下级行政机关发布决定、命令等方式，自上而下层层传递要求，层层落实，以保证男女平等享有土地权益等法律规定和上级的意图快速向下贯彻，及时纠正以村民自治为理由出现的权力逾越宪法规定的现象。再次，还应该根据各层级部门的职责权能，坚持谁主管谁负责的原则，完善问责机制，加大罚处力度。

　　另外，需要着力在"软环境"营造上下大气力，使崇尚宪法、遵守宪法、维护宪法权威成为社会风尚。宪法的生命、力量和权威，本质上来源于全体公民的普遍服从、发自内心的真诚拥护和笃信不疑的深深信仰。因此，首先，需要通过各种方式和渠道，加大男女平等宪法原则的宣传倡导力度，让全社会知晓男女平等是宪法原则、是国家意志、是不能违背的法律底线，任何组织或个人触碰底线都将受到严厉惩处。其次，应积极探索将男女平等宪法原则融入公民日常生活的方法途径，努力使之转化为民众的自觉意识，转变成民众日用而不觉的行为规范，让尊重和关爱妇女真正内化于心、外化于行，成为人人尊崇的公民素养、处处践行的社会风尚。从而，让宪法的平等精神照亮每一个人、每一个家庭以及中国大地的每一个角落。

（来源：微信公众号"性别研究视界"，2018 年 12 月 4 日）

尊重女性，从政策到现实还有多远？

——从践踏女性尊严的社会现象说开去

马　焱

　　"紫光阁地沟油"事件过去已有些时日，回过头来冷静分析整个事件，其背后的诸多现象值得我们进一步理性讨论，进而推动公众反思和社会进步。从女性发展的角度需要探讨的问题很多：到底怎么看待女人作为一个人的价值和尊严？为什么带有侮辱女性内容的嘻哈歌曲《圣诞夜》会得到部分粉丝甚至一些女粉丝的"捍卫"？尊重女性、男女平等的价值观，离我们还有多远？……

　　以女性的身体和性特征为噱头吸引大众眼球，将女性物化为"性玩物"和"特殊商品"的事件，近年来时有发生。比如，衣着暴露的车模秀、女童维密秀等现象，都在社会上产生了极其恶劣的影响。还有一些打着弘扬优秀传统文化、国学经典旗号的"女德班"，不时爆出歧视女性的雷语，公开宣扬传统文化中关于训诫、教化女性的思想糟粕。比如，主张妇女对丈夫百依百顺，"打不还手、骂不还口、逆来顺受、绝不离婚""女子就不应该往上走，就应该在最底层"，甚至把某些糟粕披上现代生活的外衣"发扬光大"——"女子点外卖、不刷碗就是不守妇道"等。社会上总有一些人不去正视女性的社会价值，忽视女性自我发展的愿望，一厢情愿地试图以牺牲女性的权益或尊严谋求一时一地的所谓"发展"或利益。比如，当社会面临就业压力或家庭面临照料危机时，总想在女性身上动心思、找出路，主张让"妇女回家"安心相夫教子、履行"天职"、守住"本分"，致使女性的职业发展道路与男性相比更加艰难坎坷。这些现象的背后其实都涉及对女性的人格与尊严、能力与价值、权利与责任，以及女性在家庭和社会中角色、作用的认识和判断。就尊重妇女、男女平等而言，价值观领域中文明与落后的较量从来没有停止过，在现实生活中新旧思想的博弈更是此起彼伏。

尊重妇女、男女平等是我国宪法始终坚持的重要原则。新中国成立70多年来，党和政府始终秉承男女平等的价值理念，从国家层面逐步形成了尊重妇女、男女平等的价值体系和法律政策体系，使传统文化中落后腐朽的性别歧视观念得到遏制。改革开放后，尤其是党的十八大以来，国家更加强调男女平等的价值理念，提出要让尊重和关爱妇女儿童成为国家意志、公民素养和社会风尚。习近平主席在全球妇女峰会上曾向全世界发出倡议，提出促进性别平等和妇女全面发展的四点中国主张：推动妇女和经济社会同步发展，积极保障妇女权益，努力构建和谐包容的社会文化，创造有利于妇女发展的国际环境。并强调指出，要消除对妇女的歧视和偏见，以男女平等为核心，打破有碍妇女发展的落后观念和陈规旧俗。党的十九大报告再次强调了坚持男女平等基本国策、维护妇女儿童合法权益的社会主义国家的政治立场，并明确指出精神文化产品的创作生产要在传播社会主义核心价值观方面发挥引领作用。尊重妇女和男女平等是社会主义核心价值观在性别领域的具体体现。

通过国家政权的保障、"妇女能顶半边天"等社会主流意识形态的宣传和社会各界的努力，尊重女性、认同男女平等价值观念的人越来越多，女性也以实力和贡献证明了自身的社会价值。目前，在经济、政治、文化、科技等各个领域和行业都活跃着女性的身影，总就业人口中女性比例超过了45%，成为推动中国特色社会主义事业发展名副其实的"半边天"力量。

然而，由于历史和现实种种因素的制约，当前社会上仍存在无视女性的智慧、才能、创造力，贬抑女性的生命价值和社会作用，不公正评价女性的家庭角色和社会角色，侮辱女性的性别歧视言论。究其原因，主要有以下两方面。

一是受积淀几千年的歧视妇女的封建落后性别文化的影响。千百年来，社会文化对女性的贬抑与否定之词不绝于耳，认为女人是被动的，智力和能力不如男人；女人最好的位置在家庭，生儿育女、照顾丈夫和家人是女人的"天职"；片面地将女性价值与外在容貌、婚姻、生育、家庭相捆绑，甚至视女人为供人观赏的"花瓶"。父权的经济、政治、文化制度从根本上压抑着女性的主体性，女性"大门不出、二门不迈"，不能出去工作，没有经济收入，没有受教育权，没有婚姻自主权……从物质生活到精神生活完全依赖于家庭、依附于男性，毫无独立人格与生命尊严可言。这些以男性为中心的传统落后的思想观念，影响深远，至今还顽固地残存在一些人的头脑中，不仅影响着男性，也影响着女性，一部分女性甚至将其内化为自己的行为准则，缺乏性别平等的自觉意识。

二是受消费主义文化、市场经济条件下资本逐利、唯利是图价值观的影响。一些人极力挖掘歧视女性的落后性别文化与实现资本增值的连接点，把女性视为附庸、工具、商品甚至玩物，以损害女性尊严为代价攫取经济利润，消解、对抗甚至瓦解包括男女平等在内的社会主义核心价值观。

《圣诞夜》这类侮辱、歧视女性的作品之所以能够滋生且屡禁不止，正是由于这些制约因素相互影响、相互作用所致。在现实生活中普遍确立尊重女性、男女平等的价值观，把女性视为一个有独立人格与尊严、有社会价值与贡献的主体，依然任重而道远、充满挑战。

大势不可违。尊重女性、男女平等已成为不可逆转的世界发展潮流，女性发展作为衡量一个国家和社会文明进步的主要尺度已是国际共识。实现和维护女性作为人的尊严和权益，需要国家、社会、女性个人等多方面携手努力。

首先，需要尊重女性、男女平等的国家主流价值观的指引，以及由此价值观上升为各项法律政策的制度规范。希望国家有关职能部门把性别歧视作为媒体监管的重要内容之一，使尊重女性和促进性别平等成为公众人物、媒体工作者的基本行为准则，不允许给违背男女平等宪法精神、贬损妇女形象和低俗消费女性的不良文化产品提供传播平台。具体来说，文艺作品在表现性别议题时要增强性别平等意识，把握法规政策的底线；在一些特定栏目／节目的立意、内容、形式等设计上坚持性别平等的价值导向，特别是在重大节日、受众广泛的节目（如春晚）审查环节设置性别平等顾问，将无偏见、无歧视作为评价标准之一；加强对公共文化产品的舆情监测，对于弘扬先进性别文化的好作品给予鼓励，对于违反法律和男女平等基本国策的文化作品和媒体予以问责和惩处。

其次，公众人物尤其是文艺界明星，需要增强传播包括尊重女性、男女平等的社会主义核心价值观的社会责任感和文化自觉。由于这部分人对民众的价值观认知、认同影响巨大，因此建议文艺工作者进行文艺创作时一定要增强底线思维，不能打破法律底线和道德底线，应做尊重女性、促进性别平等的守望者，维护社会公平正义的捍卫者，尤其应为青少年的价值观养成发挥示范作用。

最后，女性的尊严和权益，最终要靠女性自身去追求、去践行。今天女性在经济、政治、文化、社会以及家庭中享有的与男性同等的各项法律权益，是几代人为之付出艰苦卓绝的努力甚至不惜牺牲生命换来的。然而，制度上的平等不等于实际生活中的平等，缺少了女性个体的觉悟，平等很可能也就止于形式。当前一小部分女性非常注重"自主表达"的形式，甚至误认为这就是自由行使权利、有个性的表现，而对于"表达的内容"缺乏清醒的认识和辨别力，殊不知这种"自主表达"是以践踏法律和道德底线、牺牲女性群体尊严为代价的，其实最终伤害的是自己作为一名女性的人格与尊严。每个人都有一个觉醒期，觉醒的早晚决定个人的命运。一个连自己都不尊重的人，怎能期待他人、期待社会的尊重？最近，闹得沸沸扬扬的"北航性骚扰门"事件，以北航撤销陈小武教师及行政职务、取消其教师资格、教育部撤销陈小武"长江学者"称号并表示将会同相关部门认真研究建立健全高校预防性骚扰长效机制而告一段落。这一处理结果固然是多方共同努力的成果，有国家有关部门的决心担当，有校方不偏袒的正确立场，但更离不开当事人"罗茜茜们"顶住各种压力的义无反顾和全力争取。国际歌里有句歌词值得永远铭记："从来就没有什么救世主，也不靠神仙皇帝，要创造人类的幸福，全靠我们自己！"做一个自尊、自信、自立、自强的女人，将会迎来一个不一样的天地。

（来源：新浪微博；紫光阁，2018年1月29日）

（作者系全国妇联妇女研究所理论研究室副主任、研究员）

对部分热播影视剧传播性别观念的观察与思考

——以《娘道》等影视剧为例

马　焱　黄桂霞*

影视剧作为文化输出的主要渠道，其所承载和传播的思想文化观念潜移默化地影响着公众的价值观认知及其行为模式，对一个社会的价值观塑造具有举足轻重的作用。性别观念是人们对男女两性个体及其相关关系的认识、看法、态度和评价，属于价值观范畴，其形成和发展深受包括影视剧在内的大众传媒价值导向的影响。中华人民共和国成立后，男女平等进入国家主流意识形态。为尽快打破几千年封建社会积淀下来的"男尊女卑""男外女内"的性别角色认知，一大批倡导妇女解放和男女平等的影视剧应运而生，这对于塑造公众的性别平等观念、推动中国的性别平等进程发挥了至关重要的作用。然而，近年来受媒体市场化和消费主义的影响，部分影视剧为提高收视率和市场效益，忽视自身肩负的正向舆论引导和示范作用，制作、传播固化、奴化、物化甚至丑化女性内容的文化作品，误导公众对女性价值的判断，对公众的性别观念认知产生了极其负面的影响。

2018年9月，开始在国内各大电视频道热播的国产电视剧《娘道》，便是传播性别歧视观念的典型代表。这部剧传播了男尊女卑的价值观，被广大网友斥为"封建糟粕的沉渣泛起""升级版的女德"。很多媒体如《北京青年

---

* 作者简介：马焱，全国妇联妇女研究所妇女理论研究室主任、研究员，法学博士，主要研究方向：妇女理论、人口老龄化与妇女发展妇女组织等；黄桂霞：全国妇联妇女研究所副研究员，主要研究领域：性别平等理论、妇女与社会保障。

报》《中国妇女报》《北京日报》《南华早报》网站以及"妇女研究视界"微信公众号等也纷纷刊文，批评该剧"性别歧视""三观不正"。此剧尽管遭遇断崖式口碑评价，豆瓣评分仅仅 2.6（10 分满分，2 分为评分底线），但却获得 2018 年度收视冠军，出现了高收视率和低口碑评价的悖论。

文艺应该怎样反映现实，不仅是关乎艺术标准的重大问题，更是关乎文艺作品价值导向的重要问题。从性别视角观察部分影视剧的制作与传播状况，分析其存在的问题并提出相应建议，对于塑造和提升公民的性别平等观念，进而推动社会主义核心价值观的落实，不仅必要，而且迫切。

一、影视剧传播性别观念的功能与作用

影视剧具有面向社会大众、覆盖人群广、传播速度快、社会影响力强等特点。影视剧除了输出故事和画面外，"还通过传播价值观念、道德规范、社会准则、生活方式等潜在的文化信息，影响着人们的价值观、世界观和人生观"①。作为通俗文化的重要载体，影视剧代表的是一种普遍的审美取向和价值判断，能唤起观众对日常生活的熟悉感、对传统价值的认同以及对美好生活的向往，它虽然无法影响人们怎么想，却可以影响人们去想什么。② 卡兹（Daniel Katz）等人的研究也发现，受众在接触媒介信息时，价值观的表达是一项重要因素。传媒传播的内容有可能固化或者转变受众的价值观，如果传媒传播的价值观与受众的价值观一致，会强化受众对自身价值观的认同感，如果传媒传播的价值观与受众价值观不一致，则会影响甚至有可能改变受众的价值观，使其与传媒传播的价值观趋同。③ 总之，从性别视角看，影视剧作为普遍传播的大众艺术，能以最直观的视听觉感受完成对女性价值以及男女两性之间性别关系的呈现和建构，影响并塑造社会大众的性别观念、

---

① 赵慧彩：《浅析电视剧对受众价值观的影响》，《新闻爱好者》2011 年第 7 期。
② 刘利群、王琴：《互动发展与挑战反思——媒介传播与性别平等 20 年回顾》，《妇女研究论丛》2015 年第 5 期。
③ ［美］Werner J. Severin. James W. Tankard，Jr.：《传播理论：起源、方法与应用》，郭镇之主译，中国传媒大学出版社 2009 年版，第 147 页。

行为方式和价值取向。具体来说，其功能和作用的发挥主要表现在以下两方面。

（一）呈现、构建性别关系

人的价值观念主要是通过社会化渠道逐步培养起来的。在当前传播媒介无所不在的时代背景下，包括影视剧在内的大众传媒对人们价值观的塑造起着至关重要的作用。美国传播学者桑德拉·波－罗基奇通过针对传媒内容对人们价值观念的影响的研究，发现传媒接触会导致人们价值观的变化。她指出，人们获取或改变价值观有三个渠道：一是个体通过自己的生活经历，内化社会对个体的要求，并从中提炼出行为的标准；二是个体观察、模仿一些重复出现的行为，并从中形成判断自己所期望的行为的标准；三是个体在社会化过程中，通过学习交流，内化社会的主导价值观，形成社会所期待的行为。由于传媒覆盖面广、影响力大，几乎成为每个社会成员生活的一部分，并不断通过形象来说服、表现并阐述价值观，因此，传媒已成为社会成员模仿行为的一个重要源泉，也是社会化的关键渠道之一。①

影视剧以生动的影像语言和具体的情节叙事，呈现出媒介世界"拟态环境"中的性别关系，同时也重构着现实社会中性别文化的结构。性别关系通过影视剧剧情的设计被一层层建构并呈现出来，人们在媒介化生存中常常不自觉地被裹挟到影视剧建构的价值观设定中，其价值取向由此受到潜移默化的影响。

中华人民共和国成立后的一段时间里，大批具有性别平等意识的影视剧作品问世，对于在全社会培育尊重妇女和男女平等的价值观念，帮助人们正确认识女性人格、尊严、权利及社会价值，发挥了极其重要的引导作用。比如，长春电影制片厂出品的电影《刘巧儿》，讲述了新中国成立前陕甘宁根据地陇东地区的农家少女刘巧儿反抗父母包办婚姻、勇敢追求婚姻自由的故事。该电影公映后，刘巧儿即刻成为当时青年人勇敢追求婚姻自由的偶像，她的示范效应加速扭转了千百来年人们对"父母之命，媒妁之言"的遵

---

① 转引自潘忠党、魏然《大众传媒的内容丰富之后——传媒与价值观念之关系的实证研究》，《新闻与传播研究》1997年第4期。

从，深化了人们对于女性自身有权利追求幸福生活的认知。中华人民共和国成立初期的很多影视剧，重构了性别关系，潜移默化地影响着人们对男女不平等问题的态度，不知不觉中建构了男女平等的价值观，形塑着人们对性别平等的认识以及对女性社会身份和社会价值的认同，为广大妇女日后广泛深入地参与社会生活从而成为国家发展的主体，营造了平等的舆论氛围，奠定了宝贵的思想认识基础。

（二）传播、强化性别观念

影视剧一方面呈现、建构着性别关系，同时也传播强化性别观念。人们会通过影视剧设定的性别关系来反观自己对相关性别问题的看法和态度，从而强化性别角色与性别关系认知。比如，剧情对女性角色的定位是生产者还是家庭消费者，活动通常集中在家庭领域还是工作场所，这些内容的设定与传播会引导和强化人们对女性价值尤其是女性社会价值的认识和判断。再比如，当剧中出现侵犯妇女权益的现象时（如针对女性的暴力），当事人选择隐忍还是奋起反抗，利益相关者（家人、邻居、朋友、公职人员等）是息事宁人还是积极干预，剧中人物的行为举止无形之中都在向社会传递着如何看待女性权益的价值理念，引导着社会公众对此的看法和态度，并极有可能被观众所效仿。尤其对于世界观、人生观和价值观正处于形成过程中的青少年的影响更为深远。没有经历过成人世界且心智和价值观都未成熟的青少年，往往会通过观看剧中人物的经历来增加自己的人生阅历，将剧中传递的性别观念作为判断女性价值以及性别角色定位的标准，从而逐渐将之内化为自己的性别观念认知。

如果作品塑造的主人公是追求时代进步、体现男女平等理念的，将有助于观众打破传统的性别刻板印象，从而形成男女平等的价值观。比如，根据河南省登封公安局局长任长霞的事迹改编而成的电视剧《任长霞》，塑造了亲民、爱民、以民为本、公正执法、集警察威严与女性细腻于一身的"警界女神警"新形象，这一女公安局局长形象有助于人们改变对男性主导的"公安局长"脸谱化的刻板印象，认识到女性同样能在传统男性的职业领域大有作为。这对于引导人们对女性的能力和价值作出更全面、更准确的判断具有正向促进作用。如果作品呈现的多是男尊女卑、男强女弱、男外女内等封建落后的传统性别观念，比如下文要着重分析的热播电视剧《娘道》所传播的性别价值观，结果将会严重影响人们的性别平等观念的培育。

二、部分影视剧存在的主要性别歧视问题

部分热播影视剧无视男女平等基本国策，不顾自身肩负的正向价值引导的社会责任，媚向收视率和市场，传播着男尊女卑的价值观，在社会上造成了恶劣影响。电视剧《娘道》就固化、奴化、物化了女性的价值观，严重误导了受众对女性在家庭和社会中角色和价值的正确判断。

一是固化女性角色与价值，突出女人只是传宗接代的工具。收视火爆的《娘道》勾勒出民国时期一位大户人家少奶奶——被用来祭河的河姑① 瑛娘的悲情一生。根据该剧的宣传语，该剧讲述了一个平凡女子的传奇经历，是一部伟大母亲的英雄史诗。然而整部剧不断地向观众传递着女性＝生育机器、女人最大的价值就是生出儿子的物化歧视女性的价值观。比如，该剧女主角瑛娘一心只想为夫家"生儿子传宗接代"。在得知丈夫是隆家二少爷，而丈夫发现她是河姑却没有给一纸休书后，便发誓要一心一意侍奉他，尽早给他生儿子，报答他的大恩大德；被质疑是妖女时，她说要是真的有妖术，先给二少爷生儿子；难产时，接生婆问是保大人还是保孩子，她更是声嘶力竭地说"我这条贱命算什么？我一定要为二少爷生出儿子！"并要求接生婆拿刀把自己肚子豁开，把孩子拿出来，别管她……"切腹宣言"让人恶寒，没想到第三个孩子又是女儿，瑛娘的悔恨和自责快要溢出屏幕；因为想要儿子，她给三个女儿分别取名"招娣""盼娣""念娣"，还始终觉得愧对丈夫，小女儿刚刚断奶，就决定再生一个；甚至当女儿受欺负，丈夫替女儿主持公道时，她都拦下丈夫，说："你要怪就怪我吧，怪我生不出儿子来。"最后，终于在牢里生下了一个儿子，取名牢生。

在女主角的心中，女人就要遵循"三从四德"，女人生命的意义就是为

---

① 河姑：过去人愚昧，河水泛滥认为是河神发怒，于是送个姑娘到河里淹死，说是送给河神当老婆，这个送死的姑娘就是河姑，即祭祀给河神的祭品。家境贫寒的瑛娘被当地的乡绅大户隆家选为祭祀河神的贡品。

夫家生下儿子，职责就是替丈夫传宗接代，通过生儿子来换取在夫家的地位和身份。生不出儿子，是女人的无能，千错万错都是自己的错。女主角完完全全毫无抵抗地拥抱"生男光宗耀祖、传宗接代天职"的思想，甚至主动成为封建思想的拥护者并以此获益——用苦和难制造高潮、感动自己、强撑伟大，令观众极其反感。如此赤裸裸地充满封建糟粕思想的剧情以及挑战三观的对白给观众留下了极其深刻的印象。

二是奴化女性，歌颂陈腐的封建尊卑礼教。《娘道》中，女主角无论经历如何凄惨，都毫无反抗意识，而且自轻自贱，卑躬屈膝地见谁跪谁，跪丈夫、跪婆婆、跪祖宗宗庙……嫁鸡随鸡嫁狗随狗，百依百顺，成为男尊女卑思想的坚定维护者和实践者。只因小时候当过河姑，就对自己"原本该死"的命运深信不疑，不抗争不索求，任人欺负。被婆婆百般刁难、赶出家门，依然忍辱负重地选择原谅，甚至连婆婆自己都已经醒悟忏悔道："隆家欠两个孙女的。"她却仍认为："隆家怎么会欠我们的呢？"对于平时嫂子的冷嘲热讽，也是毫无原则地选择原谅。甚至被人设计陷害，丈夫误以为她在外偷情，冲进来不问青红皂白上来就打她耳光，满口"贱女人"，当着孩子的面要开枪杀了她……面对这种侮辱，她依然还是无原则地选择了原谅，并且告诉女儿们，"别怪你们爹，毕竟是亲爹"。

整部剧中不仅没有伟大而富有正义感的母亲形象，反而展示的是不管你怎么加害、怎么折磨她，她都不会记恨你，只靠一味地委曲求全和靠乞求获得生存资源，甚至不惜牺牲生命以获得身份认同的一个女性。该剧丝毫没有表现出反抗封建礼教的精神，女主角瑛娘的一生从来没有为自己活过一天。透过屏幕该剧仿佛告诉观众：女人们，只要学会了"忍"，总能守得云开见月明。这些"毁三观"的剧情内容，遭到很多观众尤其是接受过平等思想教育的年轻观众的抨击："封建男权复辟"的作品《娘道》，其所表现出的以讨好男权，甚至自轻自贱来换取庇护资源的女性命运，大大超出想象；该剧所宣扬的"哺而无求，养而无求，舍命而无求"的"娘道"实为"女德复辟"。

三是宣传物化女性的腐朽性别观念。部分影视剧为制造剧情的矛盾冲突，将女性视为可交换的物品、可消费的商品。《娘道》主角柳瑛娘嫁给隆家二少爷后，隆家本来打算给她一笔钱让她离开二少爷，但发现她有可能怀了儿子，就把她接回了家，这是女主角用生儿子来换取在夫家的地位和身份。电影《前任3：再见前任》中低俗露骨的段子也不少，其中"女人黄金期只有几年""给女人花钱的男人不一定爱她，但不花钱的男人一定不爱她""酒肉朋友，酒醉后的肉体朋友""我像我妈，那你妈挺有钱的吧！"这些赤裸裸地物化歧视女性、挑战三观的对白给人留下了深刻印象。《时光教会我爱你》中的女主角林鹿为给重病的弟弟筹够50万元换肾的钱，与逃避父母安排婚姻的某公司总裁时敛森签订百日恋爱合同，用"包养"的方式给时总裁做"不谈感情的女朋友"，随时听从召唤，以换取时总裁支付的50万。签字后，林鹿特别开心地说："不论是性感的、淑女的、野蛮的，哪款女友，我都保证老板您满意。"尽管影片最后两位主角假戏真做，回到了"真爱至上"的政治正确的道路，但所谓恋爱契约的存在本身就反映了影视剧的价值取向，即认为女性可以通过出让感情和自由来解除经济危机。这些影视剧将女性视为可衡量、可交易的消费品，正如《前任3：再见前任》中所言"女人的黄金期就那么几年"，将女性物化为用青春交换幸福婚姻、成就人生的物件。

四是丑化女性，侮辱女性的人格尊严。夸张是文艺创作中常用的手法，但部分影视剧为加强戏剧性，凸显人物个性，对女性形象的丑化达到了缺乏生活逻辑的程度。比如，热播剧《我的前半生》中女主角罗子君的妈妈，其人物设定为一个品位恶俗、市侩势利、精于算计、极端自私、嫌贫爱富的小市民形象，只关心自己和女儿的利益，丝毫不在乎他人感受。比如，当得知女儿闺蜜唐晶的高富帅男友爱上了女儿罗子君时，她就找到唐晶要求对方主动让爱；因得到一点小利益，就在大街上情不自禁地手舞足蹈。现实生活中固然不乏自私自利的个体，但塑造这样一个行事无逻辑、无底线、举止夸张的集各种人格缺陷于一身的小丑形象，极易误导观众对女性形象和价值的判断。

三、部分影视剧传播性别歧视观念的原因分析

在媒体市场化、消费主义盛行的社会背景下，部分影视剧忽视自身肩负的传播男女平等价值观的社会责任，出现歧视女性而不自知的庸俗、低俗、媚俗倾向，究其原因，主要有以下几方面。

一是影视剧创作者性别平等意识不足，对文艺如何反映现实存在认识误区。如果创作者认识不到女性角色和价值的多元走向，刻板化地固守女性的传统家庭角色定位，便难以创作出体现时代特点的、反映性别平等的艺术作品。一些没有接受过性别平等教育或培训的创作者认为，作品就是反映历史或现实的某种客观存在，比如《娘道》的导演在面对具有现代男女平等意识的女性对该剧的诘责时表示：剧情是当时历史现实的反映，他只是想通过这部剧歌颂伟大的母爱，纪念他的母亲，感谢他的妻子。影视剧的确应该以历史事实为基础，但创作者如果忽略了"艺术来源于生活又要高于生活"的原则，没有任何批判性地、单纯地反映客观存在甚至歪曲现实，比如该剧以写实为由，把母亲和妻子集中设定为"传宗接代、贤妻良母、三从四德"的角色，其结果便是传统落后的歧视女性的性别观念不断被复制和传播，文艺作品由此失去对社会公众树立性别平等价值理念的正向引导作用。当前媒体从业人员接受性别平等观念教育或培训的机会非常有限，许多人还存在落实男女平等基本国策的"思想盲区"和文艺如何反映现实的"认识误区"。

针对文艺作品如何反映现实这一问题，习近平总书记曾做出深刻论述："文艺创作如果只是单纯记述现状、原始展示丑恶，而没有对光明的歌颂、对理想的抒发、对道德的引导，就不能鼓舞人民前进。"[①] 一个好的文艺作品不能缺少对社会现实尤其是丑恶现象的反思和批判。我们有历史经验可以总结，也有国际经验可以借鉴。2017 年、2018 年引进中国的两部票房、口碑均佳的印度影片《摔跤吧，爸爸》和《神秘巨星》，无论是拍摄技巧、主题表现还是演员表演都获得观众的一致好评和深度认同。中国影评人对此的评

---

① 习近平：《在文艺工作座谈会上的讲话》，《人民日报》2015 年 10 月 15 日第 2 版。

价是，两部电影深刻揭示了印度女性权利不平等的现状，女性自我抗争意识的觉醒在两部影片中成为要表达的核心观念，并借助动人的故事情节，深刻触动了观众的内心。① 众所周知，受宗教、历史和传统文化等多种因素影响，绝大多数印度女性长期处于极端弱势地位，而这两部影片并没有将现实中女性悲苦的命运复制到银幕上，而是在注重艺术表现手法的同时更加关注主题的典型性、广泛性、深刻性和时代意义，并赋予了剧中角色强烈的文化内涵和时代感，不仅呈现了女性对梦想的追求，鼓励女性自主奋斗；还包括了女性对男权的反抗斗争，以及在斗争中展现出的坚定与乐观；处处体现出女性的觉醒和成长、对男权社会的批判与抗争。② 这种影片的创作，能使观众通过观影引发对女性命运、地位、权利的深刻反思，催发其产生追求和支持女性解放与性别平等的意愿，从而推动社会向平等文明进步的方向一步步迈进。

二是受媒体市场化和消费主义影响，片面追求收视率和市场效益。为达到获取巨额经济效益的目的，部分影视剧用夺人眼球的人物塑造来换取收视率。比如，热播剧《娘道》因其传奇的剧情设计勾起了部分观众对传统女性角色的回忆和认同，成为 2018 年 10 月份收视率最高的电视剧。《前任 3：再见前任》上映仅 11 天就闯入华语电影票房史前十，票房达 18 亿，但该剧也因为涉嫌歧视女性，在豆瓣被评 5.5 分。可以看出，这类影视剧虽然获得了高收视率，但都因涉嫌歧视女性，招致广受批评。究其原因，便是影视剧的市场化生产机制与其本身所承载的传播性别平等的社会责任之间出现了错位。媒体产业化的结果是将媒体生产置于高度市场化运作的环境中。这一市场化的生产机制决定了媒体的生存发展很大程度上是由商品市场来决定的。这也导致了当前媒体过度追求收视率、点击率，以期获得巨额广告收益。③

---

① 孙启菲：《印度电影女性主义的觉醒与流变——以电影〈摔跤吧！爸爸〉和〈神秘巨星〉为例》，《大众文艺》2019 年第 7 期。

② 肖跃玲：《女性主义视角下宝莱坞电影中的角色塑造——以〈摔跤吧！爸爸〉和〈神秘巨星〉为例》，《视听》2018 年第 11 期。

③ 刘利群、王琴：《互动发展与挑战反思——媒介传播与性别平等 20 年回顾》，《妇女研究论丛》2015 年第 5 期。

在这种媒介生产运作机制下，基于社会伦理和文化层面的道德标准和平等诉求常常会让位于巨额经济利益的诱惑。

三是媒介监管体系和把关机制不健全，缺乏明确的性别评价指标。在对媒体的法律政策监管、监测方面，存在性别标准的模糊与缺失问题。虽然国家关于新闻出版管理的相关法规以及广播电视管理条例等对于传播内容的要求有限制性规定，但一般只是笼统规定禁止传播淫秽色情内容，而没有对男女平等内容的监管，而且对于违反规定的情况也缺乏相应的法律责任追责机制。对于一些"毁三观"的影视剧，如果不及时进行源头干预，其后果非常令人担忧：首先，会不断堆积"男尊女卑"的社会土壤，使现代女性难以摆脱"女德"的束缚，影响女性的生存和发展空间；其次，低俗的固化、奴化、物化、丑化女性的人物塑造，不仅是对女性人格尊严的侮辱、歧视和不尊重，而且会混淆是非、美丑、善恶观念，污染社会风气；最后，如果放任资本逐利，会造成影视行业的劣币驱逐良币现象，影响国产剧市场的健康发展，让国产剧市场变得畸形。因此，能否在媒介监管方面把好关，是遏制性别不平等观念传播的关键环节。

四、思考与建议

影视剧作为展现大众文化的重要渠道和平台，肩负着构建和传播先进性别文化的社会责任和使命。履行好这份社会责任和使命，须从提高影视剧创作者的性别平等意识着手，加大对相关人群的教育培训，同时完善媒体监管机制，做好源头把关工作。具体建议如下。

一是对影视剧创作者等相关人群进行性别平等意识培训，增强其传播性别平等观念的文化自觉。剧作者是影视剧的生产者，可以说是影视剧制作的一线人员、第一把关人。影视剧创作者要创作出体现时代风貌的艺术作品，坚持男女平等的宪法原则，打破对女性价值的单一、刻板化的认识，认同女性价值的多元走向。因此，建议加强对影视剧从业人员性别平等意识的培训，比如在其入职前的岗位培训、入职后的业务培训中加入性别平等的内容，帮助他/她们突破性别刻板印象，促使其树立性别平等的价值理念，并将此理念贯穿到影视剧的制作和传播全过程。还要在高校的影视制作专业增加性别平等的课程设置，对即将从事影视剧创作的高校学生进行性别平等教育，提高其性别平等意识，促使其做先进性别文化和男女平等基本国策的传播者。

二是影视剧创作和传播要坚持性别平等的价值取向，充分发挥正面传播引导作用。影视剧的创作和传播应坚持正确的价值导向，用栩栩如生的作品形象告诉人们什么是应该肯定和赞扬的，什么是必须反对和否定的，用光明驱散黑暗，让人们看到美好、看到希望，这样才能激起人们对女性悲惨命运的同情以及对于女性权利与尊严的深刻反思，达到批判封建糟粕的目的。要高扬社会主义核心价值观的旗帜，充分认识肩上的社会责任，精心打磨塑造可支撑和代表新时代风貌的对社会负责任、对家庭有贡献的女性脊梁形象。通过影视剧大力宣传先进的性别文化和男女平等基本国策，传递平等文明公正的价值观，推动消除性别歧视和社会偏见，汇聚改变歧视女性等不良风气的力量，正向引领和影响文艺风潮，涵养尊重和关爱女性的公民素养和社会文明风尚。

三是把性别平等指标纳入我国媒体监管指标体系，建立健全媒介生产机制、性别平等咨询机制和专业化评论沟通平台。首先，在制定和完善媒介监管政策和指标体系时纳入性别平等指标，合理设置反映市场接受程度的发行量、收视率、点击率、票房收入等量化指标，既不能忽视和否定这些指标，又不能把这些指标绝对化，被市场牵着鼻子走，而应从深层的媒体生产机制入手，发掘媒体传播链条中的性别盲点，从源头上打破媒介生产中过度市场化的不利导向，使影视剧在创作时有章可循、有据可依。其次，建立性别平等咨询机制和专业化的评论沟通平台，引入专家把关和同行评价机制，在影视剧审查环节设置性别顾问或者加入性别平等的评价指标。最后，还要加强对公共文化产品尤其是热播影视剧的舆情监测，对于弘扬先进性别文化的好作品给予鼓励，对于违反男女平等基本国策的文艺作品和传媒进行问责。

事实告诉你中国妇女有多拼！

马　焱　马冬玲　刘晓辉

岁末年初，到了跟 2018 告别的时候了。回首这一年，中国妇女与祖国同行，与时代同步，勤奋工作，辛苦持家。任时间飞流，任道路泥泞，依然闪现的是她们忙碌的身影，叠加记录的是她们闪耀的业绩。

中国妇女了不起！

中国妇女到底有多拼？

我们还是用事实说话吧！

数据告诉你，

中国妇女在社会上有多能干！

劳动最光荣，懒惰最可耻，是千百年来融入包括中国妇女在内的所有中国人血液的价值理念。自新中国成立以来，中国妇女在"走出家门、走向社会"的国家强力号召下，一步步走向国家建设的各行各业、各领域，用奋斗活出自己的人生价值，用智慧助力祖国的繁荣发展。让我们来看看一些数据：

全社会的就业人员中女性就业比例达到 43.1%。在如火如荼决胜全面建成小康社会的火热实践中，超过 70% 的妇女踊跃参与其中。有的敢于攀登科学高峰，有的勇于鏖战万变商场，有的在竞技场上尽展力与美，有的坚守在平凡岗位默默奉献。

还有许多行业领域的从业人员，女性都超过了半数，比如，

● 互联网领域创业者中女性创业者的比例高达 55%。

● 被誉为"白衣天使"的医务工作者中女性达 63%。

● 教书育人岗位上女性超过 55%。

● 此外，科技领域中的女性也占到近 40%。

● 女企业家占到了企业家总数的三成。

她们中绝大多数人珍视工作，兢兢业业，胼手胝足，把每一个工作岗位都当成奋斗的舞台，在各行各业与男性并肩战斗。

即使面临职场性别歧视，她们也不退缩不气馁；即使面临工作家庭冲突，她们也不抛弃不放弃，无怨无悔，不断打破偏见，挑战自我，在经济、政治、文化、科技、体育等各个领域建功立业，创造辉煌。

在这些事实面前，我们都应该钦佩中国妇女！

数据告诉你，

中国妇女在家庭中有多奉献！

如今的中国女性在家庭中不仅扮演着"持家者"（操持家务）的角色，还兼顾着"养家者"（经济供给）的责任。

从上述中国妇女从事有酬的高社会劳动参与率，便可了解中国妇女对家庭的经济贡献。

第三期中国妇女社会地位调查数据显示：女性个人年总收入占夫妻年总收入的比例平均为 40%，有近 35% 的女性对家庭的经济贡献已经与丈夫相当，甚至超过了丈夫。女性切切实实的工作收入已经成为家庭抵御风险与追求美好生活的不可或缺的重要来源。那种认为挣钱养家主要应该是男人的责任、女性是依附男性、靠男性生存的"食利者"的传统观念，早已不是社会现实。

在家庭照料和家务劳务方面，女性更是凭借自己坚韧的无私奉献精神，支撑整个家庭的有序运转，满足着家庭成员物质生活和精神生活的各种需要。

第三期中国妇女社会地位调查的数据显示：城乡家庭中的家务劳动主要都是由妻子承担，其中，城镇地区以妻子承担为主的接近七成，农村地区的这一比例则超过 75%。数据告诉我们，在老人病榻前端茶送水、喂药擦身的主要是妇女；家人在医院就医时忙前忙后的主要是妇女；带着孩子转战各种辅导班、毫无节假日辅导孩子功课的主要是妇女；在家庭中做饭、洗碗、做卫生、进行日常采购的也主要是妇女。

尽管家务劳动是琐碎的、耗费心神的、重复性强的无报酬劳动，但女性心中怀着对家人满满的爱、对家庭深深的责任感，在承担着几乎和男性同样繁重的社会劳动后，还依然能够拖着疲惫的身躯，重振精神，尽力维系一个家庭尽可能好的生活，撑起家庭的大半边天。

面对女性的这些无私付出，我们都应该感谢中国妇女！

数据告诉你，

中国妇女自身有多上进！

时代的变革、社会的进步，改革开放40年的发展，为妇女追求发展、施展才华创造了难得条件，提供了广阔舞台。越来越多自尊自信自立自强的女性出现在大家身边。再来看看一组数据：

从追求学业发展看，本专科生和研究生中的女生比例均超过一半，博士生中的女性比例也持续走高，广大青年女性享受着追求知识的乐趣，并不被社会上那些"灭绝师太""第三类人"的污名而吓退。

第三期中国妇女社会地位调查的数据显示：绝大多数女性是自信的，86.6%的女性对自己能力有信心，84.7%的女性认同"女人的能力不比男人差"；绝大多数女性也是独立的，88.9%的女性表示"在生活中主要靠自己，很少依赖他人"；绝大多数女性更是追求事业发展的，接近九成的高校女大学生有较高的职业发展抱负，表示"我希望在事业上能有所作为"和"我愿意为了成就一番事业，付出艰辛的努力"。2015年全国妇联六省市城乡男女平等价值观课题（以下简称"价值观课题"）调查发现，绝大多数女性认为工作在女性人生中具有独特的意义，极少有妇女认同经济上依赖他人。

从择偶观方面看，绝大多数中国妇女有着平等的择偶观，心心念念攀高枝的并不多见。

第三期中国妇女社会地位调查数据显示：男女双方结婚前家庭经济状况差不多和女方更好的分别为61.7%、20.7%，男方更好的仅占16.6%。换句话说，六成多的青年男女婚前家庭经济状况门当户对，女方比男方家庭经济状况好的超过两成，远高于男方家庭经济状况好于女方的情况。不可否认，现实生活中，也存在个别"拜金女"的现象，但个别不能推论全部，数据证明，那些认为整个女性群体"唯钱才嫁"的认识是有悖现实的。

"价值观课题"调查还发现，绝大多数青年女性择偶时更看重男方的品行修养和责任心，而非经济状况。绝大多数女性认为，"嫁得好"主要是指双方感情好而非对方经济上的优越；很多人认为嫁得好不如干得好；很多人认为既要"嫁得好"也要"干得好"；还有很多人认为只有"干得好"才能"嫁得好"。调查表明，对女性来说，无论嫁得如何，"干得好"都已经非常重要。

"价值观课题"调查还发现，绝大多数女性持有平等、独立的价值观念，赞同男女双方携手创造美好生活。她们认为，挣钱养家应该是两个人共同的事情，有的甚至能够接受女性承担更多养家责任。第三期中国妇女社会地位调查数据显示：83.5%的高校女生反对"挣钱养家是男人的事情"；81.1%的女生反对"男人应该以事业为主，女人应该以家庭为主"；80.1%的女性反对"相夫教子是女人最重要的工作"。

面对这些有力的数据，我们都应该祝福中国妇女！

事实胜于雄辩！

中国女性真能拼！

中国女性了不起！

为中国女性点一万个赞！

（来源：女性之声，2018 年 12 月 27 日）

夫妻和谐有"道"何必纠结"强""弱"

——从"男强女弱"和"女强男弱"的观点说开去

马　焱

近日，某婚姻登记机构现场发放的一本《幸福之约》宣传册引发争议，其中关于"女强男弱家庭对孩子成长的影响"一页的内容被网友吐槽为"不婚广告"。该页内容编者接受网友采访时表示，初衷不是要求女性保持弱势和顺从，而针对的是少年儿童中出现的男孩过于"弱鸡"的趋势，同时也承认内容的确容易引发歧义，愿意接受批评。事实上，这已经不是第一次在公开场合出现类似的"女德"观点。

和谐家庭的构筑，需要男性与女性共同而平等地参与。家庭和谐了，社会和谐才有基础。在家庭中，是"女强"，还是"男强"，与性别没有关系。那么，我们究竟该如何看待一个和谐家庭中，夫妻各自的角色和互动呢？

夫妻在婚姻家庭中所扮演的角色、履行的义务以及双方的互动模式等，一直是人们津津乐道的话题。一段时间以来，网络上不断曝出与这一话题相关的一些观点，比如，全国各地此起彼伏的"女德班"广泛传播妇女应对丈夫百依百顺，打不还手，骂不还口，逆来顺受等主张；有些人认为，女孩子不必追求高学历，否则读到博士找对象就难了；与此相应的另一种观点认为，一个家庭如果妻子比丈夫学历高、地位高、收入高，不利于家庭稳定；就连某大学的教授也公开宣称"女子无才便是'德'"，婚姻要和谐、家庭要幸福，就要以丈夫为中心，妻子应该做出让步甚至牺牲，丈夫的成就也是妻子的成就，即所谓"夫贵妻荣"；甚至某婚姻登记机构近日散发的宣传材料中也曝出了一些引起广大网友热议的观点：家庭中"女强男弱"不利于对子女"健全人格"的培养，比如儿子容易复制爸爸的感受、有压抑感甚至胆小；女儿出于对父亲的同情，很想去帮助爸爸，不由自主地会朝着强势的方向发展，最后变成和妈妈一样的强势女人，因此认为，聪明的妻子为了儿女，要尽量去树立丈夫高大伟岸的形象……"乱花渐欲迷人眼"，众说纷纭、莫衷一是。尤其是正式机构的宣传、专家学者的言论，在新媒体日益发达的今天，影响是极其广泛和深远的。

那么，究竟如何看待一个和谐家庭的成员尤其是夫妻各自的角色与互动？

"强""弱"与性别并无必然联系。

首先，需要辨识"强"与"弱"及其与性别之间的关系。从性格方面来看，有的人刚强一些，有的人柔弱一些，而这些性格特点与性别没有必然的联系。传统观念中"刚强""柔弱"分别是男女的代名词，刚强的男性、柔弱的女子往往受人推崇，反之则会受到质疑、嘲讽甚至压制、诋毁。事实上，女性中有刚强者，男性中也不乏柔弱者。违反天性、用固有的性别刻板印象来看待和要求男性一定要"刚强"、女性一定要"柔弱"，结果无论对男性还是女性都将会是一种束缚甚至是伤害。为什么不能接纳和尊重一个天生"柔弱"的男人和一个天生"刚强"的女人呢？从能力方面来看，每个人的长处和核心竞争力不同，而这些方面与性别也并无必然联系。据第三期中国妇女社会地位调查（2010 年）和全国妇联"男女平等价值观研究"课题组的调查（2016 年）显示，无论男女、受教育程度，还是居住在城乡，绝大多数人对"男人的能力天生就比女人强"的说法持反对态度，认为男女不存在能力高低的问题，个体之间的能力差异远大于性别之间的能力差异。每个家庭中，丈夫和妻子的兴趣关注点和擅长领域各不相同，既有事业心强的妻子，也有乐于管理家庭事务的丈夫；在"双职工"普遍存在的中国家庭，越来越多的夫妻各自既有自己的事业，又共同承担着家庭责任。那种固守"男主外、女主内"的劳动分工模式，认为专事家务是女性唯一天职的认识既不符合社会现实，也不符合文明进步的发展潮流。夫妻间并非一定要分出"强""弱"。

其次，需要正视家庭领域"男强女弱"或"女强男弱"的问题所在。如上所述，无论是性格还是能力方面，所谓"强"和"弱"都与性别没有必然的对应关系。"男强女弱"这一说法，是绵延几千年的封建落后的传统性别文化对男女两性的一种规制，具有明显的性别歧视意涵，男性被认为是家庭的"顶梁柱"、决策者，在性别关系中处于主导和统治地位；女性则被认为是男人的"附庸"，没有能力或权利做出决策，需要听从家中男人的指挥，在性别关系中处于被统治、被支配地位。这种不平等的性别歧视观念，衍生出无数女性的悲惨命运，比如丈夫对妻子的家庭暴力千百年来被人们看作是家庭私事，认为丈夫有权利通过这种方式"教训"妻子，甚至这种男人还被认为有"男子汉"气概。其实，在这种既定的性别规范下，男性在一定程度上也是受害者。比如丈夫若比妻子收入低、职位低，或比妻子性格柔弱，即所谓"女强男弱"，夫妻双方都会遭遇强大的舆论压力，尤其对丈夫来说，压力更大，常常会被讥讽为无能、"吃软饭"。在这种舆论压力下，夫妻双方对婚姻中的个人角色，如若没有清晰的认知和强大的心理承受能力，很容易就会被传统观念所裹挟，在日常生活相处中，不自觉地以"男强女弱"的性别刻板印象要求对方，从而产生矛盾和冲突。这种"男强女弱"的性别规范导致的另一直接后果，便是婚恋市场上"男高女低"的择偶观念。近年来，许多人为"女博士"的婚恋问题忧虑，正源于此。谁挑战了男女平等的性别模式和规范，谁就会遭受社会舆论的非议，无论男女。无论是"男强女弱"还是"女强男弱"，都是源于二元对立的思维模式。一个家庭要和谐，并非一定要哪个性别强、哪个性别弱。让一个天性柔弱、敏感多思的丈夫强装威猛果敢；让一个本性外向爽朗、雷厉风行的妻子佯装内敛温柔，以此衬托丈夫的"高大伟岸"，不仅是徒劳的，也是反人性的。让一个不热爱在社会上打拼、只渴望更多享受家庭天伦之乐的丈夫去做所谓的"事业成功人士"；让一个致力于追求职业发展、有强烈社会责任感的妻子专职相夫教子、夫唱妇随，其结果往往会严重影响两性的成长发展空间，给夫妻双方带来巨大困扰甚至痛苦。反之亦然。无论是性格中的"强"和"弱"，还是能力方面的"强"和"弱"，都应该予以尊重。我们不反对任何性别的"强"，也不贬低任何性别的"弱"，反对的是任何性别表现出来的"强势"。所谓"强势"，就是以自我为中心，唯我独尊，说话态度强硬，处处表现出一副咄咄逼人的姿态，以自己的意愿来强制别人的行动。对于这种"强势"，无论是妻子还是丈夫都是不可取的，无论是强势的爸爸还是强势的妈妈，都会对孩子产生负面影响。儿子或女儿会从"强势爸爸"或"强势妈妈"那里习得夫妻相处和子女相处模式，从而对将来的婚姻家庭生活带来伤害。和谐家庭应当是每个人都能获得成长。

夫妻和睦相处没有统一的标准模式，但有基本的原则方向：彼此尊重、相互成就。夫妻双方应尊重彼此的发展愿望和选择，并在此基础上平等协商家庭事务的处理方式，要相互理解、相互支持，在追求事业发展和经营家庭生活中尽可能地鼓励对方发挥各自的优势和潜能，平等文明和谐应该是家庭的发展方向。一个文明和谐、积极向上的家庭，一定是每一位家庭成员都能从中获得成长，而不是以牺牲某些家庭成员的发展权益为代价来换取另一些家庭成员的发展。

聪明的夫妻，总能善于发现对方的长处，并能明确意识到"男强女弱""男外女内"等传统落后的性别规范对婚姻家庭带来的伤害，妻子能坦然接纳丈夫的某些"弱"，丈夫也能真诚地欣赏妻子的某些"强"，相互尊重、相互理解、相互促进，共同担负起社会和家庭责任，营造平等和谐文明的家庭氛围。夫妻是一个家庭的核心，夫妻之间互动好了，亲子关系也将随之改变。所以，聪明的父母，能够管理好自己的情绪，并能站在对方的角度考虑问题，互谅互让、互相关心、互相支持，用自己的实际行动为孩子树立学习的榜样。正所谓：世界上最好的家庭教育，就是爸爸爱妈妈、妈妈爱爸爸！

（原载《中国妇女报》2018 年 3 月 12 日）

姑娘，你想活成什么样子？

马　焱

近期，徐静蕾和蒋方舟在《圆桌派》三八特辑《圆桌女生派》节目上的言论，在多个媒体引发广泛讨论。尤其是老徐在节目中说"我根本不管男性怎么看，就是做我自己"，以及蒋方舟在节目中提到的自己婚恋失败经历并认为自己在两性市场是"被挑选"的位置等话语，更成为大家议论的焦点。

有人认为老徐是崇尚自由、独立自信的成熟女性新形象代言人，是新时代女性的模样；蒋方舟虽然是名校毕业的佼佼者，但在婚恋观上仍没有摆脱"男权思想遗毒"的影响。也有人批评老徐，认为她根本不在意对方的观点和感受，是自私的、不现实的；蒋方舟很诚实，道出了现实中很多女孩的实际困境。"乱花渐欲迷人眼"。

其实，不管是徐静蕾还是蒋方舟，她们的成长经历和婚恋体验都与普通女性有着太大不同，普通女性既做不了徐静蕾，也成不了蒋方舟。但这场讨论仍是有意义的。首先，反映了社会文明程度的提高，允许不同观点自由表达；其次，反映了人们对女性自我价值追求的高度关注。同时，也引出了一个非常值得深入探讨的议题：什么是新时代的女性？如何认识新时代女性的自主、独立？女性在两性关系中应该如何定位自己的角色？

独立：新时代女性的一个重要特征

新时代女性的一个重要特征，就是能够保持自身独立的人格、价值和尊严，不依附于他人，也不受制于他人，拥有作为一个独立社会主体的选择自由。只有自己独立站稳脚跟，才能有能力爱自己、爱他人。

经济独立：前提和基础

只有经济独立了，才能有做自己的资本。经济基础决定上层建筑，是被实践反复证明了的靠谱理论。同时，在经济独立的基础上实现心理独立也同等重要甚至更重要。眼下，不少女性已经可以做到经济独立，但心理上依然没有摆脱被动依赖的思想。经过几千年封建传统性别文化的侵染，男强女弱、男高女低、男外女内、男主女从等观念已深入许多人包括女性自身的骨髓，以致这些束缚女性发展、歧视女性的偏见被许多人所默认，甚至被认为是天经地义的。

精神独立：目标和追求

"做我自己"，是女性对自身价值的一种觉醒和自我认知，是精神独立的一种表现，打破了以男权文化为中心的价值衡量体系，摆脱了以外貌和年龄对女性进行审视的目光，摒弃了以嫁人为终极价值的标准。女人可以和男人一样凭借智慧才干在外打拼，通过自己的努力奋斗实现经济独立和精神独立，不需要男人的保护，不指望男人的施舍，完全能够成就事业，活出精彩人生。

新时代女性：独立自主非孤家寡人

独立自主并不意味着不顾及别人的感受。新时代女性从不反感、抗拒与他人的平等友好合作和亲密关系。无论是工作中还是家庭里，男性都可以是女性的伙伴。独立自主不意味着唯我独尊，也绝不是只为自己活着，不在乎他人，不顾及他人／伴侣的感受。女性不是孤岛，而是生活在现实社会中，必然会建立各种关系。

新时代女性：同等对待和尊重

只是新时代女性更在意在各种关系包括两性关系中，女性能被当作一个独立的人给予平等对待和尊重。在女性坚持独立自主前提下建立的两性关系，意味着看到和尊重对方的自我，在彼此独立的连接中共同成长与完善，也意味着不再回归传统的依附关系。在那样的关系里，男强女弱，男尊女卑，女人交出独立自主，只负责"貌美如花"，其实是要换取男人的庇护即所谓的"负责"。在社会生活风险遍布的社会，男人也难以承受这种近乎绑架的依赖关系，矮化的伴侣、不对等的灵魂，也不是对感情要求日渐提高的男性所需要的。

这也是为什么，越来越多的女性表示自己也可以赚面包，男人只要提供爱情就好。现实中无数解体的婚姻和无疾而终的感情已经有力地证明：双方付出长期不平衡的感情多半难以为继。越来越多的女性已经觉醒，已经认识到凭借自身才智和努力赢得精彩人生才是最靠谱的事。

只有在尊重女性的独立自主、让女性可以充分保持自我的社会中，越来越多的姑娘们才可以毫无负担，自信笃定，既能够选择独自美丽，也可以选择和自己的橡树站在一起，无论是 28 岁还是 43 岁。

（来源：中国妇女研究网，2017 年 3 月 30 日）

奇葩采茶方式贬损的不仅是女性价值

——消费主义文化再反思

马　焱

又到一年采茶季。源远流长的中国茶文化，蕴含着深厚的精神文化，反映着中华民族悠久的文明礼仪，其中"采茶"便是典型的中国文化符号。而近期一些奇葩的采茶方式很难让人将其与典雅厚重的传统茶文化联系在一起。

奇葩采茶：资本与性别歧视文化的合谋

据媒体报道，今年3月，江苏某景区一群采茶妹身着爆乳古装采茶；今年4月，杭州某茶园，一群采茶妹用高难度瑜伽动作"一字马"采茶，大秀性感身姿……消息一出，这些衣着暴露的采茶妹立刻成为人们观赏、谈论的焦点，而"采茶"本身的文化意涵却被忽略。这些奇葩的采茶方式，并非今年才出现。2011年4月，河南某景区恶俗策划"C罩杯处女口唇采茶秀"，并发布招聘启事，要求采茶女C罩杯以上胸围、没有性经历、皮肤光滑无疤。此"招聘"一出，舆论哗然。当地政府随后叫停了这一"奇葩招聘"，将其认定为低俗炒作，对当事者进行了批评教育，并责令停止炒作。2013年6月，广州某茶叶博览中心，中外女模特烈日下穿着三点式进行煮水、洗茶、泡茶和斟茶等表演……近几年来，奇葩的形式不断翻新变化，而不变的是部分商家以突出女性的身体和"性"特点来刺激人们消费并从中渔利。

这些奇葩的采茶方式，折射出了在消费主义文化盛行时代，资本是如何借助商业化的力量将女性身体物化、商品化，从而实现资本与性别歧视文化的"成功"合谋。由于文化具有相对独立性和代际传递性，"男尊女卑"、妇女作为"他者""附属物"等积淀几千年的歧视妇女的封建落后性别文化至今还顽固地残存在许多人的头脑中。在父权／夫权文化中，女性是被观看的对象，是被动的性指向者，男性是主动的观看者、评论者和消费者。

在如今这个高度市场化、商品化的消费社会里，为实现资本的无限度增值，一切社会存在物都可能成为商品刺激人们的消费欲望，女性的身体和性特征便成为当前社会最吸引眼球的消费品。部分商家利用封建传统性别文化中男女两性观看与被观看的主客体关系，极力挖掘女性的观赏价值，以女性的容貌和性特征为卖点刺激公众对其产品的消费欲望，已成为商业资本促销的重要手段。奇葩的采茶方式只是资本与性别歧视文化合谋的一个很小侧面，近几年引发热议的"女体盛宴"、车展中衣着暴露的"车模秀"以及各种内衣广告代言的模特走秀等，都是将女性物化为"性玩物"和"特殊商品"，追求眼球经济的产物，只是表现形态不同罢了。

必须遏制损害女性尊严的落后性别文化

这种女性身体的被观赏、被消费，不仅仅是一种资本攫取利润的经济现象，更严重的危害是它复制、重构着把女性视作"花瓶"的封建落后性别文化，消解、对抗甚至瓦解包括男女平等在内的社会主义核心价值观。奇葩的采茶方式向社会传递的信息是：女性最大的存在价值仅停留在被看的视觉层面，在于容貌、形体等外在形象，而非通过自身努力和创造性劳动实现个人的发展和对家庭、社会的贡献。这种以突出女性的性特征和观赏价值，把女性价值与外在容貌相绑架的价值导向，凸显了旧式父权中心文化对女性价值的规训，向社会传递了女性生存空间狭小、价值单一的信息。这种公然赤裸裸地宣扬女性靠出卖"色相"而生存发展的做法，直接挑战了强调文明、平等、公正的社会主义核心价值观，挑战了党和政府坚持贯彻男女平等基本国策的价值立场，其带来的消极负面影响是极其深远的。一方面，将误导公众对女性价值的准确判断，影响公众树立男女平等的价值取向，尤其对于价值观正在形成过程中的青少年负面影响更甚。由于男女平等是社会公平正义的重要内容，因此从长远看，这些做法对于全社会培育和践行社会主义核心价值观极为不利，有损整个社会对文明、和谐、自由、平等、公正等社会主义核心价值理念的追求。另一方面，对于女性个体尤其是外在形象达不到所谓"美女标准"的女性而言，除了自尊受到伤害以外，找不到任何改变命运的正确方向，而且还会让这类女性产生自卑感，甚至会把所遇到的困难和挫折归因为难以改变的个人相貌。不仅如此，还伤害着整个女性群体的人格、价值和尊严。近年来，持续风靡的女性过度"减肥"和"整容"与以上片面强调女性外在容貌和身材的价值导向不无关系。

在我国，男女平等基本国策的提出已有 21 个年头，把妇女作为一个独立的、有尊严的、与男性一样享有平等权利的人来看待，是中国共产党自成立以来一贯坚守的政治主张和价值追求。2015 年，习近平主席在纽约全球妇女峰会上明确提出："努力构建和谐包容的社会文化。男女共有一个世界，消除对妇女的歧视和偏见，将使社会更加包容和更有活力。我们要以男女平等为核心，打破有碍妇女发展的落后观念和陈规旧俗。"

从世界范围看，提倡尊重包括妇女在内的人的尊严、公平正义和非歧视的平等价值观已成为国际潮流。1995 年第四次世界妇女大会的纲领性文件《北京行动纲领》倡导：要把妇女描绘为具有创造性的人、极其重要的行动者、发展进程的促进者和受益者，而不要将妇女描绘为低人一等的人和利用妇女作为性玩物和商品。2015 年 9 月联合国首脑会议审议通过的《改变我们的世界：2030 年可持续发展议程》倡导：各国政府、国际组织、商业界和其他非国家行为体和个人必须协助改变不可持续的生产和消费模式，创建有活力、可持续、有创新和着眼于人的经济，促进持久、包容性的可持续经济增长，增强妇女经济权能，让所有人平等和有尊严地在一个健康的环境中充分发挥自己的潜能，让所有人都有体面工作。

在国内外大力倡导破除有损妇女尊严、有碍妇女发展的性别偏见和陈规旧俗的今天，像"奇葩采茶"这种迷失在市场经济大潮旋涡中、为追求自身经济利益而进行恶俗炒作的"眼球经济"，显然是逆历史潮流而动，不可能具有可持续发展的潜力，很难达到长久吸引消费者的目的。相关商家应顺应国内外尊重女性、促进性别平等的发展大势，主动适应经济发展新常态，积极响应国家创新驱动发展战略，参与供给侧改革、转方式、调结构，在实现更高质量、更有效率、更加公平、更可持续的经济发展方面多下功夫。同时，建议相关政府管理部门和行业协会制定完善行业规范和行业标准，对以突出女性容貌和性特征为卖点、牺牲女性人格尊严的"眼球经济"加大惩处力度，让违规违法者付出应有代价。

（原载《中国妇女报》2016 年 6 月 28 日）

致敬护士，就是敬佑生命

马　焱

今年的国际护士节，因新冠肺炎疫情防控而显得格外特殊。2020年5月11日，习近平总书记代表党中央特意向全国广大护士祝贺节日，对广大护士在疫情防控中作出的重要贡献给予了高度评价，对关心爱护、理解支持广大护士提出了明确要求，对广大护士推动健康中国建设、维护世界公共卫生安全寄予了殷切希望。在这场突如其来的疫情防控战疫中，广大护士作为抗疫一线的中坚力量，用精湛的专业护理技术和"爱心、耐心、细心、责任心"关爱救治每一位病患，生动诠释了国际护士节的基本宗旨：倡导、继承和弘扬南丁格尔不畏艰险、甘于奉献、救死扶伤、勇于献身的人道主义精神，有力印证了护士在守护人民生命安全和身体健康中具有的不可替代的重要地位。白衣天使逆行出征、舍生忘死的英勇壮举，让中国乃至全世界人民重新认识护士的职业价值。白衣战士心有大我、至诚报国的爱国情怀，医者仁心、救死扶伤的职业操守，迎难而上、勇于担当的奉献精神，令人无限感佩并心生敬意。致敬护士，因为他/她们确实为我们拼过命。护理工作是一个集科学性、技术性、服务性于一体的高风险职业。由于疾病的复杂性、不可预见性以及医学技术的局限性，护理人员面临的风险无处不在。特别是工作在临床第一线的护士，每天与患有各种疾病的患者近距离接触，直接暴露于各种病毒之中，是典型的传染病易感人群，在工作中稍有不慎极易造成职业危害。在这次新冠疫情防控中，由于护工和后勤人员不便进入医院病房污染区，护士们不仅要从事给病人吸痰、插管、监护等危险性极大的医疗救护工作，还要承担给患者喂饭、处理大小便、翻身等生活照料工作。在时刻面临可能被感染的巨大风险面前，广大护士没有退缩，而是毅然决然地选择了冲锋陷阵、坚守岗位，争分夺秒地与病毒作战，从死神手中夺回了一个个鲜活的生命。从事临床护理26年、来自火箭军某医院在"红区"工作的李晓莉感慨地说："作为护士，不是量体温、测血压、打针送药那么简单，关键时候要有与死神拔河的本领。"在日夜奋战的艰苦战疫中，他/她有的累倒在救治病人的现场，有的不幸被病毒感染。登上"一线医务人员抗疫巾帼英雄谱"的郭琴，就是在工作中不幸被感染的护士之一，经过治疗病情好转后，又主动重返岗位连续战斗，一句"我不是英雄，但绝不当逃兵"感动了无数人。一个个李晓莉、郭琴们在平凡的岗位上用生命守护着生命，演绎着新时代最不平凡的故事，在这个特殊时期的节日里，她们理应接受人们最崇高的敬意。致敬护士，因为他/她们能给病人带来阳光和希望。"三分治疗，七分护理"，形象地说明了护理服务的价值并不低于医术。越来越多的人逐渐意识到，医生和护士只是专业不同，医护协作是临床医疗活动的基础。上海医疗救治专家组组长张文宏在接受采访时曾特意提醒记者："有一个很容易被忽略的团队，就是我们的护理团队。你现在认为医生有多重要，护理姐妹们就有多重要。"护士不仅仅是医生的助手，更是合作者；不仅仅是医嘱的执行者，更是护理的决策者、健康教育者、管理者和医嘱的监督者。病患在医院接触最多的便是护士，在频繁的护理工作中，护士往往能发现病情变化的"蛛丝马迹"以及患者心理的细微变化，及时将这些细节反映给医生或进行及时疏导，有利于患者尽早康复。在目前尚无特效药的情况下，我国新冠肺炎感染能够取得高治愈率与低病死率的战果，与广大一线护士对病人的精心护理密不可分。当人们面对知之甚少的病毒攻击时，不免产生各种恐惧、担忧和焦虑，而良好的心态对于战胜病毒侵袭至关重要。火神山医院护理部副主任宋彩萍，细心观察每一位患者的情绪变化并适时给予安抚慰藉。当发现老年患者牙口不好，立即协调保障人员多准备柔软易消化的饭食，并特意要求给每位患者增加一碗鸡蛋羹……这种"专业化"和"有温度"的暖心护理，不仅为患者及时补充了营养，还给他们带去了极大的心理安慰。20多位患者纷纷写信给宋彩萍表达感激之情："看不清你的脸庞，但我记住了你照顾我的样子！""你就是白衣天使，为我们带来爱和希望。"抗疫一线护士的各种暖心举动，像是穿透黑暗的一束光，让病人看到了阳光和希望。诚如南丁格尔所说，护理是一项最精细的艺术，要靠高洁的"护风"和高尚的"护德"铸就。抗疫战中，护士将爱和奉献贯穿于护理工作始终，他/她对病人无微不至的关怀照顾彰显了对生命的不离不弃，不仅抚慰了病患，也鼓舞了全民抗疫的士气，提振了全民战胜病魔的信心。致敬护士，因为他/她们是健康中国建设的主力军。健康中国离不开优质护理。随着健康中国战略提出"以治病为中心"向"以人民健康为中心"转变，为人民群众提供全方位全周期的健康保障，护理服务模式也从配合医生完成治疗任务向围绕患者身心健康需求转变。近年来，护理服务领域不断拓宽，除了协助治病，还逐渐延伸到预防、康复等多个环节；护理服务场地不断延展，逐步从医院向社区和家庭延伸，这些变化均凸显了健康中国对护理服务的迫切需求。作为与患者接触最密切、最直接、最频繁的护士，担任着从孕期、婴幼儿期一直到老年期的全方位护理工作，成为健康中国建设的主力军和改善全民健康、实现全民小康的守护者。为主动适应我国疾病谱变化（慢性非传染性疾病从急性期的诊疗向慢性期照顾转变），快速人口老龄化带来的失能和半失能老年人对日常医疗护理的需求，以及不同生命周期的健康需求，一些地区积极创新服务方式，如在医院开设"无陪护病房"，即患者入院后所有的医疗和生活护理全部由经过规范化培训的护理员承担，无须家属陪护，将病人家属从生活照料中解放出来；护理服务逐渐延伸至社区和家庭，为群众提供老年护理、慢性病管理、长期照护、康复促进、安宁疗护等服务，护士在推进全民健康的大健康体系中承担着越来越重要的责任，发挥着不可替代的重要作用，是应对人口老龄化、重塑公共卫生系统形象的重要力量，其护理质量的高低直接关乎每个人的生命质量以及所能得到的医疗服务水准。致敬护士的最好方式，就是要破除陈旧的社会偏见，建立起关心关爱的制度机制。当前，我国护士总量不足、护理优质资源短缺，是推进实施健康中国战略的重大障碍。这与我国长期以来"重医轻护"以及对护士性别刻板印象等陈旧的社会偏见密切相关。有人认为，护士是伺候人的工作，看不起护士，对护士呼来喝去，不尊重护士的劳动；有人认为，护士不过是打针换药的勤杂工，工作缺少技术含量；还有人认为，护理是女性的工作，男性不适合当护士。

低价值认可度的社会偏见，直接后果便是许多人不愿意从事护士职业，严重影响了护士总量的供给。对护士性别的刻板化认识，把许多本想从事护士职业的男性拒之门外，形成了目前护理职业的高度女性化——2020 年我国护士群体中女性占比 98%。护士职业男性缺位的后果，一方面将给女护士照料男病人（如给男性患者插尿管、换尿袋等）带来诸多不便；另一方面护理人员性别结构配备不合理也已成为影响医疗质量和病人安全的风险和隐患，最终男性患者的照料需要和照料质量也将受到严重影响。因此，致敬护士的最好方式，就是通过对护士人格上的尊重、选择上的自主、制度上的护航，把礼赞化为硬核保障。

习近平总书记在对广大护士的节日祝贺中已提出明确要求："各级党委和政府要关心爱护广大护士，把加强护士队伍建设作为卫生健康事业发展重要的基础工作来抓，完善激励机制，宣传先进典型，支持优秀护士长期从事护理工作。全社会都要理解和支持护士。"贯彻落实好总书记的重要指示精神，一定会增强护士自身的职业荣誉感、自豪感、获得感和社会认同感，吸引更多的优秀人才踊跃投身到护理事业中来，更好地保障和增进社会公共福祉。共同建设健康中国，每个人终将受益。

也谈《最美逆行者》的女性形象

——基于该剧前三单元故事的简要分析

马　焱

　　抗疫这段时光，对于全体中国人民来说刻骨铭心、难以忘怀。因此，承载着全国人民深刻集体记忆的首部抗疫题材作品——《最美逆行者》受到高度关注。该剧播出后，有关剧中女性形象的呈现引发了网友热议。当前热议的焦点主要集中在个别剧情的设计上，比如，剧中某公交公司组织抗疫运输队，都是男同志主动报名，中年女性徐大姐被领导点名后婉言拒绝。这一情节设定引起一些网友反感，认为与女性在这场全民抗疫大战中的优异表现不符，抹杀了女性的贡献。这部赞颂我国伟大抗疫精神的作品是如何刻画女性形象的呢？带着疑问和期待，笔者观看了目前已经播出的《逆行》《别来无恙》《婆媳战疫》三个单元的6集电视剧。综观6集剧情，从性别视角看，虽然个别地方有令人遗憾之处，但可圈可点的剧情呈现也有很多。笔者认为，这三个单元的故事在以下三个方面起到了较好的正向引导作用。

　　一是呈现了职业女性在重大突发事件面前的沉着冷静和专业素养。在开篇第一单元《逆行》的开播镜头里，首先映入观众眼帘的是一个干练果敢、沉着冷静的现代职业女性形象。曾抗击过非典和埃博拉病毒的中国人民解放军某部医院院长肖宁，原本已经请好假前往欧洲与外交官丈夫团聚，但看到学院紧急援鄂的动员通知，果断取消探亲安排，主动请缨奔赴抗疫一线，一句"我是来请战的！……若上战场，不取得全面胜利，誓死不退！"显示了一名军人的使命和担当。当女儿抱怨妈妈不是与爸爸团聚而是去武汉时，她温和而坚定地说："妈妈是一个医生，医生的职责就是救死扶伤；妈妈是一个军人，军人的使命就是……"女儿懂事地接续道："保家卫国。"此时，画面呈现的是一位职业女性、一名军人对职责使命的敬重和坚守，并没有让女主角肖宁对女儿表达愧疚之情，突破了以往当职业女性不能兼顾工作和家庭时一定要表达愧疚感的惯用表现手法。抵达武汉后，无论是临时改建医院、研究制订救治方案，还是抢救治疗重症病患，肖宁的形象始终都是冷静果敢、坚毅无畏、指挥有方，其雷厉风行、严谨细致的领导方式和工作作风令人感佩。

公交车司机李文丽，在武汉封城前主动放弃回娘家过年的计划，冒险日夜坚守岗位，呈现出一位普通工作者的可贵敬业精神。她每天接送医务人员往来于感染风险极高的收治重症患者的省二院和火神山医院，常常工作到后半夜趴在方向盘上凑合休息，当前夫得知这一切时，表达了对李文丽向险而行的由衷钦佩，大赞"挺高尚！"故事结尾处当李文丽一家要对肖宁表达谢意时，肖宁坚定地说："林大军同志，你是火神山医院的建造者；李文丽同志，你一直通过本职工作奋战在疫情第一线！你们都是逆行的英雄！向你们致敬！"此时呈现的是，在灾难面前，战斗在不同岗位上的夫妻俩都是战士，女性并未缺席。

护士周星焱，两次主动报名加入援鄂医疗队，最后瞒着丈夫奔赴武汉，在救治现场展现了过硬的专业技能，凸显了护士的职业价值。剧中周星焱在护理患者时，突然发现一位重症患者的心率出现连续下降，继而迅速施救并叫来医生，当其他救助方案无法实施而患者生命垂危的关键时刻，周星焱凭借8年的护士工作经验大胆提出"骨内穿刺，髓内输液"的办法，一连串娴熟的技术操作成功使病人脱离了危险。一同施救的男大夫不由得连声赞叹："护士是离病人最近的，能最快地了解病情变化，并采取最恰当的抢救方式，而且表现得沉着冷静，小周，你可真厉害！你的基本功肯定过关，尤其这个髓内输液，简直是神来之笔！我这个老大夫工作了几十年，都没见过几次这种情况。"这些剧情的设计，既是对小周本人精湛专业技能的赞叹，也是对护士这个群体职业价值的肯定。目前我国护士群体中女性占比98%，长期以来，人们对于集科学性、技术性、服务性于一体的护士这个高风险职业的价值，并没有充分认识，这一剧情设计，有助于人们认识到医生和护士只是专业不同，医护协作是临床医疗活动的基础，关键时刻护士同样能够挽救生命。

二是刻画的典型女性形象自信、独立、有主见。在第一单元《逆行》中，当华院长在感染风险很高的救治现场，抢先对病人施救并对老战友肖宁说："你一个女同志，在旁边配合就好了。"此时的肖宁并没有退后，而是坚定地回应："我们是援非的战友，你信不过我吗？我来！"曾经的战友并肩战斗，使病人转危为安，此时肖宁的表现极其自信和坚定。从整个剧情看，华院长对肖宁是欣赏和信任的，能够感受到两位战友的相互尊重和彼此关心。

在第二单元《别来无恙》中，周星焱是医院里第一个报名参加援鄂医疗队的，她对丈夫说自己是预备党员、院里的先进工作者，肯定要积极参加。当丈夫说："这个病毒很厉害，到目前为止都不知道它的传染性有多强，你这样去了，没帮上患者，自己感染了怎么办？"她立即厉色反驳道："不许你质疑我的专业！咱俩在一个科室工作多少年了？！我是不是一个合格的呼吸科护士？！"丈夫转而表示认同："所以啊，咱们医院也需要你……"后来，她瞒着丈夫说服了医院领导，参加了第二批援鄂医护队去了抗疫一线。从这些剧情的呈现可以看出，小周这个角色并不是被动地听任丈夫和医院领导的安排，而是一位有信仰、不断追求进步、对事业执着努力、遇事能进行独立思考和判断的优秀工作者，对自己认定的事情不会因为他人的不理解而轻易放弃。

在第三单元《婆媳战役》中，当素素得知儿子发烧、丈夫抱怨累并吵着要回家时，她和婆婆围绕丈夫是不是尽了做爸爸的责任展开了激烈争吵，婆婆极力为儿子辩护，素素反驳道："那孩子又不是我一个人的孩子，您天天就知道为您儿子撑腰，我天天带孩子，这几天我让他带带孩子怎么了？！"接下来婆媳关系慢慢和解，由开始的婆婆被照顾，逐步转变为与儿媳相互照顾，最后婆婆买菜做饭照顾生病的儿媳。故事的后半段婆婆向儿媳表达了愧疚和歉意，称赞儿媳豁达乐观，会替别人着想，要向她学习。当素素问婆婆新年愿望是不是还是给孩子改名时，婆婆真诚地说："最大的愿望就是希望你快点好起来了……"看似温婉的素素，在原则性问题上比如孩子更名、家中防疫安排等，并没有因为婆婆的强势固执而软弱妥协，上一代人的性别刻板印象并没有在年青一代延续。

三是展现了男女两性团结协作、彼此成就的伙伴关系。在第一单元《逆行》中,肖宁指导医疗队队员对病人进行施救时,男队员听从指挥、积极配合。肖宁与华院长曾经是战友,在新的战场上,两人更是相互协作、并肩战斗。为使华院长能有时间探视感染新冠肺炎的妻子,肖宁主动替他值夜班;为共同研究出合适的治疗方案,华院长第一时间给肖宁复印了许多典型案例,供她尽快了解病毒详细情况。男女两性在工作中形成的相互支持、相互配合的合作伙伴关系得到了较好呈现。

在第二单元《别来无恙》中,周星焱与岳鲁冰在工作中的完美配合,给人留下了极其深刻的印象。岳鲁冰是一位优秀的呼吸科专家,可是遇到意志消沉、不配合治疗的患者如刘爷爷往往感到无计可施,时常求助于有着多年护理经验的护士妻子周星焱,妻子帮忙出主意、想办法,刘爷爷终于在周星焱的精心护理、用心陪伴和耐心开导下重振精神,积极配合治疗,直至康复。剧中多次出现当病人或家属存在情绪问题、岳鲁冰不知所措时,周星焱都能帮助巧妙化解,岳周二人的密切合作,生动体现了医护一体化的新型工作模式和男女搭配的协作互助关系。岳周二人既是生活中的亲密伴侣,也是工作中的合作伙伴,这一剧情设计对于引导夫妻之间在家庭和工作中互相支持、彼此成就,具有较强的示范效应。

总之,该剧在女性形象和性别关系的呈现方面,一方面有值得改进的地方;另一方面也有很多亮点。只有放眼全剧,才能避免一叶障目,作出全面、客观、公允的判断。人们对这部剧中女性形象的讨论,反映出公众对于性别平等的期待,希望新时代女性在国家发展、重大突发事件(如这场全民抗疫情)中所表现出的能力、价值、作用和贡献被记录、被承认、被看见,这对于文艺作品的创作提出了更高要求。时代在发展,女性在进步,性别关系也随之朝着更平等、更文明的方向发展变化。关照现实,尊重现实,在此基础上超越现实,把性别平等的理念进一步融入艺术创作过程中,产出的作品才更具时代性、深刻性、引领性。科学认识和社会的文明进步是一个不断提升的过程,需要行动,也需要时间;需要耐心,也需要宽容。

媒介传播的性别话语亟须规范*

马　焱　马冬玲　刘晓辉**

媒体不仅传播着信息，更传递着文化规范和价值理念。媒介传播能否秉持男女平等的价值理念，对于广大民众能否正确认识女性在家庭和社会中的价值与贡献影响深远。从性别视角探讨媒介话语生产和传播中存在的问题并提出相关建议，对于全社会培育和践行男女平等的价值观具有重要意义。①

今年是我国提出男女平等基本国策 20 周年，也是第四次世界妇女大会召开 20 周年。"妇女与媒体"是《北京行动纲领》提出的 12 大重点关切领域之一。媒体不仅传播着信息，更传递着文化规范和价值理念。媒介传播能否秉持男女平等的价值理念对于广大民众能否正确认识女性在家庭和社会中的价值与贡献影响深远。从性别视角探讨媒介话语生产和传播中存在的问题并提出相关建议，对于全社会培育和践行男女平等的价值观具有重要意义。

一、媒介传播话语存在的主要问题

（一）部分品牌文化娱乐节目存在贬损女性人格、价值与尊严的现象，误导受众对女性价值的判断

在媒体市场化、娱乐化趋势强劲和消费主义盛行的大背景下，部分媒体为提高收听/收视率，把握不住法律、道德、人权底线，传播贬损女性形

* 此文是国家社科基金重大项目"男女平等价值观研究与相关理论探讨"的阶段性成果。
** 马焱为全国妇联妇女研究所理论研究室主任、研究员、法学博士，马冬玲为该所副研究员，刘晓辉为该所助理研究员。

象、固化女性传统家庭角色、过度消费女性等不良文化信息，传播内容与现实中女性的多元形象严重不符，扰乱了受众对女性价值的正确判断。比如，2015 年春晚某小品中"女神"与"女汉子"对比性说唱表演，对"女神"和"女汉子"的呈现和判定标准完全取决于女性的体貌特征，充满了对矮胖女性、大龄未婚女性的嘲讽。

再如，近期相亲类节目风靡，一些媒体为追求片面的轰动效应，高扬拜金主义、"以貌换财"等错误的人生观、价值观和爱情观，节目中充满男尊女卑、"男财女貌"的双重价值标准，直接挑战强调平等、公正的社会主义核心价值观，挑战男女平等的婚姻观。这些节目对于社会公众尤其是处于价值观形成过程中的青少年正确认识女性价值、树立男女平等的价值观将会产生严重误导。

（二）媒介议程设置的选择标准存在性别盲点和性别偏见，女性议题边缘化

媒介的议程设置折射出媒介生产所依托的价值观念。在媒介议程设置中，女性议题受到的关注较少。2013 年 1 月 1 日—2013 年 12 月 31 日，我们参与的课题组对我国大陆地区东、西、南、北、中部不同地域的 5 个电视新闻节目共 70 期节目进行媒介监测，在监测的 1010 条新闻节目中，仅有 66 条新闻是关注女性和女性相关的话题，且没有一条进入新闻提要；仅有 8 条新闻涉及和女性相关的法律和政策，约占 0.79%；没有一条提供赋权女性的经验或促进女性权益维护的正面信息。在被呈现的人物中，男性更多被描述为社会的中坚力量；女性则更多地以普通家庭照料者身份出现，媒体有意无意地将女性的生存空间和价值体现局限在婚姻家庭中。

在众多性别议题中，"剩女"议题有比较多的呈现，电影、电视剧、纸媒报道、谈话类节目都对这一议题有所涉及，"剩女"逐渐取代了"单身女性"的提法。媒体用"剩"这一含有贬义的词汇代替"单身"的命名，表明了对适龄女性未婚、不婚的负面态度与立场。事实上，目前中国农村存在的适龄未婚男性的数量远远大于所谓的"剩女"，而媒体并未给予相应关注，而是扩大"剩女"问题，通过娱乐化、商业化的包装以消费女性作为赢利的手段，获取"眼球效益"。

（三）媒介监管体系和把关机制缺乏明确的性别评价指标

目前在对媒体的法律政策监管、监测方面，虽然国家关于新闻出版管理的相关法规以及广播电视管理条例等对于传播内容的要求有限制性规定，但总体来看，这些条例基本没有对男女平等内容的监管，一般只是笼统规定禁止淫秽色情内容，且这些要求都是原则性的，缺乏可操作性，而且对于违反规定的情况也缺乏相应的追责机制。据了解，国家电影电视总局的收听收看中心，每天对播出节目的内容进行评估和监测，但并没有关于性别的评估和监测指标。在春晚这样的大型综合综艺节目的审查和监测评估工作中，同样缺乏具有性别平等意识的专业人士参与以及性别平等的评价标准，使得"女神／女汉子"这样的节目在获得大量的关注和传播之后，被广泛质疑涉嫌歧视女性。

（四）媒介从业人员的性别平等意识、人权意识有待加强

媒介从业人员对男女两性的能力与价值、角色与分工、权利与责任的认识水平，对于性别议题的设置以及媒介话语的生产与传播起着决定性作用。目前在媒体从业人员的培训中，有关具体技术技能的培训相对较多，而有关人权意识、性别平等观念等方面的培训相对较少，更缺乏系统性。部分文化创作者缺乏文化自觉的创作态度，急功近利，以迎合受众的浅层需求为导向，追求"眼球效应"。涉及妇女、男女两性关系等方面的议题时，容易出现歧视女性而不自知的庸俗、低俗、媚俗倾向。

二、规范媒介话语传播的对策建议

（一）提高主流媒体的性别议题设置能力，重视媒介话语传播的影响力

主流媒体一方面可以利用自身的优势传播平台，通过对一些热点性别事件的关注，主动设置更能体现性别平等意识及其未来发展趋势的议题，影响和带动其他媒体的议程设置，促使其他媒体更加认同其在性别价值观上的判断，根据主流媒体已有的议题进行议题的再设置，从而对媒体新秩序的建立带来积极影响，在全社会形成男女平等价值观的舆论传播合力。另一方面可以契合当前社会中的流行文化和社会环境，进行有针对性的有利于男女平等

的话语生产和话语传播，通过制造一些性别话题，有意识地对受众和其他媒体的性别观念加以引导，拓展媒体传播男女平等价值观念的操作空间。

（二）把性别平等的指标纳入我国媒体监管政策和指标体系，完善传媒监管机制

媒体领域应进一步落实男女平等基本国策，建立健全事前、事中、事后干预机制。一是在制定和完善媒介监管政策和指标体系时纳入性别平等指标，使大众媒体在报道性别议题时有政策可依。二是在一些特定栏目节目的立意、内容、形式等设计上坚持男女平等的价值导向，建立性别平等咨询机制，引入专家把关，在节目审查环节设置性别顾问或者加入性别平等的评价指标。三是加强对公共文化产品的舆情监测，对于弘扬先进性别文化的好作品给予鼓励，对于违反男女平等基本国策的作品进行问责。

（三）将一些带有性别歧视的流行语列入国家禁用词范畴，主流媒体应带头执行

媒体尤其是主流媒体承载着传播社会主义核心价值观的使命，其用语看似小事，实则关乎舆论导向。2014 年 7 月新华社发布了《新华社新闻报道中的禁用词（第一批）》，建议当前针对特定男女群体的带有性别歧视性的标签性词语（如"剩女""女汉子""娘炮"等）列入国家新闻媒体以及官方正式文件的禁用语范畴，净化有利于男女两性平等和谐发展的舆论环境。

（四）对与媒体工作相关的目标人群进行性别平等意识的培训，增强其传播男女平等价值观的文化自觉

一是加强对媒体管理者的培训，使其在制定媒介传播政策、培养选拔任用干部时具有性别平等的敏感性和自觉性。二是加强对一般媒介从业人员的培训，比如在其入职岗前培训、入职后的业务培训以及岗位资格证的获取考试中加入性别平等的内容，促使其树立男女平等的价值理念，并将此理念贯穿到相关传媒作品的制作和传播过程。三是在高校的新闻传播学、公共管理学等学科中增加性别平等的课程设置，对即将从事传媒工作的大学生进行尊重法律、道德、人权底线的教育，提高其性别平等意识，引导其做公平正义的捍卫者。

（原载《中国妇女报》2015 年 7 月 21 日）

媒介话语传播与内容监管

——从春晚小品看男女平等价值观的传播*

刘利群　王　琴**

大众传媒在现代社会中扮演着重要角色，在构建和传播男女平等价值观方面具有着重要的影响力。近期社会大众针对春晚小品中的男女平等问题的讨论，使得大众传媒与男女平等价值观的传播问题再次被关注。

2015年中央电视台的春节联欢晚会上，小品《喜乐街》用戏谑的形式展现了"女神"和"女汉子"的不同形象，其中，"女神"被定义为相貌美、身材好的娇柔女子，女汉子则被形塑成相貌平平、性格粗犷的剩女。"女神"在小品中被追捧，"女汉子"却受到大家的嘲弄。小品播出后遭到广泛的社会质疑。很多网友指出，媒体用贴标签的形式，仅仅通过外貌、性格来定义女性的价值，实际是对女性的歧视和贬低，会产生不良的传播效果和负面的社会影响。

《喜乐街》是2015年春节联欢晚会首个亮相的语言类节目，安排在这个位置的节目一般是整台晚会重点打造的作品，希望能一炮打响，带动春晚的收视。《喜乐街》播出后确实受到广泛关注，从2015年央视春晚的独家直播视频网站爱奇艺的播放情况看，小品《喜乐街》的网络点播量居所有春晚节

*　本文是国家社会科学基金重人项目："男女平等价值观研究与相关理论探讨"（项目编号：12&ZD035）子课题"大众传媒与男女平等价值观的传播"的阶段性成果。

**　作者简介：刘利群，女，中华女子学院院长，教授，博士生导师；研究方向：媒介与女性研究、国际传播研究。王琴，女，中国传媒大学媒介与女性研究中心副主任，副教授，博士；研究方向：媒介与女性研究、女性媒介研究。

目之首，成为整台春晚网络点播中最受欢迎的节目。

　　在中国，央视的春节联欢晚会一直是最受关注的电视节目，每年的央视春晚都聚焦了亿万观众的目光。据报道，2015 年央视春晚在全国有 189 个电视频道同步转播，电视直播收视率为 28.37%，电视观众规模为 6.9 亿人①，可谓万众瞩目。但是，在春晚这个最重要的媒体传播平台中，一个最受欢迎的小品节目，却在传播男女平等价值观方面遭到公众质疑。这一情况也促使我们直面现实问题，思考大众媒介在承担社会公义、传播男女平等价值观方面应该如何作为。

　　媒介内容是大众媒介生产的终端产品，从媒介生产的过程来看，媒介内容的最终呈现需要经过议程设置、把关监管等重要的传播环节。要改善媒介内容，需要从媒介生产的机制着手。从这一角度看，在大众传媒中推进男女平等价值观的传播，可以从以下方面加以努力。

　　第一，在媒介议程设置中，重视媒介话语传播的影响力。

　　女权主义理论家克里斯·威登（Chris Weedon）指出："一种话语只有被传播之后才能产生社会影响。"② 大众媒介无疑是话语生产和传播最重要的平台。

　　小品《喜乐街》播出后，一时之间在社会上掀起"女神"和"女汉子"的大讨论，也使得"女神"和"女汉子"迅速成为社会流行语。男女老少都对小品中那段朗朗上口的说唱"女神和女汉子"留下了深刻印象。可以说，这个节目成功地制造了"女神和女汉子"的话语传播。

　　媒介话语生产和传播是媒介议程设置的表达。春晚剧组在媒介话语生产方面，一直是有积极的谋划的。为了吸引收视率，提升春晚的话题性，春晚导演组在筹备晚会的过程中，曾在网络发起投票，征集观众对春晚使用网络流行语的意见。征集结果显示，多数网友希望春晚成为流行语孕育创新的地方。春晚剧组于是表示，将尽量避免用网络流行语"炒冷饭"，争取"引

---

① 陈文：《央视羊年春晚收视创新低　观众规模首跌破 7 亿》，《新闻晨报》2015 年 2 月 22 日。

② Chria Weedon，*Feminist Practice and Poststructuralist Theory*（Oxford：Blackwell Publisher，1987），110.

领 2015 开年流行语"①。小品《喜乐街》中的"女神"和"女汉子"通过春晚的媒介话语生产，也成功地成为社会流行语。

"女汉子"这个词语并不是春晚节目首创，其实之前就已经流行于网络。"女汉子"最初源于 2013 年女主持人李艾发起的微博话题"论女汉子的自我修养"②。在这个话题讨论中，李艾以女汉子自居，认为女汉子是比较男性化的女子，不是那种传统意义上的娇柔女性。这一话题引起很多女网友的共鸣，使得"女汉子"一词在网络中广泛传播。女汉子的流行，符合当前性别多元化的时代潮流。女汉子是"女"+"汉子"，有意地将女性男性化，模糊了男女两性的界限，在话语生产的机制上打破了男女两性的二元对立。

但是《喜乐街》小品中对"女神"和"女汉子"的呈现，却更多地从身材相貌的角度来定义女性价值。春晚用一种强势媒体的"魔弹传播"优势，直接用"女汉子"标签，打击了所有了身材矮胖、大龄未婚的年轻女性。从实际的传播效果看，大部人在看完这个节目后，都把"女神"和"女汉子"直接对应理解成了"白富美"和"丑穷肥"。在娇美女神的对比下，外貌平平、豪爽独立的剩女都成了"女汉子"，成为被人讽刺和怜悯的对象。

话语是一种能够赋权的力量。媒介对"女汉子"的解释权也是对这一话语的掌控权。除了对同一话语的不同解读之外，新的媒介话语生产能达到更有效的传播效果。针对"女汉子"的传播，媒体中出现了描绘女性化男人的"娘炮"和"伪娘"。针对歧视女性的男人，"直男癌"等女权话语也在媒体中生产和传播。

媒介传播是"意义"的生产和传播的过程。如何利用媒介更好地传播正能量，在媒介话语生产和话语传播领域其实有很多操作空间。从媒介制作的角度来看，大众媒介对男女平等价值观的传播，可以通过一些热点性别事件的关注或重点性别议题的聚焦，在大众媒介中进行有针对性的话语生产和话语传播。尤其可以利用大众媒体优势传播平台，制造一些性别话题，契合当下社会中的流行文化和社会环境，传播一些有利于男女平等的媒介话语，

① 李夏至：《央视春晚用掌声记录仪测"笑果"》，《北京日报》2014 年 12 月 22 日。

② 参见徐子琪《"女汉子"李艾"鸭梨山大"难堪重负向何炅哭诉》，《城市晚报》2013 年 9 月 25 日。

吸引受众，并有意识地加以引导。

第二，在媒介把关机制中，完善媒介内容生产的监管体系。

为什么会出现"女神"和"女汉子"这样的节目？从节目的制作和传播过程来看，也是因为媒体监管体系和把关机制缺乏明确的性别评价指标。

"把关人"理论认为，媒介信息的传播过程中，把关人会从自身的价值立场出发，对信息进行层层过滤和筛选，最后传播给受众。这一理论在电视媒体的传播中体现得最为明显。能进入春晚的节目一定是经过严格的审查和筛选的。

春晚的总导演哈文在接受《人民日报》记者采访时谈到了春节晚会选拔节目的标准，她指出："好节目是硬道理""什么是好节目？我们是有评价标准的。比如语言类节目就要'好笑'，追踪社会热点，为观众带来乐趣和启迪。同时，对于节目和演员，我们坚持'三不用'，即低俗媚俗的节目不用、格调不高的节目不用、有污点和道德瑕疵的演员不用，这是底线。"①

春晚导演组在节目测评方面也花了很多心思。据报道，对于春晚的节目筛选，有专门的节目审查小组对整体节目进行把关，同时，春晚导演组还专门制订了一套规范的节目测评方案。2015年春晚对语言类节目的审查测评十分严格，第一次采用了"掌声记录仪"来检验节目"笑果"。这套仪器由专门的人员负责操作，用于对现场观众在自然放松状态下对各个节目的鼓掌情况、笑声分贝等数据进行监测，并对观众在各个时点的反应进行记录。审查结束后，导演组也会立即组织不同年龄、性别、职业的观众代表进行座谈，从故事情节、台词、演员等多个方面汇总观后感和意见建议，从而形成一种更科学、更合理的测评机制。②

但是，在这样层层把关的严格监测中，春晚节目组精心设计的这一套测评指标却没有达到预期的效果，这无疑是一个重要的缺失。主要因为这一监管体系中缺乏针对性别平等的评价标准，正是因为这样的缺失，使得"女神和女汉子"这样的节目在获得大量的关注和传播之后，又被广泛质疑节目

---

① 郑海鸥：《春晚，以观众之心为心——专访2015年央视春晚总导演哈文》，《人民日报》2015年2月10日。

② 李夏至：《央视春晚用掌声记录仪测"笑果"》，《北京日报》2014年12月22日。

内容有歧视女性的嫌疑。同样遭到质疑的，还有春晚另外一个受到广泛关注的小品节目《投其所好》，这个小品本来是作为春晚节目组重点打造的反腐节目，但是其中的女科长角色却被设定成通过拍马屁和权色交易上位的反面形象。于是，女官员的形象也在这一媒介传播中受到损害。由于性别平等意识的缺乏，使得春晚的一些节目内容难以产生民众期盼的社会正能量。

在目前的媒体政策中，有不少针对媒体内容的管理条例，但是这些条例基本没有针对男女平等的内容监管，一般只是笼统地规定禁止淫秽色情内容。要改善这一状况，需要进一步推动性别主流化，制定和落实包含男女平等内容的媒介管理政策，将性别指标纳入中国的媒体监管政策和指标体系中，完善传媒监管机制。使大众媒体在报道性别议题时有政策可依。一些媒体机构或特定节目还可根据自身的情况引入专家把关。目前已经有不少专家呼吁，春晚应该在节目审查环节设置性别顾问或者加入性别平等的评价指标。

总体来看，男女平等作为国家的基本国策，历经多年的政策传播，已经在社会中达成了基本的认同，但这样的认同还没能形成全社会的价值共识。当前，一些媒体受到市场化竞争的影响，过于追逐收视率和点击率，这使得媒体更重视那些吸引眼球的、具有话题性的内容。在大众媒体的内容呈现中，一方面，是大部分媒体对女性议题不关注的"性别无意识"；另一方面，又存在一些媒体像"女神和女汉子"的小品内容一样过度消费女性的情况。

大众传媒是倡导社会主义核心价值观的重要平台，而男女平等价值观一直是社会主义核心价值观的题中应有之义。传媒作为社会公器，需要关注社会的公平正义，积极倡导社会主义核心价值观，宣传男女平等基本国策，传播男女平等的价值观念。在这方面，大众媒介肩负着重要的社会责任，也需要做出更多的积极努力。

（原载《妇女研究论丛》2015 年第 3 期，第 58—60 页）

"剩女"与盛宴*

——性别视角下的"剩女"传播现象与媒介传播策略研究

刘利群　张敬婕**

　　诚如《女性主义媒介研究》的作者凡·祖仑（L.Van Zoonen）所说:"媒介一直是女性主义批评的中心。"① 自从1978年盖伊·塔奇曼等（Gaye Tuchman, Arlene Kaplan, Daniels and James Benet）编著的《壁炉与家庭:媒介中的女性形象》② 一书出版开始，女性形象、女性传媒工作者、女性受众等性别相关议题便逐渐进入了媒介研究的既有体系，媒介作为社会建构的重要力量成为女性主义关注、批判、解构的重点与焦点。伴随着社会性别视角渗透到传播学传统"5W"模式的各个层面中，女性主义学术思想已成为补充、完善、挑战传统传播学的理论认知的重要学术资源之一。

　　在媒介快速发展的当下，针对媒介与女性关系的研究，已出现超越使用者与工具、呈现主体与被呈现的客体等传统、静态二元论范畴的新特征。与此相对应，女性主义媒介研究在关注媒介呈现、制造、调整、规训女性的形象以及性别议题的同时，将研究投射到媒介生产的性别编码以及媒介文本

　*　本文是国家社科基金重大项目"男女平等价值观研究与相关理论探索"（项目编号:12&ZD035）子课题"我国大众传媒与男女平等价值观的传播研究"的阶段成果。

＊＊　刘利群（1965—　），女，中华女子学院院长、教授、博士生导师。研究方向:媒介与女性研究、国际传播研究。张敬婕，女，传播学博士，中国传媒大学媒介与女性研究中心副研究员。研究方向:性别与传播研究、国际传播研究。

①　[荷] L. Van Zoonen:《女性主义媒介研究》，曹晋、曹茂译，广西师范大学出版社2007年版，第14页。

②　Gaye Tuchman，Arlene Kaplan Daniels and James Benet. *Hearth and Home*:*Images of Women in the Mass Media*，New York:Oxford University Press，1978.

与社会性别的新话语等领域。

从全球女性主义媒介研究的发展来看，差异化的女性主义学术观点进入了流派纷呈的传播学研究体系，并成为其不可或缺的话语资源；同时，更为重要的是来自社会学、人类学、心理学、政治学、经济学等学科领域的理论及观点，也与社会性别、女性主义以及传播学之间进行了富有挑战性的融合与对接，由此形成了各种各样的、丰富多元的分析维度与学术理解。本文拟从"话语情境分析""文化编码分析""意识形态分析"和"市场与权力分析"四个分析维度探讨媒体对"剩女"议题传播背后的策略机制。

一、媒体对"剩女"议题的聚焦策略与话语情境分析

女性主义理论家唐娜·哈拉维（Donna Haraway）在批驳了传统实证主义认识论所认同的"知识客观性"的同时，创造性地提出了"情景化的知识"（situated knowledge）这一核心概念，认为"知识是被历史、物质、文化和语言所中介的，因此，任何单一视角对知识的解读很可能是有限的，而且，知识是被权力所维护的"[①]。

话语情境的分析视角正是基于哈拉维提出的"情景化的知识"，它摒弃了单一的分析视角，注重运用多元的、差异性的视角来展开对特定事物的认知。概括地说，这一分析视角强调了复杂多变的话语情境与阐释特定事物或现象的关系。

在话语情境分析的视角之下，可以发现"剩女"议题能够在众多社会议题中"脱颖而出"是媒体聚焦策略发挥作用的结果。

社会学有观点指出，经过人们挑选、定义、诠释并形成公共讨论之后，一个普通的"社会现象"才会形成特殊的"社会议题"。也就是说，社会议题不是自然存在的，而是在公共领域内被建构的结果。[②]"剩女"议题的出现，正体现出"单身现象"被媒体聚焦为"剩女议题"的建构过程。

---

① [美] 苏·卡利·詹森著：《批判的传播理论：权力、媒介、社会性别和科技》，曹晋主译，复旦大学出版社 2007 年版。

② 林芳玫：《女性与媒体再现——女性主义与社会建构论的观点》，巨流图书公司 2003 年版，第 45 页。

所谓"剩女",泛指那些已经超过传统观念认为的"适婚年龄"而依然是单身状态的女性。从语义学的角度来看,"单身"是一个中性词汇。用"剩"这一语带贬义的词汇代替"单身"的命名,表明了对适龄女性未婚、不婚的负面态度与立场,暗指"剩女"处于"缺乏魅力、无人问津"的状态。

2007 年,教育部在其官方网站发布的《中国语言生活状况报告》中,"剩女"入选了 2006 年度的 171 条汉语新词。文汇出版社出版的《中国流行语 2007 年发布榜》,也将"剩女"列入"中国十大社会类流行语"。[1] 自此,"剩女"现象成为媒体集中报道的性别议题之一,"剩女"逐渐取代了"单身女性"的提法,成为一类特定女性的身份标签。

2007 年以来,媒体对"剩女"议题的报道呈现出一种趋势,即将所有"单身女性"都贴上"剩女"的标签,未在特定年龄段之前结婚的女性都被称为"剩女"。一项网上调查显示:中国网民心目中男性最理想的结婚年龄为 30 岁以后,而女性的结婚机会从 25 岁起逐年递减。[2] 这一调查结果一定程度上说明了媒介传播的"剩女"议题对公众产生的影响。在众多社会议题和媒介议题中,"剩女"进入了官方文件并受到社会公众的广泛讨论,媒介聚焦的作用不容忽视。

从话语情境的角度来分析,就会发现"剩女"议题的被聚焦,与当下中国社会转型、消费主义盛行、传统文化重建等多元复杂的话语情境的综合影响密不可分,其中既与近年来"不婚族"的出现、单身人群的数量逐年攀升、因独生子女政策而强化的"传宗接代"的刚性婚姻需求以及受传统婚恋观念影响而出现的"甲女丁男"现象等产生关联,更与媒体通过对"剩女"娱乐化、商业化的包装、利用聚焦"剩女"放大渲染该性别的问题而强化传统性别文化并迎合市场商业需求有更为深切的联系。

由此我们发现,正如女性主义媒介研究理论所指出的,媒介在选择性地设置和传播性别议题的过程中,仍沿用了具有性别盲点和性别偏见的选择

---

① 参见文新报业集团新闻信息中心编《中国流行语 2007 发布榜》,文汇出版社 2007 年版。

② 金一虹:《我们能否告别"剩女"时代》,《中国妇女报》2009 年 12 月 8 日。

标准。研究显示，很多与性别相关的议题，比如与女性生活息息相关的社会机制改善问题、特定领域内女性应享有的平等发展权问题、多层次的女性群体（如打工妹、留守女性等）的媒介资源使用问题等，与"剩女"议题同等重要，同样需要媒体的关注甚至聚焦，但是相对而言这些议题长期处于被遮蔽与被压抑的状态。从这个意义上讲，"剩女"议题虽然被媒体聚焦，但并不意味着媒介中的性别平等状况得到了根本性的改变，也不意味着女性在媒体上得到了更多均衡和全面被呈现的机会。

透过话语情境分析审思媒体对"剩女"的聚焦过程所得出的一个基本结论是：性别议题虽然进入了媒介场域，但是没有从根本上改变媒介生产中既有的议程设置的标准与立场。因而，应该审慎分析性别现象被转化为媒介议题的过程中，媒体采用了怎样的遴选与评价指标，同时也应该深入探究媒体对特定性别议题的聚焦，是改善了还是强化了媒介对女性的"象征性歼灭"。

二、媒介对"剩女"内涵的转换策略与文化编码分析

美国著名政治学家和新闻工作者沃尔特·李普曼（Walter Lippmann）对舆论传播现象进行了奠基性的研究，他提出了"刻板印象"和"拟态环境"两个重要概念。前者指人们对特定事物所持的固化的、简单化的观念和印象，这种观念和印象通常伴随着人们对该事物的价值评判和好恶感情。后者是指媒介呈现的内容并非对现实世界"镜子"一般的再现，而是通过对象征性的事件或信息进行选择和加工，重新加以结构化以后向人们呈现的内容，这样的内容不仅制约人们的认知，而且通过制约人们的认知达到影响现实世界的作用。

起源于20世纪60年代后期的涵化理论对"刻板印象"和"拟态环境"的基本内涵进行了深化，指出大众媒介描绘的"象征性现实"对人们认知和理解世界发挥着巨大的影响，当媒介呈现的内容与人们已有的价值观一致的时候，大众媒介的涵化效果会得到强化。

文化编码分析是对刻板印象、拟态环境和涵化理论的综合运用与发展，

即通过阐释符号的内涵具有哪些刻板化的认知特征，解析这些认知是基于怎样的拟态环境被转化和编码的，并分析这一过程所产生的涵化效果如何与传统性别文化形成共鸣，从而形成强化人们的刻板认知与传统性别观念的效果。

近年来，随着女性受教育程度的日益增高，出现了不婚或晚婚这样一类特定的女性群体，她们对经济、政治、文化、社会生活方方面面的参与具有较高的自主性，对刻板化的"妻职"和"母职"有了一定的批判意识，因此对何时走入婚姻抱有比较开放的心态。这一类"职位高、学历高、收入高"的"三高"女性在现实生活中受到了传统婚恋观念中"男高女低"刻板印象以及由此形成的涵化效应的冲击，在媒体的拟态环境中，不婚或晚婚的这一类女性群体被习惯性地解读为"甲女丁男"效应中"被剩下"的尴尬群体。

从文化编码的角度进行分析就会发现，原本指向特定女性群体的身份特征——具有优势的"三高"内涵，被刻板化地转换为具有"三低"特征的身份标签："挑剔""焦虑"和"不孝"。具体表现在以下几个方面。

首先，"剩女"的性格特征被贴上"挑剔"的标签。

不婚或单身是人们的一种婚恋选择，这种选择往往与非常复杂的外因和内因的共同影响相关。但是，媒体在报道"剩女"群体时通常忽略对外因和内因的分析，而单方面归咎于女性个体"挑剔"的性格缺陷：

"剩女之'剩'是因现代女性择偶要求较高而难以找到合适对象。"①

"只要她们稍微降低标准，或做些迁就，她们就会与我们许多人一样进入婚姻生活。"②

"调查显示，如找不到理想的伴侣，只有 6.9% 的女性会降低择偶要求，超过 44.1% 的女性坚持宁缺毋滥，而男性会降低要求的则有 18%。"③

其次，"剩女"的心理特征被贴上"焦虑"的标签。

媒体在报道"剩女"时，偏好于渲染单身者"被剩下"的不快与焦虑

---

①　张立伟：《"电视剩女"凶猛》，《21世纪经济报道》2010年5月7日。

②　北乔：《剩男剩女是怎么炼成的》，《宜兴日报》2011年11月3日。

③　周其俊：《"剩男剩女"亟待"心理美容"》，《文汇报》2010年1月12日。

情绪：根据 2028274 份问卷及访谈作出的《2009 中国婚恋状况调查报告》显示，有 42% 单身女性担心自己嫁不出去，而忧虑讨不到老婆的男人只有 8.1%。①

中国医师协会 HMO 等 40 余家机构及媒体单位共同举办的首份《中国城市"剩男剩女"健康状况调查报告》显示，在"剩男剩女"目前的心理状态中，快乐情绪仅占 25%。②

"为了免于贴上'剩女'标签，一些年轻女子居安思危，对择偶充满紧迫感。"③

"'又过了一年'是新年伊始剩女们最烦恼的事，看着别人成双入对，自己还孤独一人，不免有些失落。恋爱没对象、结婚没着落、家长的唠叨、亲友的追问，就连自己都害怕真的会一年一年地剩下去。"④

最后，"剩女"的道德特征被贴上"不孝"的标签。

媒体对"剩女"的报道时常无视单身女性差异化的个体经验，而是倾向于从传统观念及父母意愿出发，给"剩女"贴上"不孝"的标签：

"年迈的妈妈领着大龄的女儿，为自己挑选中意的女婿。"⑤

"这个春节，陆苑从工作地广州回到了老家河北。刚到家，母亲就连续安排了两场相亲。刚见完面，母亲就焦急地刨根问底，想尽早知道'有戏没戏'。'我在家都快被烦死了。'"⑥ "不论是主动还是被动，这些'剩女'多少有些尴尬，她们的婚姻成了家人最惦记的事，她们甚至成了亲戚朋友茶余饭后谈论的话题。"⑦

"剩女"们为了摆脱这些负面的标签，纷纷弱化自己在职位、学历、收入方面的优势；同时，倡导女性"降低职位追求""降低学历追求"和"降

---

① 刘文文：《"剩女""男光棍""闪婚闪离"：当下婚姻状况启示录》，《中华工商时报》2010 年 1 月 22 日。

② 刘洋、贾娜：《"剩男剩女"，"剩"的是什么……》，《检察日报》2011 年 2 月 18 日。

③ 吕诺：《"剩"开的木棉：七夕之际话"剩女"》，《新华每日电讯》2011 年 8 月 5 日。

④ 周雪莉：《年关：痛并纠结着》，《哈尔滨日报》2011 年 1 月 16 日。

⑤ 马兰：《相亲会成了"家长会"》，《滨海时报》2010 年 8 月 30 日。

⑥ 吴娓婷：《大龄剩女：最不可靠的就是爱情》，《经济观察报》2011 年 2 月 14 日。

⑦ 艾琳、王超：《非诚不婚——解读我市"剩男剩女"现象》，《大庆日报》2011 年 2 月 12 日。

低收入追求"成为了主导性的舆论潮流，这种舆论潮流与"女子无才便是德""男高女低"等传统观念形成了传承与呼应，因而强化了对公众和社会所产生的负面、消极涵化效果。

透过文化编码分析审思媒体对"剩女"的转换策略所得出的一个基本结论是："剩女"的身份特征从"三高"被转换为"三低"，与媒介文化中一直传承下来的"扬男抑女"的传统性别观念有着直接的关系。媒介在转换"剩女"内涵的文化编码过程中，表现出对女性的社会地位及主体认同上的消极反向引导，归根结底，这是对女性实现自我发展的一种隐形钳制。

三、媒介对"剩女"的制造策略与意识形态分析

传统的意识形态分析正如马克思在《德意志意识形态》中所指明的，意识形态是一种社会意识，它是由社会存在所决定的。在此经典阐释之后，安东尼奥·葛兰西（Antonio Gramsci）从"文化霸权"的角度，路易·皮埃尔·阿尔都塞（Louis Pierre Althusser）从"意识形态国家机器"的角度继承和发展了马克思的观点，并创造性地探讨了大众文化、大众媒介与国家和个人的关系。概括地说，意识形态分析是传媒批判研究的重要分支之一。①

女性主义媒介研究深化了意识形态分析既有的理论维度，体现在更加注重对通过媒体及其性别议题所展现出的社会权力关系进行的结构性批判，注重阐释传播内容与性别制度与传统文化之间的关系，注重揭示媒介文本所包含的各种观念、信念与主流价值认同之间的关联等。社会性别视角下的意识形态分析，有助于揭示媒介对特定性别议题的议程设置策略以及媒介所认同的主流意识形态的本质特征。

在意识形态分析的视角之下，可以发现"剩女"这一词汇的流行，是媒体制造策略发挥作用的结果。

一般来说，媒介的议程设置决定了媒介文本的呈现方式，也折射出媒介生产所依托的主流社会价值。用贬义的"剩女"代替中性的"单身"，

---

① 丁柏铨主编：《传媒批判理论》，新华出版社 2002 年版，第 143 页。

表明了媒体对"剩女"议题不仅仅是"呈现",更是一种带有价值判断的"制造"。

单身潮的形成是一个成因复杂、动态发展的历史过程,而且单身潮的影响并不只限于女性。一份人口普查的数据显示,中国单身人群正日渐庞大:1982年中国的单身户是174万户,到了1990年有800多万人没有婚配;1990年前后,北京的单身男女在20万以上,而现在仅南京市这个数字就达到了40万,北京和上海两地已经冲破百万之众。①

另外,相当多的中外事实表明,单身女性大量存在的现实并非中国所独有:"51%的美国女性独自生活;1/3的德国年轻女性决定不婚;25岁至29岁的日本女性未婚率为59%;新加坡1000名适婚女性中只有393人结了婚。"②

通过对全世界单身潮避重就轻,并对传统的性别价值评判予以附和的报道,媒体隐蔽地实现了将单身现象女性化、将女性单身现象问题化的制造。通过这样的议程设置,媒体将"剩女"按照传统性别文化和性别制度进行了负面性的制造。

事实上,人口结构失衡、"男高女低"的婚恋模式以及"男主女从"的家庭角色分工,都是造成"剩女"被社会话语贬低的因由所在。媒介将"单身"这一普遍的社会现象问题化、女性化,并从性格气质与价值认同上对女性作出迎合传统性别观念的规训,是媒体制造"剩女"词汇和"剩女"议题的根源所在。

透过意识形态分析审思媒体对"剩女"的制造策略所得出的一个基本结论是:"剩女"现象是全世界女性单身潮流的一种体现,媒体用"剩女"取代"单身"的说法,表现出媒体复制并强化了歧视性的传统性别观念和刻板化的性别角色定型。

---

① 于宛尼:《城市"不婚"族其实很无奈》,《工人日报》2009年1月11日。
② 孙琳琳:《不婚物语》,《新周刊》2010年第15期。

四、媒介对"剩女"议题的营销策略以及市场与权力分析

随着媒介产业化发展的势头越来越强劲，除了强调媒体传统的社会服务、文化传承、价值主导的功能之外，一些媒体为了达到商业赢利的目的而牺牲媒体专业主义的做法也受到了社会广泛的关注和猛烈的抨击。

西奥多·阿多诺（Theodor Wiesengrund Adomo）和赫伯特·马尔库塞（Herbert Marcuse）在合著的《启蒙辩证法》一书中提出了"文化工业论"这个术语，它是法兰克福学派的重要理论范畴之一。"文化工业论"指出现代大众文化的本质属性不是制造满足人们精神需要的艺术品，而是为了制造获取商业利润的商品，这种制造既是消费主义的产物，也是意识形态控制的隐蔽手段。媒体是文化呈现与传承的载体，媒体对特定议题的选择性呈现毫无疑问是基于对特定市场与权力偏好的迎合。

市场与权力分析的维度正是源于"文化工业论"的基本观点，它通过对特定传播现象的商品属性与赢利模式进行分析，解析了媒体的产业特征对性别文化的冲击与重塑，展现了在媒介资源再分配的过程中，性别议题是如何被市场与消费偏好所消解和再结构化的。

在市场与权力分析的视角之下，可以发现"剩女"议题被炒作和反复利用是媒体营销策略发挥作用的结果。

从 2006 年起，"剩女"成为多样化的媒介产品中常态化的一个议题。纵观国内大众媒体，既有以"剩女"为主题的电影、电视剧，比如《败犬女王》《我愿意》等；也有专门讨论"剩女"现象的纸媒报道，比如《新周刊》制作的专题特刊《"剩女"是一个反动词汇》等。各谈话类节目也时常探讨与"剩女"有关的社会问题，比如《鲁豫有约》制作了《我是剩女，我快乐》；《天下女人》制作了《"新剩女"时代》；凤凰卫视的《锵锵三人行》讨论了"剩女是个男权主义词汇"以及"剩女太多，想不当第三者也难"等社会热点问题；吉林卫视制作了《剩女的别样称呼》；湖南卫视的《天天向上》邀请了 12 位"世纪佳缘"的会员来展现他／她们的风采等。

大众传媒广泛、普遍和持续地呈现"剩女"问题，不可避免地造成了

受众对"剩女"观看的需求，即"看得太多而看不够"。但是这种被传媒所制造和引导的观看需求并不意味着"剩女"及单身文化现象受到了深切关注，归根结底，媒体通过营销"剩女"获得的是"眼球效益"。

媒体对"剩女"的营销，除了催生出各种各样的媒介产品和炒作的话题之外，也推动了以婚恋相亲为主题的媒介衍生形态和媒介产业的快速发展。

比如世纪佳缘、百合网、珍爱网等婚恋网站，以及湖南卫视的《我们约会吧》、江苏卫视的《非诚勿扰》、山东卫视的《爱情来敲门》、浙江卫视的《为爱向前冲》等婚恋类相亲节目，都具有较高的受众关注度与社会影响力。而且，这些节目和网站也获得了很高的经济收益。《非诚勿扰》2012年广告招标为18.19亿，溢价率达154%，再创省级卫视广告招标新高。① 互联网咨询公司艾瑞咨询（iResearch）统计，中国网络相亲的总收益从2010年的7400万美元增至2015年的2.9亿美元。② 世纪佳缘网站已经在美国纳斯达克上市。百合网则通过投资电影，扩展婚恋网站的赢利新模式。其2012年投资的电影《我愿意 I DO》与"剩女"议题紧密相关，这部电影不仅提高了百合网的品牌知名度和认可度，还获得了500万元的收益。③

由此可知，"剩女"议题成为媒介营销的一个热点并不是孤立的媒介事件。事实上，它具备了媒介营销的一些基本特征——从显性的媒介产品的样态来看，"剩女"既是媒介制作所指涉的对象，也是媒介效果所影响的群体；从隐性的媒介产业链条的发展来看，"剩女"不仅是传统媒体表现的题材，也催化了一系列媒介衍生品的发展，比如交友网站、培训教育、服装化妆等。

透过市场与权力分析审思媒体对"剩女"的营销策略所得出的一个基本结论是："剩女"议题被媒介营销，与其被媒介聚焦、转换和制造是一脉相承的，这些媒介策略的综合运用很大程度上是受到了媒介追求商业利润的

---

① 见 http://money.163.com/11/1105/18/7I47B7P200253B0H.html。

② 见 http://hunan.voc.com.cn/article/201108/201108031739244258.html。

③ 见 http://www.sxol.com/adv/article/detail.aspx？id=1504。

媒介产业属性的影响，也凸显了媒体以消费女性作为赢利手段的现实。

同时也可以看到，在市场与权力相互交错之下，媒体着力渲染"剩女焦虑"的同时，顺理成章地将规训女性气质、外貌、着装作为帮助"剩女"脱困的正当理由；媒体将"剩女"制造为一个社会问题，又将"剩女"视为潜力巨大的消费主力。

总之，媒体营销的"剩女"经济没有承载理解女性单身文化、解决女性单身背后的各种问题的功能，媒体营销的"剩女"经济是对女性单身议题的消解和再结构化后形成的一道媒介景观，在这道媒介景观背后所隐藏的权力关系中，"剩女"是被消费、被规训、被观看的对象。

五、小　结

近年来，新媒体技术的蓬勃发展催生了许多网络新词的诞生，"剩女"就是其中之一。在这个飞速变化的时代，大部分网络新词都是昙花一现，出现得快消失得也快，然而，"剩女"这个词却有着超乎寻常的生命力，非但没有很快消亡，反而成为近年来媒体中频频出现的热点词汇，也成为公众议论和关注的社会焦点。

本文从"话语情境""文化编码""意识形态"以及"市场与权力"四个分析维度，阐释了媒介对"剩女"议题的聚焦、转换、制造和营销策略，初步勾勒出当前媒介对女性形象与性别议题的再现与建构的实质。

我们认为，媒介对"剩女"议题的呈现是经过特定的议程设置与选择的结果，媒介对"剩女"的过度聚焦，挤占了其他性别议题对媒介资源的利用机会；媒介利用隐蔽的文化编码策略，将"剩女"原本的优势内涵转换为负面的社会评价；并将这样的负面评价覆盖到全体女性的身上，无视女性个体之间的差异性，从而对"剩女"的形象、气质及其社会评价进行强制性、单一性的制造；"剩女"成为媒介持续关注的热点，不仅源于适龄女性单身现象的普遍存在，更在于媒介实现了营销收益与权力主导的双赢。从这个意义上讲，"剩女"无异于媒介聚焦、转换、制造与营销的一场"盛宴"。

　　总体而言，本文探究"剩女"被打造为媒介"盛宴"的过程，目的在于解构媒介生产中存在的结构性的性别偏差与性别歧视，阐释媒介在议程设置性别议题时的传播策略，归纳性别议题进入媒介场域的规律，推动媒介与女性更和谐的互动。

（原载《妇女研究论丛》2013 年第 5 期，第 76—82 页）

"李阳家暴事件"媒体话语
空间的"家暴"叙事

唐觐英

在家暴个案中，个体性与社会性密切关联和交织在一起，即个体性的家暴与社会性的性别不平等关系高度关联。包含家暴在内的各种针对妇女的暴力形式都是对男性对女性支配和控制的权力关系的宣扬。

"李阳家暴事件"是转型社会背景中媒体话语空间的一场关于家暴的叙事实践。本文认为，"李阳家暴事件"媒体话语空间存在偏向的问题，即"家暴"叙事偏离了"家暴是对女性权益的侵害，家暴的根源和实质是不平等的性别权力关系"的核心。这种偏向是当事人不能解决家暴问题、矛盾不能克服的根本原因，也造成不容忽视的社会文化后果。

这种偏向是如何发生的呢？本文试图从转型社会深层次的因素去分析。"李阳家暴事件"媒体话语空间由多元主体、多种声音构成，本文着重分析作为第一主体的新闻媒体在"李阳家暴事件"媒体话语空间中最主要的表现。

一、"暴力"：从"疯狂"到"名人家事"

首先进入媒体视线的是女方受伤照片。女方运用新媒体本意即是求助，此时是女方最无助的时候。面对赤裸裸的暴力，媒体话语空间如何叙事显得很关键。媒体话语空间最大的关注点是当事人的身份，即是否是"名人"李阳涉事。凸显"暴力"这一新闻点，纷纷评为"疯狂暴力"。从"名人"的角度关注这一新闻事件，建构为男方的"丑闻"，而"这种暴力的性质"之类议题基本未设置。个别媒体则联系到"冲突不断"，将家暴混同为一般的婚姻家庭冲突。媒体话语空间关注"名人"甚于关注家暴事件本身。而实际上，这一个案核心应该在家暴。如果没有"名人"因素，女方意在求助而发布的这些信息很可能不会受到媒体话语空间的关注。由这些新闻报道而引发，一些媒体设置了"家暴的社会问题"的议题，但很少点明家暴的社会问题同时是一个性别问题，表明媒体缺乏明确的男女平等立场。

数日后男方公开承认家暴并道歉。随着名人家暴得到确证，家暴不再与"疯狂"联系。家暴事件是名人家庭里的一件过去了的事。所以，媒体不约而同地，在对男方的采访、报道中都在谈"和解"。家暴，确乎如男方后来的一句话"这件事情道歉就够了"。在男方的"名人"身份的光环下，家暴对女性的侵害等重要问题都被淡化。代表女性的、反对家暴的诉求未获考虑。如果说，男方没有被谴责还可以理解，而家暴也随之一道没有被谴责便是非常违背公共利益的。媒体局限在"名人个体事务"的框架，没有从更广的社会背景看待这种家暴行为。

二、男方表达的家暴故事：未获反思的"事业第一"价值

男方公开回应，其后是当事人曝光私人生活的重要时期。这也是女方拒绝媒体采访的根本原因。但是，媒体纷纷向当事人挖故事，而男方"喜欢曝光率"的平素作风，使二者形成呼应。不同于以往被曝光后施暴者"低头认错"，"李阳家暴事件"中施暴者能够坦然面对媒体。这既是男方平素作为公众人物的个体特点所致，也是我们时代媒体话语空间更为宽松的结果，更深层的原因可能还有男方的叙事在社会上有一定的合法性。

男方口中的"家暴"叙事有几个要点：文化差异、性格问题导致了他们的冲突；男方坚持事业第一，不可能为了家庭牺牲事业；打人不对，但是一个巴掌拍不响，女方身上也有原因。以新闻记者与男方对话的形式呈现出来的"家暴"叙事，是男性角度的经验，如"（你这样在全国东奔西跑，能够经常回家吗？）还可以吧。我每个月回一两次家，但是我们也会比如说飞到

哪里去见面啊，或者孩子到我演讲的现场来啊，都有。""别老是把过去的事提出来。"这中间存在种种男性偏见，如"其他人不是天天也打架吗？老爸也打老妈，老妈也打老爸，父母也打小孩儿，不要把这个'打'变成多么了不起的事儿"。这一时期媒体没有去倾听、呈现女方的声音，只有一女性电视人在其主持的栏目《看见》中平衡地呈现了男女两方的声音。

男方的"家暴"叙事中最大的一个辩解是"事业第一"。"事业第一"是似乎非常合理的价值，但它在根本上却变成对女性的压迫。女性主义理论指出，"事业第一"是将男性归入公共领域（事业），将女性归入私人领域（家庭），并赋予前者价值优于后者。这种话语在根本上是建构男高女低、男性对女性的支配关系，是对女性的压迫。对"事业第一"的批判和超越，即是要破除事业/家庭上的二元论。在李阳家暴事件中，如果说家暴是冲突的表象，那么"事业第一"便是冲突的根源。

"事业第一"话语，极度否定了女方对家庭、情感等的价值诉求。李阳家暴个案中体现了转型社会深受发展主义影响的"事业/成功"单一价值在性别关系中对女性造成的不平等和压迫。必须要揭开"事业第一"话语的性别压迫实质，澄清观念，更深层地反对家暴。李阳家暴个案涉及的是结构性的、政治性的性别问题，需要媒体话语空间对此予以公开讨论。

而"事业第一"在当今社会中是主导话语、强势话语，颇具合法性，且非常有市场。正如女性主义理论表明："那种理性的、排他的、追求利益最大化的自由主义市场理论，同样也将极度区分的男性自我带入了公共空间中的男性身份认同当中。"① 或许也正因如此，媒体采访中对男方的"事业第一"基本未作重点关注，并予以充分探讨。对男方的"事业第一"，也有一些批评意见，但多是批评其"绝对化"，而没有看到其背后的性别不平等问题。这一时期，一些时评人或专家针对李阳家暴事件的评论多归结为施暴方的心理或人格问题。这是不全面的。如果说是心理、人格问题，那也是深层的社会、文化环境之下普遍性的人格问题。这是更大的、应该正视的问题。

---

① ［澳］薇尔·普鲁姆德著：《女性主义与对自然的主宰》，马天杰、李丽丽译，重庆出版社2007年版，第163页。

男方的"事业第一"在媒体话语空间中没受到真正的批判，更可以说在与媒体互动的过程中得到了强化。他认识不到事业—家庭二元论对女性造成的困境的严重性，不能真正反省到事业—家庭二元论是有问题的。在家暴事后的调整阶段，男方信守这一价值不愿改变。这是当事人双方在家暴后不能修复矛盾的最大原因。

三、嘉宾讨论：缺乏对家暴社会文化层面的反思

其后，以凤凰卫视、东方卫视有关"李阳家暴事件"的电视谈话节目为标志，"李阳家暴事件"媒体话语空间进入辩论、争议阶段。

电视谈话节目重点谈论法律如何干预家暴的问题。虽然这样的角度是有重要意义的，但是在谈论过程中较少触及家暴是一个社会性别不平等的问题，这是一个较大的缺陷。普遍都能认同"打人不对"，但是对家暴的社会文化维度也就是社会性别不平等讨论较少。而在这方面，认识误区还很多。

实际上，由于电视节目中社会性别平等的立场不够鲜明，在电视节目让更多的、不同的声音表达的情况下，一些反映男权的声音也表达出来，而这样的声音并未得到较好的剖析和纠正，不同声音之间带有根本性的分歧之处也未得到充分讨论。这样，媒体话语空间表现出众声喧哗的状况，只有单纯的"争议"性，缺乏男女平等的主导声音。这或许比较能满足商业性的需求，但是对于反对家暴则是极为不利的。

四、女性声音的表达及媒体话语空间的冷淡

女性媒体或女性媒体人对李阳家暴个案议题进行了一些女性立场的讨论，如报纸媒体中的《家暴受害者九成以上为女性哪些人容易成施暴者》《法律是反家暴的最后一道防线》《李阳家暴事件是一个很好的教材》，还有电视媒体中前述的中央电视台《看见》栏目播出的一期节目，讨论了作为"社会问题"的家庭暴力。但一个较大的不足是将李阳家暴个案作为人格、心理问题去解读，基本没有论及事业—家庭冲突及有关转型社会背景问题。

女方的声音经由 2011 年 10 月《南方人物周刊》表达，第一次详细讲述了不同于此前男方讲述的版本的故事。这个故事清晰地展现出"事业第一"的性别问题。但从媒体话语空间的反映来看，并未对女性的声音予以必要的关注或产生触动。女方已不能对当事人的事务发生积极的修复作用，也未能对媒体空间的公共讨论产生明显的影响。可以说，媒体话语空间对"事业第一"价值的潜意识认同使其对女方讲述的"家暴"故事版本中所强调的"家庭"价值难以理解并产生共鸣。

再其后，"李阳家暴事件"进入法庭阶段。女方诉诸法律，是用法律来彰显在反对家暴上的正义。但是媒体话语空间中几无这一议题。离婚与对暴力的责任追究是两回事，而媒体基本上都不再聚焦"家暴"，而转移到纯粹的"离婚案"上。除了个别女性媒体外，大多数媒体把报道重点放在呈现围绕财产分割、孩子监护权等的"争夺战"，如《李阳 HOLD 不住婚姻 DOWN 到底》《李阳离婚案二次开庭　妻子称其有至少 20 套房》《李阳离婚案又陷"重婚门"》《李阳离婚案：法院认定存在家暴判赔 1200 万》等。不聚焦该案中的性别是非，而是津津乐道当事人双方的利益得失，正如网络中一篇文章所言："富豪、企业家的离婚案总是牵动舆论的神经，因为他们的离婚案不仅是一条八卦新闻，更牵涉到相关公司的前途和命运。"[1] 媒体话语空间这种框架深刻体现着市场理性主义、消费主义，是转型社会中强大的社会思潮的具体体现。"这种更广泛意义上的意识形态比起狭义上的意识形态是更重要更强大的社会整合力量。"[2] 我们应当充分重视。

五、结论：可见的暴力与不可见的性别权力关系

作为新闻舆论事件的"李阳家暴事件"深深植根于转型社会的语境中，是当代中国媒介与女性关系的一次具体而深刻的体现。"李阳家暴事件"媒体话语空间在打破家暴的"私事禁忌"上有着积极的意义，但又表现出相当

---

[1]　《李阳离婚 23 套房成焦点　盘点中外富豪昂贵离婚案》，《光明网》2012 年 3 月 28 日。

[2]　赵月枝：《传播与社会：政治经济与文化分析》，中国传媒大学出版社 2011 年版，第206 页。

的局限性。

在"李阳家暴事件"媒体话语空间中，家暴是被谴责的，对暴力应该予以公共力量的约束成为媒体话语空间中越来越普遍的共识。但是家庭暴力背后的矛盾核心和根源即主宰性的"事业"价值却未受到充分关注、准确聚焦，更未获得深入讨论。由于事业—家庭冲突的问题根源被搁置，家庭暴力的公共讨论也就有些就事论事，容易不了了之，客观上形成对家庭暴力的宽容。

转型社会中家庭暴力是一个具有社会性别的结构性的、涉及不平等权力关系的政治性的议题。而"李阳家暴事件"媒体话语空间的"家暴"叙事是去性别化、去政治化的，从而不能构成对不平等的性别权力关系的批判。这是一个深刻的缺陷。

（原载《妇女研究论丛》2013 年第 3 期，第 55—58 页）

女性自媒体的传播特征与发展困境

王　琴*

在媒体融合的传播新格局中，媒介信息无处不在，传播的边界被不断消弭。大众传播时代的单向性、封闭模式的传播被打破，呈现出多点传播、网状传播、互动传播的传播新模式。媒体融合催生了媒体传播的新类型和新特征，传播渠道泛化，传播内容繁杂，媒体形态多元。媒体传播正经历从"专业化传播主体"向"多元化传播主体"转变，自媒体在媒体融合中获得了广阔的发展空间。

媒体融合时代，女性如何发声？女性自媒体给女性提供了多元化的发声平台和渠道。女性自媒体是由女性个体或女性群体独立制作的，关注女性内容、为女性服务的自媒体类型。自媒体是普通公众对信息的自主提供和分享，其突出特点是个性化和自主化，重视传播的互动性。当今社会中，上网设备主要集中在移动端，移动网络的发达使得自媒体可以随时随地传播，成为高度彰显个性的随身媒体。

一、女性自媒体的传播特征

女性自媒体种类繁多，自媒体的内容和形态也丰富多样。根据传播主体的性质，可以分为草根女性自媒体、专业女性自媒体、女性组织账号、女性个人账号等。根据媒体内容，可以分为情感类、时尚类、育儿类、时评

---

*　作者为中国传媒大学媒介与女性研究中心副主任、副教授。研究方向：媒介与女性研究、女性媒介研究。

类、健康类等。根据媒体平台，可以分为女性微信公众号、女性微博号、女性头条号、女性抖音号、女性快手号等。自媒体传播的便捷性、及时性和开放性催生了女性自媒体的传播新特征。

第一，强调个人风格的媒体表达。如果说媒体是为公众提供信息和观点，自媒体就是为公众提供"某人"的信息和观点。自媒体吸引用户订阅和点击的重要特点，正是因为其鲜明的个人风格，让人感到自媒体背后是一个"真实的人"。自媒体传递的信息常常是带有情绪的，具有强烈个性立场的观点，自媒体的媒体表达很容易让用户和传播主体之间建立一种紧密的情感联结。当前各类成熟的女性自媒体都很注意彰显个人化风格。比如，"李子柒"的短视频聚焦她个人的古风美食制作，展现了诗意的田园生活；"papi酱"的短视频主要是以自己为主角，制作了个性鲜明的角色扮演短剧；"灵魂有香气的女子"以情感导师的身份聚焦女性情感；"黎贝卡的异想世界"提供了个人特色的女性时尚建议。这些自媒体都突出彰显了女性主创者的个人风格，塑造了具有鲜明辨识度的个人形象，在众多同类型的自媒体中脱颖而出，具有突出的传播竞争力。

第二，用户思维主导的粉丝互动。自媒体传播强调从受众思维转变到用户思维。媒体内容制作不仅是完成一个作品，更要基于用户需求来做一个产品。媒体产品需要制作传播，还需要后期的运营和服务。用户思维主导下的自媒体传播首先要优化内容、优化渠道，满足用户需求。其次要重视互动，通过和用户互动来加强用户黏性，吸引用户参与，实现围绕传播内容的社交。

很多女性自媒体都很注重和粉丝互动，通过回复评论、组织线上线下粉丝社群等，构建了网络空间中的"想象的共同体"。李子柒在抖音上有2000多万粉丝，在Youtube上有500多万粉丝，影响力广泛。她常给粉丝留言，也通过直播和线下见面会与粉丝互动。"灵魂有香气的女子"组织了官方社群"香蜜会"，以闺蜜的身份和粉丝开展互动活动。"黎贝卡的异想世界"的粉丝自称"贝壳"，在和黎贝卡的密切互动中，热情追捧黎贝卡"种草"的各种时尚好物。正是由于自媒体强调互动传播，通过不断交流，培养用户黏性，建立了一种朋友般的情感联系。在个人化的互动传播模式中，自媒体的信息传递就变成了具有情感温度的朋友间信息分享，更容易唤起用户共鸣。

二、女性自媒体的发展困境

女性自媒体的蓬勃发展促进了女性的自由表达，有利于在网络公共空间凸显女性的意见和声音，形成更丰富的女性话语。女性自媒体有鲜明的传播特征，吸引了广泛的受众关注，前景广阔。但是在女性自媒体的发展中，也面临着一些突出的发展困境。

第一，高度集中化的网络意见领袖。传播模式的变革并不会带来女性主体性和话语权的直接提升，自媒体的传播场域中虽然人人都能发声，但是"沉默的螺旋"现象也使得很多人依然保持沉默。海量普通女性虽然也有发言机会，但是她们的声音在网络的众声喧哗中，力量微弱，难以被更多人听见。自媒体传播的舆论场域中，依然是少数女性精英作为意见领袖占据了话语权。只不过以前的意见领袖主要是社会精英，现在的意见领袖主要是"网络红人"。在微信微博上，在抖音和快手上，每天有无数的女性自媒体在发布信息，但是公众真正关注的大多是具有一定名气的"头部网红"。这是一个流量为王的时代，在商业和资本力量的助推下，各种网络"大V"和头部网络红人聚焦了最多的社会关注，也会使得网络资源越来越多地向这些头部网络红人，而其他草根自媒体很难在这样的传播格局中崭露头角。

第二，女性主义的误识和男权共谋。网络舆论场中，性别议题很容易聚焦媒体的关注，这使得谈女性问题似乎成为一种"时尚"。女性自媒体是重要的女性发声平台，很多女性自媒体都会尽量彰显"女性"特色，关注性别平等。例如公众号"萝严肃"强调"为女性发声"，"papi酱"一直关注女性话题，倡导"请对女性多一些尊重"，"灵魂有香气的女子"也自称是"女性的闺蜜和心灵树洞"。

但是在媒体舆论的喧嚣中，很多对女性的偏见和歧视也会在自媒体传播中被不断放大。后真相时代，情绪传播成为网络狂欢的主旋律，公众往往缺乏理性的判断，更容易成为人云亦云的附庸。很多女性自媒体虽然具有突出的主体性，但是对于女性主义和男女平等的理解并不充分。在性别议题的传播中，有时难以形成具有明确性别意识的判断和立场，甚至被一些舆论带偏，认同和强化一些歧视女性的观念，造成对女性主义的"误识"。还有一些女性自媒体故意以女性话题为卖点进行商业赢利，制造女性的价值焦虑，成为男权文化的"共谋"。例如，"Ayawawa"的情感理论就是通过不断物化女性，鼓吹女人把婚姻当作交易，蛊惑了众多女性粉丝。

媒体融合时代，自媒体场域中的女性声音不断被传播，但女性力量的彰显和女性舆论的发展仍然不足。女性自媒体的发展需要自我完善，更需要社会文化环境的助推和配合，尤其需要良好的文化环境和舆论引导。媒体技术迭代，在网络舆论复杂化的环境下，需要用主流价值观来引领自媒体的发展方向，为未来女性自媒体开拓更加丰富的可能性。

大女主：当代影视剧的女性主义想象

王 琴

大女主剧是当今电视荧屏的一股热潮。2017 年的热播剧，出现了很多大女主的身影。一线花旦几乎人手一部大女主剧：赵丽颖的《楚乔传》、孙俪的《那年花开月正圆》、杨幂的《三生三世十里桃花》、刘诗诗的《醉玲珑》、景甜的《大唐荣耀》、迪丽热巴的《秦时丽人明月心》、马思纯的《将军在上》等。2018 年播出的周迅等主演的《如懿传》、杨幂等主演的《扶摇》、关晓彤等主演的《凤囚凰》等。大女主可谓风头正健，聚焦了最热的影视资源。

大女主剧特点鲜明，一般是以女性的成长为主线，讲述一个女人的史诗。相比于传统偶像剧中女主的傻白甜加玛丽苏的人设，大女主戏对女性的刻画确实有了明显进步。女主在很大程度上跳出了偶像剧、家庭剧中对女性的刻板描述，她们不再是痴迷爱情的小女人，或纠结于家庭矛盾的妻子和母亲。大女主不是男性强者的依附品，而是书写了一个女性作为独立的人、传奇励志的成长过程。

大女主有鲜明的自主人格，更具自我意识和精神气质。她们往往出生就遭遇磨难，处境艰难，但经风历雨，逐渐成长起来后，当年那个单纯善良的女孩，最后往往都会"黑化"成为腹黑的女强人。在主角光环的加持之下，大女主常常呈现出女强人甚至女超人的属性。她们总是能资源开挂，绝处逢生。可以说，大女主也是一直大受欢迎的超级英雄剧集的女性变种。

一、大女主剧热播的原因

相比于传统言情偶像剧、狗血玛丽苏剧，大女主虽然大多是古代角色，却为当下的社会提供了一个个具有现代女性特质的女强人形象。大女主的流行有很多原因，归纳起来，主要有以下一些重要因素。

第一，大女主的崛起和当前影视剧产业中的 IP 热有密切关系。

网络小说是当前影视剧改编的重要资源。网络小说有一种专门的类型是"女尊""女强"作品。很多作品在网上受到追捧，红极一时，已经培育了大量的年轻粉丝，也有强大女性粉丝基础。把这些成熟的网络小说 IP 改编成影视剧，往往具有天然的粉丝热度和媒体关注度。IP 剧自带粉丝，在粉丝经济的拉动下，能够迅速形成较具规模的收视率。收视率有保证，也能拉来丰厚的投资。

在宣传发行方面，IP 剧也有较为成熟的套路，特别擅长在社交媒体中制造热点话题，引发病毒式的传播。很多大女主剧通过宣发的引导，粉丝的助推，不断制造热点，常常"刷爆"朋友圈，频频上微博热搜。一轮又一轮的媒体传播吸引了大量观众的注意力，使得收视率水涨船高，形成了近两年霸屏一时的大女主影视剧热潮。

第二，大女主的流行是新媒体时代迎合女性需求的市场反应。

当前影视剧的传播已经不依赖于电视平台，而是更多地通过视频网站、移动终端实现广泛传播。这些传播渠道的受众主体大多是年轻人。电视剧的受众一直以女性观众为主力军，年轻女性是当下具有较强购买力和消费能力的重要收视人群。得到女性观众的支持，自然能提振收视率和点击率。大女主剧就是为女性观众量身打造的女性类型剧。大女主的成长主线，迎合了青年女性对自立自强女性偶像的精神需求。同时，大女主剧也善用玛丽苏的爱情良药，治愈了青年女性的情感空虚。在某种意义上，大女主剧集合了各种女性喜欢的类型剧的桥段和特质，实现了对女性的情感抚慰和心理慰藉。

二、大女主剧还需深度挖掘"女性主义"内涵

大女主戏频繁霸屏，并不能代表"女性主义"时代的来临。大女主不能真正代表"女性主义"，强调大女主所带来的"女性主义"意义，反而会造成一定的负面影响。

第一，大女主剧的"女性主义"想象依然单薄狭隘。

当前荧屏中大女主的形象比较套路化和模式化，呈现了当代影视剧对"女性主义"的想象。

大女主往往从单纯倔强的小女子，历经磨炼，修炼成霸气独立甚至"腹黑"的女强人。但她们的成长，大多依赖于男人的赏识和庇护。很多大女主是通过征服男人来征服世界的。而且，她们大都会最终凌驾于男人之上，呼风唤雨。为了衬托托女主的完美，往往还有一个相对邪恶的女配角作为陪衬。这种自带主角光环的映衬法则，也是对其他女性角色丰富性的阉割。大女主剧中女性往往是在互相倾轧中成长的。男人们个个都爱我，女人们个个都害我。

大女主高扬"女性主义"旗帜，强调女性独立自信。在事业上一路开挂，春风得意。在爱情上，优秀男人都拜倒在其石榴裙下，而她的烦恼是爱我的人太多。这样的大女主人设，更像是升级版的玛丽苏，为女性提供了全新的自恋幻想的模板，满足了一代女青年的全能自恋。

"女性主义"并不需要开挂的人生和男性的赏识来加持。"女性主义"也不是非要压过男性或者打倒男性。真正的"女性主义"是呼吁女性和男性一样拥有平等的权利和自由，作为平等的人和男人并立于世界。大女主剧中的"女性主义"套路，依然闪耀着玛丽苏的光芒。以这样的模式推进，大女主剧的"女性主义"往往显得单薄狭隘。

第二，大女主剧的女性主义镜像只是一种拟态现实。

媒介构建了一个源于现实社会，又超越于生活的拟态环境。这也是鲍德里亚所谓的"仿真与拟像"。

影视世界带来的幻觉，让人觉得"女性主义"已经大行其道，女人们

个个都是独当一面的大女主了。她们有意识，有担当，在独立自觉的意识中主动前行。媒介拟态环境中的女性地位似乎已经得到了提升，但是真实社会和媒介环境存在着差别。在我们的现实社会中，男权中心依然是社会权力结构的主旋律，男权一直是强大而稳定的社会支配性力量。

大女主剧中对"女性主义"的呈现，可以促进人们对"女性主义"的关注。但另一方面，也容易带给我们一些错觉。媒介中的"女性主义"镜像并不是现实世界的真实情景。这些镜像反而可能使人们对于现实生活中的性别不平等缺乏敏感。不利于人们在实践行动中推进女性发展。性别的平权不能只在媒介镜像中发生，更需要在社会现实中加以推进。影视剧可以引导社会，但影视剧中性别权力的改变，不能代替现实社会中的权力世界的抗争和实践。

大众媒介作品有不同的价值评价维度：优秀的影视剧应该兼具娱乐性、消费性和社会性。既能娱乐观众，满足受众的消费需求，又有积极的时代价值。过度强调收视率和点击率，迎合受众的娱乐消费，自然会削弱"女性主义"的真正表达。大女主剧走向成熟，还需要进一步深度挖掘女性主义的内涵和意义。

（原载《中国妇女报》2018 年 1 月 23 日）

文化"中空化"问题与传媒"市场化"的反思：性别与传播视域下的我国影视剧生产及其发展（2015—2016）

唐觐英

一、影视剧收视"冷热两重天"格局下的文化"中空化"问题

2015—2016 年我国影视剧领域狂欢与冷遇两重天的现象继续存在，并进一步加剧。冷热之间，形成了文化"中空化"问题，其中的主要表现是"女性／性别"叙事的偏向。这造成了对女性的文化扭遇。

（一）现实题材剧遇冷与青春偶像剧热播

现实题材剧的关注度较低，如《幸福来敲门》（收视率为 4.55%，收视份额为 11.19%）、《国门英雄》（收视率为 3.35%，收视份额为 8.93%）、《毛泽东》（收视率为 1.97%，收视份额为 5.36%）、《历史转折中的邓小平》（收视率为 1.95%，收视份额为 5.97%）、《马向阳下乡记》（收视率为 1.81%，收视份额为 5.35%）等。① 现实题材剧收视遇冷，没有获得应有的社会反响，更没有获得应有的议程设置。

而更受青睐、更多见于荧屏的是青春偶像剧，其现实关怀度、社会关怀度较低。据报道，2016 年，电视奖屏竞争激烈，湖南、江苏、浙江几大

---

① 杨骁：《电视剧：由增量到提质》，《中国新闻出版广电报》2015 年 12 月 21 日。

卫视纷纷使出浑身解数，在暑期档、国庆档等重点档期拿出看家好剧。《欢乐颂》《解密》《微微一笑很倾城》《遥远的距离》《青云志》等轮番播出。《亲爱的翻译官》《麻雀》《解密》《小丈夫》《好先生》成为打起各大卫视收视大旗的剧目。① 从片名可以看出，这些剧多为都市情感类型。2016 年末，各大卫视纷纷拿出自家的"撒手锏"，以在年底收视大战中冲刺。综观各大卫视收官档、跨年档的剧排状况，情感、偶像剧依然是主导的类型，如江苏卫视《老公们的私房钱》、湖南卫视《放弃我 抓紧我》、东方卫视和北京卫视的《我的岳父会武术》等。而浙江和安徽卫视的收官剧《美人私房菜》则是 2014 年出品的古装戏，主演郑爽和马天宇被看成该剧最大的卖点。江苏卫视《老公们的私房钱》，剧情涉及私房钱、私生子、七年之痒、前妻回头、婚前财产、婆媳大战等全民热点话题，一应俱全、火爆麻辣，堪称现代都市战争剧。② 在激烈的收视竞争中，电视台更青睐能迅速拉升收视率的电视剧类型，有意无意地冷落了现实题材剧。

现实题材剧面临着很大的困境和危机。这从 20 世纪 90 年代以来已有所显现，到今天已相当严峻。与现实题材剧受冷落形成鲜明对比的是，一些影视剧掀起了收视狂潮。历史文化内涵有限，凭借当红演员、华美画面、情感题材、娱乐风格以及投资支撑营销造势的影视剧频频掀起收视热潮；关注社会议题、用心制作的精良之作却得不到相应的社会反响。与人们息息相关的、具有公共性的议题不被共同关注，其价值传导、社会凝聚功效未能得到应有的发挥。

（二）冷热两重天格局下的"女性／性别"叙事：古代宫廷、现代公寓成主导空间，女性的历史—社会内涵淡薄

影视剧收视狂欢与冷遇两重天对文化的影响是巨大的。正如多年观察中国电影业的文化学者所评价的："热卖片成功的共同元素是感官性的，身体性的，直戳你的泪点和笑点，同时，以拥抱主流的姿态拒绝意义与价

---

① 《2016 六大卫视年末使出"杀手锏"收官剧大盘点》，网易娱乐，2016 年 11 月 7 日，https：//ent.163.com/16/1107/18/C59QLAN600038793.html。

② 《2016 六大卫视年末使出"杀手锏"收官剧大盘点》，网易娱乐，2016 年 11 月 7 日，https：//ent.163.com/16/1107/18/C59QLAN600038793.html。

值。"① 《黄金时代》的失败和其他热卖影片的成功一样，展示的是我们整个社会的文化生态及其问题。……在大众文化的场域中再度自我降维，不仅是三维，甚是二维：历史与价值建构坍塌为扁平的图画。……绵延的历史进程的显影与扁平而炫目、脆弱而坚硬的降维图画，的确标志着今日中国社会、文化的巨大而急迫的问题。"② 影视剧领域存在不容忽视的文化"中空化"的问题，而"女性／性别"叙事领域无疑是文化"中空化"问题的重点表现领域。

很明显的现象是，热播剧纷纷以"女性"为主题，这应当说也是收视率导向下的一个必然现象，因为在市场追求审美公约数最大化的逻辑下，"女性"元素成为影视剧表现的热点。这些以女性为主角或主题的影视剧以古装宫廷戏、都市情感戏为主，古代宫廷、现代公寓成为主导的空间场域，剧中女性人物的塑造以公主佳人、时尚白领为多，较少关注广大劳动女性。

2015 年被业界称为现象级大剧井喷的一年，典型的如耗资 3 亿多、长达 81 集的古装大戏《芈月传》，其以女性历史人物为主题，"演绎中国第一个女政治家、秦昭王之母芈月的传奇一生"③。《芈月传》由东阳市花儿影视文化有限公司、北京儒意欣欣影业投资有限公司、北京星格拉影视文化传播有限公司联合出品，于 2015 年 11 月 30 日在东方卫视和北京卫视黄金档、乐视网全网首播，因首播 12 小时就突破了 2.6 亿次的播放量成为"剧王"。然而，该剧塑造的以权谋赢得天下的"女王"，在女性／性别叙事上缺乏对女性与历史、社会的关联的理解与把握，深度制约了对女性作为历史—社会中的存在的把握。主创者或有关于女主角"从一个只有儿女情怀的人最终成为一个有家国情怀的人"④ 的立意，但从实际来看这一立意未能得到较好体现。

---

① 罗皓菱：《戴锦华：社会文化面临整体坍塌》，《北京青年报》2014 年 10 月 30 日。
② 罗皓菱：《戴锦华：社会文化面临整体坍塌》，《北京青年报》2014 年 10 月 30 日。
③ 胡晓军：《一场主创与观众的"宫斗"——关于电视剧〈芈月传〉的热播与差评》，《秘书》2016 年第 2 期。
④ 《郑晓龙：〈芈月〉情感浓度高过〈甄嬛〉》，转引自胡晓军《一场主创与观众的"宫斗"——关于电视剧〈芈月传〉的热播与差评》，《秘书》2016 年第 2 期。

2016 年上半年热播的《欢乐颂》，被称为"都市女性时尚剧""都市女场情感励志剧"，由东阳正午阳光影视有限公司、山东影视制作有限公司联合出品，2016 年 4 月 16 日起每晚在东方卫视、江苏卫视黄金档播出，网络平台同步更新。2016 年 6 月 27 日期登陆江西卫视黄金档第二轮播出。据 Vlinkage 统计的 8 大视频网站电视剧点击量，《欢乐颂》以 113 亿次的点击量在 2016 年开播的电视剧中排第 1 名，也是 2016 年开播的电视剧中首部网络点击过 100 亿次的作品。"网络话题对于电视剧的收视率和点击量产生了非常明显的效果。"①

《欢乐颂》中的五位女性人物包括 20 岁出头的职场新人与 30 多岁的"熟女"，分别是外企资深人力资源经理，五百强企业的实习生，来自小县城、头脑简单、有点"二"的职场新人，"有颜有脑、肆意洒脱"的富家女，以及作为华尔街商业精英回国的"高智商海归金领"。

该剧讲述五位女性之间的工作和生活故事，虽然制片人与编剧达成一致的理念"不做那种浮在表面的都市剧，拍一个有现实感的女性群像"②，其"只是把现实当中的生活剥开让大家看"的创作手法也不失为一种方案，但是问题在于其关注现实的视野有较大的局限性。剧中应合时下关于恋爱、择偶、人生的一些流行观点，如"一心想嫁给有钱人""劝说她在城市好好奋斗，千万不能回鸟不拉屎的老家自寻死路"。在故事内容上，以情感波折为中心，以情感的进展为结局。剧中某些地方触及社会问题，如生活中遭遇的问题、职场中的不公正问题，但未能对其进行深度思考，未能转化成对社会、对女性的深入关怀与思考，反而被剧中女性人物"自我消化"，剧中的女性人物尝遍了职场的酸甜苦辣后发现"只有打拼才能改变命运"，表现出较大的局限性。《欢乐颂》总体上对女性的建构表现出"个体性"强、"社会性"内涵淡薄的特征，缺乏深层的、真正的女性关怀，更缺乏社会关怀。正因此，《欢乐颂》片尾曲中的"闪闪发光做你自己"看上去响亮、有力，实则颇为虚弱、乏力。

---

① 《〈欢乐颂〉有多火？这部网红都市剧最终成功逆袭了电视收视》，收视率排行 2016 年 6 月 15 日，http://www.tvtv.hk/archives/3605.html。

② 李蕊娟：《袁子弹与〈欢乐颂〉：从职场白领到"编剧"网红》，《黄金时代》2016 年第 8 期。

值得指出的是，热播剧往往宣扬"美貌"价值，对女性的物化、"性化"几乎已成常态，女性容貌成为隐含的前提价值、标准，以至于波及严肃题材剧中的女性人物也要遵从"颜值高"的流行价值前提。更有甚者，有的影视剧直接将女性肉体作为拉升收视率的手段。古装大戏中大量出现女性身体部位裸露的近似"色情化"镜头，早有来历，而在电视剧中大量出现这类镜头，反映了一种视其为"平常"的心态，对女性的文化扭曲是非常突出的问题。在这个过程中，性别价值受到冲击。

总之，影视剧中女性形象趋于单一。关注帝王将相远多于广大民众，关注上层女性多于广大劳动女性，多建构婚恋等传统的女性题材，少有对女性社会参与的聚焦。以才干与奋斗取得事业建树、追求公共事业、为国家社会做出贡献的女性在影视剧中很少得到表现。女性的历史—社会内涵淡化，主体性从何谈起。可以说，当前影视剧对女性的文化表现缺乏时代精神、时代气息，缺乏对时代女性文化精神、价值创造的表现。

二、并非"优胜劣汰"：影视剧生产背后的市场机制

影视剧生产领域在"女性／性别"叙事上的文化扭曲，不单是生产者性别意识、素养层面的问题，实际上，更有力发挥作用的是影视剧生产的市场导向这一结构性因素。商业化、市场化的导向使影视剧生产追求商业利益最大化，为此收视率成为最有力的指标，影视剧生产追求受众最大化。收视的市场化和"优质"目标受众的定位，对影视剧生产的类型、题材、表达、传播诸方面产生了深刻的影响。

一是在内容题材选择上优选那些符合主导审美趣味的、赏心悦目的类型，而避开深度话题，青春偶像剧占上风。宫廷戏以其富丽堂皇场景，你来我往、心机暗藏、生死争斗，权力主题和帝王后宫浪漫爱情被优选，而现代的阶级平等、人民民主、女性与男性一道是国家与社会的建设者等新价值则难以得到表现。搞笑成为热门，现实问题被以调侃、搞笑的方式肢解。

二是影视剧与消费购买密切捆绑，运用新媒体营销极尽消费狂欢。例

如，《芈月传》由其出品方乐视网量身定制"全流程生态营销策略"①，营销手法非常多。主题曲和衍生视频栏目"芈月倒计时""芈月天天见""芈月大咖秀""芈月纪录片""芈月独家探班"先后亮相。"为了向年轻受众靠拢，腾讯视频制作了特别版国际预告视频、《芈月传》鬼畜视频、'娘娘的咆哮''双11剁手血泪买买买'等无数搞怪视频，迎合了互联网人群最喜爱的'重口味'。"② 近年来，影视剧营销进一步延伸，"开发线上线下衍生品"成为新领域，这在《芈月传》的营销中得到了充分体现，如乐视旗下的网酒网独家定制授权的"芈酒"提前上市，分为清雅套装版、珍藏版、芈酒单支三个版本；乐视相继推出乐视超级电视《芈月传》纪念版、乐视手机和芈月版手机贴纸及保护套衍生产品，并在乐视商城同步上线，同时运用影视剧中的历史背景等推出了秦汉服饰元素的商品。③ 另外，乐视还开展"芈月进校园——校花校草汉服大赛"线上评选活动，吸引了众多高校学生参与，发挥视频网站的"优势"，超前策划了衍生节目《女王的秘密》④……足见影视剧日益被当作利润增长的新引擎、刺激消费的新手段，而其作为公共文本的核心属性却被淡化了。

三是取悦购买力强的受众。价值趋向沿海都市较高收入人群受众的口味。购买力低下但人口数量巨大的人群不被纳为传媒内容、影视剧的服务对象，他们的社会文化表达空间颇为有限。

由此，好剧难敌雷剧，优秀的影视剧收视不尽如人意，文化价值匮乏之作却大热。可以说，传媒市场并非"优胜劣汰"。市场导向并不一定带来影视剧质量的提高。

为了追求市场表现，以轰动流行为追求，影视剧在性别文化价值上会

---

① 吴梓菁：《浅析现象级大剧的网络营销之道——以〈芈月传〉为例》，《现代视听》2015 年第 12 期。

② 吴梓菁：《浅析现象级大剧的网络营销之道——以〈芈月传〉为例》，《现代视听》2015 年第 12 期。

③ 吴梓菁：《浅析现象级大剧的网络营销之道——以〈芈月传〉为例》，《现代视听》2015 年第 12 期。

④ 吴梓菁：《浅析现象级大剧的网络营销之道——以〈芈月传〉为例》，《现代视听》2015 年第 12 期。

变得媚俗、迎合多数人持有的观念价值，而不会积极去表达少数人持有的、新的、进步的文化价值。2014 年末、2015 年初，某省级卫视播出的某热播剧的"剪胸"风波就是这种趋向的典型表现。该热播剧也是一部以女性历史人物为主角的古装剧，其中有大量的"大尺度"镜头。播出数天后，相关管理部门对其提出责令改正。在网民议论中，对相关管理部门此举抱不支持态度者不在少数。管理部门的具体管理措施是否足够周全可以商榷，但是通过诉求"市场自由竞争、优胜劣汰"条件反射式地反对监管，对省级卫视播出该剧是否存有不当少有批评、讨论，反映了认为女性物化"没什么"的观念较为兴盛、男女平等价值模糊，更折射出忽视公共利益与社会利益、强调商业利益与"消费者自由"等"市场理性"观念。这不能不引起我们的重视和深思。

现实题材之所以受遇冷、青春偶像剧之所以热播，"女性 / 性别"叙事之所以强化女性的"个体性"、弱化女性的"社会性"，可以说是由"市场"这一指挥棒导致的。影视剧生产的市场导向问题不仅是追逐商业利润的问题，而且是在传播资源配置中发挥社会倾向性、阶级倾向性的结构性作用的问题。

近年来，在市场导向下，我国影视剧行业的市场竞争十分激烈，收视率被高度关注。与此同时，影视剧创作与创新的匮乏问题也浮出水面。影视剧数量增长很快，但质量参差不齐，短缺与过剩并存。近五年电视剧的制作量年均约 450 部（1.5 万集），但收视反响高的不多。电影的年制作量在 600 部左右，2015 年达 668 部，总票房达 440.69 亿元，其中国产票房达 271.36 亿元，占比突破 60%，成绩显著，但仍有 300 部影片未能进入影院放映。[①]追求自身经济效益、对传媒文化的文化工业消费品的定位使得传媒生产抽空历史—文化，抹去矛盾，"情感、婚恋、女性"成为万金油，传媒生产不能获得真正的创新源泉。这些问题不容忽视。

---

① 李新民：《广电也需要来一场供给侧改革》，《影视制作》2016 年第 1 期。

三、扭转文化"中空化"，反思传媒"市场化"

影视剧是公共文本，是对国族历史的书写与对未来的想象，这种书写是加强还是阻断人民的记忆，这是非常关键的问题。因此，当前文化"中空化"的现象不容忽视，亟待扭转。

在当前关于供给侧结构性改革的战略下，我国影视剧/传媒发展问题需要被清楚地认识。面向"创新、协调、绿色、开放、共享"五大发展理念，我们必须全面认识市场化的传媒转型造成的社会文化后果，充分认识社会文化价值损毁的巨大问题，正视市场化的内在问题，对传媒的市场化转型在新的阶段有新的评估与讨论。